# 탄소중립의 르네상스
## 네가와트 혁명, RE100을 넘어선 진정한 탄소중립을 열다

_____께

    우리 앞에 펼쳐진 기후위기는 인류가 맞닥뜨린 가장 거대한 시험입니다. 그 중심에서 건물의 숨소리 하나하나가 지구의 운명을 가르고 있습니다. 현장에서 몸소 체험한 이 절박함은 저로 하여금 위기를 기회로 바꾸는 『탄소중립의 르네상스』를 탄생시켰습니다.

    이 책은 건축의 새로운 지평을 엽니다. RE100과 네가와트 기술이 빚어내는 마법 같은 변화 속에서 건물은 더 이상 에너지를 삼키는 괴물이 아닌, '스마트 에너지의 심장'으로 거듭납니다. 기술과 정책, 그리고 인간의 의지가 하나로 어우러져 만들어내는 이 혁신은 건축 역사상 가장 아름다운 '르네상스'가 될 것입니다.

    이 책이 여러분의 가슴에 불씨를 지피고, 탄소중립이라는 꿈을 현실로 이끄는 나침반이 되기를 바랍니다. 모든 이들이 이 거대한 변혁의 물결에 몸을 맡기며, 인류와 지구가 조화롭게 공존하는 푸른 미래를 함께 그려 나가기를 간절히 소망합니다.

_____ 년 \_\_\_\_ 월 \_\_\_\_ 일

_____ 드림

# 탄소중립의 르네상스
## 네가와트 혁명, RE100을 넘어선 진정한 탄소중립을 열다

정광우

스토리하우스

# 서문

인류는 지금 기후위기라는 미증유의 도전에 직면해 있습니다. 전례 없는 폭염과 한파, 예측 불가능한 홍수와 가뭄은 더 이상 먼 미래의 이야기가 아닌, 우리가 매일 마주하는 현실이 되었습니다. 이러한 기후변화는 단순히 환경 문제를 넘어 경제, 사회, 안보 전반에 걸쳐 인류의 지속가능성을 위협하고 있습니다. 이러한 엄중한 상황 속에서 우리는 더 이상 지체할 수 없는 근본적인 변화를 요구받고 있습니다. 바로 '탄소중립 사회'로의 대전환입니다.

특히, 건물 부문은 전 세계 에너지 소비의 40%, 온실가스 배출량의 36%를 차지하는 핵심 영역입니다. 우리나라 또한 건축물에서 배출되는 온실가스가 전체 배출량의 25%에 달해, 탄소중립 달성을 위해서는 건축 분야의 근본적인 에너지 저감이 필수적입니다. 이는 단순한 환경 보호를 넘어 미래 세대를 위한 생존 전략이자, 새로운 경제 성장 동력을 창출하는 기회이기도 합니다.

이 책 『탄소중립의 르네상스: 네가와트 혁명, RE100을 넘어선 진정한 탄소중립을 열다』는 이러한 시대적 요구에 응답하고자 썼습니다. 저는 지난 수년간 사업체를 운영하며 기후위기 대응과 건축 분야 탄소중립의 현장 중요성을 깊이 체감했습니다. 이 책은 단순히 위기를 경고하는 것을 넘어, 건축 에너지 저감을 통해 위기 속에서 새로운 기회와 가능성을 모색하고 구체적인 해결책을 제시하고자 하는 저의 염원이 담겨 있습니다.

이 책의 핵심은 건축 분야에서의 에너지 저감과 효율성의 극대화입니다. 건물은 인류 생활의 핵심 공간이자 막대한 에너지를 소비하는 주체로서 스마트 빌딩 기술, 고성능 단열재, 신재생에너지 통합 시스템을 통해 에너지 소비를 획기적으로 줄일 수 있습니다. 저는 이 분야에서 새로운 기술과 패러다임이 만들어낼 부흥, 즉 '르네상스'를 목격하고 동참하고자 합니다. 이 책은 독자들이 건축 에너지 저감의 본질을 이해하고, 탄소중립 건축을 실현하기 위한 실질적인 방안을 모색하는 데 도움을 주고자 합니다.

제1부에서는 기후위기와 지속가능성의 기본 개념과 함께 건축 에너지 저감의 중요성을 다룹니다. 온실효과, 지구온난화, 기후변화가 건축 분야에 미치는 영향과 탄소중립 건축의 실행 전략을 제시합니다. 특히 ESG 경영의 관점에서 건물 에너지 저감, 그린 IT, 네가와트(négaWatt) 시나리오의 구체적 적용 방안을 상세히 다룹니다.

제2부에서는 글로벌 건축 에너지 정책과 트렌드를 분석합니다. EU의 건물에너지성능지침(EPBD)과 탄소국경조정제도(CBAM), 그리고 미국, 중국, 캐나다, 일본 등 주요국의 건축 분야 탄소중립 정책을 상세히 다룹니다. 이는 국내 건축업계와 정책 입안자들이 글로벌 에너지 효율 기준에 대응하는 전략을 수립하는 데 중요한 시사점을 제공할 것입니다.

제3부는 건축 분야의 구체적인 에너지 저감 사례를 통해 탄소중립 실현의 가능성을 보여줍니다. 국내 건설업체들의 제로에너지빌딩(ZEB) 구축 사례와 LG에너지솔루션, 삼성SDI 등 대기업의 친환경 건축물 운영 사례를 소개합니다. 마이크로소프트, 애플 등 글로벌 기업

들의 RE100 달성을 위한 건축물 에너지 혁신 전략과 국토교통부의 건축물 탄소중립 로드맵을 통해 실질적인 변화 방향을 제시합니다. 당진시, 제주도, 보령시, 성남시 등 탄소중립 선도 도시들의 건축물 에너지 저감 정책과 성과를 통해 지역 차원에서의 실천 방안을 확인할 수 있습니다.

마지막으로 에필로그에서는 이재명 정부의 건축 분야 기후위기 대응의 미래 전망과 통합적 해결 방안을 제시합니다. 실효적인 건축물 탄소중립 정책 추진과 건설 산업의 친환경 전환 중요성을 강조하며, 지속가능한 건축 비즈니스 모델 구축의 필요성을 역설합니다.

이 책은 단순히 정보를 나열하는 것을 넘어, '탄소중립 건축의 르네상스'라는 비전 아래 건축 분야 에너지 저감과 지속가능한 미래를 위한 새로운 시대의 서막을 열고자 합니다. RE100을 통한 재생에너지 활용과 네가와트 기술로 대표되는 에너지 효율 극대화 전략은 건물이 더 이상 에너지를 소비하는 블랙홀이 아니라, 에너지를 생산하고 관리하는 '스마트 에너지 허브'로 진화하는 길을 제시합니다. 이는 마치 예술과 과학이 융합하여 인류 문명을 발전시켰던 르네상스 시대처럼, 건축 기술과 에너지 정책, 그리고 인간의 의지가 결합하여 탄소중립 건축 사회를 구현해 나가는 새로운 시대를 의미합니다.

이 책이 기후위기 시대를 살아가는 모든 이들에게 건축 에너지 저감에 대한 통찰과 영감을 제공하고, 탄소중립 건축 사회로의 전환을 위한 실제적인 지침서가 되기를 진심으로 바랍니다. 정부, 지방자치단체, 공공기관 정책 입안자부터 설계사, 건설사, 경영자, 그리고 지속 가능한 건축, 환경, 에너지에 관심 있는 일반 독자까지, 모두가 건축 에너지 저감이라는 거대한 변화의 흐름에 동참하여 인류와 지구가 공존하는 미래를 함께 만들어 나가기를 소망합니다.

2025년 여름, 성남에서
정광우

# 차례

## 1부
## 기후위기의 개념과 지속가능성

### 1장 - 기후변화

**1 온실효과** • 21
- 1) 온실효과의 개념 ···································································· 21
- 2) 온실가스의 종류와 특성 ······················································ 23
- 3) 온실가스와 기후시스템 ························································ 27

**2 지구온난화** • 30
- 1) 지구온난화의 개념 ································································ 30
- 2) 지구온난화의 영향 ································································ 32

**3 기후변화** • 34
- 1) 기후변화의 개념 ···································································· 34
- 2) 기후변화의 대응 ···································································· 35
- 3) 기후변화의 영향 ···································································· 37

### 2장 - 탄소중립

**1 탄소중립이란?** • 43
- 1) 탄소중립의 배경 ···································································· 43
- 2) 탄소중립 개념 ········································································ 45
- 3) 탄소중립 실행 과정 ······························································ 48

**2 탄소중립의 발전 과정** • 50
- 1) 초기 기후변화 인식 (1970년대~1980년대) ························ 50
- 2) 국제 기후변화 대응 체제 수립 (1990년대) ······················ 51
- 3) 탄소중립 개념의 확산 (2000년대) ······································ 53

4) 파리협정과 글로벌 기후행동 (2010년대) ·················· 54
　　　5) 탄소중립 주류화 (2020년대) ································· 55
　　　6) 한국의 탄소중립 정책 발전 ··································· 55
　**3** 탄소중립 기술 로드맵 • 56

## 3장 - ESG

　**1** ESG 개념 및 구성 요소 • 65
　　　1) ESG의 정의 및 역할 ············································ 65
　　　2) ESG 각 요소의 의미 ············································ 67

　**2** ESG 경영의 가치와 실제 적용 사례 • 71
　　　1) ESG 경영의 중요성 ············································· 71
　　　2) ESG 성공경영 사례 ············································· 74

## 4장 - 에너지 저감

　**1** 건물 에너지 저감 • 79
　　　1) 현황 분석 ························································· 79
　　　2) 기술 소개 ························································· 81
　　　3) 정책 및 제도 ····················································· 84
　　　4) 사례 분석 ························································· 87
　　　5) 문제점과 해결방안 ············································· 93

　**2** 그린 IT와 ICT(인공지능) 에너지 저감 • 97
　　　1) 그린 IT의 개념과 발전 ········································· 98
　　　2) 그린 기후 위기 현황과 글로벌 정책 동향 ················ 101
　　　3) ICT(인공지능)의 기후 위기 대응 역할 ····················· 103
　　　4) 글로벌 IT 기업의 탄소중립 전략 및 그린 ICT 적용 사례 ········ 105
　　　5) 그린 IT 이슈 및 트렌드 ······································· 107

6) 그린 IT·AI 기술의 한계와 도전 과제 ·············································· 109
　　7) 그린 IT와 AI 기술과 미래 전망과 정책 제언 ·································· 111

## 3 네가와트(négaWatt) • 116
　　1) 개념 ································································································ 117
　　2) 주요 활동 ························································································ 119
　　3) 정책 제안 ························································································ 122
　　4) 에너지 교육과 시민운동 ·································································· 124

## 4 네가와트 지능(Intelligence)과 혁명(Revolution) • 126
　　1) 네가와트 개념의 재해석 ·································································· 126
　　2) 네가와트 지능 ················································································ 129
　　3) 네가와트 혁명 ················································································ 133

## 5 RE100 Next: 네가와트 혁명 • 137
　　1) 네가와트(Negawatt)와 에너지 저감 기술 (스마트 빌딩 기술) ······ 137
　　2) 네가와트 기반 ZEB-BEMS 통합 자동제어 ·································· 140
　　3) RE100 + 에너지저감기술 + 네가와트기술를 통한
　　　 탄소중립 실현 전략 ········································································ 142
　　4) 네가와트 기반 ZEB·BEMS 기술을 통한 진정한 탄소중립 실현 ····· 145

## 2부
# 글로벌 기후위기 대응 정책과 트렌드

## 1장 - EU의 기후정책과 ESG 대응

### 1 탄소국경조정제도(CBAM) • 153
　　1) 탄소국경조정제도란 무엇인가? ······················································ 153

2) EU와 우리나라의 공통점 및 차이점 ·········································· 155
　　3) 기후위기 대응인가 무역장벽인가? ·········································· 157
　　4) 탄소국경조정제도(CBAM) 최종 입법안 ···································· 160

**2 EU 분류체계(텍소노미, Taxonomy)** • 163
　　1) EU 택소노미의 법적 기반과 배경 ············································ 163
　　2) EU 택소노미 규정과 핵심 특징 ··············································· 165

**3 EU 순환경제 정책** • 168
　　1) 순환경제의 개념 ···································································· 168
　　2) EU의 순환경제 정책 ······························································· 170

## 2장 - 미국의 기후정책과 ESG 대응

**1 미국의 탄소중립 정책** • 177
　　1) 바이든의 탄소중립 정책 ·························································· 177
　　2) 트럼프 2.0의 탄소중립 정책 ···················································· 182
　　3) 주요 정책 영역별 비교 분석 ···················································· 184
　　4) 트럼프 2.0 탄소중립 정책 방향 ··············································· 186

**2 미국의 EU 탄소국경조정제도(CBAM) 대응 전략** • 190
　　1) 바이든에서 트럼프 2.0까지의 정책 연속성과 변화 ····················· 190
　　2) 미국 탄소국경조정제도의 법제화 과정 ····································· 192

## 3장 - 중국

**1 중국의 탄소중립 정책** • 197
　　1) 중국의 2025년 에너지 정책과 탄소중립 전략 ···························· 197
　　2) 중국의 탄소중립 3단계 로드맵 ················································ 199
　　3) 중국의 탄소중립 정책과 기후변화 대응 전략 ···························· 201

4) 중국 탄소중립 정책의 현실과 한계 ················································ 204

   **2** 중국의 EU 탄소국경조정제도(CBAM) 대응 전략 • 208

## 4장 - 캐나다

   **1** 캐나다의 탄소중립 정책 • 213

   1) 기후 문제 ························································································ 213
   2) 탄소중립 정책 ················································································ 215

   **2** 캐나다의 EU 탄소국경조정제도(CBAM) 대응 전략 • 218

## 5장 - 일본

   **1** 일본의 탄소중립 정책 • 225

   1) 일본의 그린성장전략과 탄소중립 정책 ········································ 225
   2) 산업분야 별 특징 ·········································································· 227
   3) 일본의 탄소중립 정책 추진 현황과 향후 전망 ··························· 234

   **2** 일본의 EU 탄소국경조정제도(CBAM) 대응 전략 • 238

## 3부
# 기업의 기후위기 대응과 ESG 경영 사례

## 1장 - 국내 기업의 기후위기 대응 전략

   **1** 주요 산업별 탄소중립 로드맵과 실행 사례 • 247

   1) 탄소중립 '산업 대전환' 추진전략 ················································ 250

2) 일반산업 분야 ···································································· 251
　　3) 신산업 분야 ······································································ 257
　　4) 시사점: 향후과제 ······························································ 267

**2** 국내 대기업의 ESG 경영 우수 사례 • 269

　　1) LG에너지솔루션 ································································ 269
　　2) 삼성SDI ············································································ 279

**3** 중소기업의 ESG 도입 과제와 기회 • 288

　　1) 중견·중소기업 ESG 대응 현황 및 지원 체계 ······················· 288
　　2) 국내 중소기업 현황 ·························································· 291

## 2장 - 글로벌 기업의 기후위기 대응

**1** 글로벌 기업의 RE100, EV100 참여 현황 • 209

　　1) 에너지 전환과 RE100 ························································ 209
　　2) RE100 가입기준과 기술기준 ·············································· 305

**2** 탄소중립 선도 기업과 ESG 경영 우수 사례 • 307

　　1) 마이크로소프트(Microsoft) ················································ 307
　　2) 애플(Apple) ······································································ 310
　　3) 구글(Google) ··································································· 313
　　4) 아마존(Amazon) ······························································ 316
　　5) 유니레버(Unilever) ··························································· 319

**3** 기업의 기후위기 대응을 위한 파트너십 사례 • 324

　　1) WWF(세계자연기금)과 이케아 그룹 ··································· 324
　　2) 환경재단과 서울주택도시공사 ············································ 328

**4** 에너지 저감과 실천 사례 • 334

　　1) 에너지 저감의 중요성 ························································ 334

2) 국토교통부의 탄소중립 로드맵 ·················································· 337
　　　3) 기후테크와 탄소중립 ······································································ 341
　　　4) 건물 에너지 저감과 기후위기 ·················································· 347

　**5 탄소중립 선도 도시 사례** • 352
　　　1) 당진시 탄소중립과 에너지 전환 ·················································· 352
　　　2) 제주도 탄소중립과 에너지 전환 ·················································· 356
　　　3) 보령시 탄소중립과 에너지 전환 ·················································· 361
　　　4) 성남시 탄소중립과 에너지 전환 ·················································· 366

　**6 탄소 없는 열에너지 거래 제도** • 380
　　　1) 개념과 구성요소 ············································································ 380
　　　2) 필요성과 장점 ················································································ 385
　　　3) 주요국의 탈탄소 열에너지 정책 현황 ········································ 387
　　　4) 탄소중립 열에너지 기술 인프라와 거래 방식 ························ 395


### 에필로그
# 이재명정부의 기후위기 정책과 미래 전망

　**1 이재명정부의 기후위기 정책** • 409
　　　1) 실효적 탄소중립 정책 추진 ························································ 410
　　　2) 탄소중립 산업전환 ········································································ 410
　　　3) RE100 전용 산업단지 및 에너지 거버넌스 ······························ 411

　**2 기후위기 시대의 미래 전망과 대응 방안** • 412
　　　1) 글로벌 기후위기 대응의 패러다임 전환 ·································· 412
　　　2) 기업의 ESG 경영과 지속가능한 비즈니스 모델 ······················ 413

3) 미디어의 역할과 사회적 인식 확산 ················································ 413
4) 미래 전망과 통합적 대응 방안 ······················································ 414
5) 지속가능한 미래를 위한 선택 ······················································ 414

## 국내 논문·보고서 • 416

## 해외 논문·보고서 • 419

## 국내외 인터넷 자료 • 422

## 부록 • 424

**1** 핵심 용어 해설 (Glossary) • 424
**2** 타임라인 • 430

# 1부

# 기후위기의 개념과 지속가능성

# 1장

# 기후변화

# 온실효과

## 1) 온실효과의 개념

　태양 가시광선의 대부분이 대기를 통과하여 지표면을 가열하는데 이때 지표면은 적외선 형태로 에너지의 일부를 복사한다. 이 적외선을 대기 중의 온실가스가 흡수하여 다시 지표면으로 열을 방출한다. 이것은 가시광선 범위의 태양광선은 투과시키지만 열을 보온하는 온실 유리의 효과와 유사하다. 이렇게 온실효과가 일어나면 온실효과가 없는 경우보다 지표면과 대기가 더 가열되게 되는데이 온실효과가 없다면 지구의 평균 기온은 영하 73℃ 정도밖에 되지 않는다.

　온실효과(Greenhouse Effect)는 온실효과란 "지구가 너무 춥지 않도록 적절한 온도를 유지하게 해주는 자연적인 현상이다. 마치 추운 겨울에 이불을 덮거나, 식물이 잘 자라도록 유리 온실을 만들어 따뜻하게 유지하는 것과 비슷하다. 좀더 전문적인 설명으로는 "대기 중의 특정 기체들이 지표면에서 방출되는 장파 적외선 복사에너지를 흡수하고 재방출하여 지구 표면과 하층 대기의 온도를 자연적 상태보다 높게 유지하는 현상"을 말한다. 이 과정은 실제 온실이 작동하는 방식과는 다르다. 온실은 주로 대류를 제한하여 열을 가두는 반면, 대기 중 온실효과는 복사 과정에 의해 발생하는데 비슷한 현상을 나타내기 때문에 '온실효과'라는 용어가 사용된다.

최근 들어 사람들이 공장이나 자동차에서 나오는 연기, 석탄이나 석유 사용 등으로 인해 온실가스의 양이 너무 많이 늘어났다. 온실가스가 너무 많아지면 지구가 가두는 열의 양도 따라서 많아지게 된다. 마치 이불을 너무 여러 겹 덮어서 덥고 답답해지는 것처럼 지구가 필요 이상으로 따뜻해지는 현상이며, 이러한 이상 현상으로 다양한 부작용이 벌어지게 된다.

2025년 현재, 온실효과는 단순히 대기 온난화를 일으키는 현상이 아닌, 지구 기후시스템의 에너지 균형을 유지하는 필수적인 메커니즘으로 이해되고 있다. 자연적 온실효과가 없다면 지구의 평균 표면 온도는 약 $-18°C$에 불과할 것이지만, 이 효과 덕분에 실제 평균 온도는 약 $15°C$로 유지되어 생명체가 번성할 수 있는 환경이 조성된다.

최신 기후과학 자료에 따르면, 온실효과는 다음과 같은 정교한 복사에너지 전달 과정으로 설명된다. 태양으로부터 오는 단파 복사에너지(주로 $0.2-4\mu m$ 파장)가 지구에 도달한다. 이 에너지의 총량은 약 $340W/m^2$이다. 태양복사의 약 30%(약 $100W/m^2$)는 구름, 대기 입자, 지표면에 의해 즉시 우주로 반사된다(지구 알베도). 약 23%(약 $78W/m^2$)는 대기와 구름에 흡수되고, 나머지 47%(약 $162W/m^2$)는 지표면에 흡수된다. 태양복사에 의해 가열된 지표면은 스테판-볼츠만 법칙에 따라 그 온도의 4제곱에 비례하는 에너지를 방출한다. 지구 표면 온도에서는 이 에너지가 주로 $4-100\mu m$ 파장의 장파 적외선으로 방출되며, 총량은 약 $398W/m^2$에 달한다.

지표면에서 방출된 장파 복사의 대부분(약 90%)은 대기 중의 온실가스와 구름에 의해 흡수된다. 흡수된 에너지는 모든 방향으로 재방출되는데, 이 중 상당 부분(약 $342W/m^2$)이 다시 지표면으로 돌아와 추가적인 가열 효과를 만든다. 이를 '역복사' 또는 '대기복사'라고 부르기도 한다. 최종적으로 지구시스템이 방출하는 장파복사(약 $240W/m^2$)는 흡수하는 태양복사(약 $240W/m^2$)와 균형을 이루어 지구의 온도를 안정적으로 유지한다.

2020년대 기후과학의 발전으로 온실효과를 증폭시키는 수증기피드백, 구름피드백, 알베도피드백, 탄소순환피드백 등 다양한 피드백 메커니즘을 주로 연구하고 있다. 수증기피드백은 온도 상승으로 대기 중 수증기(강력한 온실가스)가 증가하면 추가적인 온난화를 유발한다. 최신 모델에 따르면 이 피드백은 초기 온난화 신호를 약 1.6배 증폭시킨다. 구름 피드백은 온난화로 인한 구름 패턴 변화는 대체로 온난화를 증폭시키는 양의 피드백을 제공한다. 특히 고위도 지역의 하층운 감소와 상층운 상승은 강력한 온난화 효과를 가져온다. 알베도 피드백은 극지방의 눈과 얼음이 녹으면서 태양 에너지 반사율이 감소하고, 더 많은 에너지가 흡수되어 추가적인 온난화를 초래한다. 탄소 순환 피드백은 온난화로 인해 해양과 육상 생태계의 탄소 흡수 능력이 변화하며, 이는 대기 중 $CO_2$ 농도에 영향을 미친다.

## 2) 온실가스의 종류와 특성

PCC는 유엔의 전문 기관인 세계기상기구(WMO)와 유엔환경계획(UNEP)에 의해 설립된 국제 기구, ⓒ IPCC

IPCC(기후 변화에 관한 정부간 협의체, Intergovernmental Panel on Climate Change) 및 각국 기후변화 관련 기관들은 주요 온실가스에 대한 종류와 특성을 각기 정의하고 있다.

### ① 수증기($H_2O$)

- 특성: 자연적으로 가장 풍부한 온실가스로, 대기 중 온실효과의 약 50%를 담당한다.
- 체류시간: 약 9일(매우 짧음)
- 농도: 지역과 기상조건에 따라 매우 가변적(0.1 – 4%)

　　수증기는 다른 온실가스에 의한 초기 온난화의 증폭자 역할을 한다. 2023년 발표된 연구에 따르면, 대류권 상층의 수증기 증가는 예상보다 더 강력한 온실효과를 유발할 수 있다.

### ② 이산화탄소($CO_2$)

- 특성: 인간 활동에 의한 기후변화의 주요 원인으로, 복사강제력의 약 65%를 차지한다.
- 체류시간: 수십에서 수천 년(방출된 $CO_2$의 20~30%는 천 년 이상 대기에 남을 수 있음)
- 농도: 2025년 5월 기준 425ppm(산업혁명 전 280ppm에서 50% 이상 증가)
- 주요 배출원: 화석연료 연소(73%), 토지이용 변화(23%), 시멘트 생산(4%)

　　2024년 $CO_2$ 배출량은 역대 최고치를 기록했으나, 재생에너지 확대로 증가율은 둔화되었다.

③ 메탄($CH_4$)

- 특성: $CO_2$ 다음으로 중요한 온실가스로, 20년간 지구온난화 지수(GWP)는 $CO_2$의 약 82.5배
- 체류시간: 약 12년
- 농도: 2025년 기준 1,925ppb(산업혁명 전보다 약 2.5배 증가)
- 주요 배출원: 습지(23%), 축산(21%), 화석연료 생산·유통(20%), 쓰레기 매립(11%), 농업(10%)

2023년 새로운 위성 관측 데이터는 메탄 배출의 '초방출원(super-emitters)'을 정확히 식별하는 데 성공했으며, 이를 통해 비용 효율적인 감축 전략이 개발되고 있다.

④ 아산화질소($N_2O$)

- 특성: 지구온난화 지수가 $CO_2$의 약 273배이며, 성층권 오존층 파괴에도 관여
- 체류시간: 약 114년
- 농도: 2025년 기준 335ppb(산업혁명 전보다 약 20% 증가)
- 주요 배출원: 농업용 비료(32%), 미생물 대사(28%), 생체 연소(14%), 산업 공정(13%)

최신 동향: 글로벌 단백질 소비 증가로 $N_2O$ 배출이 예상보다 빠르게 증가하고 있다.

⑤ 불소계 온실가스(F-gases)

- 종류: 수소불화탄소(HFCs), 과불화탄소(PFCs), 육불화황($SF_6$), 삼불화질소($NF_3$)
- 특성: 매우 강력한 온실효과와 긴 체류시간(일부는 5만 년 이상)

- GWP: 수백에서 수만 배($SF_6$의 경우 약 23,500배)
- 주요 배출원: 냉매, 에어로졸, 전자산업, 절연제

2024년 발효된 키갈리 개정안 이행으로 HFC 생산이 감소 추세에 있으나, 신규 불소계 화합물의 사용이 증가하고 있어 우려를 낳고 있다.

온실가스의 온난화 효과는 다음과 같은 물리적 특성에 기인한다. 3개 이상의 원자로 구성된 분자들($CO_2$, $CH_4$, $N_2O$ 등)은 복잡한 진동 모드를 가지며, 이로 인해 특정 파장의 적외선을 흡수한다. 반면 $N_2$나 $O_2$와 같은 2원자 분자는 적외선을 흡수하지 않는다. 각 온실가스는 고유한 흡수 스펙트럼을 가진다. 예를 들어, $CO_2$는 주로 $4.3\mu m$와 $15\mu m$ 파장에서 강한 흡수를 보이며, $CH_4$는 $7.7\mu m$ 부근에서 흡수한다.

대기창(Atmospheric Window)은 $8 \sim 13\mu m$ 파장 영역은 대부분의 온실가스가 흡수하지 않는 '대기창'으로, 이 영역을 통해 지표 복사가 직접 우주로 방출된다. 그러나 기후변화로 인한 대기 조성 변화는 이 대기창을 좁히는 효과가 있다. 압력 확장(Pressure Broadening)은 대기 압력에 의해 흡수선이 확장되어 온실가스의 흡수 효율이 증가한다. 이는 특히 하층 대기에서 중요한 역할을 한다.

온실가스의 영향력을 비교하기 위해 사용되는 지표들이 변화하고 있다. 지구온난화 지수(GWP)은 특정 온실가스가 일정 기간(보통 20년, 100년) 동안 $CO_2$와 비교하여 얼마나 많은 열을 가두는지 나타내는 지표이다. IPCC 제6차 평가보고서(AR6)에서 업데이트된 값이 현재 표준으로 사용된다. 지구온도변화 지수(GTP)는 특정 시점에서 온실가스가 실제로 유발하는 온도 변화를 나타내는 지표로 단기적으로 작용하는 메탄과 같은 가스의 영향을 더 정확히 평가하는 데 유용하다. 누적 배출 온도 반응(CETR)은 2023년 도입된 새로운 지표로 온실가스의 누적 배출과 그로 인한 온도 변화의 관계를 보다 직접적으로 연결한다.

## 3) 온실가스와 기후시스템

최신 고기후학 연구를 통해 온실가스 농도의 역사적 변화를 더욱 정밀하게 파악할 수 있게 되었다. 과거 800,000년 동안 남극 빙하코어 분석 결과, $CO_2$ 농도는 빙하기와 간빙기 사이에서 180~280ppm 사이에서 변동했다. 홀로세(약 11,700년 전부터 산업혁명까지)에는 $CO_2$ 농도는 비교적 안정적으로 275~285ppm 사이에서 유지되었다. 다음 인류세(Anthropocene)인 산업혁명 이후 인간 활동으로 인해 $CO_2$ 농도가 급격히 증가하여 2025년 현재 425ppm에 도달했다. 이는 최소 300만 년 이상 지구가 경험하지 못한 수준이다. 최근 5년(2020~2025)에는 COVID-19 팬데믹으로 인한 일시적 배출 감소에도 불구하고, $CO_2$ 농도는 매년 약 2.5ppm씩 증가했으며, 메탄과 $N_2O$ 농도도 계속 증가 추세를 보였다.

기후민감도(Climate Sensitivity)는 대기 중 $CO_2$ 농도가 두 배로 증가할 때 평형 상태에서 예상되는 지구 평균 온도 상승을 의미한다. 평형 기후민감도(ECS)는 IPCC AR6 이후 추가 연구에 의해 좁혀진 범위는 2.5~4.0°C로, 가장 가능성 높은 값은 3.0°C이다. 일시적 기후반응(TCR): $CO_2$가 두 배가 되는 시점에서의 온도 상승으로, 1.4~2.2°C 범위에 있다. 일시적 기후반응 대 누적 배출량(TCRE)은 1조 톤의 탄소 배출당 1.0~2.3°C의 온도 상승이 예상된다.

탄소 순환에 대한 이해가 더욱 정교해졌다. 지구의 주요 탄소 저장고는 해양(약 38,000 GtC), 지질학적 저장소(화석연료 포함, 약 5,000 GtC), 토양과 식생(약 2,500 GtC), 대기(약 870 GtC)이다. 산업혁명 이후 인간은 약 660 GtC의 탄소를 대기에 추가했으며, 이 중 약 200 GtC는 토지이용 변화, 460 GtC는 화석연료 연소에서 비롯되었다. 배출된 탄소의 약 25%는 육상 생태계가, 25%는 해양이 흡수하고, 나머지 50%는 대기에 남아 온실효과를 강화한다. 그러나 최근 연구에 따르면 이러한 자연 흡수원의 효율성이 기후변화로 인해 감소하고 있어 우려를 낳고 있다. 2023년 발표된 연구에 따르면, 대기권 메탄의 화학적 산화 속도가 예상보다 느려 메탄의 대기 체류시간이 기존 견해보다 길어질 수 있다는 새로운 증거가 제시되었다.

기술의 발전에 따라 온실가스 측정 및 모니터링 기술이 급속히 발전하고 있다. OCO-3(NASA), TROPOMI(ESA), GOSAT-GW (일본) 등의 위성이 전 지구적 온실가스 분포를 고해상도로 관측하고 있다. 특히 2024년 발사된 $CO_2M$(Carbon Dioxide Monitoring Mission) 은 $1km^2$ 해상도로 도시 단위의 배출량을 모니터링할 수 있어 국가별 감축 의무 이행 검증에 활용된다. 지상 관측망은 WMO의 전 지구 대기감시(GAW) 네트워크는 전 세계 400개 이상의 관측소를 통해 대기 조성을 실시간으로 모니터링한다. 2023년부터는 도시 지역에 특화된 $IG^3IS$(Integrated Global Greenhouse Gas Information System) 네트워크가 추가되어 도시 규모의 배출 모니터링이 강화되었다.

머신러닝 알고리즘을 활용한 배출원 역추적(inverse modeling) 기술이 발전하여 배출원 특정과 배출량 추정 정확도가 크게 향상되었다. 동위원소 분석은 탄소와 메탄의 동위원소 비율 분석을 통해 배출원(화석연료, 생물학적 과정, 자연 배출 등)을 구분하는 기술이 표준화되어 배출 인벤토리의 정확성이 향상되었다.

온실가스와 기후변화를 다소 전문적으로 분석하면 기후시스템이 온실가스 농도 증가에 비선형적으로 반응할 수 있으며, 특정 임계점을 넘어서면 급격한 변화가 발생할 수 있다는 이해가 깊어졌다. 온실효과는 전 지구적으로 균일하게 나타나지 않으며, 고위도 지역과 대륙 내부에서 더 강하게 나타난다는 인식이 확산되었다. 온실가스 관리는 단순한 배출 감축을 넘어 탄소 순환, 생태계 보존, 사회경제적 요인을 포괄하는 통합적 접근이 필요하다는 패러다임이 자리 잡았다.

이미 일정 수준의 기후변화는 불가피하므로, 온실가스 감축(완화)

과 기후변화 적응을 동시에 추진해야 한다는 인식이 강화되었다. 최신 연구에 따르면 1.5°C 온도 상승 한계를 유지하기 위한 '탄소 예산'이 빠르게 소진되고 있어, 즉각적이고 과감한 온실가스 감축이 요구된다는 인식이 확산되었다. 이러한 발전된 이해를 바탕으로, 온실가스 관리는 기후위기 대응의 핵심 요소로서 과학적 지식과 정책적 실행 사이의 간극을 좁히는 방향으로 진화하고 있다.

# 2

# 지구온난화

## 1) 지구온난화의 개념

지표면에서 다시 복사되는 적외선이 온실가스에 의해 흡수되지 않고 모두 우주로 방출된다면 지구의 평균온도는 매우 낮을 것이다. 하지만 온실가스의 열흡수와 그에 따른 지표면과 대기 가열 현상인 자연적 온실효과로 인해 지구의 평균온도가 약 15°C 정도로 유지될 수 있다. 이러한 자연적 온실효과는 온실가스들의 선택적 투과성에 기인한 것으로 온실가스 중 특정 기체가 과거 이전의 상태 이상으로 증가될 경우에 온실효과의 증대로 이어지고, 그로 인해 지표면과 대기의 열에너지 상승 폭이 커지게 되어 결국 지구표면의 온도가 상승하게 되는데, 이를 '지구온난화(Global Warming)'라고 부른다.

지구온난화는 "대기 중의 이산화탄소, 메탄, 질소산화물과 같은 온실가스의 농도가 증가함에 따라 지구표면의 평균 온도가 점진적으로 상승하는 현상"을 말한다. 이러한 온실

지구온난화 캠페인 포스터

가스들은 태양으로부터 오는 열을 지구 대기권 내에 가두는 역할을 하여 자연적인 온실효과를 강화시킨다. 산업혁명 이후 인간 활동, 특히 화석연료의 연소, 산림 파괴, 농업 활동 등으로 인해 대기 중 온실가스 농도가 급격히 증가하였으며, 이로 인해 지구의 기후시스템이 변화하고 있다. 지구온난화는 해수면 상승, 극단적 기상 현상의 증가, 생태계 변화, 생물 다양성 감소 등 광범위한 환경적, 사회적, 경제적 영향을 초래하고 있으며, 국제 사회는 이를 완화하기 위한 온실가스 배출 감축 노력을 기울이고 있다.

즉, 지구온난화는 오랜 기간에 걸쳐 지구 표면의 평균 온도가 점진적으로 상승하는 현상을 말한다. 이는 인간 활동, 특히 석탄, 석유, 천연가스와 같은 화석 연료를 태우거나 숲을 파괴하는 과정에서 대기 중으로 배출되는 이산화탄소, 메탄 등 온실가스의 농도가 산업화 이후 급격히 증가하면서 심화되고 있다.

자연적으로 발생하는 온실효과는 지구를 따뜻하게 유지하여 생명체가 살 수 있도록 하지만, 인간 활동으로 인해 대기 중 온실가스의 양이 필요 이상으로 많아지면서 지구가 우주로 방출해야 할 열을 더 많이 가두게 된다. 마치 두꺼운 이불을 여러 겹 덮은 것처럼 지구 대기권이 과도하게 따뜻해지면서 지구의 평균 온도가 상승하게 된다.

이렇게 지구의 평균 온도가 상승함에 따라 극지방의 빙하가 녹아 해수면이 상승하고, 폭염, 가뭄, 폭우, 태풍 등 극단적인 기상 현상이 빈번해지며, 생태계의 변화를 초래하는 등 지구 전체의 기후 시스템에 광범위하고 심각한 영향을 미치고 있다. 즉, 지구 온난화는 단순히 온도가 오르는 것을 넘어, 지구의 기후 패턴과 환경 전반을 불안정하게 만드는 전 지구적인 문제라고 할 수 있다.

## 2) 지구온난화의 영향

IPCC는 1990년 8월 첫 보고서에서부터 2014년 제5차 보고서까지 총 5회에 걸쳐 기후변화에 대한 보고서를 발표했다. 2007년 IPCC 제4차 기후변화평가보고서에서는 온실가스 배출량이 현재 수준으로 유지되거나 그 이상으로 증가하였을 때 21세기 지구 기후시스템의 변화는 20세기의 변화보다 더 심각할 것이라고 전망하고 있다.

2022년 IPCC는 제6차 기후변화 평가보고서에서 지구 온난화의 원인이 인간이라는 점을 명백히 했다는 점이다. 그 첫 번째 근거는 전례 없는 온실가스 농도 증가와 이산화탄소 누적 배출량이다. 2019년을 기준으로 이산화탄소는 410ppm, 메탄은 1,866ppb, 아산화질소는 332ppb이다. 산업혁명 이전 이산화탄소 농도는 280ppm이었다. 이들 기체의 대기 중 농도는 모두 2013년 제5차 평가보고서 제1실무그룹 보고서와 비교했을 때 대폭 증가한 것으로 확인했다. 특히 이산화탄소 농도는 지난 200만 년 동안 한 번도 관측된 적이 없을 정도로 전례 없이 높은 수치다.

온실가스 배출량 시나리오에서는 향후 20년 동안 10년마다 약 0.2oC씩 온도 상승이 일어날 것이고 모든 온실가스의 농도가 2000년 수준으로 유지되더라도 10년마다 약 0.1℃씩 온도 상승이 일어날 것이며 21세기 말 기온은 20세기 말에 비해 최대 6.4oC 상승할 수 있다고 전망하고 있다. 또한, 지구 평균 해수면은 1961년 이후 연평균 1.8mm씩 상승하다가 1993년 이후부터는 연평균 3.1mm씩 상승하여 21세기 말에는 최대 59cm 상승이 예측되었다. 북극의 빙하는 10년마다 2.7% 씩 감소하고 있으며 21세기 말에는 북극의 늦여름 해빙이 완전 소멸할 것으로 예상되고 있다. 폭염과 폭설의 빈도가 높아지며 위력이 강해진 열대성 저기압이 자주 나타날 것으로 예측되었다. 그리고 고위도 지역에서는 강수량이 증가하고 대부분의 아열대 지역에서는 강수량이 감소할 것으로 예측되고 있다. 지구온난화가 심화됨에 따라 다양한 종류의 생물이 멸종할 위기에 처해있고 산호초의 파괴 위험도 증가하고 있다.

우리나라에서는 지구온난화로 인해 생물다양성이 감소하고 작물 생산량과 재배면적이 줄어들고 있다. 그리고 한류성 어종이 감소하고 난대성 어종이 증가하며 농산물 주산지가 북상하는 등의 생태계 교란이 일어나고 있다. 또한 태풍과 집중호우로 인한 피해액이 10년 마다 3.2배씩 증가하고 있으며, 해수면 상승으로 해안선이 유실되는 피해와 침수 및 범람으로 인해 생기는 피해가 늘어나고 있다. 그리고 최근 10년(1994~2003)간 2,127명이 폭염으로 인해 사망하였고, 말라리아 환자가 1994년 5명에서 2006년 2,051명으로 증가하였다. 이뿐만 아니라 온실가스 감축 비용이 증가함에 따라 에너지를 다량으로 소비하는 산업에서 탄소 집약도가 낮은 산업구조로 이동하고 있으며 자동차와 반도체 등의 산업 분야에서 이루어지는 선진국의 온실가스 배출규제가 새로운 무역장벽으로 등장하는 등 지구온난화는 산업·경제에도 영향을 미치고 있다. 또한, 새로운 주거 양식이 도입되고 농산물과 수산물의 생산 변화에 발맞추어 음식문화가 변화하는 등 지구온난화는 우리의 사회·문화양식에도 영향을 주고 있다.

특히 지구 평균 기온이 1.5℃ 상승할 것으로 예측되는 기간이 기존에 알려진 2030~2052년에서 약 10년이 단축된 2040년으로 추정됐다. 이에 따라 폭염이나 폭우와 같은 극한 현상이 더욱 빈발할 것이며, 보고서는 이를 피할 수 있는 유일한 대안은 온실가스 감축뿐이다.

안토니우 구테흐스 유엔 사무총장은 이번 보고서를 두고 인류에 대한 '코드 레드'(code red), 즉 심각한 위기에 대한 경고라며 "화석연료와 삼림 벌채 등으로 인한 온실가스 배출이 지구를 질식시키고 수십억 명의 사람들을 즉각적인 위험에 빠뜨리고 있다"고 지적했다.

# 3

# 기후변화

## 1) 기후변화의 개념

　기후는 기상이나 날씨와 구분된다. 기상과 날씨는 매일마다의 기온, 바람, 비 등의 대기 상태를 말하며, 시시각각으로 변하는 순간적인 대기현상을 뜻한다. 기후는 수십 년 동안 한 지역의 날씨를 평균화한 것을 의미한다. 이러한 기후는 지속성을 띄게 되는데, 기후가 지속되지 않고 주목할 만한 변화를 보이는 것을 기후변화라고 한다. 기후변화는 대체로 온실가스로 인한 온실효과에 기인하여 발생하는 지구환경, 특히 기후의 변화를 지칭하는 것으로 보고 있다. 위키피디아는 "인간이 야기한 온실가스로 인한 온실효과와 그로 인하여 발생한 대규모의 날씨 패턴의 변화를 아우르는 현상"으로 정의하고 있다.
　세계기상기구(The Intergovernmental Panel on Climate Change, IPCC)의 기후변화 정의는 "장기간에 걸친 기간(수십년 또는 그 이상) 동안 지속되면서, 기후의 평균상태나 그 변동 속에서 통계적으로 의미있는 변동, 인간 행위로 인한 것이든 자연적인 변동(variability)이든 시간의 경과에 따른 기후의 변화를 모두 포함"하는 것을 말한다. UNFCCC에서 말하는 기후변화 정의는 "전지구 대기의 조성을 변화시키는 인간의 활동이 직접적 또는 간접적으로 원인이 되어 일어나고, 충분한 기간 동안 관측된 자연적인 기후변동성에추가하여 일어나는 기후의 변화"를 총칭하는 개념이다. 어느 정의를 따르든지 기후변화란 지구의 온도가 높아지는 현상, 그에 따라 태풍,폭우, 폭염, 혹한, 가뭄 등 소위 기상이변(extreme weather)이 빈발하는 것을 의미한다.

또한, 기후위기 대응을 위한 탄소중립·녹색성장 기본법에는 "기후변화란 사람의 활동으로 인하여 온실가스의 농도가 변함으로써 상당 기간 관찰되어 온 자연적인 기후변동에 추가적으로 일어나는 기후체계의 변화"라고 말하고 있다. 기상청은 기후변화에 대해 "기후의 상태변화가 기후 특성의 평균이나 변동성의 변화를 통해 확인되고 그 변화가 수십 년 이상 지속되는 것"이라고 정의하였다.

자연적 원인이나 인간 활동으로 인한 대기조성 또는 자연환경 변화 등 외부강제력 변화 때문에 발생하는 것이다. 이러한 다양한 정의를 바탕으로 기후변화의 의미를 정리해보면, 기후변화는 자연적인 원인이나 인위적인 원인에 의해 발생한 통계적으로 의미 있는 기후의 변동을 말한다. 자연적인 원인에 의한 변동은 '기후 변동성'으로 따로 구분하기도 하나, 최근에는 기후변화의 원인을 자연적인 원인까지 포함하는 경우가 많다.

## 2) 기후변화의 대응

지구온난화에 따른 기후변화에 적극 대처하기 위하여 국제사회는 1988년 UN총회 결의에 따라 세계기상기구(WMO)와 유엔환경계획(UNEP)에 '기후변화에 관한 정부 간 패널(IPCC)'을 설치하였고, 1992년 6월 유엔환경개발회의(UNCED)에서 기후변화협약(UNFCCC)을 채택하였다. 기후변화협약에 의한 온실가스 감축은 구속력이 없음에 따라 온실가스의 실질적인 감축을 위하여 과거 산업혁명을 통해 온실가스 배출의 역사적 책임이 있는 선진국(38개국)을 대상으로 제1차 공약 기간(2008~2012)동안 1990년도 배출량 대비 평균 5.2% 감축을 규정하는 교토의정서를 제3차 당사국총회(1997, 일본 교토)에서 채택하여 2005년 2월 16일 공식 발효시켰다. 1997년 체결된 교토의정서는 국가들의 온실가스 배출량 감축을 주요 내용으로 한다.

온실가스 배출량 감축 이행에 대한 많은 논란에도 불구하고 많은 경제적인 비용 때문에 구속력 있는 감축 목표가 설정되지 못하였으나, 선진국들은 환경문제에 대한 국제사회의 여론 및 온실가스 배출에 대한 역사적 책임을 외면할 수 없어 감축 목표에 합의하게 되었다. 이어 기후변화에 효과적으로 대응하기 위해서 온실가스 배출량을 감축하는 데에 집중하는 것보다 이미 발생한 기후변화에 적응하는 것이 중요하다고 판단되었고, 이에 따라 파리협정을 체결하였다. 파리협정은 많은 국가의 참여를 유도하고 기후변화에 신속하게 대응하기 위하여 각 당사국에게 '국가결정기여(NDC)'의 제출을 의무적으로 부과하였다. 국가결정기여(NDC)는 기후변화에 대응하기 위하여 분야별로 당사국이 취할 노력을 스스로 결정하여 제출한 목표이다. 우리나라도 이에 따라 2020년에 '2050년 장기 저탄소 발전전략(LEDS)'과 '국가온실가스감축목표(NDC)'를 유엔기후변화협약 사무국에 제출하였다. 2010년 정부에서는 기후변화의 주된 원인으로 작용하는 온실가스 감축 대응을 위하여 저탄소 녹색성장을 위한 녹색기술과 녹색산업의 육성 기반을 목적으로 '저탄소 녹색성장 기본법'을 제정하였다. '저탄소 녹색성장 기본법 제40조(기후변화대응 기본계획)'에 의거하여, 기후변화대응의 기본원칙에 따라 20년을 계획기간으로 하는 5년 단위 법정계획인 기후변화대응 종합기본계획(2008)을 제시했고, 제1차 기후변화대응 기본계획(2016)에 이어 제 2차 기후변화대응 기본계획(2019)을 법정계획으로 내세웠다.

## 3) 기후변화의 영향

기후변화는 지구상의 생태계와 인간사회에 광범위하고 심각한 영향을 미치고 있다. 생태계 측면에서 온난화로 인한 기온과 강수량 패턴의 변화는 많은 동식물의 서식지를 변화시켜 생존이 어려운 종들의 멸종 위험을 높이고 있다. 계절 주기의 변화는 동식물의 번식 시기, 먹이 활동, 철새 이동 등 생태계의 자연적 리듬을 교란시켜 생태계 내 먹이 사슬과 상호작용에 혼란을 가져온다.

산림 생태계에서는 기온 상승과 가뭄으로 인해 산불 발생 위험이 증가하고 병충해 확산이 용이해져 산림의 건강성이 악화되고 있으며, 특정 수종의 분포 변화와 숲의 구성 자체가 달라지는 현상이 나타나고 있다. 해양 생태계에서는 수온 상승과 이산화탄소 흡수로 인한 해양 산성화로 산호초가 파괴되고, 탄산칼슘 골격을 가진 해양 생물들의 생존이 위협받고 있으며, 어류 분포의 변화는 어업에도 영향을 미치고 있다. 이러한 다양한 영향들의 복합적 작용은 궁극적으로 지구 전체의 생물 다양성 감소로 이어지고 있다.

인간사회에 미치는 영향도 다방면에 걸쳐 심각하다. 폭염은 열사병 등 온열 질환을 유발하고 기존 질환을 악화시키며, 홍수와 가뭄 같은 자연재해는 식수 오염 및 위생 문제를 초래한다. 또한 모기 등 매개체를 통한 감염병의 확산 범위가 넓어지고, 대기 질 악화로 인한 호흡기 질환도 증가하고 있다.

식량과 물 안보 측면에서는 기후변화가 농작물 생산량과 품질에 부정적 영향을 미치고, 가뭄과 물 부족은 농업용수 확보를 어렵게 하며, 홍수는 농경지를 황폐화시켜 식량 가격 상승과 식량 불안정을 초래할 수 있다. 태풍, 홍수, 가뭄, 산불 등 극단적 기상 현상의 빈도와 강도 증가는 주택, 도로, 교량 등 사회 기반 시설의 파괴와 막대한 재산 피해를 일으켜 복구 비용 증가와 경제 활동 위축으로 이어진다.

사회적 측면에서는 기후변화로 인해 거주지가 침수되거나 농사를 지을 수 없게 되어 삶의 터전을 잃고 다른 지역으로 이주해야 하는 '기후 난민'이 발생하고 있으며, 이는 인구 이동과 자원 경쟁을 심화시켜 사회적 불안정이나 갈등의 원인이 될 수 있다. 또한 안전한 환경에서 살 권리, 건강권, 식량권 등 기본적인 인권이 기후변화로 인해 위협받고 있으며, 특히 취약 계층이나 개발도상국 주민들이 기후변화의 영향에 더 취약하여 불평등이 심화되고 있다.

결론적으로, 기후변화는 생태계의 균형을 깨뜨리고 생물다양성을 감소시키는 동시에, 인간의 건강, 식량, 안전, 경제 등 사회 전반에 걸쳐 심각하고 복합적인 부정적 영향을 미치고 있다. 이러한 영향들은 서로 긴밀하게 연결되어 있어 한 분야의 문제는 다른 분야의 문제로 이어지는 경향이 있다.

**글로벌 기후·에너지 시장협약(GCoM)**

글로벌 기후·에너지 시장협약(Global Covenant of Mayors for Climate & Energy, GCoM)은 도시 단위의 기후변화 대응과 에너지 전환을 촉진하기 위한 세계 최대 규모의 도시 네트워크다. 이 협약은 2016년 유럽연합의 '시장서약(Covenant of Mayors)'과 '시장협약(Compact of Mayors)'이 통합되어 출범하였다.

GCoM은 기존의 다양한 도시 기후 이니셔티브를 하나로 통합하여 도시들이 기후변화에 공동으로 대응할 수 있는 플랫폼을 제공한다. 전 세계 138개국 이상의 10,000개가 넘는 도시와 지방정부가 참여하고 있으며, 이들 지역은 전 세계 인구의 약 10억 명 이상을 대표한다. GCoM에 참여하는 도시들은 온실가스 감축, 기후변화 적응, 지속가능한 에너지 접근성 확대를 위한 공통의 목표에 합의하고, 이를 달성하기 위한 구체적인 행동 계획을 수립하고 이행한다.

글로벌 기후·에너지 시장협약(GCoM)은 도시들이 기후변화 대응의 최전선에 설 수 있도록 지원하는 중요한 글로벌 플랫폼이다. 국가 차원의 기후 행동을 보완하고, 때로는 그 이상의 야심을 보여줌으로써 파리협정의 목표 달성에 중요한 기여하고 있다. GCoM의 성공은 도시가 기후변화 대응에서 차지하는 중요성을 잘 보여주며, 앞으로도 도시 기반의 기후 행동은 전 세계적인 탄소중립 목표 달성에 있어 핵심적인 역할을 할 것으로 기대된다.

전남 여수시가 2024년도 글로벌 기후·에너지 시장협약 이행평가 최고 등급을 수상했다. ⓒ 전남 여수시

# 탄소중립

# 탄소중립이란?

## 1) 탄소중립의 배경

탄소중립은 이제 더 이상 먼 미래의 추상적인 개념이 아니라 우리 눈앞에 닥친 현실이다. 전 세계에서 발생하는 이상 기후와 관련된 재난과 피해들이 이를 분명히 보여주고 있다. 기후위기는 이제 북극곰이나 아프리카의 먼 지역에만 국한된 문제가 아니라 우리 모두와 직접적으로 연관된 현재진행형 문제이다. 한반도에서도 폭염, 장마, 태풍, 산불 등 극단적인 기후 현상이 빈번히 발생하고 있으며, 이는 우리 모두의 안전과 생존을 위협하는 심각한 문제로 대두되고 있다. 기후위기의 심각성은 바로 미래 세대가 져야 할 부담과 비용이 오늘날 우리의 결정과 실천에 달려 있다는 점에서 더욱 강조된다.

탄소중립 문제는 전 세계적인 공통의 과제이자 공통의 이슈다. 2015년 파리에서 개최된 제21차 UN 기후변화협약당사국총회(The 21st UN Climate Change Conference of the Parties, COP21)에서 채택된 파리협정 제2조의 목표는 장기 온도상승 목표를 21세기에 산업화 이전(1850~1900년) 대비 2℃ 이내 상승으로 억제하며 나아가 1.5℃ 이내 상승으로 억제하는 것을 지향한다고 규정하고 있다. 산업화 이전 대비 2℃ 이내 상승이 명백한 목표로 설정되지만, 1.5℃ 이내 상승은 지향적인 목표로 설정되었다고 볼 수 있다.

2018년 기후변화에 관한 정부 간 협의체(IPCC)가 COP21의 요청에 따라 발표한 보고서에서는 지구 평균온도를 1.5℃ 이내로 제한하기 위해 2030년까지 탄소 배출량을 2010년 대비 최소 45% 감축해야 하며, 2050년까지 글로벌 차원에서 이산화탄소 배출과 흡수가 서로 완전히 상쇄되는 '넷제로(net-zero)' 상태에 도달해야 한다고 제시하고 있다.

또한, UNEP(2019)는 '배출량 격차 보고서'를 통해 현재와 같은 온실가스 배출 추세라면 금세기 말 지구 평균온도는 3.2℃까지 오를 것으로 전망하며 국제사회의 감축 행동 강화를 촉구했다. 그리고 기후변화 대응의 시급성은 2021년 8월 공개된 IPCC 제6차 평가보고서에 따르면, 인간의 영향에 따른 기후 영향이 전 지구상에 광범위하게 나타나고 있고 그 영향력이 점점 커지고 있다고 분석하면서, 급격한 온실가스 감축이 없을 경우 2040년에 이미 1.5℃ 상승에 이를 것으로 전망하고, 가뭄이나 홍수 등 극한 기후의 강도와 빈도는 점점 증가할 것으로 분석하였다. 재난 영화가 현실이 되는 것이다.

IPCC의 1.5℃ 특별보고서에 따르면, 지구의 평균온도를 산업화 이전 대비 1.5℃ 상승으로 억제하기 위해서는 대기 중에 이산화탄소 배출량을 2030년까지 2010년 대비 최소 45% 감축하고, 2050년에는 순 배출량이 '0'인 순무배출(net-zero) 수준까지 감축해야 한다고 제안하였다. IPCC의 특별보고서를 계기로 세계 다수의 국가가 2050년까지 탄소중립(carbon neutrality) 달성을 목표로 선언하게 되었다. 2019년 9월 미국 뉴욕에서 개최된 유엔기후행동정상회의(UN Climate Action Summit)와 같은 해 12월 스페인 마드리드에서 개최된 제25차 유엔기후변화당사국총회(COP25)에서는 당사국총회 주최국인 칠레가 제안한 기후목표상향동맹(Climate Ambition Alliance)을 통해 전 세계 120개국과 EU(European Union)가 2050년 탄소중립 선언에 참여하였다. 이후 한국을 비롯한 일본·중국 등이 추가로 탄소중립을 선언하였다. 2021년 7월까지 총 197개 당사국 중 138개국이 탄소중립을 선언한 상태이다.

탄소중립 선언국 중에 한국·영국·프랑스·EU·일본 등을 포함한 14개국은 탄소중립을 법제화하기도 하였다. 이들 선언국이 발표한 탄소중립 목표연도를 살펴보면, 이미 탄소중립을 달성한 부탄과 수리남을 제외한 대부분 국가가 2050년 탄소중립을 목표로 설정하였다. 일부 국가들은 2050년보다 상향된 목표를 설정하였으며, 독일·스웨덴·EU 등 일부 당사국들은 탄소중립 달성 이후 음(-)의 순 배출량(net negative emissions) 달성 목표를 수립하기도 하였다. 다만, 중국·싱가포르·호주 등은 2050년보다 늦은 목표연도를 설정했다.

최근 글로벌 온실가스 배출의 73.8%를 차지하는 74개 당사국이 탄소중립을 선언했다. 2020년 9월 중국은 2060년까지의 탄소중립을 발표하였고, 2020년 10월 일본도 2050년까지의 탄소중립을 발표했다. 우리나라도 2020년 7월 발표한 한국판 뉴딜의 핵심으로 그린뉴딜을 제시하였고, 문재인 대통령이 2020년 10월 국회 시정 연설에서 2050년 탄소중립을 대내외에 처음 천명한 것도 국제사회에서 차지하는 위상과 기후변화 대응의 필요성을 반영하고 있다. 우리나라도 탄소 중립선언(2020.12.10)으로 '2050 대한민국 탄소중립 비전'과 '2050 탄소중립 목표'를 공식화하고 '2050 탄소중립위원회'를 출범(2021.5.29)하는 등 탄소중립 추진전략과 정책의 구체적 방향성을 모색하고 있다. 2021년에는 '2050 탄소중립 시나리오'와 '2030 NDC(Nationally Determined Contribution) 국가 감축 목표 상향안'이 대외 공표되고 사회적 논의가 전개되었다.

## 2) 탄소중립 개념

탄소중립이라는 용어는 1990년대 후반에 처음 사용되기 시작했다. 이 시기는 기후변화에 대한 국제적인 관심이 높아지던 시기로 특히 1997년 교토의정서가 채택되면서 온실가스 감축의 필요성이 강조되었다. 탄소중립은 단순히 온실가스 배출을 줄이는 것뿐만 아니라, 배출된 온실가스를 흡수하는 방법으로 예를 들면, 나무 심기, 탄소 포집 기술 등을 통해 실질적으로 '0'으로 만드는 것을 목표로 한다. 2015년 파리협정에서 각국은 지구 평균온도 상승을 2도 이하로 제한하고, 1.5도 이하로 유지하기 위한 노력을 다짐했는데, 이 과정에서 탄소중립의 중요성이 더욱 부각되었다.

탄소중립(Net Zero 또는 Carbon Neutrality) 개념은 기후 위기 대응의 시급성을 반영하여 등장하였다. 탄소중립이란, 온실가스 배출량과 흡수량이 같아져서 순 배출이 0이 되는 상태를 의미한다. 이는 대기 중의 이산화탄소 농도를 안정적으로 유지하기 위한 필수 조건이다. 현재 국제사회에서 탄소중립은 광범위한 공감대와 합의를 바탕으로 한 국제규범으로 자리 잡았다. 글래스고 기후 합의(Glasgow Climate Pact)에서는 2015년 파리협정의 목표를 재확인하고, 2050년까지 탄소중립을 달성하기 위한 국가온실가스감축목표(NDC)를 강화하기로 하였다.

2050년 탄소중립 목표는 지구 온난화를 1.5도 이하로 제한하기 위한 국제적인 노력의 일환으로, 파리협정의 목표와 일치한다. 지속 가능한 경제 성장을 위한 기반을 마련하고 에너지 전환과 기술 혁신을 촉진하는 걸 목표로 삼고 있다. 탄소중립 목표는 단일 국가의 노력만으로는 달성할 수 없으며, 국제적인 협력이 필수적이다. 각국은 기술 공유, 자금 지원, 정책 조율 등을 통해 협력하고 있으며, 개발도상국이나 선진국 등 구분이 무의미할 정도로 인류 전체의 과제가 탄소중립 문제다. 각국은 탄소중립을 달성하기 위해 재생 가능 에너지 확대, 에너지 효율성 향상, 전기차 보급 등 다양한 정책과 기술을 도입하고 있다.

우리나라도 2050년까지 탄소중립을 달성하기 위해 2030년까지 온실가스 배출량을 2010년 대비 45% 줄이는 것을 목표로 하고 있다. 한국 정부는 재생에너지 확대, 에너지 효율성 향상, 전기차와 수소차 보급 확대 등의 전략을 통해 탄소중립 목표를 달성할 계획이다.

2021년 스코틀랜드 글래스고에서 열린 제26차 유엔 기후변화 회의(COP26)에서는 각국의 탄소중립 목표를 강화하고, 기후 재정 지원을 확대하는 방안이 논의되었다. 이 회의에서 '글로벌 탄소 시장'의 필요성이 강조되었다. 탄소중립을 위한 국제 정책은 초기의 기후변화 논의에서부터 시작하여 교토의정서와 파리협정 등을 거쳐 현재에 이르기까지 지속적으로 발전해왔다. 각국의 협력과 참여가 중요한 이 과정은 기후변화 대응을 위한 필수적인 노력이 되고 있다. 이러한 국제적 노력은 지구의 지속 가능한 미래를 위한 중요한 발걸음이 될 것이다.

### 주요 기후변화협약 현황

| 구분 | 내용 |
|---|---|
| 기후변화협약 체결 (1992) | 지구온난화 방지 및 온실가스 규제를 위해 체결된 국제협약 |
| 교토의정서 채택 (COP3, 1997) | 기후변화협약에 대한 선진국 중심 탄소 감축량을 정하는 규칙에 합의 |
| 빌리 로드맵 채택 (COP13, 2007) | 교토의정서 만료(2020년) 이후 선진국 중심 탄소감축량을 정하는 규칙에 합의 |
| 칸쿤 합의 (COP16, 2010) | 개도국의 지속다는발전을 위한 녹색기후기금(GCF) 조성 재합의 |
| 파리 협정 (COP21, 2015) | 교토의정서를 대체할 기후변화협약이며, 개도국까지 감축의무를 부여 |
| 글래스고 기후 합의 (COP26, 2021) | 파리협약 이행규칙 완성 및 세부사항에 대한 후속 협약 |

## 3) 탄소중립 실행 과정

문재인 대통령은 2020년 10월 28일 국회에서 2050 탄소중립을 최초로 발표하였다. 이후 국민 전체를 대상으로 한 '2050 탄소중립 비전'이 선포되었으며, 이는 여러 사건의 연속으로 이루어진 결정이다. 정부는 사회비전포럼을 구성하여 다양한 이해관계자들의 의견을 수렴하고, 2050 탄소중립 시나리오를 마련하였다.

정부는 장기저탄소발전전략(LEDS)을 준비하기 위해 2019년 초부터 포럼을 운영하였다. 포럼에서는 5개 기본 시나리오와 탄소중립을 담은 추가 시나리오가 마련되었다. 사회적 논의는 설문조사, 심층 토론회, 국민 토론회 등을 통해 이루어졌다. 지자체와 국회에서도 기후위기 대응과 탄소중립에 대한 의견이 모아졌으며, 문 대통령의 선언은 이러한 여론을 반영한 것이다.

2050 탄소중립 시나리오는 탄소중립이 실현되었을 때의 사회 모습과 각 부문별 전환 내용을 전망한 것이다. 이 시나리오는 법적 구속력은 없지만, 중간 목표로서 후속 계획의 수립에 방향성을 제시한다. 기술 혁신, 국민 인식 변화, 경제적 비용 등을 종합적으로 고려하여 수립되어야 한다. 시나리오는 정기적으로 갱신되어야 하며, 사회적 변화에 적응할 수 있어야 한다.

2050 탄소중립 시나리오 수립을 위한 주요 변수는 인구 추이, GDP 성장률, 국제유가 등을 포함한다. 인구는 2031년 정점을 찍고 이후 감소할 것으로 예상되며, GDP 성장률은 1.9%에서 1.0%로 하락할 것으로 보인다. 에너지 수요량은 2050년까지 약 5% 감소할 것으로 예상되며, 이는 주로 건물과 수송 분야에서의 변화에 기인한다. 재생에너지와 신기술의 활용이 필수적이며, 기존 화석연료의 소비는 크게 줄어들 것으로 전망된다.

2050 탄소중립은 국제사회의 규범으로 한국은 이를 달성하기 위

해 도전적인 과제에 직면해 있다. 한국은 에너지 다소비 제조업 비중이 높고, 재생에너지 비중이 낮아 어려운 조건에 놓여 있다. 전 사회적 변화가 필요하며, 에너지전환이 핵심적인 요소로 작용해야 한다. 목표 달성을 위한 구체적인 전략과 이행계획이 중요하며, 이를 통해 기후위기에 대응해야 한다.

# 탄소중립의 발전 과정

탄소중립(Carbon Neutrality)은 인간 활동으로 발생하는 온실가스 배출량을 상쇄하여 순배출량을 '0'으로 만드는 개념이다. 탄소중립의 역사와 발전 과정을 시대별로 정리하면 다음과 같다.

## 1) 초기 기후변화 인식 (1970년대~1980년대)

- 1972년: 스톡홀름에서 최초의 UN 인간환경회의 개최
- 1979년: 제1차 세계기후회의에서 기후변화 문제 공식 논의
- 1988년: 기후변화에 관한 정부간 협의체(IPCC) 설립

1960년대 후반에서 1970년대 무렵부터 인간 활동으로 인한 기후변화의 가능성이 과학계에서 실제적인 문제로 인식되기 시작했다. 특히, 1980년대 후반에 들어서면서 이산화탄소와 같은 온실가스 증가로 인한 기후변화에 대한 과학적 증거가 늘어났다. 이러한 과학적 근거가 축적되면서 기후변화와 생물 다양성 감소에 대한 집단적 조치의 필요성에 대한 인식이 크게 높아졌다. 또한, 1980년대 초반에 비해 태풍, 홍수, 가뭄 등 자연재해의 발생 빈도가 약 3배가량 증가하는 추세를 보이면서 기후변화의 영향이 실제적으로 체감되기 시작했다. 이 시기에는 온실가스 감축 목표를 달성하는 데 드는 비용을 줄이기 위

한 도구로 탄소 배출권(carbon credits)의 개념이 1980년대 후반에 처음 제안되기도 했다. 1988년에는 지구 온난화와 오존층 감소 문제가 국제적인 주요 의제로 부상했다. 이러한 정치적 논의의 시작은 향후 온실가스 감축 목표 설정 및 국제협약 체결의 필요성을 제기했으며, 이는 탄소중립과 같은 장기 목표 설정으로 이어지는 기반이 되었다. 1980년대 후반에 온실가스 감축 비용 효율성을 높이기 위한 방안으로 탄소 배출권과 같은 시장 기반 메커니즘이 제안되었다. 이는 배출량을 줄이거나 상쇄하는 방식을 통해 순 배출량을 '0'으로 만든다는 탄소중립의 핵심 개념에 대한 초기 아이디어를 제시했다.

1970년대에는 기후변화의 과학적 가능성에 대한 인식이 싹트기 시작했고, 1980년대에는 과학적 증거의 축적과 자연재해 증가를 통해 문제의 심각성이 더욱 부각되었으며, 해결 방안 모색의 초기 단계로 탄소 배출권과 같은 개념이 논의되기 시작한 시기라고 볼 수 있다.

## 2) 국제 기후변화 대응 체제 수립 (1990년대)

- 1992년: 리우 지구정상회의에서 UN기후변화협약(UNFCCC) 채택
- 1997년: 교토의정서 채택: 선진국들의 구체적인 온실가스 감축 목표 설정
- 1999년: '탄소중립' 개념이 처음으로 학술 문헌에 등장

1992년 브라질 리우데자네이루에서 열린 유엔환경개발회의(리우 지구정상회의)에서 유엔기후변화협약이 채택되었다. 이 협약은 온실가스의 대기 중 농도를 기후 시스템에 위험한 인위적인 간섭을 일으키지 않는 수준으로 안정화시키는 것을 궁극적인 목표로 삼았다. 이는 탄소중립의 장기적인 목표와 맞닿아 있는 중요한 발판이 되었다. 협약은 법적 구속력 있는 감축 목표를 설정하지는 않았지만, 기후변

화 문제에 대한 국제 사회의 인식을 높이고 공동 대응의 기본 틀을 마련했다는 점에서 큰 의미가 있다.

UN 기후변화협약 채택 이후, 협약 이행 방안 논의를 위한 당사국총회(Conference of the Parties, COP)가 정기적으로 개최되기 시작했다. 이는 전 세계 국가들이 모여 기후변화 문제와 해결 방안을 논의하는 주요 국제 협상 플랫폼이 되었다. 또한, 1997년 일본 교토에서 열린 제3차 당사국총회(COP 3)에서 교토의정서가 채택되었다. 교토의정서는 선진국에게 법적 구속력이 있는 온실가스 감축 목표를 설정했다. 비록 모든 국가에 적용된 것은 아니지만, 구체적인 감축 목표를 설정하고 이를 이행하기 위한 메커니즘(예: 배출권 거래제, 청정 개발 체제 등)을 도입했다는 점에서 진일보한 대응 체제였다. 이러한 메커니즘들은 탄소 배출량을 줄이거나 상쇄하여 '순 배출량 0'을 달성하려는 탄소중립 개념과도 연결된다.

기후변화에 관한 정부 간 협의체(IPCC)는 꾸준히 과학적 평가보고서를 발표하며 정책 결정자들에게 기후변화의 현황, 원인, 영향 및 미래 전망에 대한 최신 정보를 제공했다. 1990년대에 발행된 보고서들은 UN 기후변화협약 및 교토의정서 협상 과정에 중요한 과학적 근거를 제공했다.

1990년대는 기후변화 문제 해결을 위한 국제적인 협력의 틀이 UN 기후변화협약과 교토의정서 채택을 통해 마련된 시기다. 이러한 체제 수립은 개별 국가 및 국제사회가 온실가스 배출량을 관리하고 궁극적으로 탄소중립이라는 목표를 향해 나아가는 데 필수적인 제도적 기반을 제공했다.

## 3) 탄소중립 개념의 확산 (2000년대)

- 2001년: 교토의정서 구체화를 위한 마라케시 합의문 채택
- 2005년: 교토의정서 공식 발효
- 2006년: 영국 정부가 '탄소중립'을 공식 정책 용어로 채택
- 2007년: IPCC 4차 보고서 발표, 인간 활동이 기후변화의 주요 원인임을 확인

2005년 교토의정서가 발효되면서 온실가스 감축 의무가 있는 선진국들은 구체적인 감축 목표를 달성해야 했다. 이 과정에서 배출권거래제(ETS)와 청정개발체제(CDM, Clean Development Mechanism)와 같은 시장 기반 메커니즘이 중요해졌다. CDM은 선진국이 개발도상국에 온실가스 감축 사업을 지원하고 그 실적을 자국의 감축 목표 달성에 활용하는 방식인데, 이는 온실가스 배출량을 다른 곳에서 상쇄하는 개념을 전 세계적으로 적용하고 확산시키는 데 기여했다.

기후변화 위험성에 대한 인식이 커지면서 많은 다국적 기업들이 환경적 책임을 강조하기 시작했다. 기업들은 자신들의 운영 과정이나 제품 생산 과정에서 발생하는 탄소 배출량(탄소 발자국)을 측정하고, 이를 줄이기 위한 노력을 기울였다. 더 나아가 일부 기업들은 재생에너지 사용 확대, 에너지 효율 개선 등의 내부 감축 노력과 함께, 탄소배출권 구매 등을 통해 남은 배출량을 상쇄하여 '탄소 중립'을 선언하는 사례가 늘었다. 이는 기업의 지속가능 경영과 브랜드 이미지 제고 차원에서 이루어졌다.

교토의정서가 국가 단위의 의무를 부여했지만, 일부 선도적인 국가나 도시는 보다 야심 찬 자체 감축 목표를 설정하거나 '탄소 중립 도시'와 같은 비전을 제시하기 시작했다. 이는 탄소 중립이 단순히 국제 협약 이행을 넘어, 국가 및 지역의 미래 발전 전략의 일부가 될 수 있

음을 보여주었다.

환경 보호 단체들은 기후변화의 심각성을 알리고 정부와 기업의 적극적인 대응을 촉구하는 캠페인을 벌였다. 미디어에서도 기후변화와 그 영향에 대한 보도가 증가하면서 일반 대중의 관심도 높아졌다. '탄소 중립'이라는 용어와 개념이 학계나 정책 입안자들뿐만 아니라 시민 사회와 대중에게도 점차 익숙해지기 시작했다.

IPCC의 평가 보고서는 꾸준히 업데이트되며 기후변화의 과학적 증거를 더욱 명확히 제시했다. 이러한 보고서들은 기후변화 대응의 시급성과 온실가스 배출량을 획기적으로 줄여야 한다는 메시지를 전달했고, 이는 장기적으로 '순 배출량 0'이라는 목표의 필요성을 뒷받침했다.

이처럼 2000년대에는 1990년대의 국제협약이라는 기반 위에 실제 정책 집행, 기업의 자발적인 참여, 시장 메커니즘의 활용, 대중 인식의 변화가 더해지면서 탄소중립 개념이 전 세계적으로 확산되고 구체적인 행동으로 이어지는 단계로 발전했다.

### 4) 파리협정과 글로벌 기후행동 (2010년대)

- 2015년: 파리기후협정 채택, 산업화 이전 대비 지구 평균기온 상승을 2℃보다 낮게 유지하고, 1.5℃로 제한하기 위한 노력 합의
- 2018년: IPCC 1.5℃ 특별보고서 발표, 지구온난화를 1.5℃로 제한하려면 2050년까지 탄소중립 달성 필요성 강조

## 5) 탄소중립 주류화 (2020년대)

- 2020년: EU, 중국, 일본, 한국 등 주요국 탄소중립 선언
- 2021년: 미국 바이든 행정부 파리협정 복귀 및 2050 탄소중립 선언.
- 2021년: COP26(글래스고 기후협약) − 석탄 사용 단계적 감축 합의
- 2022년: IPCC 6차 보고서 − 기후위기 대응을 위한 즉각적이고 급진적인 온실가스 감축 필요성 강조
- 2023년: COP28(두바이 기후협약) − 화석연료 단계적 감소 합의

## 6) 한국의 탄소중립 정책 발전

- 2020년 10월: 2050 탄소중립 선언
- 2021년 5월: 2050 탄소중립위원회 출범
- 2021년 9월: 탄소중립기본법 제정
- 2021년 10월: 2050 탄소중립 시나리오 발표
- 2022년 8월: 국가 탄소중립 녹색성장 기본계획 수립

# 3

# 탄소중립 기술 로드맵

　2050 탄소중립 달성을 위한 다부처 협력 및 거버넌스 구축의 필요성이 대두되고 있고, 2050 탄소중립을 위한 범 부처 협력의 필요하다. 탄소중립 달성을 위해서는 에너지·산업·건물 등 탄소 고배출 부문의 저탄소화가 필수적이며, 전력화, 탄소포집·저장·활용, 수소 및 연료전지, 바이오에너지 관련 기술이 각광 받고 있다. 급변하는 글로벌 이슈 대응을 위해서 민간 기업, 정부, 학계가 유기적인 협력체계를 구축해야 한다.

　해외 주요국의 탄소중립 기술 정책 및 추진 체계를 분석하여 국내 탄소중립기술 로드맵 및 거버넌스 구축의 시사점을 도출할 필요가 있다. 각 부처가 개별적으로 작성한 탄소중립 기술 로드맵 현황을 조사하고, 비교·분석하여 2050 탄소중립 기술로드맵의 실효성을 확보하고 효과적인 다부처 협력 방안을 만들어야 한다.

　탄소중립 달성을 위한 핵심 기술 부문으로는 전력화, 탄소포집·저장·활용, 수소 및 연료전지, 바이오에너지 관련 기술이 각광 받고 있다. 탄소중립 이행 요구가 국가를 넘어 기업 대상으로 확대될 가능성이 있으며, 투자자들의 RE100 및 ESG 경영에 대한 요구가 높아지고 있다. 주요 수입국의 '탄소국경조정제도'로 인해 통상 이슈가 발생할 가능성이 크다. 따라서 탄소중립 기술 관련 글로벌 이슈 및 대응 방안이 중요하다.

기술 분야에서는 전력화, 탄소 포집, 활용 및 저장, 수소 및 연료전지 기술, 바이오에너지가 중요하다. 전력화(Electrification)는 탄소중립 달성을 위한 핵심 기술 중 하나로 재생 가능 에너지원의 활용을 극대화하여 전통적인 화석 연료 기반 에너지원의 사용을 줄이는 방법이다. 이 과정에서 에너지 저장 기술과 스마트 그리드 시스템이 중요하다.

　다음은 탄소 포집, 활용 및 저장(Carbon Capture, Utilization, and Storage, CCUS)이다. CCUS는 세 가지 주요 요소로 구성되어 있다.

① 탄소 포집(Carbon Capture): 이산화탄소를 배출원에서 직접 포집하거나 대기 중에서 포집하는 기술이다. 이는 연소 전 포집, 연소 후 포집, 순산소 연소 방식, 그리고 직접 공기 포집(DAC, Direct Air Capture) 등 다양한 방법으로 이루어진다.

② 탄소 활용(Carbon Utilization): 포집된 이산화탄소를 유용한 제품이나 서비스로 전환하는 과정이다. 이산화탄소는 화학 원료, 연료, 건설 자재, 플라스틱, 심지어 식품 첨가물로도 활용될 수 있다. 이는 순환경제 관점에서 중요하며, 포집된 탄소에 경제적 가치를 부여한다.

③ 탄소 저장(Carbon Storage): 포집된 이산화탄소를 장기간 안전하게 저장하는 기술이다. 주로 지하 지질 구조(고갈된 석유·가스 저장소, 염수층, 석탄층 등)에 이산화탄소를 주입하여 저장한다. 또한, 광물화(mineralization)를 통해 이산화탄소를 안정적인 탄산염 형태로 변환하여 영구적으로 저장하는 방법도 있다.

　청정 수소는 탄소중립을 위한 중요한 에너지원으로 주목받고 있으며, 수소 생산과 활용을 위한 기술 개발이 활발히 이루어지고 있다. 그린수소 생산 기술, 저장·운송 인프라, 수전해 효율성을 향상하고 있다. 바이오에너지는 바이오매스를 활용한 에너지원으로 지속 가능성을 고려한 에너지 생산 방식으로 평가받고 있다. 태양광은 효율성 향상(페로브스카이트 등 차세대 소재), 비용 절감, 설치 유연성 증대하고 있고, 풍력은 해상풍력 확대, 대형화 및 경량화, 부유식 풍력 발전이 각광을 받고 있다.

탄소중립은 개별 국가의 노력만으로는 달성할 수 없으며, 글로벌 정책 공조와 국제협력이 필수적이다. 파리기후협정과 같은 국제 협약은 각국이 구체적인 탄소중립 목표를 수립하고 이행하도록 하는 중요한 추진력을 제공한다. 이러한 국제적인 기반으로 국가 간 협력과 기술 확산이 활성화되어야 하며, 궁극적으로는 국경을 초월한 지구 생태계 보전 운동으로 발전해야 한다. 이에 많은 국가는 탄소중립 기술 개발을 가속화하기 위해 공공 및 민간 부문의 투자를 전략적으로 확대하고 있다.

탄소중립 접근은 장기적으로 기업의 경제적 이익을 제공할 수 있으며, 지속 가능한 산업 생태계를 만들어 준다. 기업들이 탄소중립 기술을 도입함으로써 비용 절감과 시장 경쟁력을 확보할 수 있는 잠재력을 가지고 있다. 탄소중립 기술의 개발은 산업의 혁신을 촉진하고, 새로운 제품 및 서비스의 창출로 이어질 수 있으며, 이미 많은 국가가 시행하고 있다.

탄소중립 기술을 확대하기 위해서는 재정 지원과 인센티브가 필요하다. 각국 정부는 탄소중립 기술과 관련된 혁신 기업에게 재정적 지원과 인센티브를 제공하여 기술 개발을 촉진하고 있다. 예를 들어, 탄소중립 기술의 연구개발을 위한 공공 투자와 관련된 세금 혜택 등이 있다. 또한, 민·관·학 협력은 다양한 이해관계자가 협력하여 기술 개발과 정책 수립에 참여하도록 하는 것이 필수적이다. 이를 통해 탄소중립 기술의 성공적인 도입과 운영이 가능해진다.

한국은 탄소중립 달성을 위한 10대 핵심 기술을 선정하고 개발 및 고도화 전략을 수립해야 한다. 탄소중립 달성 기여도를 바탕으로 한 기술별 중요도 평가 결과, 태양광 초고효율화 및 풍력 대형화 기술이

10대 핵심 기술 중 탄소중립 목표 달성 기여도가 가장 높을 것으로 평가된다. 탄소중립 기술 개발 및 활용을 위해서는 정부의 적극적 노력이 필수적이다.

국내 탄소중립 기술 로드맵 및 정책 현황을 살펴보면 다음과 같다. 2020년 12월, 관계부처 합동으로 발표된「2050 탄소중립 추진전략」이 국내 탄소중립 정책의 기초가 되며, 4대 기본 방향과 10대 중점 과제를 바탕으로 총 31개의 정책과제가 포함되어 있다. 이 전략은 탄소중립 목표 달성을 위해 각 부처가 수행해야 할 활동과 구체적인 계획을 정리한 것으로 시사하는 바가 크다. 탄소중립과 관련해서 주무 부서는 과학기술정보통신부와 산업통상자원부이다. 과학기술정보통신부는 탄소중립 기술 관련 연구개발(R&D)과 투자 유치를 위한 과제를 추진하고 있으며, 특히 CCUS(탄소 포집, 활용 및 저장) 기술 개발에 중점을 두고 있다. 산업통상자원부는 에너지 및 산업 분야의 저탄소 전환을 위한 과제를 추진하며, 신 유망 저탄소 산업 환경 조성을 위한 정책을 마련하고 있다. 농림축산식품부, 해양수산부, 환경부 등 다양한 부처가 각각의 특징에 맞춘 정책과 과제를 설정하고 있다.

국내 탄소중립 기술 로드맵은 각 부처별로 관련 법령 및 제도를 통해 법적 근거를 마련하고 있다. 이와 함께 정부의 중앙 부처 및 지방정부 간의 유기적인 협력을 통해 기술 개발과 실행 체계가 강화되고 있다. 탄소중립 기술의 연구개발 및 구현 과정에서는 여러 부처가 협력하여 관리해야 하며, 각각의 부처가 참여하는 거버넌스 체계가 필수적이다. 이를 통해 특정 부처의 작업으로 인한 편향을 방지하고, 효과적으로 정책을 수립할 수 있다.

탄소중립 정책 수립 과정에서 다양한 이해관계자와 전문가의 의견을 수렴해 정책을 개발하고 있으며, 이러한 접근은 정책의 실효성을 높이는 데 중요하다. 이와 같은 국내 탄소중립 기술 로드맵과 정책들은 지속 가능한 발전을 위해 기후변화에 효과적으로 대응하고, 국제

사회의 탄소중립 목표에 기여하기 위한 기초가 되고 있다.

탄소중립 기술이 개발되어 활용되는 일련의 과정은 하나의 부처가 아닌 다수의 부처의 지원 및 관리가 수반된다. 탄소중립 계획의 통합관리 필요성이 대두되고 있으며, 전문가 설문조사 결과 대다수의 전문가가 탄소중립 계획의 통합관리에 대해 긍정적으로 평가하고 있다. 2050 탄소중립위원회가 탄소중립 기술 로드맵을 작성하고 탄소중립 기술 정책 전반을 총괄하고 있다.

글로벌 탄소중립 기조에 따라 한국을 포함한 주요국이 2050년 탄소중립 달성을 위한 세부 추진전략과 로드맵을 작성하고 있다. 주요국 사례를 분석한 결과 과학기술, 산업, 에너지, 기후·환경 관련 부처가 독자적으로 정책을 수립하기보다는 다부처 협력 혹은 협의체 구성 형태로 탄소중립 관련 정책을 수립 중이다. 탄소중립 기술 로드맵 및 거버넌스 구축을 위해서는 관계부처의 적극적인 노력 및 투명한 정보 공개를 기반으로 체계적인 추진전략이 수립됨과 동시에 각계각층의 다양한 의견을 수집하고, 공유할 수 있는 네트워크 및 협력 플랫폼이 마련되어야 한다.

국내 탄소중립 기술의 현재 동향은 다음과 같이 요약할 수 있다. 첫째, 핵심 기술 개발이다. 한국은 탄소중립 달성을 위한 10대 핵심 기술을 선정하고 이를 개발 및 고도화하기 위한 전략을 마련하였다. 이러한 기술들은 국가의 상위 계획과 연계되며, 온실가스 감축 기여도 및 주요 산업 연계 기술 수요를 고려하여 선정되었다.

둘째, 전문가 의견 조사다. 탄소중립 정책 및 기술 분야의 전문가 50인을 대상으로 한 심층 설문조사 결과, 탄소중립 기술 개발 및 활용을 위해서는 정부의 적극적인 노력이 필수적이라는 의견이 지배적이다. 원천 기술 개발 지원 및 실증화 사업 지원에 대한 수요가 높게 나타났다.

셋째, 제도적 기반의 필요성이다. 전문가들은 현재 대한민국의 탄소중립 기술 관련 제도적 기반이 부족하다는 의견이 많았으며, 따라서 보다 강력한 법적 및 제도적 지원이 필요하다고 강조하고 있다. 이는 산업계 및 연구계가 탄소중립 기술 개발과 상용화에 적극 나설 수 있도록 돕기 위한 것이다.

넷째, 공공과 민간의 협력이다. 탄소중립 기술 로드맵과 관련된 거버넌스 구축 방안에서는 다양한 이해관계자들이 참여할 수 있는 플랫폼을 제공하고, 민간 기업과 관련 부처, 학계 전문가들이 협력할 수 있는 구조가 필요하다고 제안하고 있다.

국내외 탄소중립 기술 로드맵과 체계적인 거버넌스 구축이 시급하다. 탄소중립 기술의 효과적인 추진을 위해서는 다부처 간 긴밀한 협력 체계가 필수적이며, 각 부처는 명확한 역할 분담과 일관된 정책 방향을 설정해야 한다. 이러한 접근을 통해 부처 간 정책 방향 상충, 협력 의지 부족, 예산 및 권한의 불균형과 같은 구조적 문제를 해소할 수 있다. 아울러 부처별 담당자와 탄소중립위원회 간의 정책협의체를 구성하고, 관계 부처 간 정기적인 회의를 개최하여 현행 로드맵과 추진 전략을 논의하는 과정이 필요하다. 이러한 협력 메커니즘은 향후 효과적인 정책 공유 방안을 마련하는 견고한 기반이 될 것이다.

국내 탄소중립 기술 거버넌스는 수평적 체계를 지향하며, 민간·정부·학계의 다양한 의견을 효과적으로 수렴할 수 있는 네트워크와 플랫폼 구축이 필요하다. 이러한 구조를 통해 균형 잡힌 의견 조율과 원활한 소통이 가능해진다. 범부처 차원의 협력으로 중장기적 공동 목표를 설정하고, 이에 따른 체계적인 세부 추진 전략을 마련해야 한다. 이 과정에서 각 부처는 부처 이기주의를 탈피하여 개방적이고 적극적인 자세로 협력하는 것이 중요하다. 아울러 탄소중립 기술 로드맵 수립 및 거버넌스 구축·운영을 전담할 기관이나 부처의 설립이 요구된다. 이는 효율적인 정책 집행과 이해관계자 간 갈등 조정을 위한 필수적 요소이다.

### 탄소 포집 · 활용 · 저장(CCUS)

CCUS는 'Carbon Capture, Utilization, and Storage'의 약자다. 이는 대기 중 이산화탄소를 줄이거나 산업 공정에서 발생하는 이산화탄소가 대기로 방출되는 것을 방지하기 위한 일련의 기술을 말한다. CCUS는 기후변화 대응을 위한 핵심 기술로 특히 탄소중립을 달성하는 과정에서 필수적인 역할을 한다. 이 기술은 대규모 배출원(발전소, 제철소, 시멘트 공장 등)에서 발생하는 이산화탄소를 포집하거나, 직접 대기 중에서 이산화탄소를 제거하는 것을 목표로 한다.

국제에너지기구(IEA)와 기후변화에 관한 정부간 패널(IPCC)은 파리협약의 목표를 달성하기 위해 CCUS가 필수적인 역할을 할 것이라고 강조한다. 특히, 시멘트, 철강, 화학 등 탈탄소화가 어려운 산업 부문이나 바이오에너지와 결합된 BECCS(Bio-Energy with Carbon Capture and Storage) 같은 네거티브 배출 기술에서 CCUS의 중요성이 더욱 커질 것으로 전망한다.

최근에는 직접 공기 포집(DAC) 기술에 대한 관심이 크게 증가하고 있으며, 이는 과거 배출된 이산화탄소까지 제거할 수 있는 잠재력을 가지고 있다. 또한, 포집된 이산화탄소를 고부가가치 제품으로 전환하는 혁신적인 활용 방안도 활발히 연구하고 있다.

CCUS는 단기적으로는 에너지 전환 과정에서 기존 화석연료 인프라의 탄소 발자국을 줄이는 역할을 장기적으로는 대기 중 이산화탄소 농도를 감소시키는 네거티브 배출 기술로서의 역할을 수행할 것으로 기대된다. 효과적인 기후 행동을 위해서는 재생에너지와 에너지 효율 향상 등 다른 저탄소 기술과 함께 CCUS의 균형 있는 발전이 필요하다.

# 3장

**ESG**

# ESG 개념 및 구성 요소

## 1) ESG의 정의 및 역할

ESG 개념에 관한 이해는 이해관계자(stakeholder)와 지속가능성(sustainability)에 대한 논의에서 시작되었다. 이해관계자란 기업의 목표 달성에 영향을 미치거나 기업 활동으로 인해 영향을 받을 수 있는 개인 또는 집단을 의미한다. 기업은 단순히 주주만을 위해 존재하는 것이 아니라 소비자, 임직원, 협력사, 지역사회, 환경 등 기업 경영과 직간접적으로 관련된 모든 이해관계자를 위해 존재한다. 기업은 이러한 다양한 이해관계자와 상호작용하는 과정에서 가치를 창출하게 되므로, 이해관계자를 효율적으로 관리하는 기업일수록 경쟁력을 확보하고 생존 가능성을 높이는 데 유리해진다.

기업은 이해관계자와 끊임없이 상호작용하며 사회에 영향을 미치기 때문에, 이해관계자들이 기업의 지속가능성에 관심을 갖는 것은 당연하다. 지속가능성은 현재 세대가 필요를 충족시키면서도 미래 세대가 사용할 경제, 사회, 환경 자원을 낭비하거나 그 여건을 저하시키지 않고 조화와 균형을 이루는 상태를 뜻한다. 기업의 관점에서 지속가능성은 초기에는 기업 활동이 환경과 사회에 미치는 부정적인 영향을 최소화하는 것으로 이해되었으나, 최근에는 기업이 환경과 사회에 긍정적인 영향을 적극적으로 창출하는 방향으로 개념이 확장되었다.

과거에는 기업의 지속가능성을 예측할 때 매출액이나 순이익 같은 재무적 성과에만 초점을 맞추는 것이 일반적이다. 그러나 최근에는 기업의 지속가능성을 비재무적인 성과를 통해 측정하고 예측해야 한다는 관점이 설득력을 얻고 있다. 이는 환경 오염을 유발하거나 협력업체에 대해 부당한 대우를 하는 기업의 지속가능성을 단순히 재무적 성과만으로 판단하는 것이 불완전하고 부정확하다는 문제 의식 때문이다. 예를 들어, 훌륭한 기업 문화가 임직원의 인권을 보호하고 생산성 향상에 도움이 된다는 것은 잘 알려져 있지만, 이러한 정보는 기업의 재무제표에 직접적으로 나타나지 않는다. 경영 활동의 결과뿐만 아니라 그 과정을 적극적으로 고려해야 한다는 목소리가 높아지면서 기업의 이해관계자들은 비재무적 성과를 더욱 중요하게 여기게 되었고, 이러한 비재무적 성과를 구성하는 대표적인 요소가 바로 ESG이다.

ESG는 환경(Environment), 사회(Social), 지배구조(Governance)의 첫 글자를 따온 용어이다. 처음에는 주로 투자자들이 어떤 기업에 투자할 가치가 있는지 판단하기 위한 비재무적 지표로 사용되었습니다. 이제 ESG는 단순한 투자 지표를 넘어, 기업의 지속가능성을 달성하기 위한 경영의 핵심 요소로 인식하고 있다. 좁게는 기업이 환경 및 사회 문제 해결을 통해 이익을 창출하는 사업 행위를 의미한다. ESG 등급이 우수한 기업은 효율적인 자원 활용, 인적 자원 관리, 혁신 관리 개선 등 여러 측면에서 경쟁력을 보유하고 있을 가능성이 크다고 평가되며, 이러한 경쟁 우위를 통해 지속적으로 수익을 창출할 수 있기 때문에 투자자들은 ESG를 좋은 기업을 고르는 중요한 지표로 활용하고 있다.

기업이 ESG 경영을 통해 환경과 사회에 미치는 영향을 고려하고 건전한 지배구조 구축을 위해 노력하는 것은 단순히 수익 증가나 가치 향상을 넘어, 기업의 생존과 지속 가능한 성장을 결정짓는 필수 요인이 되고 있다. ESG가 기업의 가치와 지속가능성을 비재무적 요인에서 찾기 때문에 ESG 경영을 소홀히 하는 기업은 가치가 하락하고 투자자나 금융 기관으로부터 외면받을 수 있다. 따라서 ESG는 기업 자체의 생존과 지속가능성에 결정적인 영향을 미칠 뿐만 아니라, 궁극적으로 사회 전체의 지속가능성에도 중요한 요소로 작용한다.

## 2) ESG 각 요소의 의미

ESG는 환경(Environmental), 사회(Social), 지배구조(Governance)를 의미하는 개념으로, 기업의 가치를 평가할 때 재무적 성과뿐만 아니라 이러한 비재무적 요소들을 함께 고려해야 한다는 관점이다. ESG의 역사적 뿌리는 1960년대와 1970년대의 환경 운동, 사회 운동, 기업 윤리 운동 등으로 거슬러 올라갈 수 있으며, 당시에는 주로 기업의 사회적 책임(CSR)이나 윤리 경영에 관한 논의가 중심이었다.

'ESG'라는 용어가 공식적으로 처음 사용된 것은 2004년 유엔 글로벌 콤팩트(UNGC)에서 발표한 'Who Cares Wins'라는 보고서를 통해서였다. 이 보고서는 금융 기관들이 투자 결정 과정에서 ESG 이슈를

2024 'Who Cares Wins'

고려해야 한다고 제안했다. 2006년에는 유엔의 지원을 받는 국제 투자 기관 연합인 책임투자원칙(PRI, Principles for Responsible Investment)이 출범하였고, PRI는 투자 결정 및 소유권 행사 시 ESG 이슈를 통합하려는 6가지 원칙을 제시하며 기관 투자자들의 ESG 고려를 확산시키는 데 중요한 역할을 했다.

이후 기후변화, 사회적 불평등, 기업 지배구조 문제 등에 대한 인식이 높아지고, ESG 요소가 장기적인 기업 성과와 재무적 안정성에 영향을 미친다는 연구 결과들이 발표되면서 ESG는 투자자들과 기업들에게 중요한 고려 사항이 되었다. 특히 2010년대 후반부터는 전 세계적으로 기후 위기 대응의 필요성이 커지면서 ESG가 더욱 빠르게 주류화되었다.

ESG의 세 가지 핵심 요소를 살펴보면, 첫째, 환경(E) 요소는 기업이 환경에 미치는 영향과 관련된 것으로, 기후변화 대응을 위한 온실가스 배출량 관리 및 감축, 자원 효율성 및 폐기물 관리, 수자원 관리, 생물다양성 보호, 오염 방지 및 통제, 친환경 제품 개발, 재생에너지 사용 등을 평가한다. 둘째, 사회(S) 요소는 기업이 직원, 고객, 공급업체, 지역사회 등 이해관계자들과 맺는 관계 및 사회에 미치는 영향과 관련된 것으로, 안전한 근무 환경 조성, 다양성 및 포용성 증진, 공정한 임금 제공, 인권 존중, 고객 만족 및 데이터 프라이버시 보호, 지역사회 공헌 활동, 제품 안전 및 책임 등을 평가한다. 셋째, 지배구조(G) 요소는 기업의 의사결정 구조, 경영 투명성, 윤리 경영 등 기업을 관리하고 통제하는 체계와 관련된 것으로, 이사회 구성의 독립성 및 다양성, 감사위원회의 역할, 경영진 보상 체계의 합리성, 주주 권리 보호, 반부패 및 뇌물 방지 정책, 정보 공개의 투명성 등을 평가한다. 보다 구체적으로 살펴보면 다음과 같다.

① E (Environmental): 환경

환경 요소는 기업 활동이 환경에 미치는 영향과 관련된 요소이다. 기업의 환경 경영 계획 및 실행, 환경 성과 관리 및 보고, 친환경 생산 공정 도입 등이 포함된다. 재생에너지 사용 확대, 자원 순환형 제품 개발, 환경 오염 방지 노력 등이 여기에 해당된다. 최근 탄소중립이 중요해지면서 환경 관리 소홀은 평판 손상 및 재무적 위험으로 이어질 수 있어 기업의 중요한 관리 대상이 되고 있다.

② S (Social): 사회

사회 요소는 기업이 임직원, 고객, 협력사, 지역사회 등 다양한 이해관계자들과 맺는 관계 및 사회에 미치는 영향에 관한 요소이다. 안전하고 건강한 근무 환경 조성, 노동자의 인권 및 안전 보장, 다양성과 포용성 증진, 고객 및 정보 보호, 지역사회 공헌 활동 등이 포함된다. 특히 산업 안전 사고 등으로 인해 노동자 안전 및 보건 이슈가 중요해지면서 사회(S) 영역에 대한 관심과 책임이 더욱 커지고 있다. 이 영역은 다른 영역에 비해 정성적이고 도덕적인 판단이 필요한 경우가 많다.

③ G (Governance): 지배구조

지배구조 요소는 기업의 의사결정 구조, 경영 투명성, 윤리 경영 등 기업을 관리하고 통제하는 체계에 관한 요소이다. 이사회의 독립성 및 다양성 확보, 임원 보상 체계의 투명성, 주주 권리 보호, 부패 방지, 내부 감사 시스템 운영 등을 강조한다. 예를 들어, 대표이사와 이사회 의장을 분리하거나 이사회 내 여성 사외이사를 선임하는 활동 등이 건전한 지배구조 구축 노력이다. 소비자에게는 E, S에 비해 덜 친숙할 수 있으나, 전문가와 투자자들은 환경 및 사회 관련 전략 추진의 기반이 된다는 점에서 지배구조(G)를 가장 중요한 요소로 평가하기도 한다.

ESG는 기업의 지속가능성과 장기적 가치 창출을 위해 환경, 사회, 지배구조 측면에서 기업의 책임과 영향을 평가하는 종합적인 프로세스다. 이 세 가지 요소는 상호 연결되어 있으며, 기업이 장기적으로 안정적인 성과를 내고 지속가능하게 성장하기 위해서는 이 모든 측면에서 균형 잡힌 노력을 기울이는 것이 중요하다. ESG는 기업의 지속가능성과 장기적인 가치를 평가하는 데 있어 재무적 성과와 함께 필수적으로 고려해야 할 비재무적 요소로서, 기업 경영의 중요한 축이 되고 있다.

# ESG 경영의 가치와 실제 적용 사례

## 1) ESG 경영의 중요성

ESG 경영은 환경 보호를 통해 자원 효율성을 높이고 운영 비용을 절감하며, 사회적 책임을 다함으로써 임직원 생산성 향상, 고객 충성도 증대, 공급망 안정화 등을 이끌어낸다. 또한, 투명하고 건전한 지배구조는 기업의 신뢰도를 높이고 장기적인 의사결정의 기반이 된다. 이러한 비재무적 노력들은 단기적인 성과를 넘어 기업의 근본적인 경쟁력을 강화하고, 변화하는 시장 및 사회 환경에 유연하게 대응할 수 있게 하여 장기적인 기업 가치를 지속적으로 창출하고 유지하는 데 필수적이다.

기후변화로 인한 물리적 위험(홍수, 가뭄 등), 환경 규제 강화, 공급망에서의 인권 문제 발생, 지배구조 관련 스캔들 등 ESG 관련 위험들은 기업의 운영에 심각한 차질을 초래하고 재무적 손실을 가져올 수 있다. ESG 경영은 이러한 잠재적 위험을 사전에 식별하고 관리함으로써 기업의 취약성을 줄이고, 예상치 못한 위기 상황 발생 시에도 빠르게 회복할 수 있는 회복 탄력성(resilience)을 높여 기업의 지속가능성을 확보하는 데 기여한다.

투자자들은 기업의 ESG 성과를 중요한 투자 결정 기준으로 삼고 있으며, ESG 리스크가 높은 기업에 대한 투자를 회피하는 경향이 높아지고 있다. ESG 경영은 책임 투자자들을 유치하고 안정적인 자금 조달이 가능하다.

소비자들은 환경 및 사회적 가치를 고려하는 기업의 제품이나 서비스를 선호하며, 우수한 인재들은 사회적 책임을 다하는 기업에서 일하기를 원한다. 지역사회 또한 기업의 긍정적인 기여를 기대하고, ESG 경영은 이러한 다양한 이해관계자들의 신뢰와 지지를 얻어 기업의 지속적인 활동 기반을 마련한다.

ESG 관련 이슈에 대한 대응 과정에서 기업은 친환경 기술 개발, 사회적 가치를 반영한 비즈니스 모델 혁신 등 새로운 아이디어와 기회를 발굴할 수 있다. 이는 새로운 시장을 창출하거나 기존 시장에서의 경쟁 우위를 확보하는 기반이 되어 기업의 지속적인 성장에 기여한다.

최근 지속가능성과 ESG도 이슈다. 현대 기업 경영에서 긴밀히 연결된 개념으로, 지속가능성이 추구하는 장기적 가치 창출과 미래 세대를 위한 자원 보존이라는 목표를 ESG가 구체적인 실행을 구현한다고 볼 수 있다. 지속가능성이라는 큰 목표를 달성하기 위해 기업들은 환경 보호, 사회적 책임, 투명한 지배구조라는 ESG의 세 가지 핵심 축을 균형 있게 발전시켜 나가야 한다. 지속가능한 발전은 현재의 필요를 충족시키면서도 미래 세대의 필요를 손상시키지 않는 발전을 의미하는데, ESG 경영은 이러한 철학을 기업 활동에 통합하는 실질적인 방법론을 제공한다.

기업이 ESG 경영을 통해 지속가능성을 추구할 때 얻을 수 있는 이점은 다양하다. 우선 자원 효율성 향상과 운영 비용 절감을 통해 경제적 이익을 얻을 수 있으며, 투자자들의 ESG 요소 중시 경향에 부응하여 자본 조달에도 유리한 위치를 점할 수 있다. 또한 환경 및 사회적 위험 관리를 통해 잠재적 법적 문제나 평판 손상을 예방할 수 있고, 혁신 촉진과 새로운 시장 기회 발굴을 통해 장기적 경쟁력을 강화할 수 있다. 더불어 ESG 성과가 우수한 기업은 인재 유치와 유지에도 유리하며, 소비자들의 윤리적 소비 트렌드에 부응하여 브랜드 가치를 높일 수 있다.

국내외 ESG 경영 우수 사례를 살펴보면, 글로벌 기업인 유니레버는 '지속가능한 생활 계획(Sustainable Living Plan)'을 통해 제품 생산 과정의 환경 영향 최소화, 책임 있는 원료 조달, 사회적 영향 증진 등을 추진하며 지속가능한 비즈니스 모델을 구축했다. 이를 통해 유니레버는 지속가능성을 핵심 경영 전략으로 삼아 브랜드 가치를 크게 향상시켰다. 파타고니아는 환경 보호에 앞장서는 의류 기업으로, 재활용 소재 사용, 공정 무역 실천, 매출의 일정 부분을 환경 단체에 기부하는 등 ESG 가치를 기업 DNA에 내재화시켜 소비자들의 높은 신뢰와 충성도를 확보했다.

국내에서는 SK그룹이 '사회적 가치' 창출을 경영 철학으로 채택하고, 그룹 내 모든 계열사가 환경·사회적 가치를 측정하고 보고하는 체계를 도입했다. 특히 SK이노베이션은 배터리와 같은 친환경 사업 포트폴리오를 강화하고 투명한 ESG 정보 공개를 통해 지속가능한 성장 기반을 마련하고 있다. 또한, 포스코는 '기업시민' 경영이념을 바탕으로 탄소중립 로드맵을 수립하고, 취약계층 지원과 상생협력을 강화하는 등 ESG 경영을 적극 실천하여 국내외에서 높은 평가를 받고 있다.

이처럼 ESG 경영은 기업이 지속가능성을 실현하는 구체적인 방법이며, 장기적 관점에서 기업의 생존과 번영, 나아가 사회 전체의 지속가능한 발전에 기여한다. 환경 위기, 사회적 불평등, 기업 윤리에 대한 요구가 점점 높아지는 현 시대에 ESG 경영은 더 이상 선택이 아닌 필수적인 경영 패러다임으로 자리잡고 있다. 기업들은 지속가능성이라는 큰 틀에서 ESG 요소들을 전략적으로 통합하여 경제적 가치와 사회적 가치를 동시에 창출하는 혁신적인 비즈니스 모델을 발전시켜 나가야 할 것이다.

## 2) ESG 성공경영 사례

ESG 경영은 단순한 사회공헌 활동을 넘어 기업의 경쟁력 강화와 가치 향상으로 이어지는 경우가 많다. 많은 기업이 ESG 경영을 통해 재무 성과 개선, 브랜드 가치 상승, 인재 유치 용이성 증대, 공급망 안정화 등 다양한 긍정적 성과를 경험하고 있다. ESG는 더 이상 비용이 아니라 기업의 미래를 위한 투자이자 경쟁력 강화의 필수 요소로 인식되고 있음을 보여주는 사례를 소개하면 다음과 같다.

① 토니모리 및 요기요

환경 보호를 위한 일상 속 실천(텀블러 사용, 분리수거, 페트병 라벨 제거 등)을 장려하는 캠페인을 진행하고, 임직원 대상 환경 실천 챌린지를 운영했다. 대중 및 임직원들의 높은 참여율과 미션 달성률을 기록하며 환경 보호 실천을 성공적으로 이끌어냈다. 이는 기업의 환경 의식을 높이고 내부 및 외부 이해관계자의 긍정적인 참여를 유도하는 효과를 가져왔다.

② 풀무원

환경관리시스템을 표준화하고 온실가스 배출량을 철저히 관리하며 친환경 식품 개발을 선도했다(환경 E). 공정한 채용 절차와 지역 인재 육성 활동을 펼쳤다(사회 S). 투명한 경영 및 지배구조 강화를 위한 노력을 기울였다(지배구조 G). 한국기업지배구조원(KCGS)으로부터 통합 A+ 등급을 받는 등 ESG 전반에서 높은 평가를 받으며 지속가능한 식품 산업을 선도하는 기업으로 자리매김했다.

③ 하림

육가공 공장에 태양광 발전시설을 설치하고 폐목재 재활용 바이오매스 보일러를 도입하는 등 친환경 활동을 전개했다(환경 E). 초등학생 조식 지원, 장학금 제공 등 다양한 사회 공헌 활동을 펼쳤다(사회 S). 이사회 투명성 및 독립성 강화, 내부회계관리제도 도입 등 지배구조를 강화했다(지배구조 G). '녹색경영'을 실천하며 온실가스 배출을 줄이는 등 기업의 환경 및 사회적 책임 노력을 강화하며 지속가능성을 높였다.

④ 나이키

탄소 저감 소재 개발에 투자하고 '스페이스 히피'와 같은 친환경 제품 시리즈를 선보였다(환경 E). 환경 책임 노력을 통해 ESG 경영의 선도적인 기업으로 주목받고, 친환경 제품으로 소비자들의 긍정적인 반응을 얻으며 브랜드 이미지를 제고했다.

⑤ 시몬스 침대

구체적인 활동 내용은 명시되어 있지 않으나, ESG 경영을 통해 긍정적인 성과를 거둔 사례로 언급되었다. 업계 1위를 달성하는 데 ESG 경영이 긍정적인 효과를 주었다는 평가가 있다. 이는 ESG 경영이 시장 점유율 확대 및 매출 성장에 기여할 수 있음을 시사한다.

⑥ 사이공쿱마트(Saigon Co.opmar: 베트남 유통업체)

베트남 최초로 플라스틱 빨대 사용을 중단하고, 채소 포장에 비닐봉지 대신 바나나 잎이나 재활용 종이가방을 사용했으며, 우유팩 수집 캠페인 등을 시행하여 일회용 쓰레기 배출 줄이기에 적극 나섰다. 환경 보호 캠페인을 벌이는 달에 오히려 매출과 방문객이 늘어나는 효과를 보였다. 이는 소비자들이 기업의 환경 보호 노력에 긍정적으로 반응하며 구매 행동으로 이어질 수 있다.

### ⑦ 비나밀크(Vinamilk: 베트남 유제품 기업)

'베트남을 위한 백만 그루의 나무' 기금 등 환경 문제에 투자하고, 지역 인프라 및 시설 투자, 일자리 창출 등 지역 경제 발전에도 기여했다. 직원들의 근로 환경과 복지에도 신경썼다. ESG 경영을 잘 실천한 결과, 현지 대형 마트에서 외국 제품들을 밀어내고 8년 연속 유제품 시장 점유율 1위를 차지했다. 또한, 베트남 사람들이 가장 사랑하는 브랜드로 꼽히고, 3년 연속 베트남에서 가장 일하기 좋은 직장 1위에 오르는 등 브랜드 가치와 평판이 크게 상승했다.

### ⑧ 틱톡

지구의 날을 맞아 환경 보호 캠페인을 진행하며, 해시태그(#지구의날, #earthday)를 활용하여 일상에서 실천할 수 있는 환경 보호 팁을 알리고 소비자의 환경 보호 인식을 높였다. Z세대의 특징을 잘 살린 숏폼 콘텐츠 캠페인을 통해 유저들이 환경 보호의 중요성을 자연스럽게 배우게 하고, 다양한 단체와의 협력으로 풍부한 콘텐츠를 제공하여 긍정적인 브랜드 이미지 및 인지도 향상에 기여했다. 직접적인 매출 증가는 아니지만, 타겟 고객과의 긍정적인 관계 형성과 브랜드 가치 제고 측면에서 의미가 있다.

이 사례들은 기업이 환경, 사회, 지배구조 측면에서 책임 있는 행동을 할 때, 소비자와 이해관계자들의 긍정적인 반응을 이끌어내고 이것이 결국 매출 증대, 시장 점유율 확대, 브랜드 가치 상승 등 실질적인 사업 성과로 연결될 수 있음을 보여준다. ESG 경영은 더 이상 단순히 사회적 요구에 부응하는 것을 넘어, 기업의 지속가능한 성장을 위한 전략적인 선택이자 경쟁 우위 확보의 중요한 수단이 되고 있다.

# 4장
# 에너지 저감

# 1

# 건물 에너지 저감

건물 에너지 저감은 기후 변화 대응과 에너지 안보 강화, 경제적 이익 창출을 위한 핵심 전략이다. 전 세계 에너지 소비량의 30%를 차지하는 건물 부문의 효율적 관리는 탄소중립 목표 달성의 필수 요소이다. 건물 에너지 저감의 현황과 기술 동향, 정책 및 제도, 실제 적용 사례, 경제성 분석, 주요 장애 요인과 해결 방안, 그리고 향후 발전 전망을 종합적으로 분석한다. 이를 통해 건물 에너지 저감의 중요성과 실현 가능한 방안을 제시하고, 지속 가능한 건축 환경 조성을 위한 방향을 모색하고자 한다.

## 1) 현황 분석

전 세계적으로 건물 부문은 최종 에너지 소비량의 약 30%와 전력 소비량의 절반 이상을 차지하고 있으며, 에너지 관련 $CO_2$ 배출량의 거의 40%를 담당하고 있다. 특히, 뉴욕, 파리, 도쿄와 같은 대도시에서는 건물에서 발생하는 $CO_2$ 배출량이 전체 배출량의 70%에 육박하여 도시 탄소 배출의 주요 원인이 되고 있다.

2060년까지 지어질 건물 중 절반은 아직 건설되지 않았지만, 기존 건물의 교체율은 연간 1.0~3.0%에 불과하여 매우 낮은 수준이다. 이는 기존 건물의 에너지 효율 개선이 시급함을 시사한다. 미국 건물의

66.3%와 EU 건물의 75%는 1990년 이전에 지어진 노후 건물이며, 한국 건물의 36%는 30년 이상 된 노후 건물로 분류된다. 특히, EU에서는 1945년 이전에 지어진 건물이 최신 건물보다 5배 더 많은 에너지를 누출하는 것으로 나타나, 건물 에너지 효율의 격차가 매우 크다는 것을 보여준다.

한국의 건물 부문은 국가 전체 최종 에너지 소비량의 19.5%(2022년 기준)를 차지하고 있으며, 전력 소비량의 56.2%를 담당하고 있다. 특히, 서울시의 경우 건물 부문이 전체 온실가스 배출량의 68.7%를 차지하여 전 세계 대도시 평균을 상회하고 있다.

한국 건물의 에너지 효율은 상대적으로 낮은 수준이다. 2022년 기준 국내 건물의 단위면적당 에너지 소비량은 237kWh/㎡·년으로 독일(130kWh/㎡·년)이나 일본(159kWh/㎡·년) 대비 1.5~1.8배 높은 수준이다. 이는 단열 성능이 부족한 노후 건물의 비중이 높고, 에너지 효율에 대한 인식이 상대적으로 낮기 때문이다.

국내 건물 중 15년 이상 된 건물이 전체의 73.4%를 차지하고 있으며, 이 중 대부분이 현재의 에너지 효율 기준을 충족하지 못하고 있다. 특히 1980년대 이전에 지어진 건물들은 단열 기준이 없거나 매우 낮은 수준이어서 에너지 효율 개선이 시급한 상황이다.

기후 변화로 인해 냉방 수요가 지속적으로 증가하고 있으며, 건물은 구조, 재료, 실내 환경 및 에너지 사용에 영향을 미치는 다양한 기후 위험에 노출된 장기 자산이다. 한국의 경우 여름철 폭염일수 증가로 인해 냉방 에너지 사용량이 연평균 3.2%씩 증가하고 있어, 건물 에너지 관리의 중요성이 더욱 커지고 있다.

전 세계적으로 140개 이상의 국가가 넷제로 목표를 발표하거나 고려하고 있지만, 많은 국가가 건물 부문에 대한 구체적인 정량적 목표와 모니터링 메커니즘이 부족한 상황이다. 한국은 2050 탄소중립 목표 하에 건물 부문 온실가스 배출량을 2018년 대비 88% 감축하겠다는 목표를 설정하였으나, 이를 달성하기 위한 구체적인 실행 계획과 모니터링 체계 구축이 여전히 과제로 남아있다. 특히, 기존 건물의 에너지 효율 개선을 위한 정책적 지원과 인센티브 제도의 강화가 필요한 상황이다.

## 2) 기술 소개

건물 에너지 효율을 최적화하고 탄소 배출량을 저감하기 위한 다양한 기술적 접근 방식이 개발되고 적용되고 있다. 이러한 기술들은 패시브 기술, 액티브 기술, 재생에너지 통합, 그리고 스마트 기술로 구분하여 체계적으로 분류할 수 있다.

건물 외피는 벽, 지붕, 창문, 문을 포함하며 에너지 효율의 핵심 요소이다. 단열재는 열 손실을 줄이는 데 중요한 역할을 하며, 섬유유리, 폼 보드와 같은 기존 단열재와 상변화 물질(PCMs), 에어로젤과 같은 첨단 소재가 단열 성능을 향상시킨다. 고성능 유리(Low-E 코팅 및 가스 충전 다중 유리)와 공기 밀봉 기술(날씨 차단, 스프레이 폼 단열재)은 공기 누출을 최소화하여 단열 및 기밀성을 높인다. 패시브 디자인은 건물 방향, 창문 배치, 차양 장치(오버행, 루버, 격자) 등을 활용하여 자연 채광과 환기를 극대화하고 냉난방 부하를 줄인다. 또한 열질량이 높은 콘크리트, 벽돌, 석재와 같은 재료는 낮에 열을 흡수하고 밤에 방출하여 실내 온도를 안정화하고 냉난방 시스템의 필요성을 줄인다.

HVAC(난방, 환기, 공조) 시스템은 건물 에너지 소비량의 약 40%를 차지하므로 고효율 장비 및 시스템 통합이 중요하다. 가변 냉매 유량(VRF) 시스템, 수요 제어 환기(DCV), 열 회수 환기는 에너지 소비를 최대 40%까지 줄일 수 있다. 태양열 시스템 및 지열 히트 펌프와 같은 재생에너지 통합은 HVAC 시스템의 에너지 성능을 더욱 향상시킨다. '빌딩 자동화 시스템(BAS)'은 HVAC, 조명 등 기계 시스템을 통합하여 점유율, 온도, 외부 조건 등 실시간 데이터에 기반하여 에너지 소비를 정밀하게 제어하고 최적화한다. 다만, 건물 외피 개선 후 과도하게 큰 용량의 시스템은 효율성을 저하시킬 수 있으므로 적절한 용량 선택이 중요하다. 조명 기술은 백열등에서 'CFL(콤팩트 형광등)'을 거쳐 LED(발광 다이오드) 기술로 발전했으며, LED는 기존 조명보다 최대 80% 적은 에너지를 소비하며 수명이 길다. 자동화 조명 제어 및 주광 채집 시스템은 자연광 가용성에 따라 인공 조명을 조절하여 에너지 사용을 최적화한다.

'넷제로 에너지 건물(NZEB)'은 연간 소비하는 에너지만큼 현장에서 에너지를 생산하도록 설계되며, 태양광(PV) 시스템이 가장 일반적으로 사용된다. 풍력 터빈 및 지열 시스템 또한 건물 냉난방 및 전력 수요를 충족시키는 데 활용된다. 에너지 스타(ENERGY STAR) 등급을 받은 가전제품과 에너지 효율적인 변압기 및 스마트 미터와 같은 전기 시스템도 전체 건물 에너지 사용을 줄이는 데 기여한다. 이러한 재생에너지 통합 기술은 건물의 에너지 자립도를 높이고 외부 에너지 의존도를 줄여 지속 가능한 에너지 소비 패턴을 구현한다.

센서, 인공지능(AI), 자동화 시스템은 실시간 모니터링 및 에너지 사용 최적화를 통해 운영 효율성을 높인다. 사물 인터넷(IoT)은 스마트 미터, 센서, 가전제품을 중앙 집중식 네트워크에 연결하여 포괄적인 에너지 관리 통찰력을 제공한다. 디지털 트윈 기술은 물리적 개체 또는 프로세스의 실시간 가상 표현으로, 환경 성능, 운영 비용 및 생애 주기 평가에 영향을 미치는 의사 결정을 지원한다. '건물 정보 모델링(BIM)'은 건물의 물리적 및 기능적 특성에 대한 3D 디지털 표현을 생성하여 설계, 건설 및 유지 관리 단계에서 효율성을 높인다. '통합 데이터 플랫폼(IDP)'은 다양한 소스의 데이터를 통합하고 관리하여 건물 부문의 모든 관련 데이터 스트림에 대한 통합된 보기를 제공한다.

이러한 디지털 기술들은 건물 에너지 관리의 정밀도와 효율성을 크게 향상시키며, 데이터 기반 의사결정을 가능하게 한다.

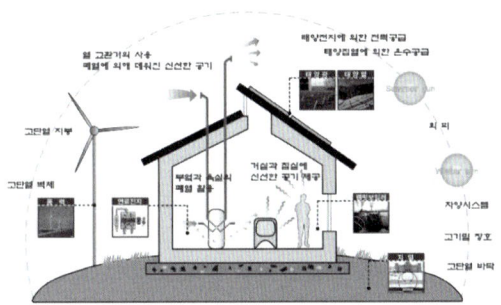

제로에너지건물 개념도

출처: 서울시

### 넷제로(Net-Zero)

넷제로(Net-Zero) 또는 탄소 중립(carbon neutrality)은 기후 변화에 대응하기 위한 핵심 개념으로 건물 부문의 에너지 소비 및 탄소 배출량을 크게 줄이는 것을 목표로 한다. 건물의 에너지 효율성을 향상시키고 재생 에너지를 활용하여 에너지 소비와 환경적 영향을 최소화하는 것을 의미한다.

### 넷제로 에너지 건물(Nearly Zero Energy Buildings, NZEB)

넷제로 에너지 건물(NZEB)은 건물 에너지 소비와 탄소 배출을 최소화하고, 연간 소비하는 에너지와 동일한 양의 에너지를 현장 재생에너지 시스템을 통해 생산하여 에너지 균형을 이루는 것을 목표로 한다. 이는 최고 수준의 에너지 효율성을 통해 달성한다.

### 빌딩 자동화 시스템(Building Automation System, BAS)

빌딩 자동화 시스템(BAS)은 HVAC, 조명 등 건물 내 다양한 시스템을 통합하여, 센서, 인공지능(AI), 자동화 기술을 활용해 실시간으로 에너지를 최적화하는 시스템이다. 이는 에너지 소비를 크게 줄이고 운영 효율성 및 거주자 쾌적성을 향상시키는 데 기여한다.

### 건물 정보 모델링(Building Information Modeling, BIM)

건물 생애주기 전반에 걸쳐 건설, 유지보수, 관리 단계를 향상시키는 3D 디지털 모델링 기술이다. 이 소프트웨어 도구는 건물의 물리적, 기능적 특성을 정밀하게 표현하며, 설계, 시뮬레이션, 평가를 최적화한다. 또한, 데이터 공유 및 협업을 용이하게 하여 건설 산업의 지속가능성 달성 및 탈탄소화에 기여한다.

### 통합 데이터 플랫폼(Integrated Data Platforms, IDP)

건설 부문의 다양한 출처에서 생성된 데이터를 통합하고 관리하는 웹 기반 전문 도구이다. 이 플랫폼은 클라우드 인프라에서 운영되어, 모든 이해관계자가 통일된 데이터에 접근하고 관리할 수 있도록 함으로써 투명성과 의사 결정 과정을 향상시키고, 건물 탈탄소화 및 디지털화에 핵심적인 역할을 한다.

## 3) 정책 및 제도

건물 에너지 저감 목표를 달성하기 위한 가장 효과적인 방법은 규제(Regulation), 정보(Information), 인센티브(Incentives)의 세 가지 핵심 축을 통합하는 정책 접근 방식이다. 이러한 통합적 접근은 각 정책 수단의 한계를 보완하고 시너지 효과를 창출하여 건물 에너지 효율 개선을 체계적으로 유도할 수 있다.

규제적 수단은 건물 에너지 효율의 최소 기준을 설정하고 시장 전반의 성능 수준을 향상시키는 데 핵심적인 역할을 한다. 건물 에너지 코드(BECs)는 신축 건물 및 주요 개조 건물의 최소 에너지 성능 요구사항을 설정하며, 현장 재생에너지 생산, 내재 탄소, 스마트 기기 통합 요구사항을 포함할 수 있다. 전 세계적으로 80개의 BEC가 운영되고 있으나, 신축 건물의 40%만이 에너지 효율 요구사항을 충족하고 있어 코드의 정기적 업데이트와 강화가 필요하다.

최소 에너지 성능 표준(MEPS)은 시장에서 가장 비효율적인 장비 및 관행을 배제하고 평균 효율성 수준을 높이는 데 필수적이며, 유럽연합의 건물 에너지 성능 지침(EPBD)은 비주거 건물의 최악의 성능을 가진 건물을 개조하기 위한 MEPS를 도입하고 있다. 또한 건물 전 생애 주기 탄소(Whole-Life Carbon) 규제는 건물 운영 탄소 배출량뿐만 아니라 자재 생산, 운송, 건설, 해체 등 전 과정에서 발생하는 내재 탄소(Embodied Carbon) 배출량을 줄이기 위한 정책으로 중요성이 증대되고 있다.

### 건물 에너지 저감 목표 정책 수단

| 정책 수단 | 주요 특징 | 대표 사례 및 내용 |
|---|---|---|
| 규제 | • 법적 구속력으로 최소 에너지 성능 기준 설정<br>• 시장 전체의 하한선 제시<br>• 정기적 강화 필요 | • 건물 에너지 코드(BEC): 신축·개조 건물의 최소 에너지 성능 요구<br>• 최소 에너지 성능 표준(MEPS): 비효율 장비·관행 퇴출<br>• 전 생애 주기 탄소 규제: 내재 탄소 및 운영 탄소 관리 |
| 정보 | • 에너지 성능 정보 제공 및 투명성 강화<br>• 소비자·시장 참여 촉진<br>• 자발적 개선 유도 | • 에너지성능 등급 인증·라벨링<br>• 에너지평가서 제공 의무화<br>• 정보공개를 통한 시장 경쟁 촉진 |
| 인센티브 | • 재정적 지원으로 투자 유인<br>• 초기 비용 부담 완화<br>• 성과 기반 지원 확대 | • 보조금, 세액공제, 취득세 감면, 대출 한도 상향<br>• 성능 기준 달성 시 추가 인센티브<br>• 신·재생에너지 설치비 지원 |

정보 제공 수단은 건물 에너지 성능에 대한 투명성을 확보하고 소비자와 시장 참여자들의 정보에 기반한 의사결정을 지원한다. 에너지 성능 인증서(EPCs)는 건물의 에너지 성능에 대한 투명성을 제공하고 소비자의 정보에 입각한 의사 결정을 돕는 중요한 도구이며, EU는 EPC를 표준화하고 있고 프랑스의 DPE는 온실가스 배출량 정보를 포함하고 있다. 에너지 라벨링 프로그램은 가전제품 및 차량에 대한 에너지 라벨을 통해 소비자가 효율적인 제품을 선택하도록 유도한다.

산업 에너지 효율 네트워크(EENs)는 산업 부문에서 지식 교환 및 모범 사례 공유를 촉진하며, 공공 인식 캠페인 및 교육 훈련 프로그램은 에너지 효율의 중요성에 대한 인식을 높이고 숙련된 인력을 확보하는 데 필요하다. 통합 데이터 플랫폼 및 디지털 트윈은 데이터 가용성을 높이고 에너지 관리 및 최적화에 기여하여 정보 기반 의사결정을 강화한다.

인센티브 수단은 시장 참여자들이 에너지 효율 기술에 대한 투자를 확대하도록 경제적 동기를 제공한다. 보조금 및 대출은 에너지 효율 기술의 초기 비용을 낮춰 투자를 장려하며, 특히 개조 프로젝트, 재생에너지 설치, 고효율 기기 구매에 중요한 역할을 한다. 저소득 가구에 대한 재정적 지원은 에너지 형평성 확보를 위해 필수적이다. 세금 혜택 및 우대 대출은 소비자와 개발자가 에너지 효율 솔루션에 투자하도록 유도하는 효과적인 수단이다. 에너지 효율 의무 제도(EEOs)는 '의무 당사자'가 에너지 또는 배출량 절감 목표를 달성하도록 요구하는 메커니즘으로, 시장 전반의 에너지 효율 개선을 체계적으로 유도한다. 녹색 공공 조달은 에너지 효율 성능 기준을 통합하여 효율적인 제품의 시장 배포를 촉진하고 공공 부문이 모범 사례를 선도하는 역할을 한다.

규제, 정보, 인센티브의 세 가지 정책 수단은 각각의 한계를 가지고 있으나, 통합적으로 운용될 때 시너지 효과를 발휘한다. 규제는 시장의 최소 기준을 설정하고, 정보는 시장 참여자들의 합리적 선택을 지원하며, 인센티브는 경제적 동기를 제공하여 자발적 참여를 유도한다. 특히 기후 복원력 규제는 극심한 더위(예: 녹색 지붕, 건물 방향) 및 홍수, 폭풍(최저 주거층 높이, 지붕 형태)으로부터 건물을 보호하는 규제로서 기후 변화 대응 차원에서 중요성이 증대되고 있다. 이러한 통합적 정책 접근은 건물 에너지 저감 목표 달성을 위한 포괄적이고 효과적인 정책을 구축하는 데 필수적이다.

### 4) 사례 분석

다양한 국가에서 건물 에너지 저감을 위한 혁신적인 정책과 기술을 도입하고 있으며, 이는 건물 에너지 코드 강화, 성능 인증 시스템 개선, 기존 건물 규제 및 전생애 주기 관리 등 다양한 접근 방식으로 나타나고 있다.

건물 에너지 코드 측면에서 덴마크, 핀란드, 룩셈부르크는 엄격한 U-값(열 관류율) 기준을 통해 단열 성능을 강화하고 있으며, 호주, 카타르, 사우디아라비아는 태양열 취득 계수(SHGC) 기준을 엄격하게 적용하고 있다. 아일랜드와 네덜란드는 건물 장비의 전력화를 의무화했으며, 일본은 대규모 비주거 건물부터 점진적으로 에너지 효율 표준을 강화하는 단계적 접근 방식을 채택했다. 에너지 성능 인증서(EPCs) 개선을 위해 프랑스는 온실가스 배출량을 포함하도록 DPE를 개혁했고, 네덜란드는 EU 표준에 맞춰 EPC를 개선했다. 또한 프랑스, 네덜란드, 영국은 기존 건물에 대한 최소 에너지 성능 표준(MEPS)을 시행하여 비효율적인 건물의 점진적 퇴출을 유도하고 있으며, 핀란드, 프랑스, 네덜란드, 노르웨이, 스웨덴은 건물 내재 탄소 규제를 도입하여 전생애 주기 탄소 배출량 감소를 목표로 하고 있다.

재정적 인센티브와 기후 복원력 강화 정책도 중요한 역할을 하고 있다. 독일의 '효율적인 건물 연방 기금'은 히트펌프 설치에 보조금을 제공하고, 일본의 '그린 리노베이션 대출'은 에너지 절약형 리노베이션에 저금리 대출을 제공한다. 프랑스의 'Ma Prime Rénov'는 가구 소득 수준에 따라 보조금을 차등 지급하여 저소득층을 지원하고 있다. 기후 복원력 측면에서 콜롬비아의 '지속 가능한 건설 가이드'는 패시브 냉방 설계를 포함하며, 싱가포르는 녹색 지붕 및 외관 등 기후 민감형 도시 설계를 추진하고 있다. 일본은 태풍 대비 지붕 보강 및 침수 방지를 위한 주거층 높이 기준을 강화했으며, 프랑스의 '그린 펀드'는 지방 정부의 공공 건물 에너지 개조 및 도시 녹화 프로젝트를 지원하고 있다.

프랑스의 'Ma Prime Rénov'

디지털 기술 활용을 통한 건물 에너지 관리도 확산되고 있다. 한국은 '그린 빌딩 조정 지원 계획'을 통해 지방 정부의 그린 빌딩 노력을 평가하고 있으며, 런던의 'Be Seen' 프로그램은 신축 및 개조 건물의 에너지 성능 데이터를 장기적으로 모니터링하고 있다. 일본의 BIM 가속화 프로젝트는 중소기업의 BIM 도입을 장려하며, 핀란드의 '프로젝트 라이티'와 프랑스의 '국가 건물 데이터베이스(BDNB)'는 건물 관련 정보 시스템을 구축하여 데이터 접근성을 높이고 있다. 이러한 다양한 정책과 기술적 접근을 통해 각국은 건물 부문의 에너지 효율성 향상과 탄소 배출량 감소를 위한 체계적인 노력을 지속하고 있다.

### 국가별 디지털 건물 에너지 관리 정책

| 국가 | 정책프로그램 | 정책 개념 | 주요 특징 |
|---|---|---|---|
| 한국 | 그린 빌딩 조정 지원 계획 | 지방 정부의 그린 빌딩 정책 수행 평가 시스템 | • 지방 정부별 그린 빌딩 노력 평가<br>• 중앙-지방 정부 간 정책 조정<br>• 성과 기반 지원 체계 |
| 영국 | Be Seen 프로그램 | 건물 에너지 성능 장기 모니터링 시스템 | • 신축 및 개조 건물 대상<br>• 장기간 에너지 성능 데이터 추적<br>• 실제 성능과 설계 성능 비교 분석 |
| 일본 | BIM 가속화 프로젝트 | 중소기업의 BIM 기술 도입 촉진 정책 | • 중소기업 대상 BIM 도입 지원<br>• 건설 산업 디지털화 촉진<br>• 설계-시공-운영 단계 통합 관리 |
| 필란드 | 프로젝트 라이티 | 건물 관련 통합 정보 시스템 구축 | • 건물 정보의 디지털화<br>• 데이터 접근성 향상<br>• 정보 투명성 제고 |
| 프랑스 | 국가 건물 데이터베이스(BDNB, Base de Données Nationale des Bâtiments) | 국가 건물 데이터베이스 시스템 | • 전국 건물 정보 통합 관리<br>• 에너지 성능 데이터 체계화<br>• 정책 수립 기초 자료 제공 |

에너지 효율은 환경적 이점과 더불어 상당한 경제적 이점을 제공하는 중요한 투자 영역이다. 경제적 관점에서 에너지 효율 개선은 에너지 비용 절감, 건강 증진, 신규 일자리 창출 등 다양한 효과를 가져온다. 특히 에너지 효율 개선에 100만 달러를 지출할 때 최대 30개의 일자리가 창출될 수 있어 경제 활성화에 기여한다. 또한, 에너지 효율 인증을 받은 건물은 시장 가치와 판매 및 임대료가 높아지는 경향을 보여 부동산 시장에서의 경쟁력을 높인다.

그러나 에너지 효율 기술의 초기 투자 비용은 여전히 큰 장벽으로 작용한다. 이러한 문제를 해결하기 위해 정부 보조금, 대출, 세금 공제 등의 재정적 인센티브가 중요한 역할을 하며, 이는 에너지 효율 프로젝트의 투자 수익률을 향상시켜 광범위한 채택을 장려한다.

실제 사례 분석 결과, 에너지 효율 개선 방법별로 비용 효율성에 차이가 있는 것으로 나타났다. 지붕 개조가 다른 건물 외피 개조인 외벽이나 창문·문 개조에 비해 투자 대비 가장 뛰어난 경제적 성능을 제공한다. 태양광 시스템 설치 역시 건물 외피 개조보다 투자 대비 더 많은 전력 생산을 가져와 높은 경제성을 갖는 것으로 평가된다. 이처럼 에너지 효율은 단순한 환경 보호 수단을 넘어 경제적 가치를 창출하는 실질적인 투자 수단이다.

한국의 재생에너지 발전비용이 해외에 비해 높은 이유는 여러 복합적 요인에 기인한다. 첫째, 지리적 및 자연조건의 제한으로 한국은 국토 면적이 좁고 산악지형이 많아 대규모 태양광이나 풍력 발전 시설을 설치할 공간 확보가 제한적이며, 바람세기와 일조량 등 자연 자원이 미국, 유럽, 중국 등 주요 해외 국가에 비해 상대적으로 불리하여 발전 효율과 비용 측면에서 열위에 있다.

둘째, 인프라 및 인허가 제도 비용 부담이 크다. 발전 설비 인프라 구축, 전력망 연계, 인허가 절차와 규제가 엄격하고 복잡해 시간과 비용 부담이 크며, 특히 산림 훼손 등 환경 규제 준수 비용과 주민 수용성 확보를 위한 절차가 해외보다 까다로운 경우가 많다.

셋째, 규모의 경제 및 공급망 차이가 존재한다. 해외는 대규모 태양광, 풍력 단지 조성으로 단가를 낮추고 있고 제조 및 설치 비용이 상대적으로 저렴한 반면, 한국은 아직 대규모 프로젝트가 상대적으로 적고 부품·장비 구매 비용이 높을 수 있다.

넷째, 금융비용 및 지원 정책의 차이도 영향을 미친다. 해외는 재생에너지에 대한 금융 지원, 세제 혜택 및 경매 방식 경합이 활발해 투자 비용 부담이 낮은 반면, 한국은 금융비용이 상대적으로 높고 정책적 지원과 시장 메커니즘이 완전히 성숙하지 못한 측면이 있다. 실제로 한국에너지경제연구원(KEEI)도 2025년 기준 국내 태양광 발전 단가가 약 121.2원/kWh(약 90달러/MWh)에 달하며, 글로벌 통계에 비해 두 배 가까운 수준임을 지적하고 있습니다. 육상풍력 등의 경우에도 해외에서는 발전원가가 이미 석탄·가스 대비 낮거나 동등한 수준까지 하락했지만, 한국은 제도 미비 및 금융비용 부담으로 여전히 경쟁력이 미흡한 상황이다.

반면에 해외 선진국들의 신재생에너지 발전단가 절감 전략을 살펴보면, 먼저 정밀한 자원 평가와 첨단 GIS 도구를 활용한 최적 입지 선정을 통해 발전 효율을 극대화하고 있다. 미국과 유럽 등은 바람세기와 일조량 등의 충분한 데이터를 기반으로 입지를 선별하여 불필요한 개발비용을 절감하고 있으며, 중국과 미국의 사례처럼 대형 태양광·풍력 단지 개발을 통한 규모의 경제 실현으로 장비 및 설치 단가를 대폭 낮추고 있다. 금융지원 측면에서는 미국의 인플레이션 감축법(IRA)과 영국의 차액계약(CfD) 같은 정책을 통해 장기 수익성을 보장하고 금융비용을 경감시키고 있으며, 고정가격 지원제도, 세제 혜택, 그린본드 등 다양한 금융도구로 민간투자를 활성화하고 있다. 또한 유럽연합은 신재생에너지 인허가 절차를 통합행정화하고 투명성을 확보하여 사업지연 비용을 줄였으며, 대형·고효율 풍력터빈, 양면 태양광 패널, AI 기반 설비진단, 에너지저장장치 등 첨단기술 도입으로 운영효율을 강화하고 있다. 독일과 덴마크 등은 주민 이익공유제와 지역주주 우선 공모, 커뮤니티펀드 등을 통해 지역사회 수용성을 높이고 있으며, 재생에너지 정책의 장기 로드맵과 예측 가능한 일정을 투명하게 제시하여 시장 신뢰도를 높이고 투자 리스크를 최소화하는 종합적 접근을 취하고 있다.

### 건물 에너지 코드 (Building Energy Codes, BECs)

신축 건물의 에너지 효율성을 보장하기 위해 설계 및 건설 단계에서 준수해야 하는 최소 에너지 성능 기준을 규정한 법적 요구사항이다. 건물 외피의 단열 성능, 창호 성능, 냉난방 시스템 효율, 조명 시스템 등에 대한 구체적인 기준을 제시하며, 건축 허가 과정에서 의무적으로 준수해야 한다. 국가별로 기후 조건과 에너지 정책에 따라 서로 다른 수준의 기준을 적용하고 있으며, 지속적으로 강화되는 추세이다.

### 최소 에너지 성능 표준 (Minimum Energy Performance Standards, MEPS)

기존 건물이 임대, 매매, 또는 지속적인 사용을 위해 달성해야 하는 최소한의 에너지 효율 수준을 정의한 규제 기준이다. 특정 에너지 등급 이하의 건물에 대해 사용, 임대, 매매를 제한하거나 에너지 효율 개선을 의무화하는 정책 수단으로 활용된다. 건물의 에너지 성능 인증서(EPC) 등급을 기준으로 하며, 단계적으로 기준을 강화하여 건물 시장에서 에너지 비효율 건물의 퇴출을 유도하고 기존 건물의 에너지 효율 향상을 촉진한다.

### 건물 에너지 성능 지침 (Energy Performance of Buildings Directive, EPBD)

유럽연합(EU)에서 회원국의 건물 에너지 효율성 향상을 위해 제정한 법적 지침으로, 건물의 에너지 성능 평가, 인증, 개선에 관한 공통 기준을 제시한다. 신축 건물과 기존 건물 모두에 적용되며, 에너지 성능 인증서 발급, 건물 검사, 에너지 효율 개선 권고 등을 포함한다. 2010년 개정을 통해 거의 제로 에너지 건물(nZEB) 개념을 도입했으며, 2024년 최신 개정에서는 건물 탄소중립 목표를 더욱 강화했다.

### 에너지 성능 인증서 (Energy Performance Certificates, EPCs)

건물의 에너지 효율성을 평가하고 등급으로 표시하는 공식 문서로, 건물의 에너지 소비량, 탄소 배출량, 에너지 효율 개선 권고사항 등을 포함한다. 대부분의 국가에서 건물 매매, 임대 시 의무적으로 제공해야 하며, A부터 G까지 또는 별점 시스템으로 에너지 효율성을 표시한다. 건물 소유자와 임차인

에게 에너지 비용 정보를 제공하고, 정부에게는 건물 에너지 정책 수립을 위한 기초 데이터를 제공하는 중요한 정책 도구이다.

### 산업 에너지 효율 네트워크 (Energy Efficiency Networks, EENs)

기업들이 자발적으로 참여하여 에너지 효율 향상을 위한 정보 공유, 모범 사례 학습, 공동 목표 설정 등을 수행하는 협력 네트워크이다. 독일에서 시작되어 유럽 전역으로 확산되었으며, 참여 기업들은 정기적인 회의를 통해 에너지 절약 경험을 공유하고 전문가의 자문을 받는다. 개별 기업의 에너지 효율 개선 노력을 체계적으로 지원하고, 네트워크 효과를 통해 산업 전체의 에너지 효율성 향상을 도모하는 정책 수단이다.

### 에너지 효율 의무 제도 (Energy Efficiency Obligations, EEOs)

에너지 공급업체, 배전업체, 또는 소매업체에게 고객의 에너지 소비량을 일정 수준 이상 절약하도록 법적 의무를 부과하는 정책 제도이다. 의무 대상 업체는 고객에게 에너지 효율 개선 서비스, 기기 교체 지원, 에너지 절약 프로그램 등을 제공해야 하며, 목표 달성 실패 시 벌금을 부과받는다. 유럽 여러 국가에서 시행되고 있으며, 시장 기반 접근 방식을 통해 에너지 효율 개선을 촉진하고 에너지 수요 관리를 효과적으로 수행한다.

### 샤이요 선언

샤이요 선언은 1948년 12월 10일 프랑스 파리 샤이요궁에서 열린 유엔 총회에서 채택된 '세계 인권 선언(Universal Declaration of Human Rights, UDHR)'을 의미한다. 이 선언은 모든 인간의 기본적 권리와 자유를 보장해야 한다는 인류의 합의를 담아, 인종, 성별, 종교 등 어떠한 차별 없이 모든 사람이 동등한 인권을 누릴 자격이 있음을 천명했다. 오늘날 국제 인권 규범의 기초가 되는 문서라서 큰 의미를 지닌다.

## 5) 문제점과 해결방안

건물 에너지 저감 정책을 구현하는 데에는 다양한 장애 요인이 존재하며, 이를 극복하기 위한 종합적인 해결책이 필요한 상황이다. 주요 문제점으로 재정적 부담과 초기 비용, 기존 건물 개조의 복잡성, 숙련된 인력 부족, 데이터 파편화, 시스템 과대 용량화, 지역별 격차 등이 있다.

첫째, 재정적 부담 및 초기 비용 문제는 가장 큰 장애 요인으로, 새로운 규제 준수 및 에너지 효율 조치 도입에 따른 경제성 확보가 어렵다. 특히 고효율 히트펌프와 같은 특정 기술의 높은 초기 비용은 광범위한 채택을 저해한다. 둘째, 기존 건물 개조의 복잡성은 다양한 건물 유형에 대한 표준화된 방법론 개발의 어려움, 건물 소유주의 재정적 부담 경감 및 이해관계자 간의 합의 도출 등이 주요 과제이다. 셋째, 에너지 효율 건축 설계, 고효율 장비 설치, 생애 주기 탄소 배출량 계산 등을 수행할 숙련된 건설 부문 인력 부족과 건물 데이터의 가용성, 호환성, 일관성 부족도 정책 시행을 어렵게 만든다.

이러한 문제들을 해결하기 위한 방안으로 재정적 인센티브 강화, 단계별 정책 도입 및 로드맵 구축, 대상 건물 선정의 우선순위 설정 등이 필요하다. 보조금, 저금리 대출, 세금 감면 등을 확대하고 특히 저소득층 가구를 위한 맞춤형 지원을 제공해야 한다. 갑작스러운 정책 변경 대신 점진적이고 단계적인 접근 방식을 통해 이해관계자가 변화에 적응할 시간을 주고, 명확한 마일스톤과 기한을 포함하는 장기 로드맵을 수립해야 한다. 초기에는 공공 건물, 대형 건물, 최악의 성능을 가진 건물 등 파급 효과가 크거나 구현이 용이한 대상을 우선적으로 공략하여 성공 사례를 만들고 확산해야 한다.

협력 및 거버넌스 강화를 통해 수평적 협력, 수직적 협력, 민관 파트너십을 활성화하고, 디지털 도구 활용과 지속적인 모니터링 및 평가 체계를 구축해야 한다. 에너지, 환경, 주택 등 여러 부처 간의 정책 일관성 및 시너지를 창출하고, 중앙 정부가 비전을 제시하고 지방 정부가 지역 특성에 맞는 규제, 인센티브, 시범 프로젝트를 실행하는 다단계 접근 방식이 중요하다. 정부와 민간 부문의 협력을 통해 자원, 혁신, 실행 역량을 결합하여 건물 탈탄소화를 가속화하고, 에너지 성능 모니터링 시스템, BIM, 통합 데이터 플랫폼과 같은 디지털 기술을 활용하여 데이터 파편화를 해결하며, 정책 및 프로그램의 효과를 정기적으로 평가하고 개선하기 위한 핵심 성과 지표 설정과 데이터 수집, 감사와 검사가 필요하다.

건물 부문의 탈탄소화는 지속적인 노력과 정책적 전환을 통해 더욱 가속화될 것으로 전망된다. 향후 건물 에너지 정책은 정책 우선순위의 변화, 기술 및 시장의 진화, 단계별 규제 강화, 국제 협력의 중요성 증대 등 네 가지 주요 방향으로 발전할 것이다.

첫째, 정책 우선순위의 변화 측면에서 기존 건물 개조에 대한 정책적 우선순위가 현재 39%에서 미래 76%로 크게 높아질 것으로 예상된다. 이는 기존 건물 개조가 건물 부문 탈탄소화의 핵심 과제로 부상하고 있음을 시사한다. 냉방 수요 증가에 따른 정책적 대응의 필요성도 증대될 것이며, 패시브 냉방 설계와 같은 지속가능한 냉방 솔루션에 대한 관심이 높아질 것이다. 특히 건물 전생애 주기 탄소 및 건축 자재의 순환성에 대한 관심이 급격히 증가할 것으로 전망된다. 내재 탄소는 현재 14%에서 미래 43%로, 순환성은 11%에서 68%로 증가할 것으로 예상되어, 건물의 환경 영향을 전생애 주기 관점에서 접근하는 정책이 주류가 될 것이다.

둘째, 기술 및 시장의 진화 측면에서는 화석 연료 사용에서 히트펌프와 같은 전력 기반 냉난방 솔루션으로의 전환이 가속화될 것이다. 에너지 효율 기술에 대한 투자가 지속적으로 증대될 것이며, 디지털 트윈, BIM, IoT와 같은 스마트 기술이 건물 운영 및 에너지 관리를 더욱 최적화할 것이다. 셋째, 단계별 규제 강화를 통해 건물 에너지 코드를 점진적으로 강화하고, 내재 탄소 배출량에 대한 규제를 도입하며, 궁극적으로 넷제로 배출 건물을 신축의 새로운 표준으로 확립하기 위한 로드맵이 수립될 것이다.

마지막으로, 국제 협력의 중요성도 더욱 증대될 것이다. 각국은 모범 사례 공유, 기술 이전, 공동 연구 등을 통해 전 세계적인 에너지 효율 목표 달성에 기여할 것이다. 특히, 샤이요 선언과 같은 국제적 합의는 건물 탈탄소화 및 기후 복원력 증진을 위한 전 세계적인 노력을 촉진할 것이다.

# 2

# 그린 IT와 ICT(인공지능) 에너지 저감

오늘날 전 세계는 탄소중립(Carbon Net Zero)을 위한 정치, 경제, 사회, 문화적 대전환의 시기를 맞이하고 있다. 기후변화에 관한 정부 간 협의체(IPCC)는 이산화탄소를 포함한 온실가스가 야기하는 기후 변화의 위해성을 지속적으로 제기해 왔다. IPCC에 따르면, 온실가스 배출량을 현재 수준으로 유지할 경우 2040년 안에 지구 기온 상승폭이 1.5℃를 넘을 것으로 예상되며, 이 경우 극단적 폭염 발생 빈도가 과거 산업화 이전보다 8.6배 증가할 것으로 예측된다.

이러한 기후 위기는 단순히 막연한 두려움의 대상이 아니라, 새로운 성장의 모멘텀으로 활용될 수 있다는 전망도 있다. 실제로 기후변화에 대응하는 탄소중립 정책이 공공투자를 확대하여 국가 성장을 제고하는 데 기여할 수 있다는 결과도 발표된 바 있다. 따라서 위기는 단기적인 극복을 넘어 선도적인 성장 경로에 진입할 수 있는 중요한 계기로 인식되어야 한다.

그린 IT는 정보기술(IT) 제품과 관련 응용 서비스 및 관행을 도입하여 IT가 환경에 미치는 영향을 줄이는 것이다. 정보통신기술(ICT)은 새로운 기술적 대안으로 급부상했으며, 특히 인공지능(AI)과 같은 기술은 기후변화 대응 및 적응에 중요한 역할을 한다. ICT는 세계 온실가스 배출량의 약 1.4%에서 2%를 차지하지만, 나머지 98%의 온실가스 배출 문제를 해결할 잠재력을 가지고 있다.

AI는 에너지 시스템 최적화, 기후 모델링 및 예측 강화, 운송·농업·폐기물 관리 등 다양한 분야에서의 지속가능성 향상, 효과적인 배출량 모니터링 및 추적을 통해 탄소 순배출 제로 달성에 핵심적인 역할을 할 수 있다. AI의 온실가스 배출 기여도에 대한 연구는 중요하지만, AI가 제공하는 에너지 및 자원 효율성 향상을 고려할 때 트레이드오프(trade-off)에 대한 추가적인 증거가 필요하다는 점이 강조된다. 또한, AI를 활용하면 기존 시나리오 대비 2030년까지 온실가스 배출량을 4~17% 가량 낮출 것으로 전망된다. 이러한 경제적·사회적 패러다임 변화를 지지하며, 경제성장과 환경을 균형 있게 고려한 국가 성장동력의 발굴 및 육성 방안을 제안하고 있다.

## 1) 그린 IT의 개념과 발전

디지털 경제는 "디지털 기술을 기반으로 한 경제"로 폭넓게 정의된다. 초기에는 정보통신기술(ICT) 발전을 중심으로 설명되었으나, 모바일, 사물인터넷(IoT) 등 신기술을 포괄하는 개념으로 확장되었다. 그린 IT는 정보기술(IT) 제품과 관련 응용 서비스 및 관행을 도입하여 IT가 환경에 미치는 영향을 줄이는 것을 의미한다. 정보통신기술(ICT)은 새로운 기술적 대안으로 급부상했으며, 인공지능(AI)과 같은 기술은 기후변화 적응에 중요한 역할을 한다. ICT는 세계 온실가스 배출량의 약 1.4%에서 2%를 차지하지만, 나머지 98%의 온실가스 배출 문제를 해결할 잠재력을 가지고 있다.

인공지능(AI) 서비스 구현에 필요한 AI 반도체 관련 산업은 지속적으로 성장할 것으로 예상된다. AI 반도체는 프로세서와 메모리가 통합되는 PIM(Processing In Memory) 구조로 발전할 것으로 전망되며, 이는 초고속, 저전력 연산을 가능하게 한다. 현재 AI 반도체 시장은 1세대(CPU, GPU) 기술이 중심이며, 2024년 이후 2세대(ASIC 기반 NPU)가 본격적으로 활용될 것으로 예상된다. 3세대 반도체인 뉴로모픽과 PIM은 2030년 이후에 본격적으로 활용될 것으로 추정되나, 높은 성장세가 예상된다.

인공지능 연산 과정에서 발생하는 탄소배출량과 전력소비는 기하급수적으로 증가할 것으로 예상되며, 이를 줄이기 위한 저전력 신소자, 칩셋 소형화, 미세공정화 분야의 기술 투자가 중요하다. 데이터센터 및 엣지 디바이스 증가에 따른 AI 연산의 탄소배출량 및 전력 소비 증가에 대응하여, AI 반도체 개발 및 생산 기업에 대한 탄소중립 기여 인센티브 제공이 필요하다. 또한 정부 주도의 3세대 반도체(뉴로모픽, PIM 등) 연구개발과 동시에 기존 1세대 및 2세대 반도체에 대한 보완적 개발 동시 추진이 권장된다. 한국은 2020년 기준 세계 AI 반도체 칩셋 시장의 약 34.8%를 차지하고 있으며, 반도체 설계(팹리스) 분야에서 우수 기업이 많다. 정부는 2030년까지 세계 최고 수준의 반도체 공급망 구축을 목표로 'K-반도체 전략'을 추진하고 있다.

태양광 폐패널 발생량 증가에 따라 폐패널을 회수하거나 재사용할 수 있는 기술이 조속히 마련될 필요가 있다. 이는 환경경영 관점에서 신·재생에너지 산업의 새로운 시장 가치를 가진다. 바이오매스(생물성 원료)를 원료로 사용하여 제조된 고분자 플라스틱으로, 매립 시 미생물에 의해 자연 분해되며 소각 시에도 유해가스가 배출되지 않거나 적게 배출되는 특징을 가진다. 이는 바이오 경제 분야의 유망 성장동력 후보 중 하나이다. 에너지 생산, 유통, 소비의 전 과정의 지능화를 통해 효율성을 극대화하는 것을 의미하며, AI, IoT 등의 기술을 적용하여 전력 공급자와 수요자 간 양방향 실시간 정보 교환을 통해 지능형 관리를 가능하게 하는 차세대 전력 인프라 시스템이다. 이는 한국판 뉴딜의 '저탄소·분산형 에너지 확산' 전략에 포함된다.

환경 관련 디지털 첨단기술을 사용하여 일련의 가치를 달성하는 공원으로 정의되는 새로운 개념이다. 즉, 스마트공원의 목적은 기존의 도시공원에 ICT 기술 등을 접목하여, 효과적인 운영·유지를 도모하고 환경 개선을 통한 사용자의 편의를 증진하는 데 있다. 그리고 기후변화와 관련하여 대기환경을 개선하는 공간으로 스마트공원의 기능을 상정하며, 이를 위해 IoT 기술 기반 인공지능 모델을 비교하여 적정하게 적용 가능한 방향을 모색하고자 하였다. 스마트공원은 탄소 저감, 폭염 저감, 미세먼지 저감과 같은 방재 기능을 강화함으로써 도시공원의 새로운 가치를 부여할 것으로 기대된다.

스마트시티 공원

수퍼킬렌 공원(덴마크 코펜하겐)

허드슨 야드 공공광장 및 가든(미국 뉴욕)

이는 IoT, 빅데이터, 인공지능, 무인 자동차 및 드론 등의 첨단기술이 공원에 접목되어 이용자와 시설 환경이 상호작용하도록 한다. 실제 국내에서는 부산 에코델타 스마트시티와 세종 국가시범도시에서 스마트공원 구현을 위한 공모 및 마스터플랜 수립이 진행되었다. 중국의 베이징 하이덴 공원에서는 AI 얼굴 인식형 운동량 측정 시스템 등 다양한 AI 기술이 적용되었다. 전문가들은 AI의 뛰어난 분석 능력을 바탕으로 AI가 탄소중립의 '게임체인저'가 될 것으로 기대한다.

## 2) 그린 기후 위기 현황과 글로벌 정책 동향

우리나라의 경우, 대기오염을 획기적으로 줄이지 못하면 향후 40년 안에 조기 사망률이 현재 수준보다 3.1배 급증할 것이라는 경고를 받았다. 이는 한국의 연간 대기질 기준($25\mu g/m^3$) 초과 일수가 OECD 평균(12.35일)의 약 두 배인 23.83일이며, 대기오염 노출 인구 비율도 OECD 국가 중 가장 높은 47%에 달하기 때문이다.

한국 정부는 2020년 12월 「2050 탄소중립 추진전략」을 수립하여, 탄소중립, 경제성장, 삶의 질 향상을 동시에 달성하는 미래상을 천명하였다. 이 전략은 경제구조의 저탄소화, 신유망 저탄소산업 생태계 조성, 탄소중립 사회로의 공정 전환을 3대 정책 방향으로 삼고 있으며, 2021년 5월에는 민관 합동의 '2050 탄소중립위원회'가 대통령 직속 기구로 설치되었다.

유럽연합(EU)은 2019년 12월 '최초의 기후 중립 대륙'이 되겠다는 비전 아래 유럽 그린딜(European Green Deal)을 발표했다. EU는 2050년까지 탄소 순배출량을 '0'으로 만드는 것을 목표로 하며, 강력한 구속력을 위해 탄소배출 감축 목표를 법제화하는 '기후법(Climate Law)' 제정을 추진하고 있다. 또한, 2020년 3월에는 그린·디지털 전환에 대응하기 위한 新산업전략을 채택했으며, 자원 집약적 산업에서 자원 재활용을 촉진하기 위해 새로운 순환경제실행계획을 수립했다. 2020년 1월에는 그린딜 실천에 필수적인 최소 1조 유로 규모의 그린딜 투자계획을 발표했다.

미국 바이든 행정부는 2021년 취임 첫날 파리협약 재가입 의사를 밝히고, 2050년까지 순배출 제로(Net-Zero)를 목표로 하는 '청정 에너지혁명과 환경 정의' 계획을 발표했다. 이 계획은 2035년까지 전력 부문의 탄소중립을 포함하며, 향후 10년간 약 1.7조 달러의 연방 정부 예산과 5조 달러의 지방 정부 및 민간 영역 예산이 투입될 예정이다. 주요 정책으로는 청정에너지 확대, 친환경 인프라 투자, 그리고 상장회사 환경 관련 정보 공시 의무화 등의 ESG 투자 활성화 등이 있다.

중국은 2020년 9월 제75차 유엔총회 화상회의에서 2060년 탄소중립을 선언했다. 이는 2030년 탄소배출량 정점 도달을 가정하고 2060년 이전에 탄소중립을 이루겠다는 것이 핵심이다. 중국의 2060년 탄소중립 이행은 '국민경제·사회발전 제14차 5개년 규획'에 반영되어 있으며, 녹색기술혁신체계 구축과 탄소배출권 거래시장 전국 개설을 추진하고 있다. 특히 디지털 경제 전환과 함께 추진되는 녹색성장 전환을 새로운 성장동력으로 삼고 있다.

주요 글로벌 기업들은 ESG 경영전략을 경쟁적으로 발표하며 기후위기 대응에 적극적이다. 독일의 지멘스는 2015년 글로벌 기업 중 가장 먼저 탄소중립을 선언했다. 마이크로소프트, 애플, 구글 등 주요 IT 기업들은 자사의 탄소중립 목표를 발표하고, 마이크로소프트는 기후혁신펀드를, 애플은 미중 그린펀드를 조성하는 등 대규모 투자를 진행하고 있다. 구글은 재생에너지 개발 프로젝트에 70억 달러를 투자했다.

특히, 탄소 감축이 용이하지 않은 석유화학업체인 BP(British Petroleum), 랩솔(Repsol)의 탄소중립 선언은 매우 큰 의미를 갖는다. 영국 기후그룹(Climate Group)의 RE100 캠페인에는 300여 개 글로벌 기업이 참여하며 재생에너지 100% 전환을 목표로 하고 있으며, 우리나라도 2021년 1월부터 '한국형 RE100(K-RE100)'을 추진하고 있다.

세계가전박람회(CES)에서도 ESG 경영이 새로운 경영 전략으로 중요하게 제시되었다. 골드만삭스(Goldman Sachs)는 기후위기와 관련된 10개의 핵심 테마를 선정했으며, 세계경제포럼(WEF)은 저탄소 시멘트, 그린 수소 등을 최신 유망 기술로 발표했다. MIT 또한 2021년 유망 기술로 그린 수소를 선정하여 미래 핵심 기술로서의 높은 가능성을 강조했다.

BP(British Petroleum)

랩솔(Repsol)

## 3) ICT(인공지능)의 기후 위기 대응 역할

그린 IT는 정보기술(IT) 제품과 관련 응용 서비스 및 관행을 도입하여 IT가 환경에 미치는 영향을 줄이는 것을 의미한다. 인공지능(AI)과 같은 기술은 기후변화 적응에 중요한 역할을 수행하며, ICT는 전 세계 온실가스 배출 문제 해결에 잠재력을 지니고 있다. AI는 기후변화 적응에 적극적으로 활용되고 있다. 특히 유럽우주국(ESA)의 'AI4EO' 이니셔티브는 AI 기술을 위성을 통한 지구 관측 분야에 적용하여, 미세먼지(PM2.5) 및 이산화질소(NO2)의 표면 농도에 대한 AI 기반 분석 및 예측 모델 개발을 목표로 하고 있다.

스마트공원에서는 환경 관련 디지털 첨단기술을 활용해 환경 개선과 운영 효율을 도모한다. IoT 기반 인공지능 모델을 통해 대기 환경 개선 및 탄소 저감 기능이 구현된다. 서울숲공원과 소래생태공원 사례에서는 IoT 센서를 이용해 온도, 습도, 일산화탄소, 미세먼지 등 마이크로 환경 데이터와 보행량 데이터를 장기간 수집하고, 이를 인공지능 학습모델로 평가하여 최적의 알고리즘을 도출한다.

특히, '스태킹 앙상블(Stacking Ensemble)' 머신러닝 모델은 이산화탄소 발생 및 저감 예측에서 가장 우수한 성능을 보여 활용이 기대된다. 이 모델은 염습지, 갈대숲, 포구 사거리 등 특정 지역의 환경 요소와 이산화탄소 발생 간의 상관관계를 분석하며, 온도, 돌풍, 습도, 기압, 초미세먼지, 시간, 풍향, 조도, 풍속 등 다양한 변수가 이산화탄소 발생량에 영향을 미친다는 점을 보여준다. 또한 건설 장비의 이산화탄소 배출량 예측 모델 개발에도 다중선형회귀분석이 활용된다.

AI는 에너지 시스템의 최적화와 에너지 효율 개선을 지원할 수 있다. 지능형 스마트그리드는 에너지 생산, 유통, 소비 전 과정을 지능화해 효율성을 극대화하는 차세대 전력 인프라 시스템으로, 신재생에너지 확산 기반을 마련하고 에너지 관리의 효율화를 도모한다.

한화시스템이 개발한 '맹그로브' 플랫폼은 IoT, 클라우드, AI, 머신러닝을 기반으로 에너지 사용량과 탄소배출량을 실시간으로 측정·예측하여 효율적인 관리를 지원한다. AI는 에너지 수요 예측에도 활용되고 있다.

AI는 재생에너지 기술의 경제성 평가에도 활용될 수 있다. 신재생에너지 확산 기반 구축과 더불어, 탈화석 에너지 위기 지역의 신재생에너지 업종 전환을 지원하는 공정한 전환이 필요하다. 특히 태양광의 초고효율화, 육·해상 풍력의 대형화, 바이오에너지의 경제성 확보 등 기술 개발과 함께 AI 기반의 효율성 증대가 중요하다.

AI는 기업의 탄소 비용 절감에 기여하고, 온실가스 배출량 감축과 전력 효율성 향상에도 효과적이다. 인공위성 영상 분석을 통한 탄소 방출량 검출 딥러닝 알고리즘 연구도 활발히 진행 중이다. 산업 현장에서의 이산화탄소 측정 및 관리에도 AI의 뛰어난 분석 능력이 활용된다. AI 반도체 개발 및 생산 기업에는 탄소중립 기여 인센티브 제공이 필요하며, 저전력 신소자, 칩셋 소형화, 미세공정화 분야의 기술 투자가 중요하다. 산업 공정에서의 온실가스 배출 모니터링을 위한 통합 시스템 구축과 공인 인증 체계 확립 역시 필요하다.

## 4) 글로벌 IT 기업의 탄소중립 전략 및 그린 ICT 적용 사례

마이크로소프트의 탄소중립 전략은 2030년까지 탄소 네거티브를 달성하는 것이다. 2025년까지 데이터센터, 사무실, 공장을 100% 재생 에너지로 가동하고, 2030년까지 업무용 차량 100% 전기화를 목표로 한다. 또한, 기후혁신펀드를 조성하여 탄소 제거 기술 개발에 투자하고 있다. 2024년 환경 지속가능성 보고서에 따르면, 마이크로소프트는 물 포지티브, 제로 웨이스트, 사용하는 토지보다 더 많은 토지 보호 약속을 포함한 포괄적인 지속가능성 전략을 추진하고 있다.

애플의 탄소중립 전략은 2030년까지 제품의 가치사슬 전반에 걸쳐 탄소중립을 달성하는 '애플 2030' 계획이다. 2024년 현재 애플은 2015년 이후 기업 운영에 따른 온실가스 배출량을 55% 이상 감축했으며, 320개 이상의 공급업체가 탄소중립 목표에 동참하고 있다. 협력 업체들은 2024년에 약 18기가와트의 재생 가능 에너지를 조달하여 온실가스 배출량을 약 2,200만 톤 저감하는 효과를 거두었다. 애플은 또한 2025년까지 주요 부품에 100% 재활용 자재를 사용하겠다는 목표를 설정하고 있다.

구글의 탄소중립 전략은 2017년 모든 건물의 전기를 신재생에너지로 대체한 것을 시작으로 2030년까지 모든 에너지원을 청정에너지로 대체하는 것이다. 구글은 전 세계 50여 개 재생에너지 개발 프로젝트에 70억 달러를 투자하여 탄소중립 목표를 달성하고 있다.

IBM과 구글 Deep Mind 같은 기업들은 AI를 활용한 기후 예측 및 에너지 관리 분야에서 선도적 역할을 하고 있다. 이들은 머신러닝과 딥러닝 기술을 활용하여 기후 변화 패턴을 예측하고 에너지 효율성을 개선하는 솔루션을 제공한다. 한화시스템의 '맹그로브'는 대표적인 국내 탄소배출 관리 시스템이다. IoT, 클라우드, AI, 머신러닝을 활용하여 기업의 직간접 탄소배출 영역을 자동화하고 관리하는 통합 플랫폼으로, 기업의 탄소중립 달성을 지원한다.

스마트공원 사례는 기존 도시공원에 ICT 기술을 접목하여 효과적인 운영·유지를 도모하고 환경 개선을 통한 사용자 편의를 증진하는 새로운 개념이다. '대구 국채보상 공원(IoT See Park)'은 국내 최초의 스마트공원으로 위험 요소 감지 인공지능 CCTV, 대화형 비상벨, 스마트 가로등, 공공 WiFi, AR 역사 교육 콘텐츠 등을 제공하여 시민들의 안전과 편의를 증진시키고 있다. 베이징 하이뎬 공원은 세계 최초 AI 공원으로, 자율주행 버스, AI 얼굴 인식형 개인 운동량 측정 시스템, AI 대화형 음악 감상 정자, 증강현실 태극권 트레이닝 시스템 등을 적용하여 시민들에게 혁신적인 공원 경험을 제공하고 있다.

베이징 하이뎬 공원, 세계 최초 AI 공원, 출처: 베이징시

서울숲 공원은 IoT 장비를 통해 기온, 습도, 일산화탄소, 미세먼지 등의 환경 데이터와 보행량 데이터를 수집하여 인공지능 모델링으로 상관관계를 분석하고 있다. 이를 통해 환경 변화를 실시간으로 모니터링하고 공원 관리 효율성을 향상시키고 있다. 소래생태습지공원은 'AWS(자동 기상 관측 시스템)'를 활용하여 기온, 습도, 이산화탄소, 미세먼지 등 다양한 환경 데이터를 수집하고, 인공지능 모델링을 통해 탄소 저감 및 방재 효과를 분석하고 있다.

스마트 그린 도시 조성 프로젝트는 도시 숲 조성, 방재 거점, 미세먼지 저감, 신재생에너지 생산 등의 새로운 기능을 도시공원에 추가하여 도시의 환경 개선과 탄소 저감에 기여하고 있다.

제조 부문에서는 디지털 트윈을 구현하여 생산성, 안정성, 경쟁력 향상을 추진하고 있다. 디지털 트윈 기술을 통해 제조 공정의 에너지 효율성을 최적화하고 탄소 배출량을 줄이는 스마트 제조 시스템을 구축하고 있다. 이러한 글로벌 IT 기업들의 탄소중립 전략과 그린 ICT 기술의 적용은 기후 변화 대응과 지속가능한 발전을 위한 중요한 토대가 되고 있다.

## 5) 그린 IT 이슈 및 트렌드

생성형 AI의 에너지 소비는 기하급수적으로 증가하고 있다. 2027년까지 AI 부문이 연간 85~134TWh를 소비할 것으로 추정되며, 이는 네덜란드의 연간 에너지 수요와 맞먹는 수준이다. 특히 1만 대의 V100 GPU를 150일 동안 최대 전력으로 실행하면 7,200MWh의 에너지가 소비된다는 연구 결과가 발표되었다. 2022년 하반기 ChatGPT 출시 이후 전 세계 '생성형 AI' 열풍이 확산되면서 AI용 데이터센터도 3년 내 현재 대비 2배로 증가할 전망이다. 이러한 AI의 성장하는 에너지 발자국은 환경 지속가능성에 대한 우려를 제기하고 있다. 데이터센터의 친환경 전환은 GHG 배출량 감축을 위한 필수 과제이다. 2025년부터 국내에 지어지는 거의 대부분의 데이터센터는 최소 5등급(에너지 자립률 20% 이상)을 충족해야 하며, 2050년까지는 1등급(에너지 자립률 100%)을 달성해야 한다는 정부 규제가 시행된다.

카카오는 2024년 1월부터 자체적으로 준공한 친환경 데이터센터를 운영하고 있으며, 설계 단계부터 친환경성을 고려한 자체 데이터센터를 통해 환경적 책임을 다하고자 한다. 또한 안산 데이터센터는 자연조건의 활용, 다양한 에너지 절감 기술을 적용한 친환경 통합 설계로 친환경 데이터센터로서의 정체성을 구현하고 있다.

친환경 데이터센터 시장 규모는 2023년에 614억 달러를 돌파했으며, 2024년부터 2032년까지 연평균 14% 성장할 것으로 예상된다. 이는 환경 의식이 높아지고 규제 압력이 높아지며 비용 효율적인 솔루션을 추구하는 추세에 따른 결과이다. AI 모델의 탄소발자국 측정은 머신러닝의 에너지 및 탄소 발자국을 체계적으로 보고하는 연구가 활발히 진행되고 있다. AI 모델의 월별 에너지 소비량과 각 AI 모델의 학습 프로세스와 관련된 에너지 소비량을 측정하는 연구가 이루어지고 있다.

AI의 저전력 기술은 탄소중립 기조 실현의 핵심이다. AI의 저전력 신소자, 칩셋 소형화, 미세공정화 기술 투자를 통해 에너지 효율성을 획기적으로 개선할 수 있다. 이러한 기술 발전은 AI 모델의 환경 영향을 최소화하면서도 성능을 향상시키는 중요한 방향이다. 기후 데이터 개방은 공공 보건의료 데이터 개방 확대와 국가 재정이 투입된 R&D 데이터의 개방 및 공유 의무화를 통해 데이터 활용 생태계를 구축하는 것이다. 스마트공원 연구에서는 IoT 장비를 통해 환경 데이터를 클라우드 서버에 실시간 저장하고 활용하는 사례가 확산되고 있다. 협력 생태계 구축은 기후 변화 대응을 위한 데이터 공유와 협력을 통해 AI 기술의 환경적 영향을 최소화하고 기후 솔루션 개발을 가속화하는 데 중요한 역할을 한다.

ESG(환경·사회·지배구조)는 기업 경영 및 투자의 표준으로 부상하고 있다. AI 반도체 산업 육성을 위해 탄소중립 기여에 따른 인센티브 등 기업 지원이 필요하다. 2024년 전 세계 재생에너지 용량이 4,500GW를 넘어 화석연료와 거의 비슷한 수준이 될 것이라고 전망하고 있다. 지속가능한 금융 전략은 기후 변화 대응을 위해 지속가능한 금융 전략 개정 및 자본시장 연합 실행 계획 수립이 중요하다. AI 기술을 활용한 기후 리스크 평가, 탄소 배출량 추적, 지속가능한 투자 포트폴리오 구성 등이 금융 산업의 주요 트렌드로 자리잡고 있다.

정부 지원 정책으로는 과학기술정보통신부와 정보통신산업진흥원이 AI 및 클라우드 등 디지털 시대 핵심 인프라인 데이터센터의 지속가능한 발전을 위해 친환경 그린 등 데이터센터 산업 활성화 사업을 추진하고 있다. 이는 비수도권 지역의 친환경 데이터센터 구축과 전문인력 양성, 고효율 장비 실증 지원 등을 포함한다. 이러한 종합적 접근을 통해 생성형 AI의 에너지 소비 증가 문제를 해결하고, 기후변화 대응을 위한 지속가능한 AI 생태계 구축이 가능할 것이다.

## 6) 그린 IT · AI 기술의 한계와 도전 과제

인공지능 기술의 에너지 소비 증가는 현대 AI 발전의 가장 큰 역설 중의 하나이다. 인공지능 모델 개발 및 훈련에는 막대한 컴퓨팅 파워와 에너지 소비가 요구되며, 이는 AI의 탄소 발자국 증가로 이어지고 있다. 현재와 같은 수준의 AI 개발 추이가 지속될 경우, 데이터를 보유하고 AI를 학습시키는 데이터센터가 2030년까지 세계 전력 공급의 21%를 활용할 것으로 전망한다.

AI 반도체 기술의 전환 지연도 에너지 효율성 개선에 걸림돌이 되고 있다. 기존 1세대 및 2세대 AI 반도체가 여전히 시장의 중심을 차지하며, 3세대 반도체로의 전환이 늦어질 가능성이 높다. 이는 저전력 신소자, 칩셋 소형화, 미세공정화 기술의 상용화 지연으로 이어져 AI 기술의 에너지 효율성 개선이 더디게 진행되고 있다. 그린 AI 개념의 확산은 이러한 문제에 대한 해결책으로 부상하고 있다. 그린 AI는 더 친환경적이고 AI 활용과 적용 측면에서 환경 이슈를 아우를 수 있어야 한다는 개념으로 환경오염을 줄이는 인공지능과 인공지능 기술에 대한 에너지 소비를 최적화된 활동을 의미한다.

데이터 품질과 보안 문제는 AI 기술 발전의 핵심 과제이다. 국내 바이오헬스 데이터는 데이터 품질이 낮고 보안 기술 문제가 존재하며, 가명처리 방안이 미흡한 실정이다. 이는 AI 모델의 정확성과 신뢰성에 직접적인 영향을 미치고 있다. 프라이버시 침해 문제는 스마트시티 구축 과정에서 중요한 이슈로 대두되고 있다. 스마트공원 내 AI 얼굴 인식 시스템 등은 사생활 침해의 소지가 있으며, 개인 위치 정보 사용에 대한 프라이버시 이슈로 정책 집행에 어려움이 발생하고 있다.

디지털 격차 문제는 기술 접근성 측면에서 중요한 사회적 과제이다. 기성 세대 및 중장년 층의 디지털 트윈 및 메타버스 기술 활용에 있어서 디지털 격차가 확대될 수 있으므로, 접근성 강화 및 편리한 인터페이스 마련이 필요하다. AI 알고리즘의 데이터 편향 문제는 공정성 개선을 위한 연구가 시급하다. AI 데이터 편향성 문제는 AI가 학습하는 데이터가 지나치게 한쪽으로 편중되거나, 정보가 한정적인 경우 발생하게 된다. 차별적인 데이터와 알고리즘이 AI 모델에 적용되면 모델이 편향을 대규모로 배포하고 그로 인한 부정적인 영향을 증폭시킨다.

생성형 AI의 윤리적 위험성은 2024년 현재 더욱 중요한 이슈로 부각되고 있다. 개인맞춤 생성형 인공지능이 일상생활 도처에 빠른 속도로 스며들면서, 인간성의 최후 보루마저 함락되는 것이 아니냐는 우려의 목소리가 나오고 있다. 생성형 인공지능이 지닌 가능성이 무궁무진한 만큼, 필연적으로 같은 크기의 위험성이 수반될 수밖에 없다.

정책 체계의 불명확성은 국가 성장동력 사업에서 중요한 문제로 지적되고 있다. 목표나 주요 개념의 법률적 정의가 부재하여 상위 체계의 불명확성을 야기하고, 이는 세부 하위 조직의 비효율성을 초래하고 있다. 정권별로 성장동력의 개념이 달라 연속성과 효율성이 결여되는 문제도 지속되고 있다. 법률 간 충돌과 거버넌스 부재는 데이터 활용 분야에서 심각한 문제이다. 보건의료 데이터 활용에 있어 관련 법률 간 충돌이 존재하며, 표준화된 거버넌스 체계가 부재한 상황이다. 이는 데이터 활용 생태계 구축에 걸림돌이 되고 있다.

기술 적용의 현실적 한계는 IoT 기술 도입 과정에서 명확히 드러나고 있다. IoT 장비 설치 시 전원 공급과 인터넷망 연결에 대한 고려 부족이 현장 적용의 한계점으로 작용하고 있다. 이는 스마트시티 구축과 환경 모니터링 시스템 운영에 실질적인 제약요인이 되고 있다.

국제 협력의 한계는 AI 윤리와 규제 표준화에서 중요한 과제로 남아있다. 2025년 AI 트렌드 전망에 따르면, 기업들이 AI 이니셔티브를 통해 ROI와 구체적인 가치를 입증하는 것을 점점 더 강조할 것으로 예측되지만, 국가별 규제 체계의 차이로 인해 글로벌 표준 마련에 어려움이 지속되고 있다. 이러한 다양한 한계와 도전 과제들은 그린 IT · AI 기술의 지속가능한 발전을 위해 종합적이고 체계적인 접근이 필요함을 시사한다.

## 7) 그린 IT와 AI 기술과 미래 전망과 정책 제언

그린 IT와 인공지능(AI) 기술은 최근 기후 변화 대응과 지속가능한 사회 실현을 위한 핵심 동력으로 주목받고 있다. AI 반도체는 기존의 프로세서와 메모리 간 데이터 이동에 따른 에너지 소모와 지연 문제를 해결하기 위해 'PIM(Processing In Memory)' 구조로 발전하고 있다. 이 구조는 연산과 저장을 한 칩에서 동시에 처리함으로써 에너지 효율을 극대화한다. 나아가 인간의 뇌 신경망을 모방한 뉴로몰픽(Neuromorphic) 반도체와 같은 3세대 AI 반도체로의 전환이 예상되며, 이는 초저전력 고성능 AI 구현의 기반이 될 전망이다. 최근에는 삼성전자, SK하이닉스 등 글로벌 기업들이 PIM 및 뉴로몰픽 반도체 개발에 박차를 가하고 있으며, 2025년 이후 상용화가 본격화될 것으로 보인다.

차세대 배터리 분야에서는 전고체 배터리와 리튬황 배터리 등이 주목받고 있다. 이들 신기술 배터리는 기존 리튬이온 배터리 대비 에너지 밀도가 높고, 화재 위험성이 낮아 전기차, 에너지 저장장치(ESS), 휴대용 IT 기기 등 다양한 분야에 적용이 확대되고 있다. 특히 2025년을 전후로 글로벌 완성차 및 배터리 기업들이 전고체 배터리의 대량 생산 체계를 구축하고 있어, 에너지 전환 가속화에 기여할 것으로 기대된다.

디지털 트윈과 메타버스 기술은 제조, 도시, 교통체계 등 다양한 산업 분야에 적용되어 생산성 향상, 안전성 제고, 기후변화 대응에 중요한 역할을 하고 있다. 디지털 트윈은 현실 세계의 사물·공정·도시를 가상공간에 실시간으로 구현해 시뮬레이션과 예측이 가능하게 하며, 메타버스는 원격 협업, 교육, 환경 모니터링 등에서 활용도가 높아지고 있다. 최근에는 스마트시티, 스마트팩토리, 스마트팜 등 다양한 분야에서 디지털 트윈 기반의 기후 적응·완화 솔루션이 개발하고 있다.

지속가능한 ICT 생태계 조성을 위해서는 ESG(환경·사회·지배구조) 관점을 반영한 성장동력 발굴과 육성이 필수적이다. 기술, 산업, 법제도, 인력 측면에서 ESG 가치를 중심에 두고, 국가성장동력사업의 목표와 개념을 법률적으로 명확히 정의해야 한다. 또한 중장기적 관점에서 사업이 안정적으로 추진될 수 있도록 추진체계, 선정 방식, 지원 근거 등을 구체적으로 마련해야 한다. 부처별로 파편화된 R&D 사업을 정비하고, 다부처 협력 R&D 과제를 확대하여 거버넌스 혁신을 추진해야 한다. 데이터 표준화와 품질 관리 강화, 가명정보 처리 기술 육성, 데이터 결합 전문기관을 통한 민간 데이터 활용 확대도 필수적이다. 최근 보건의료, 환경, 교통 등 공공데이터 개방이 확대되고 있으며, 다양한 데이터 플랫폼 사업이 전략적으로 추진되고 있다.

정부, 기업, 시민사회 간 협력도 중요하다. 정부는 R&D 투자 확대와 함께 민간이 주도할 수 있는 환경을 조성해야 하며, 탄소중립 기여 기업에 인센티브를 제공하고, 반도체 설계 역량 확보를 위한 글로벌 협력 및 인수합병을 지원해야 한다. 충전 인프라 확충을 위한 규제 개선, 국내 산업 보호를 위한 보조금 정책의 합리적 개선도 필요하다. AI 반도체 인력 양성을 위해 대학 및 대학원 지원을 확대하고, 산·학·연 협력을 통한 융합형 인재 육성도 강화해야 한다. 시민사회의 탄소중립 수용성을 높이기 위해 정부 차원의 정보 검증 체계 구축과 적극적인 소통이 필요하다. 또한, 공공구매 제도를 활용해 디지털 트윈, 메타버스 등 융합제품 및 서비스 구매를 확대하고, 중소기업 지원도 강화해야 한다. 최근에는 EU, 미국, 일본 등 주요국이 AI, 그린 IT, 데이터 경제 등 미래 산업 분야에서 정부-민간-시민사회 협력체계를 고도화하고 있으며, 한국도 이에 발맞춰 정책적 노력을 강화하고 있다.

끝으로 정리하면, 인공지능(AI)은 기후변화 적응에 활용되고 있다. 유럽우주국(ESA)의 'AI4EO' 이니셔티브는 위성을 통한 지구관측 분야에 AI 기술을 적용하여, 미세먼지(PM2.5) 및 이산화질소(NO2)의 표면 농도에 대한 AI 기반 분석 및 예측 모델 개발을 목표로 하고 있다. 스마트공원은 환경 데이터와 보행량을 인공지능 학습모델로 평가하여 환경 개선 및 운영 효율을 도모하는 새로운 개념이다. IoT 센서 기반의 Stacking Ensemble 머신러닝 모델은 환경 데이터를 통해 이산화탄소 발생 및 저감 예측에 최적의 성능을 보임이 확인되었다. 특히, 온도, 돌풍, 습도, 기압, 초미세먼지, 시간, 풍향, 조도, 풍속 등 다양한 인자가 이산화탄소 발생량에 영향을 미치며, 서풍(산업단지 방향)은 이산화탄소 증가, 동풍(생태공원 방향)은 감소에 기여하는 경향을 보인다. 건설 장비의 이산화탄소 배출량 예측 모델 개발에도 다중선형회귀분석이 사용되고 있다.

AI는 에너지 시스템 최적화 및 에너지 효율 개선을 지원하고 있다. 스마트 그리드 구축은 신재생에너지 확산 기반을 마련하고 에너지 관리 효율화를 도모하는 차세대 전력 인프라 시스템이다. 한화시스템이 개발한 '맹그로브'는 IoT, 클라우드, AI, 머신러닝 플랫폼을 기반으로 에너지 사용량 및 탄소배출량을 실시간으로 측정하고 예측하여 효율적인 관리를 지원한다.

AI 반도체는 학습, 추론 등 인공지능 기능 구현에 필요한 대규모 연산을 초고속, 저전력으로 실행하는 반도체이며, 2026년까지 약 578.4억 달러 규모로 고성장이 예상된다. 저전력 신소자, 칩셋 소형화, 미세공정화 분야의 기술 투자는 에너지 전환의 핵심이며, AI 반도체 개발 및 생산 기업에 탄소중립 기여 인센티브 제공이 필요하다.

지멘스의 기후테크 기술이 집대성된 '더 크리스탈',

출처: 더 크리스탈 공식 트위터

AI는 재생에너지 기술의 경제성 평가에 활용될 수 있다. 신재생에너지 확산 기반 구축과 함께 탈화석 에너지 위기 지역의 신재생에너지 업종 전환을 지원하는 공정한 전환이 필요하다. 특히 태양광 초고효율화, 육·해상 풍력 대형화, 바이오에너지 경제성 확보 등 기술 개발과 함께 AI 기반의 효율성 증대가 중요하며, 유럽연합은 그린딜 정책에 AI 기반의 스마트 섹터 통합 전략을 채택하였다.

AI는 기업의 탄소 비용 절감에 기여하며, 온실가스 배출량 감축 및 전력 효율성 향상에 효과를 보이고 있다. 인공위성 영상분석을 통해 탄소 방출량을 정확하게 검출하는 딥러닝 알고리즘 연구도 진행 중이다. 산업 현장에서의 이산화탄소 측정 및 관리에 AI의 뛰어난 분석 능력이 활용되고 있다. 저탄소 산업공정 개발 및 산업자원 리사이클링은 탄소중립 실현의 핵심 요소이다. 산업공정에서의 온실가스 배출 모니터링을 위한 통합 시스템 구축 및 공인인증체계 확립이 필요하다. 이와 같이 AI 기술은 기후변화 대응의 다양한 분야에서 혁신적인 솔루션을 제공하며, 지속가능한 미래를 위한 핵심 기술로 자리잡고 있다.

# 3

# 네가와트(négaWatt)

    네가와트(négaWatt)는 2001년 설립된 프랑스의 비영리 싱크탱크로 1,400명 이상의 개인 회원이 참여하고 있다. 이 단체는 에너지 절약, 효율성 강화, 재생 가능 에너지 확대를 핵심 원칙으로 삼아 프랑스의 에너지 전환을 위한 혁신적인 정책과 시나리오를 제안한다. 주요 목표는 온실가스 배출, 대기 오염, 자원 고갈, 에너지 빈곤, 원자력 사고 위험 등 에너지 시스템이 초래하는 다양한 부정적 영향을 최소화하는 것이다. 네가와트는 연구, 정책 제안, 시민 교육, 국제 협력 등 다양한 활동을 통해 저탄소·지속가능한 사회로의 전환을 지원하고 있다.

네가와트(négaWatt)

## 1) 개념

네가와트(négaWatt) 개념은 에너지 전환에서 근본적이고 체계적인 변화를 지향한다. 네가와트는 단순히 기술적 효율 개선이나 재생에너지 보급만을 강조하는 것이 아니라, 사회 전체의 에너지 사용 방식 자체를 재구성하는 혁신적 접근을 제시한다. 이 접근법은 '충족성(Sufficiency)', '효율성(Efficiency)', '재생 가능 에너지(Renewables)'라는 세 가지 핵심 축으로 구성된다.

① 충족성(Sufficiency)

충족성은 에너지를 근본적으로 얼마나, 왜, 어떻게 써야 하는지를 재고하는 단계이다. 단순하게 '덜 쓴다'는 의미를 넘어 '불필요한 에너지 소비를 줄이고, 진정 필요한 서비스에만 우선적으로 에너지를 사용한다'는 긍정적 의미를 내포한다. 예를 들어, 교통은 효율적인 대중교통 및 이동 거리 최소화, 건물은 적절한 크기와 용도에 따라 설계 및 이용하며, 공유와 순환경제, 지역사회 중심의 조직화와 같은 사회적 변화를 통합한다. 이는 물질적 풍요보다 삶의 질 향상에 기반한 소비 방식을 지향하며, 과도한 에너지 소비가 '행복'이나 '편의'와 반드시 연결되지 않음을 강조한다.

② 효율성(Efficiency)

효율성은 주어진 서비스를 제공하는 데 소요되는 에너지 손실을 최소화하는 데 초점을 둔다. 이를 위해 첨단 기술이 적용된 고효율 가전제품, 잘 단열된 건물, 저에너지 소모 차량 등 하드웨어 개선뿐 아니라, 기존 인프라의 효율적 활용 또한 중요하게 여긴다. 프랑스 '네가와트 시나리오'에 따르면, 효율성 증대를 통해 최종 에너지 수요의 큰 폭 감소를 실질적으로 달성할 수 있다고 분석한다. 또한, 스마트 그리드 및 디지털 기술의 융합을 통한 에너지 관리 최적화 등도 주요 전략으로 제시된다.

### ③ 재생 가능 에너지(Renewables)

세 번째 축인 재생 가능 에너지의 확대는 앞선 두 원칙(충족성, 효율성)으로 이미 충분히 줄인 '최소한의 에너지 수요'에 대해 우선적으로 재생에너지(태양광, 풍력, 바이오매스, 수력 등)로 공급하는 원칙이다. 이는 화석연료와 원자력에 의존하지 않는 탈탄소 사회로의 전환을 의미한다. 네가와트는 재생가능 에너지의 점진적 확대 로드맵을 제시하며, 지역 분산형 생산, 시스템 통합을 함께 강조한다.

이 세 가지 개념은 순차적으로, 또 반복적으로 적용되어야 실질적인 에너지 저감·탄소중립 효과를 거둘 수 있다고 본다. 충족성→효율성→재생 가능 에너지 순으로 우선순위 전략을 두면, 전체 사회의 에너지 수요를 급격하게 줄이고 남은 수요는 친환경적으로 충족할 수 있다. 네가와트는 이를 '에너지 전환의 3단 논법'이라 부른다. 덧붙여, 이 패러다임은 에너지 빈곤 완화, 지역사회 회복력, 일자리 창출, 건강 증진 등 사회·경제 전반에 긍정적 파급효과를 가져온다고 강조한다.

2022년 발표된 '네가와트 시나리오' 개정판은 2050년까지 프랑스 에너지 수요의 60% 이상 감축과 100% 재생에너지 공급 전환 가능성을 구체적 수치로 검증했다. 이와 함께 CLEVER(Climate, Lifestyles and Energy sufficiency) 등 EU 프로젝트와의 연계를 통해 정책 강화 및 '충족성'의 제도화가 중요하다는 메시지가 더욱 강화되었다. 최근에는 연구 범위가 확대되어 데이터센터, 디지털 전환, 신도시 개발 등에서의 충족성 개념 응용, 사회적 수용성 증진을 위한 시민참여 확대, 그리고 기후·에너지 정의(Justice) 문제까지 포괄하고 있다. 이러한 네가와트의 시각은 IEA(국제에너지기구), EU 기후정책 등 국제 기구의 최신 에너지 시나리오와도 일치하며, 특히 '충족성'이 새로운 정책

아젠다로 부상하고 있다.

## 2) 주요 활동

### ① 독립적 분석 및 시나리오 개발

네가와트 협회의 가장 핵심적인 활동은 에너지, 온실가스(GHG), 주요 원자재의 사용에 대한 과학적·독립적 모델링과 미래 분석이다. 2003년 프랑스 최초의 장기적 에너지 정책 시나리오 발표 이후, 네가와트는 약 10년 주기로 시나리오를 개정·발표하고 있다. 2022년 최신 시나리오에서는 네가와트(소재 및 자원 흐름 분석 모듈)를 반영하여, 에너지뿐 아니라 주요 자원의 전체 흐름, 투입·배출까지 '라이프 사이클' 차원에서 종합적으로 분석한다. 분석 결과는 단순한 감축가능성 검증을 넘어, 사회적으로 수용성 높고 기술적으로 실현 가능한 경로임을 보여준다. 이를 통해 "프랑스는 2050년까지 에너지 소비 60% 감축, 100% 재생에너지 전환, 순 온실가스 배출 제로가 가능하다"는 정량적 근거가 마련되었다. 이 시나리오들은 정책 입안자, 지방정부, 시민사회에서도 주요 참고 지표의 역할을 하고 있다.

### ② 전문성 제공·정책 옹호 및 소통

네가와트는 정책 개발 및 옹호 활동에 적극적으로 참여한다. 프랑스 정부의 에너지전환법, EU의 Fit for 55, REPowerEU와 같은 대규모 정책 논의의 자문 및 조언자로 활동한다. 또한, 전국적·지역적 워크숍 및 포럼, 학술 세미나, 언론 미디어를 통한 인터뷰 및 기고를 통해 시민사회, 전문가 커뮤니티와 폭넓게 소통한다. 단순한 비판이 아니라 '실행 가능한 대안'에 방점을 두어, 실질적 효과가 기대되는 정책 제안서를 제출하거나 기후 시민회의(Convention Citoyenne pour le

Climat) 등 사회적 참여 디자인에도 힘쓴다. 최근에는 '충족성(sufficiency)' 개념을 국가 표준(프랑스, EU) 및 도시설계 매뉴얼 등에 반영하는 구체적 입법·행정 협업이 진행되고 있다.

③ 국제적 협력·확산

네가와트는 2018년 "ENOUGH(International network on Energy Sufficiency)"라는 국제 전문가 네트워크를 설립하고, www.energysufficiency.org라는 포털을 개설해 충족성 개념의 글로벌 확산 거점이 되었다. ENOUGH에는 유럽, 북미, 아시아를 아우르는 다수 전문가와 단체가 참여하며, 최신 이론·정책 논의, 실천 사례, 국제 기준 개발 등 다양한 교류가 이뤄진다. 또한, EU Horizon 프로젝트 CLEVER, ENOUGH Network 등을 통해 유럽 전체의 저수요·탄소중립 로드맵(CLEVER Scenario) 개발을 주도하고 있으며, 네가와트 전문가들은 해당 보고서의 저자로서 유럽 차원의 "수요 절반, 100% 재생에너지" 목표 달성을 위한 전략(충족성, 효율, 재생에너지의 통합 적용)을 구체적으로 제시하고 있다.

④ 네가와트 연구소 운영(실행 지원)

2009년 출범한 네가와트 연구소는 정책 제언, 기술 연구뿐 아니라 지방정부·비즈니스·공기업 대상의 컨설팅, 실무 교육, 행동 변화 관리 프로그램 등을 운영한다. 프랑스 다수 지방자치단체에서 네가와트 시나리오를 반영한 에너지전환 계획 수립, 건물 리노베이션, 교통 수요관리 프로젝트 등에서 활약하고 있다. 최근에는 건물 에너지 진단, 시민참여를 통한 에너지절약 캠페인, 농촌·도시 융합형 재생에너지 프로젝트 기획 등 맞춤형 솔루션 제공이 늘고 있다.

⑤ 자금 조달 및 조직 운영

　네가와트 협회는 순수 비영리 조직으로, 주로 개인 및 후원회비, 시민·재단 및 국내외 NGO 기부금으로 운영된다. 공공기관, 지방정부 위탁 프로젝트 등도 일부 재원이지만, 조직의 독립성과 공정성을 보장하기 위해 기업 후원 유입을 엄격히 제한한다. 회원은 2024년 현재 1,400명을 상회하며, 전문가(과학, 사회, 경제), 연구원, 활동가, 시민 등 다양한 구성으로 네트워크를 확대하고 있다.

　2022년부터 2024년까지 유럽 및 프랑스 정책에 '충족성'이 본격적으로 반영되면서 파리기후목표 상향, REPowerEU, Frugality Think-Tank 등 공식 파트너 활동이 늘어나고 있다. 동시에 데이터 센터, 디지털 전환, 산업소재 절감 등 디지털·신산업 분야로 분석 및 실천 영역이 확장되고 있으며, 네가와트와 같은 자원·에너지 통합 모델(생애주기 분석 등)과 시민주도 토론회 확대, '기후 정의·에너지 빈곤' 이슈에 대한 대응을 지속 강화하고 있다.

REPowerEU

## 3) 정책 제안

### ① 교통

교통 부문에서는 재택근무 활성화 및 주거, 사무실, 상업 지역을 혼합하는 도시 계획을 통해 이동 필요성을 줄이는 이동 거리 단축, 고속도로 및 국도의 속도 제한을 낮추는 속도 제한 하향(예: 130km/h → 110km/h, 90km/h → 80km/h), 기차, 대중교통, 자전거, 도보, 스쿠터 등 에너지 소비가 적고 오염이 적은 교통수단으로의 전환을 우선시하고 자동차 동반 탑승률을 높이는 차량 공유 시스템을 포함한 대중교통 및 능동 이동 증대, 그리고 항공 및 도로 교통 요금에 환경 영향을 반영하고 세금 감면을 없애 대안적인 교통수단에 대한 자금을 확보하는 공정한 운임 정책을 제안한다.

### ② 건물

건축 면적의 성장을 억제하기 위해 기존 건물의 활용도를 높이는 재정적 인센티브를 제공하고 공간의 모듈화 및 공유를 적극 장려하며, 플랫 쉐어링과 세대 간 거주를 통해 평균 가구원 수를 안정화하고 신축 건물에서 단독 주택 비율을 줄여 신규 주택의 평균 크기를 안정화해야 한다. 동시에 2050년까지 전체 건물을 대상으로 하는 대규모 심층 개조 프로그램을 최우선으로 이행하고, 불필요한 조명 포인트를 2050년까지 20% 감축하고 회색 가전의 수를 줄이며 건조기 대신 자연 건조나 공동 사용을 늘리는 한편 데이터 센터의 '좀비 서버' 제거 등을 통해 전반적인 디지털 장비의 성장을 억제하여 가전제품 및 조명 소비를 절제해야 한다.

③ 농업 및 식품

　육류 소비를 평균 40~50% 줄여 전체 단백질 섭취량을 20% 감축하고 식물성 단백질의 비중을 확대하는 식단 변화를 추진하며, 2025년까지 음식물 쓰레기를 절반으로 줄이는 목표를 달성하고, 식단 지침에 온실가스 배출 기준을 도입하여 식품 생산 과정에서 발생하는 환경 영향을 종합적으로 고려해야 한다.

④ 산업

　제품의 법적 보증 기간을 확대하고 제조사가 최소 10년간 예비 부품을 제공하도록 의무화하여 내구성 있는 제품의 생산과 소비를 촉진하며, 플라스틱 식기류 금지와 보증금 환급 시스템 도입을 통해 일회용 제품의 사용을 줄이고 재료 재활용률을 높여 비재생 원자재 의존도를 최소화하는 순환 경제를 구축하고, 카셰어링, 공동 세탁실, 코워킹 스페이스, 제품 리스 등 제품 공유 서비스를 확대하여 자원 활용의 효율성을 극대화해야 한다.

⑤ 에너지 공급

　기존 원자로를 40년 가동 후 단계적으로 폐쇄하여 2035년까지 모든 원자력 발전소를 폐지하고, 2050년까지 나머지 에너지 수요를 풍력 및 태양광 발전의 대규모 확장을 통한 재생 가능 에너지원으로 100% 충당하는 것을 목표로 하며, 재생에너지의 생산 변동성을 관리하기 위해 '파워 투 가스(power-to-gas)' 기술을 활용하여 잉여 재생에너지를 수소 및 합성 메탄으로 전환하고 지역난방에서 바이오가스 사용 및 열 회수 활용을 확대하여 전력망의 안정성을 확보해야 한다.

## 4) 에너지 교육과 시민운동

네가와트는 에너지 전환을 개인의 선택이나 기술적 변화에 국한하지 않고 사회 전체의 문화적·집단적 변화 과정으로 접근한다. 이들은 에너지 절약과 충족성을 실현하기 위해서는 소비주의와 물질주의에 기반한 기존 사회 규범 자체가 진화해야 한다고 본다. 프랑스에서 최근 확산된 육류 소비 감소나 시민 주도 에너지 절약 캠페인은 대중이 새로운 규범을 점차 수용하는 대표적 사례이다.

네가와트는 시민, 기업, 정책결정자 등 다양한 이해관계자들이 협력하고 행동할 수 있는 참여의 장을 조성한다. 2020년대 들어 기후 시민의회(Convention Citoyenne pour le Climat), 지역사회 토론회, 시민 캠페인이 활성화되면서 에너지 충족성과 생활방식 변화를 둘러싼 포괄적 논의가 확산되고 있다. 이는 소수 환경운동가를 넘어 일반 시민과 기업, 공공기관까지 변화의 주체로 참여함을 보여준다.

네가와트 연구소는 에너지 전환을 뒷받침하는 교육·훈련, 컨설팅, 변화관리 프로그램을 국가·지방정부, 기업, 시민단체에 제공하고 있다. 최근에는 디지털 전환, 건물 에너지 진단, 지역 분산형 재생에너지 프로젝트 등 새로운 주제의 시민역량교육도 확대하고 있다.

네가와트는 타 NGO, 기업, 유럽 내외 파트너들과 협력하고 ENOUGH 등 국제 네트워크와 교류하여 충족성 개념의 세계적 확산에도 기여하고 있다. 특히, 2024년 이후에는 "공동체적 전환"을 강조하며 각자의 생태 발자국을 줄여 사회적 불평등을 완화하고 지역 공동체 회복력을 강화하며 사회적 유대를 회복하여 더 공정하고 연대적인 사회를 지향한다. 이는 에너지와 부의 분배 정의, 고립·취약성 대응을 통합한 지속가능한 사회로의 집단적·문화적 전환 전략이다.

기후 시민의회(Convention Citoyenne pour le Climat) 로고와 회의 장면

### REPowerEU

2022년 EU가 발표한 신규 에너지 전략으로 러시아 화석연료 의존도 탈피와 에너지 안보 확충, 그리고 에너지 전환 가속화를 위한 비상정책 패키지이다. 이 전략의 주요 목표는 러시아산 천연가스 등의 화석연료에 대한 의존도 신속 감축, 재생에너지 보급·확대 가속화, 에너지 효율성 대폭 증진 및 수요관리 강화, 에너지 인프라·연계망(전력·가스) 현대화 촉진이다. 핵심 전략으로는 재생에너지 설치·투자 시 필요한 규제 간소화와 허가 기간 단축, 태양광·풍력 발전 확대 및 그린수소·바이오가스 육성 가이드라인 제공, 수소 연합과 EU 공동가스구매 등 시장 공동협력 촉진, 에너지 절약 캠페인과 고효율 열펌프 등 효율 개선 인센티브 확대, 그리고 에너지 빈곤 대응을 위한 소비자 지원책 병행 등이 있다.

### Frugality Think-Tank

검소함(frugality) 또는 충족성(sufficiency)을 핵심 가치로 삼아 에너지·자원 소비를 줄이면서도 사회적 복지와 지속가능성을 높이는 정책 연구를 수행하는 전문기관 또는 지식 네트워크를 의미한다. 여기서 '검소함'은 단순히 소비를 억제하는 것이 아니라, 불필요한 낭비를 줄이고 삶의 질과 환경적 책임을 동시에 추구하는 접근을 말한다.

# 4

# 네가와트 지능(Intelligence)과 혁명(Revolution)

## 1) 네가와트 개념의 재해석

네가와트(Negawatt)는 에너지를 생산하지 않고 절약되거나 소비되지 않은 전력을 1와트처럼 계량하여 그 가치를 인정하는 개념으로 기존의 전력 생산 중심 패러다임에서 벗어나 절약된 에너지를 지능적으로 활용하여 지속가능한 에너지 관리에 기여하는 혁신적인 접근이다. 네가와트 지능(Negawatt Intelligence)은 이러한 에너지 절약 효과를 정보 기술(IT), 인공지능(AI), 데이터 분석 등 첨단기술과 결합하여 극대화하는 것을 의미하며, 에너지 효율성 향상과 탄소 배출 저감을 위한 핵심 전략으로 주목받고 있다.

이러한 네가와트의 개념적 토대 위에서 네가와트 신개념 기술 정립이란 전력시장에서의 네가와트 개념을 건축물 단위로 확장·전환하여, 절감에너지를 발전과 동등한 가치로 인식하고, 이를 ZEB(제로에너지), BEMS(에너지관리), BAS(빌딩자동제어), HA(홈자동화)와 융합함으로써 건축물 에너지 절감과 탄소중립을 실질적으로 구현하는 새로운 기술 체계를 수립하는 것이다. 즉, 이는 네가와트의 기본 철학을 건축 분야에 구체적으로 적용하여 실질적인 성과를 창출하는 실용적 기술 프레임워크로 발전시킨 것이라 할 수 있다.

최근 ICT 기술과 인공지능의 비약적인 발전에 힘입어 에너지 관련 개념도 진화하고 있다. 네가와트도 예외는 아니어서 개념의 재해석이 왕성하게 진행 중이다. 기존의 에너지 보존 법칙만으로는 모든 현상을 설명하기 부족하며, 에너지는 항상 유용한 형태에서 쓸모없는 형태로 전환된 '엔트로피 증가 법칙'이 작용하여 일부 에너지가 항상 열에너지로 전환되어 낭비되므로 낭비되는 에너지를 줄이는 것은 새로운 에너지원을 찾는 것만큼 중요하며 에너지 절약은 선택이 아닌 필수가 되었다.

전력의 특성상 저장이 어렵고 생산과 동시에 소비되어야 하는 특징을 가지고 있어, 단순히 전력 수요에 맞춰 발전소를 늘리는 방식으로는 한계가 있으므로 네가와트는 공급 중심의 패러다임에서 벗어나 수요를 지능적으로 조절하여 공급과 수요의 균형을 맞추는 전력 거래 시장 및 에너지 관리 시스템의 등장을 이끌었다. 과거의 에너지 절약과 달리 현재는 IT 기술(사물 인터넷, 인공지능 등)과 접목되면서 이전에는 아낄 수 없었던 것까지 아껴 쓸 수 있게 되었다. 이는 에너지 사용 데이터의 수집, 분석, 자동 제어 및 클라우드 기반 관리 등을 통해 에너지 효율의 잠재력을 극대화하고 사업장이나 건물 단위의 에너지 효율 최적화를 가능하게 한다.

건물 부문은 전 세계 에너지 소비의 상당 부분을 차지하며, 탄소중립 달성을 위해서는 건축 분야의 근본적인 에너지 저감이 필수적이다. 네가와트 기반 ZEB(제로 에너지빌딩)와 BEMS(건물 에너지 관리 시스템) 기술은 이러한 목표를 달성하는 핵심 도구로 활용되고 있다. ZEB는 건물에서 사용하는 에너지와 자체적으로 생산하는 에너지가 연간 기준으로 '0' 이하가 되도록 설계된 건축물로 고성능 단열재, 고효율 설비 적용, 신재생에너지 활용을 통해 에너지 자립을 달성한다. BEMS는 건물 내 HVAC(냉난방, 환기, 공조), 조명, 전력 등 모든 에너지 시설을 통합 관리하여 최적 운용을 실현하는 지능형 시스템으로 에너지 사용량을 실시간으로 파악하고 자동 제어 및 최적화 기능을 통해 에너지 낭비를 예방한다. 이러한 네가와트 기반 기술들은 건물의 에너지 효율성을 극대화하고 탄소 배출량을 획기적으로 감축시킴으로써, 지속가능한 건축 환경 조성과 기후변화 대응에 중요한 역할을 수행한다.

네가와트 지능과 RE100의 전략적 결합은 다음과 같은 비전을 제시한다. 첫째, 건물을 단순한 에너지 소비 주체에서 에너지를 생산하고 관리하며 가상의 발전량을 창출하는 '가상 발전소' 또는 '스마트 에너지 허브'로 진화시키는 패러다임 전환을 제시한다. 이러한 접근은 연간 20~40%에 달하는 에너지 절감과 냉난방, 조명, 동력비 등 운영 비용의 대폭 절감을 가능하게 하며, 코엑스의 BEMS 도입 사례는 연간 10억 원 상당의 에너지 비용 절감과 온실가스 감축 성과를 보여주었다. 둘째, 탄소 배출량을 최대 30%까지 감축할 수 있어 ZEB 및 녹색건축 인증에 기여하고, 에너지 저장 장치(ESS)와 수요반응 서비스(DR)를 통해 신재생에너지의 간헐성 문제에 대처하며 전력 공급 안정화에 기여한다. 셋째, 에너지 관리의 효율화는 에너지 시장 내 거래 가능성과 비용 절감 등 다양한 경제적 가치를 창출하여 새로운 서비스 비즈니스 모델의 등장을 촉진한다. 이러한 통합적 접근은 국가 전체의 에너지 절약과 환경 보호에 크게 기여하여 기후위기 대응을 위한 지속가능한 에너지 생태계 구축을 가능하게 한다.

네가와트 개념의 재해석은 단순히 전기를 아끼는 것을 넘어 첨단 기술을 활용하여 에너지 수요 자체를 근본적으로 줄이고, 이를 통해 탄소 배출을 최소화하며, 지속 가능한 미래 에너지 시스템을 구축하는 혁신적인 접근 방식으로 자리매김하고 있다. 네가와트 개념을 중심으로 한 AI·IoT 기반의 ZEB-BEMS 통합 기술은 에너지 수요를 근본적으로 줄이고 이를 재생에너지와 연계하여 진정한 의미의 탄소중립을 실현하는 가장 효과적이고 현실적인 전략이다.

## 2) 네가와트 지능

### ① 네가와트 지능의 새로운 개념

'네가와트 지능(Negawatt Intelligence)'의 개념은 공식 정의나 학술적 표준보다는 신산업 및 에너지테크 분야에서 빠르게 확장·응용되고 있는 용어 중의 하나다. 네가와트 지능은 전통적인 에너지 소비 중심 패러다임에서 벗어나 절약된 전력과 관련된 정보를 지능적으로 활용하여 지속가능한 에너지 관리에 기여하는 혁신적 개념이다.

네가와트 지능의 기반이 되는 'Negawatt(네가와트)'는 에너지를 생산하거나 소비하는 대신 절약한 전력 또는 소비하지 않은 에너지를 1와트처럼 계량하고 가치로 인정하는 개념이다. 네가와트 지능은 이러한 절약과 비소비의 효과를 정보기술, 인공지능, 데이터분석 등 첨단기술과 결합하여 극대화한다.

이 시스템은 건물, 공공 인프라, 산업 현장, 가정 등 다양한 에너지 사용처에서 실시간 데이터 수집과 분석, 예측을 통해 불필요한 에너지 사용을 사전에 식별하고 조정한다. 최적화된 에너지 절감 방안을 자동으로 실행하는 지능적 관리와 자동화가 핵심 특징이다.

특히, 각종 센서, 빅데이터, 인공지능, 클라우드 등을 활용한 데이터 기반 의사결정을 통해 실질적으로 불필요한 에너지 소비를 감축하고, 남은 수요는 효율적으로 관리할 수 있게 한다. 특히 디지털 트윈, 스마트 그리드 등 에너지ICT와의 긴밀한 연결을 통해 시스템의 효율성을 극대화한다.

네가와트 지능을 통해 얻어진 에너지 절감 효과는 단순한 환경적 가치를 넘어선다. 전력 시장 내에서의 거래 가능성, 효율성 향상에 따른 비용 절감, 탈탄소 정책 이행 등 다양한 경제적·사회적 가치로 전환될 수 있어 지속가능한 발전 모델을 제시한다.

스마트홈과 스마트빌딩에서는 AI 기반 자동화 시스템이 불필요하게 켜진 조명, 냉난방, 기기의 전원을 자동으로 차단한다. 산업 현장에서는 설비와 공정운영 데이터를 AI가 분석하여 대기전력, 피크 부하, 에너지 낭비요소를 사전에 제어한다. 도시 인프라 차원에서는 수요반응과 분산전원 등과 연계하여 에너지 절감이 가능한 가상발전소 역할을 수행한다.

네가와트 지능은 단순한 에너지 절약이나 계량 개념을 초월하여 ICT와 AI 기술을 접목한 미래형 에너지 관리 지능체계다. 에너지의 불필요한 소비를 효율적으로 제거하고 사회 전체의 탄소중립과 경제적 효율성에 기여하는 이 개념은 최근 글로벌 에너지 전환과 스마트시티 분야에서 주목받고 있으며, 다양한 응용모델이 지속적으로 등장하고 있다.

따라서 네가와트 지능은 에너지 절감에 효과가 있는데, 전력 사용이 급증하는 피크 시간대에 불필요한 전력 소비를 줄여 전력 공급 과부하를 예방하고 안정적인 전력 수급에 기여한다. 또한, 전력을 절약함으로써 발전소를 추가 가동하거나 비싼 전기를 구매할 필요가 없어져 국가와 기업, 소비자 모두 비용 절감 효과를 누리고 네가와트 시장에서 절감된 전력을 거래하여 절전 참여자에게도 경제적 인센티브를 제공한다.

그리고 불필요한 에너지 소비를 줄여 온실가스 배출 감소에 도움을 주며 기후 변화 대응과 장기적인 친환경 사회 구축에 기여하고, IoT 센서와 AI 기반 데이터분석 및 자동화된 제어를 통해 실시간 에너지 소비를 모니터링하고 최적화된 절감 방안을 실행함으로써 효율을 극대화한다. 아낀 전력을 시장에서 거래함으로써 새로운 수요관리 비즈니스 모델과 에너지 생태계 확립에 기여하며, 스마트 전력량계와 자동 제어 시스템을 통해 소비자가 실시간 에너지 사용량을 확인하고 자발적 절감에 참여하게 하여 에너지 절약 문화 확산에 도움을 준다.

국내외에서 네가와트 지능은 이미 수요반응(DR) 서비스, 스마트 그리드, 가상발전소 등과 결합해 에너지 절감과 비용 절감, 전력 시스템 안정화에 실질적 성과를 내고 있으며, 특히 여름철 전력 수요 급증 시기와 같은 전력 위기 상황에서 매우 중요한 역할을 하고 있어 단순히 전기 사용을 줄이는 것을 넘어 에너지 비용 절감과 환경 보호, 전력망 신뢰성 강화에 중요한 역할을 하는 혁신적 시스템이다.

② 네가와트 지능의 신기술 동향

건물 내 직접 공급 및 보조 에너지원으로는 다양한 재생에너지 기술들이 활용되고 있다. 태양광 발전은 옥상, 외벽, 창호 일체형(BIPV) 등에 설치되어 건물 전력의 일부를 직접 공급하며, AI 기반 발전량 예측 및 최적 입지 분석을 통해 효율성이 향상되고 있어 2000년대 이후 세계적으로 가장 빠르게 확산되는 재생에너지원 중 하나가 되었다.

태양열 시스템은 온수 및 난방을 지원해 보일러 연료 사용을 절감하고 HVAC 효율을 높이는 재생열에너지 기술이며, 지열 에너지는 지중 열교환기를 통해 난방·냉방 효율을 제고하여 전력 사용 대비 높은 에너지 절감 효과를 제공하는 온실가스 감축의 핵심 기술이다.

소형 풍력 발전은 고층 건물 옥상이나 단지 내 설치에 적합하며 AI 기반 예측·제어 기술로 간헐성을 줄여 운영 효율을 증대시키고 있고, 연료전지는 수소 또는 천연가스를 연료로 전기와 열을 동시에 공급하는 열병합 발전 기술로서 일본, 한국, 유럽을 중심으로 보급이 확대되고 있어 향후 탄소중립 달성의 주요 축으로 부상할 전망이다. 또한, 바이오에너지는 바이오가스와 유기성 폐기물을 활용한 분산형 열·전력 공급 기술로 지역 열원 및 소규모 발전 시설과 연계되어 교통, 산업, 건물 에너지 전환에 적극 도입되고 있다.

스마트 홈·스마트 빌딩 기술은 건물의 에너지 효율성과 자동화를 극대화하는 핵심 기술들로 구성되어 있다. 제로에너지 빌딩(ZEB)은 건물의 에너지 수요를 최소화하고 신재생에너지로 자체 공급을 충당해 순 에너지 소비량을 '0'으로 만드는 건축 모델로서 AI·IoT 기반의 ZEB-BEMS 통합 제어 시스템을 통해 네가와트(수요 절감)를 창출하여 사실상 가상의 발전소 역할을 수행하며 건물 차원의 탄소중립 모델을 구현한다.

빌딩 에너지 관리 시스템(BEMS)은 조명, 냉난방, 환기, 전력 등 전체 에너지 인프라를 통합 관리하는 지능형 플랫폼으로 실시간 센서 데이터와 외부 기상 정보를 반영한 AI 기반 예측 제어를 통해 에너지 효율을 크게 향상시키며, 서울 한국종합무역센터(코엑스)는 에너지 관리(BEMS)를 적용해 기상데이터와 건물 사용 패턴을 반영한 냉난방 최적화를 성공적으로 수행하고 있다.

또한, 빌딩 자동 제어는 AI, IoT 기반으로 실내·외 센서 데이터, 실시간 전력 요금, 건물 이용 패턴 등을 종합 분석해 냉난방, 조명, 환기 등의 운영을 자율적으로 최적화함으로써 사용자의 편의성과 에너지 절감을 동시에 달성할 수 있게 한다.

AI, IoT, 빅데이터 기반 지능형 에너지 기술은 현대 에너지 시스템의 효율성과 지속가능성을 혁신적으로 향상시키는 핵심 기술들이다. AI 기반 스마트 에너지 관리는 머신러닝·딥러닝을 이용해 에너지 데이터를 분석하고 소비 예측·실시간 최적화·이상 감지·자율 제어 등을 수행하여 재생에너지의 간헐성을 보완하고 수요관리의 정밀도를 높여 기후 변화 대응 역량을 강화한다.

사물인터넷은 수많은 센서와 통신 모듈을 통해 건물 및 도시 내 에너지 흐름을 실시간 모니터링하며, IoT 기반 AI 모델이 실시간 데이터를 활용해 효율적인 제어 및 탄소 저감 전략을 실행하는 데 핵심적 역할을 하여 미래에는 주택·공장·교통·스마트시티 전반이 IoT를 기반으로 통합 관리될 전망이다.

빅데이터는 에너지 시스템의 다양한 데이터를 대규모로 수집·저장·분석하여 수요 예측, 기후 예측, 수급 안정화에 활용되며, 전력 부하 관리, 장기적 탄소 감축 전략 수립, 스마트 그리드·VPP(가상 발전소) 운영에 필수적이다.

이러한 AI·IoT·빅데이터 기술들은 스마트 그리드와 융합되어 전력망을 학습·지능화하는 기반 기술로서 수요 반응(Demand Response), VPP 운영 등 차세대 전력 관리를 가능하게 하며, 공급(발전)과 수요(소비)를 정밀하게 예측·조정하여 전력 손실을 최소화하고 탄소중립형 에너지 생태계 구축을 지원한다.

향후 건물 에너지 시스템은 단순한 절약을 넘어 AI·IoT·빅데이터 기반 지능형 관리와 재생·대체 에너지원을 유기적으로 융합하는 형태로 진화하고 있다. 네가와트(수요 절감)와 메가와트(재생 발전)를 동시 관리하는 통합 에너지 플랫폼은 건물이 스스로 에너지를 생산·소비·제어하는 자율적 에너지 허브로 발전하게 할 것이며, 이는 곧 건축·에너지·ICT 산업이 융합된 새로운 신산업 생태계의 핵심 모델이자 탄소중립 사회 전환을 실현하는 핵심 인프라로 자리매김할 것이다.

## 3) 네가와트 혁명

네가와트 혁명(Negawatt Revolution)은 단순히 에너지를 절약하는 것을 넘어 에너지 관리의 근본적인 패러다임을 전환하고 새로운 에너지 생태계를 구축하는 총체적인 변화를 의미하며, 전력 생산량을 나타내는 '메가와트(Megawatt)' 시대에서 '절약되거나 소비되지 않은 전력'을 의미하는 '네가와트(Negawatt)'의 가치를 극대화하는 시대로의 전환을 상징한다.

네가와트는 단순히 전기를 아끼는 것을 넘어 절약된 에너지를 마치 생산된 에너지처럼 가치를 부여하고 계량하는 개념으로, 에너지를 효율적으로 사용하거나 절약하여 생긴 잉여 에너지를 새로운 자원처럼 활용하자는 데서 출발한다. 에너지 보존 법칙만으로는 에너지 과다 사용 문제를 설명하기에 부족하며, 에너지는 항상 쓸모 있는 형태에서 쓸모없는 형태로 전환되므로(엔트로피 증가 법칙) 낭비되는 에너지를 줄이는 것이 새로운 에너지원을 찾는 것만큼 중요해졌다.

과거에는 전력 수요가 증가하면 발전소를 더 짓는 공급 중심의 정책이 주를 이루었으나, 전력은 저장이 어렵고 생산과 동시에 소비되어야 하는 특성이 있어 이러한 방식은 한계에 도달했다. 네가와트 혁명은 이러한 공급 중심의 패러다임에서 벗어나 수요를 지능적으로 조절하여 공급과 수요의 균형을 맞추는 것을 목표로 하며, 한국에서는 2014년부터 네가와트 시장(수요자원 거래 시장)이 개설되어 운영되고 있어 에너지 효율성 극대화와 지속가능한 에너지 시스템 구축을 위한 혁신적 접근이 현실화되고 있다.

네가와트 혁명은 IT 기술(사물 인터넷, 인공지능 등)의 발전과 접목되면서 그 잠재력을 극대화하고 있으며, 스마트 센서와 IoT 기술을 통해 건물과 산업 현장에서 광범위한 에너지 소비 데이터를 실시간으로 수집하고 분석할 수 있게 되었다. 인공지능과 기계 학습은 이러한 데이터를 기반으로 에너지 수요를 예측하고 최적화된 에너지 절감 방안을 자동으로 실행하며 자산 및 설비의 운영 효율화를 달성하고, 강화 학습과 같은 AI 기술은 스마트 제어를 통해 에너지 소비를 절감하는 데 중요한 역할을 한다.

클라우드 기반의 지능형 수요자원 통합관리 플랫폼은 데이터 수집, 저장, 가공, 분석을 효율화하고 에너지 공급자, 수요자, 서비스 사업자 간의 정보 교환과 협력을 가능하게 하여 새로운 비즈니스 모델 창출을 지원한다. 네가와트 혁명은 단순히 재생에너지 사용을 늘리는 RE100을 넘어 탄소중립 달성을 위한 근본적인 접근 방식으로 에너지 수요 자체를 최소화한 후 '재생 가능 에너지(Renewables)'로 이 최소화된 수요를 충당하는 혁신적이자 필수적인 과정이다.

네가와트 혁명의 경제적, 사회적 파급 효과는 다방면에 걸쳐 나타나고 있으며, 효율적인 에너지 사용을 통해 연간 상당한 에너지 비용을 절감하고 절약된 전기를 사고파는 새로운 전력 거래 시장 및 수요관리 사업이라는 비즈니스 모델을 창출한다. 에너지 소비를 줄임으로써 온실가스 배출량을 직접적으로 감축하여 기후 변화 대응에 기여하고, 전력 시스템 내에서 수요와 공급의 경계를 허물며 분산 에너지 자원과의 통합 운영을 통해 시스템의 신뢰성과 유연성을 높인다. 스마트 전력량계 보급 등을 통해 소비자가 에너지 사용량을 실시간으로 확인하고 에너지 절약에 직접 참여하며 이익을 얻는 '프로슈머'로서의 역할이 중요해지고 있다. 이처럼 네가와트 혁명은 에너지 절약을 개인의 실천을 넘어선 국가적, 기술적, 시장적 차원의 대변혁으로 이해되며, 지속가능한 미래 사회를 위한 필수적인 기반이 되고 있다.

네가와트 혁명은 에너지 절약과 효율성 제고를 넘어 국가 차원의 에너지 운영 방식과 시장 구조, 기술 협력, 소비 패턴 등 다양한 차원에서의 포괄적 혁신을 의미하며, 지속가능하고 탄소 중립적인 미래 사회를 위한 필수 기반으로 ICT 및 AI 기술과 결합해 중국, 미국, 유럽 등 주요국이 국가 경쟁력 강화와 환경 정책 실현을 위해 적극적으로 추진하고 있다.

네가와트 개념은 미국 록키마운틴연구소의 환경과학자 에이모리 로빈스(Amory Lovins)가 1989년에 처음 도입한 이후 우리나라를 포함한 여러 국가에서 수요관리 시장, 스마트 그리드, AI 기반 에너지 관리 등 여러 기술과 정책으로 발전해 왔으며, 국내에서는 2014년부터 수요자원 거래시장이 개설되고 AI와 IoT를 활용한 '네가와트 지능'이 적극적으로 도입되는 등 미래형 에너지 생태계로 진화하고 있다.

동아사이언스의 '네가와트 시대 온다', 한국에너지연구원의 '메가와트에서 네가와트 시대로', 삼성 반도체의 '네가와트 시장 소개' 등 주요 보고서들이 이러한 변화를 뒷받침하고 있으며, 네가와트 혁명은 에너지 생산 및 소비의 근본 원리를 바꾸고 기후 변화에 대응하는 혁신적인 전략으로 자리 잡고 있다.

5

# RE100 Next: 네가와트 혁명

## 1) 네가와트(Negawatt)와 에너지 저감 기술 (스마트 빌딩 기술)

네가와트(Negawatt)는 '네거티브(Negative)'와 전력 단위인 '메가와트(Megawatt)'의 합성어로 절약을 통해 아낀 전기를 의미한다. 이는 전기를 효율적으로 사용하거나 사용을 절약하여 생긴 잉여 에너지를 새로운 자원처럼 활용하는 개념이다. 전기는 저장이 어렵고 생산과 동시에 소비되는 특성을 가지고 있어, 단순히 전력 수요에 맞춰 발전소를 늘리는 방식은 한계가 있다.

이에 공급이 아닌 수요를 조절하여 공급과 수요의 균형을 맞추는 전력거래시장으로 네가와트 시장이 등장했다. 한국에서는 2014년 네가와트 시장이 개설되어 성장세를 보이고 있으며, 실제 전기가 거래되지는 않지만 소비자의 절약 약속을 바탕으로 발전회사는 추가 가동 필요성이 줄고 한국전력공사는 비싼 자원 구매를 줄여 지출 감소로 이어지는 금전적 이득이 발생한다.

닉오지능(Negawatt Intelligence)은 네가와트 개념을 기반으로 절약된 전력과 관련된 정보를 정보통신기술(IT), 인공지능(AI), 데이터 분석 등 첨단 기술과 결합하여 지속가능한 에너지 관리에 기여하는 혁신적 개념으로 불필요한 에너지 사용을 사전에 식별하고 조정하며 최적화된 에너지 절감 방안을 자동으로 실행하는 지능적 관리와 자동화를 핵심 특징으로 한다.

네가와트 시장의 활성화는 스마트 그리드(Smart Grid)의 발전을 기반으로 하는데, 스마트 그리드는 기존 전력망에 정보통신기술(ICT)을 적용하여 전력망 스스로 시간대별 수요를 파악하고 전력의 흐름을 조절하여 낭비를 줄이는 차세대 지능형 전력망이다. 스마트 그리드가 활성화되면 네가와트 시장도 자연스레 활발해질 것으로 예상된다.

건물은 인류 생존을 위한 기본 환경인 동시에 지속적으로 에너지 소비를 유발하는 분야로 2012년 기준 미국의 건물 에너지 소비량은 전체의 37.8%, 한국은 약 18.2%에 달한다. 국내 건축물에서 배출되는 온실가스는 전체 배출량의 25%에 육박한다. 따라서 탄소중립 달성을 위해서는 건축 분야의 근본적인 에너지 저감이 필수적이다.

고효율 건물 에너지관리기술(스마트 빌딩 기술)은 건축 자재의 단열 및 고효율화를 포함한 패시브 기술과 ICT 기술을 기반으로 효율적인 에너지 관리 기능을 제공하는 능동형 제어 기술로 분류된다. 특히, ICT 기반의 능동형 건물 에너지관리 기술은 에너지 소비에 대한 관리의 중요성을 더욱 확연하게 표현한다. 건물 에너지관리 시스템(BEMS)은 건물 설비 자동화 시스템(BAS)을 기반으로 에너지 및 환경에 대한 미터링(metering) 또는 센서 기술을 도입하여 에너지 소비 현황을 파악하고, 이를 기반으로 에너지 설비 및 건물 환경을 효율적으로 운용하도록 하는 시스템이다.

건물 에너지 관리 시스템(BEMS)는 개별 제어에서 시작하여 제어 및 관리 시스템 도입, 통합 관리 시스템 도입을 거쳐 에너지 효율화가 고려된 에너지 관리 및 원격 관리 기술 단계로 순차적으로 발전하고 있다. 설비별 개별 제어, 정보 관리 및 효율적인 운용, 에너지 사용 절감, 체계적인 시설 운용 지원, 에너지 전문가에 의한 관리, 에너지 설비 성능 진단 및 개선 방향 제공 등의 핵심 기능을 포함한다.

국내에서는 인력 및 에너지 전문가의 부재로 인해 단순 운영 및 관리에 머무는 문제가 있었으나, ICT 기술 기반의 신기술 도입이 가장 적절한 대책으로 부상하고 있어 개별 전력 소비량 측정 및 네트워크 기능이 부가된 스마트 서브미터기 도입을 통해 실시간 원격 기기별 전력 소비량 측정 및 관리가 가능하다. 전력 시스템의 공급 현황과 시장 현황을 연동하여 소비자 측면에서의 전력 소비 관리가 가능한 수요 반응 시스템이 도입된 BEMS 기술 개발 및 도입이 요구된다.

코엑스는 연간 전력 1억3,127만kWh, 상하수도 99만$m^3$, 가스 535만$Nm^3$을 사용하며 에너지 비용만 연 163억 원에 달하는 대형 복합건물로서, 효율적인 에너지 관리 및 비용 절감이 반드시 필요한 과제였다. 이에 2002년 FMS(Facility Management System) 도입 후 2006년 자체 개발한 BEMS(Building Energy Management System)를 적용하여 특허까지 취득하였는데, 이 시스템은 전기·가스·수도·냉방·난방·조명·전열·동력 등 에너지 사용 내역을 세분화하여 시간·장소별로 실시간 분석하고, 3시간마다 기상청에서 실시간 날씨 정보를 받아 냉난방 및 조명 조건을 예측하며, 데이터 기반 사전 시뮬레이션을 통해 기기 작동을 최적화하여 최소 에너지로 최대 효과를 달성하고, 냉방시 심야전기의 빙축열과 터보냉동기 등 다양한 냉방 에너지원을 조합 운용하는 특징을 가지고 있다.

그 결과 연간 10억 원 상당의 에너지 비용 절감과 연 1,300T$CO_2$ 이상의 온실가스 감축 성과를 거두었으며, 냉난방·조명·동력 비용의 실질적 감소를 통해 약 2~3년 내 투자비 회수가 가능한 수준의 효율성을 보여주었다.

코엑스의 BEMS는 국내 대형건물 BEMS 구축의 모범사례로 평가받고 있으며, 이는 건물 특성에 맞는 맞춤형 시스템 구축의 중요성과 함께 초기 투자비 부담이 있더라도 단기간 내 충분한 절감 효과로 상쇄 가능함을 보여주는 동시에 에너지 절감 목표(최소 12.8%) 달성을 위해서는 정부 지원과 CEO 의지가 중요한 성공 요인임을 시사하고 있다. 이를 시공한 ㈜파노텍은 제로에너지 건축기술과 BEMS·ZEBS 통합 자동제어 솔루션을 개발하여 건축물 에너지 절감과 지속가능한 미래를 위한 실질적 대안을 디자인하고 있다.

또한, 한국전자통신연구원(ETRI)은 다수 건물에 대한 원격 통합 관제가 가능한 EMM(Energy Monitoring & Management) 플랫폼 기술을 개발하여 에너지 낭비 요소를 찾아내고 최적화된 절감 대책을 제공한다. SK텔레콤, KT, LG유플러스 등 통신사들도 ICT 기반의 BEMS/FEMS 시장에 활발히 참여하고 있다.

해외에서는 지멘스, 하니웰, 슈나이더, 존슨콘트롤스 등 다국적 기업들이 세계 시장을 주도하고 있으며, 정부는 일정 규모 이상의 신축 건물을 대상으로 에너지 효율 등급제 및 대형 건물 대상 온실가스·에너지 목표 관리제 등 다양한 정책을 추진하고 있다. 제로에너지 건축물 의무화를 단계적으로 확대하고 민간 부문의 설계 기준도 상향 조정할 계획이며, 공공부문 그린리모델링 의무화도 단계적으로 적용할 예정이다.

## 2) 네가와트 기반 ZEB-BEMS 통합 자동제어

네가와트 기반 ZEB-BEMS 통합 자동제어 시스템은 건축물의 에너지 절감을 통해 가상의 발전량을 창출하여 궁극적으로 RE100의 한계를 넘어선 완전한 탄소 중립을 실현하는 혁신적인 접근 방식이다. 이는 에너지를 효율적으로 관리하고 탄소 배출을 줄이는 데 기여하는 핵심 기술이다.

이 시스템의 근본적인 개념은 에너지 절감량이 곧 발전량으로 환산되어 활용된다는 것이다. 기존의 RE100이 재생에너지 사용 확대를 통해 탄소 배출을 줄이는 데 초점을 맞춘다면, 이 시스템은 RE100만으로는 부족하며 네가와트 기술의 결합이 진정한 탄소중립을 이룰 수 있음을 강조한다. 즉, 에너지 소비를 최소화하는 것도 새로운 에너지를 생산하는 것과 같은 가치를 지닌다는 관점이다.

이 기술은 제로 에너지 빌딩(ZEB)과 빌딩 에너지 관리 시스템(BEMS)을 통합한 것으로 AI−IoT 기반의 실시간 감시와 자율 최적화 제어를 통해 건물의 에너지 소비를 정밀하게 관리한다. 이는 국가 기준에 100% 부합하는 수준으로, 신축 건물뿐만 아니라 기존 건물에도 쉽게 적용할 수 있어 공공 및 민간 부문으로의 확장이 용이하다는 장점을 가진다.

이 시스템을 통해 기대할 수 있는 주요 효과는 다음과 같다. 먼저 에너지 절감 효과로 연간 20~40%에 달하는 에너지 절감이 가능하다. 운영비 절감 측면에서는 냉난방, 조명, 동력비 등 건물 운영에 드는 비용의 대폭 절감이 이루어진다. 탄소 감축 효과로는 탄소 배출량을 최대 30%까지 감축할 수 있으며, ZEB 및 녹색건축 공공건축물에 대한 인증 대응도 가능하다.

이러한 절감 수치들은 체계적인 절감 프로세스를 통해 검증되고 객관적인 근거가 제시된다. 첫째, 계측 단계에서는 시스템이 건물 내외부의 에너지 사용 데이터를 실시간으로 수집한다. 둘째, 분석 단계에서는 수집된 데이터를 바탕으로 에너지 비효율이 발생하는 영역을 정확히 파악한다. 셋째, 예측 제어 단계에서는 AI 기반으로 미래의 부하를 예측하여 에너지를 미리 조절하고 낭비를 최소화한다. 넷째, 실행 단계에서는 분석 및 예측 결과를 바탕으로 건물 설비가 최적의 상태로 운전되도록 제어한다. 다섯째, 검증 단계에서는 실제로 달성된 에너지 절감량을 측정하고 검증하는 M&V(Measurement & Verification) 과정을 통해 제시된 데이터의 신뢰성을 확보하며, 절감 수치에 대한 객관적인 근거를 제시한다. 마지막으로 환산 단계에서는 검증된 에너지 절감량을 가상의 발전량으로 변환하여 RE100 목표 달성에 기여한다.

네가와트 기반 ZEB-BEMS 통합 구조는 DCE 센서 및 계측 장치로 데이터를 수집하고, BEMS 서비스와 AI 최적화 엔진을 통해 각 설비를 현장 제어기가 작동하도록 하는 방식으로 이루어진다. 궁극적으로 RE100만으로는 진정한 탄소중립이 어렵고, RE100과 네가와트 기술의 결합이 완전한 탄소중립을 이루는 핵심임을 강조한다.

## 3) RE100 + 에너지저감기술 + 네가와트기술을 통한 탄소중립 실현 전략

탄소중립 목표 달성을 위한 핵심 전략은 에너지 수요를 근본적으로 줄이는 '네가와트' 개념과 고효율 기술을 적용하는 '에너지 저감 기술', 그리고 마지막으로 남은 수요를 재생에너지로 충당하는 'RE100'이 유기적으로 결합될 때 가장 효과적이다.

이는 앞에서 논의했듯이 '에너지 전환의 3단 논법'으로 설명될 수 있다. 그 첫 번째 단계인 '충족성(Sufficiency) - 네가와트(에너지 절감)'는 에너지를 얼마나, 왜, 어떻게 써야 하는지를 근본적으로 재고하는 단계이다. 이는 단순히 덜 쓰는 것을 넘어 "불필요한 에너지 소비를 줄이고 진정 필요한 서비스에만 우선적으로 에너지를 사용한다"는 의미를 내포하며, 소비자의 행동 변화와 사회 시스템의 변화를 통해 에너지 수요 자체를 최소화하는 것을 목표로 한다.

에너지 사용의 근본적인 감소는 재생에너지로 전환해야 할 총량을 줄여 RE100 달성 부담을 경감시키고, 탄소 배출량 감축의 가장 직접적인 방법이 된다. 실천 내용으로는 '하루 1kWh 줄이기' 캠페인, 기후변화주간 행사, 시민단체 주도의 캠페인, '쿨맵시' 캠페인 등 범국민 에너지 절약 붐 확산을 통해 대대적인 국민 참여를 유도하고 있다.

예를 들면, 절약 달인의 성공 사례나 절약 효과 과학적 검증 콘텐츠('에너지 x–파일'), 해외 사례 비교 등을 통해 절약의 필요성을 홍보하여 국민 경각심 제고와 인식 개선을 위한 캠페인 등을 함께 전개해 나가야 한다. 또한, 대형 전광판, 대중교통, 아파트 승강기, 전기·가스 요금 고지서 등을 활용하여 '에피슈머(Effisumer) 운동' 메시지를 확산하는 공공·민간 홍보 수단을 총동원하고, 초·중등 학생 대상 환경 교육 프로그램 개발, 탄소중립 중점학교 운영 등을 통해 미래 세대 교육을 강화하여 에너지 절약 의식을 고취한다.

마지막으로 국민 수용성, 민생 여건, 공기업 경영 상황 등을 종합 고려하여 에너지 요금 가격 기능을 단계적으로 정상화하고, 에너지 취약계층에 대한 보완 방안을 마련하여 에너지 가격 기능을 정상화한다.

두 번째로 '효율성(Efficiency) – 에너지 저감 기술(스마트 빌딩 기술 포함)'은 주어진 서비스를 제공하는 데 소요되는 에너지 손실을 최소화하는 데 중점을 두며, 고효율 기기 도입, 단열 강화 등 하드웨어 개선뿐만 아니라 ICT 기반의 지능형 관리 시스템을 통해 에너지 사용을 최적화하는 것을 포함한다. 이는 동일한 서비스를 제공하면서 에너지 소비를 줄임으로써 불필요한 탄소 배출을 줄이고, 재생에너지 공급 부담을 줄이며, 특히 건물, 산업, 수송 부문에서의 효율 개선은 막대한 에너지 절감 잠재력을 가진다.

실천 내용으로는 고효율 설비 투자에 대한 가속상각, 임시 투자 세액 공제 등 효율 기기·설비 교체 투자 인센티브를 강화하고, 5대 핵심 설비(삼상 유도 전동기, 공기 압축기, 멀티 전기 히트펌프, 전기 냉난방기, 인버터) 집중 지원 및 공공 인프라 옥외 조명 LED 교체를 가속화하여 효율 향상 설비 보급을 확대한다. 또한, 에너지 사용량이 많고 판매량이 높은 산업 설비·가전 제품 등을 효율 등급제 신규 품목에 포함하고 기존 품목의 기준을 강화하여 저효율 제품의 시장 퇴출을 유도하는 산업·가정용 기기 효율 기준을 강화한다.

전 부문 효율 혁신 본격화를 위해 산업 현장에서는 에너지 다소비 기업 대상 자발적 효율 혁신 파트너십(KEEP 30), 중소·중견 기업 효율 혁신 선도 프로젝트(KEEP +) 추진, 탄소중립형 스마트 공장 보급을 통해 에너지 사용량을 실시간 계측·제어·분석하고, 대형 기축·신축 건물에서는 대형 건물 목표 원단위(면적당 소비량) 제도 시행, 공공 부문 그린 리모델링 의무화 단계적 적용, 제로에너지 건축물 인증 대상 확대 및 등급 상향 조정을 추진한다.

수송 부문에서는 전기차 전비 등급제, 중대형 승합·화물차 연비 표시 도입, 알뜰 교통카드 지원 확대, 대중교통 이용 활성화, 선박 및 어선 효율 개선 설비 지원 등을 통해 에너지 절감 및 효율 혁신을 도모한다. 아울러 대용량 히트펌프, 고효율 전동기, 스마트 조명, 건물 에너지 자동 제어 시스템 등 효율 향상 핵심 기술 개발에 적극 투자하고, 에너지 절약 시설 설치 융자 사업 지원 비율 상향, 신용 보증 우대, 친환경 설비 투자 융자 사업 확대 등 R&D·금융 등 지원 기반을 강화해야 한다.

에너지 캐쉬백 및 탄소중립 포인트 제도는 가입 방식 간소화 및 지급 절차 개선, 인센티브 지급 기준 완화 및 금융 혜택 제공을 통해 참여를 확대한다. 에너지 공급자 효율 향상 지원 사업(EERS)의 소상공인 투자 확대, 에너지 공공기관의 사회 공헌 활동 확대를 통한 효율 혁신 지원을 추진하고, 마을회관, 경로당 등 공동 이용 시설 효율 향상, 원예 시설·축산 농가 에너지 절감 자재 지원, 가축 분뇨 활용, 에너지 효율형 양식장 조성 등을 통해 농·어민 에너지 효율 개선과 비용 부담을 완화해 주어야 한다.

마지막으로 '재생 가능 에너지(Renewables) - RE100'은 앞선 두 원칙(충족성, 효율성)으로 이미 충분히 줄인 '최소한의 에너지 수요'에 대해 우선적으로 재생에너지(태양광, 풍력, 바이오매스, 수력 등)로 공급하는 원칙으로 화석연료와 원자력에 의존하지 않는 탈탄소 사회로의 전환을 의미한다. 이는 에너지 시스템 자체의 탈탄소화를 이

룸으로써 잔여 탄소 배출량을 제로로 만들며, 에너지 효율 혁신을 통해 줄어든 수요만큼 재생에너지 보급 목표를 더 현실적으로 달성할 수 있게 한다.

실천 내용으로는 가정에서 태양광 발전 모듈의 전력 생산 예측 및 수익 계산 모듈을 개발하는 등 분산형 전원 모델링을 통해 재생에너지를 직접 활용하는 방안을 모색하고, HEMS(가정용 에너지 관리 시스템)를 통해 감당하지 못하는 전력량을 커뮤니티 레벨의 신재생 에너지 및 EV V2G 기술을 통해 보완하는 방안을 추진한다.

이처럼 네가와트 개념을 통한 근본적인 에너지 소비 행태 변화(충족성), ICT 기반 스마트 빌딩 기술을 포함한 전 부문의 고효율화(효율성), 그리고 이를 통해 최소화된 에너지 수요를 재생에너지로 충당하는 RE100(재생 가능 에너지)의 결합이야말로 기후 위기에 대응하고 탄소중립 목표를 성공적으로 달성하기 위한 가장 효과적이고 실현 가능한 전략이다.

## 4) 네가와트 기반 ZEB · BEMS 기술을 통한 진정한 탄소중립 실현

건축물의 진정한 탄소중립을 실현하기 위해서는 단순한 에너지 대체를 넘어선 근본적 접근이 필요하다. 현재 RE100(Renewable Energy 100%)은 기업이 사용하는 전력의 100%를 재생에너지로 전환하는 글로벌 이니셔티브로서 전 세계 기업들의 친환경 실천을 상징하는 중요한 지표가 되고 있다. 그러나 RE100만으로는 진정한 탄소중립 달성에 한계가 존재한다. 모든 전력을 신재생에너지로 충당하는 것은 현실적으로 제약이 따르며, 에너지 사용량 자체의 감축이 수반되지 않으면 근본적인 해결책이 될 수 없기 때문이다.

이러한 한계를 돌파하기 위한 혁신적 해법이 바로 '네가와트(Negawatt) 기반 ZEB·BEMS 기술'이다. 네가와트는 1989년 에이모리 로빈스(Amory Lovins)가 처음 제시한 개념으로 기존의 메가와트(실제 전력 생산)가 아닌 '에너지 절감'을 통해 창출되는 가상 발전량을 의미한다. 즉, 건물에서 절약한 에너지를 마치 발전한 것과 같은 효과로 환산하는 패러다임의 전환이다. 이는 탄소 배출량을 직접적으로 감소시키며, 에너지 공급 증가보다 수요 관리를 통해 더욱 효율적이고 지속가능한 에너지 시스템을 구축하는 핵심 개념이다.

네가와트 기술을 실현하는 핵심 도구는 ZEB(Zero Energy Building, 제로에너지 건축물)와 BEMS(Building Energy Management System, 건물 에너지관리시스템)이다. ZEB는 건물에서 사용하는 에너지와 건물에서 생산하는 에너지의 합이 연간 기준으로 '0' 이하가 되도록 설계된 건축물로, 단열 성능 향상, 고효율 설비 적용, 신재생에너지 활용을 통해 에너지 자립을 달성한다. BEMS는 건물 내 조명, 냉난방, 환기, 전력 등 모든 에너지 시설을 통합 관리하여 최적 운영을 실현하는 지능형 시스템이다.

현재의 첨단 ZEB·BEMS 솔루션은 AI 기반 실시간 모니터링과 자동 최적 제어 기술을 적용하여 혁신적인 에너지 절감 효과를 달성하고 있다. 이 시스템들은 기상 정보, 실시간 전력 요금, 건물 이용 패턴 등을 종합적으로 분석하여 냉난방 시스템, 조명, 환기 설비의 운영을 자동으로 최적화한다. 예를 들어, 외부 온도와 습도 변화를 예측하여 냉난방 부하를 사전 조절하고, 자연채광 상태에 따라 조명 밝기를 자동 조정하며, 재실자 패턴을 학습하여 불필요한 에너지 소비를 방지한다.

이러한 기술들의 가장 큰 장점은 공공 및 민간 건물에 모두 광범위하게 적용이 가능하다는 점이다. 사무용 빌딩, 상업시설, 공공기관, 병원, 학교 등 건물 유형에 관계없이 맞춤형 솔루션을 제공할 수 있으며, 기존 건물의 리모델링이나 신축 건물 모두에 효과적으로 적용된다.

특히 국내에서는 녹색건축인증(G-SEED)과 연계하여 ZEB 인증 기준을 충족하는 동시에 BEMS 의무화 정책에도 부합하는 통합 솔루션이 개발되고 있다.

RE100과 네가와트 기술을 비교해보면 그 차이점이 명확하다. RE100은 신재생에너지를 구매하거나 자가발전 설비를 통해 전력 공급원을 친환경으로 전환하는 데 초점을 맞춘다. 반면 네가와트 기술은 에너지 사용량 자체를 근본적으로 감축하여 에너지 수요를 줄이는 접근법이다. RE100만으로는 에너지 소비 패턴의 변화 없이 단순히 공급원만 바꾸는 것이므로 한계가 있다. 특히 재생에너지 공급의 변동성, 높은 설치 비용, 지리적 제약 등으로 인해 100% 재생에너지 달성이 어려운 상황에서 네가와트 기술은 보완적 역할을 넘어 필수적 요소가 되고 있다.

따라서 건물 내 네가와트 기반 에너지 절감 기술인 ZEB·BEMS를 RE100과 함께 적용하면 시너지 효과를 창출할 수 있다. 이는 실질적인 탄소 배출 감소와 에너지 사용량 감축이라는 이중 목표를 동시에 달성하는 최적의 전략이다. 에너지 절약을 통해 전체적인 에너지 수요를 줄이고, 남은 필요 전력은 재생에너지로 충당함으로써 더욱 현실적이고 효과적인 탄소중립이 가능해진다.

결론적으로 RE100과 네가와트 기술의 전략적 결합이야말로 실질적 탄소중립 시대를 여는 핵심 열쇠다. 즉, RE100 Next: 네가와트 혁명을 창조해야 한다. 지속가능한 사회를 실현하기 위해서는 에너지 공급 전환과 함께 수요 관리를 통한 '가상발전'을 기반으로 한 첨단 건물 관리 기술이 적극 도입되어야 한다. 이는 미래 에너지 정책의 핵심 방향이며, 건축물의 역할이 단순한 에너지 소비 주체에서 친환경을 직접 실현하는 '가상 발전소'로 패러다임 전환이 이루어지고 있음을 의미한다. 이러한 변화를 통해 우리는 진정으로 지속가능한 에너지 미래를 구축할 수 있을 것이다.

2부

# 글로벌 기후위기 대응 정책과 트렌드

# EU의 기후정책과 ESG 대응

# 탄소국경조정제도(CBAM)

## 1) 탄소국경조정제도란 무엇인가?

 탄소국경조정제도(Carbon Border Adjustment Mechanism)는 이 산화탄소 배출 규제가 강한 국가에서 상대적으로 규제가 덜한 국가로 생산 시설이 이전하는 현상인 '탄소 유출(carbon leakage)'을 방지하기 위해 도입된 제도이다. 즉, 탄소 배출 규제가 느슨한 국가에서 생산되어 규제가 엄격한 국가로 수입되는 제품에 대해 해당 국가의 탄소 가격을 부과하는 일종의 무역 관세라고 이해할 수 있다. EU의 탄소국경조정제도(CBAM)는 쉽게 말해 '탄소 발자국에 세금을 매기는 제도' 이다.
 이는 수입품에 대한 탄소 가격을 책정하여 국내 산업이 엄격한 환경 규제로 인해 경쟁력을 잃는 것을 막고, 동시에 다른 국가들도 탄소 배출 감축 노력을 강화하도록 유도하는 목적을 가지고 있다. EU로 수입되는 상품이 생산 과정에서 발생시킨 온실가스에 대해 적절한 환경 비용을 내지 않았다면, 그 차이만큼 비용을 부과한다. 즉, 상품에 '숨어 있는' 탄소 배출량을 계산해서 그에 상응하는 사회적 비용을 지불하게 하는 제도이다. 이 제도가 도입된 주요 목적은 두 가지이다. 첫째, '탄소 누출'을 방지하여 공정한 무역 경쟁 환경을 만드는 것이고, 둘째, 이를 통해 전 세계적인 온실가스 감축을 촉진하여 기후변화에 대응하는 것이다.

EU의 입법안에 따르면, 2026년부터는 특정 상품을 EU로 수입하는 업체들은 '탄소국경조정제도 인증서'를 제출해야 한다. 이 인증서의 가격은 EU 배출권거래제(EU-ETS) 시장 가격에 연동된다. 주목할 점은, 만약 생산국에서 이미 탄소세나 배출권거래제 등을 통해 탄소 비용을 지불했다면, 그 비용은 공제받을 수 있다는 것이다. 이는 이중으로 비용을 부담하지 않도록 하기 위함이다. EU는 이 제도가 행정처분에 의해 결정되는 일반적인 '탄소세'와는 다르다고 주장한다. 탄소국경조정제도 인증서 가격은 시장 가격에 따라 결정되기 때문이다.

탄소국경조정제도는 표면적으로는 기후변화 대응을 위한 조치이지만, 일부에서는 이것이 사실상의 보호무역 수단으로 작용할 수 있다는 우려를 제기하고 있다. 긍정적인 측면에서는 기업들이 공정한 환경에서 경쟁할 수 있게 하고, 각국의 기후 대응을 독려할 것이라는 평가가 있다. 반면, 이 조치가 실제로는 탄소 누출 방지에 효과적이지 않으며, 단지 EU 자국 산업을 보호하기 위한 위장된 조치라는 비판도 있다.

이런 상황에서 탄소국경조정제도가 세계무역기구(WTO) 규범에 합치되는 비차별적인 조치로 도입될 수 있는지에 대한 논의가 WTO 회원국들 사이에서 활발하게 이루어지고 있다. 그렇다면, 우리나라 기업에 미치는 영향은 무엇인가?

EU의 탄소국경조정제도 도입은 한국의 대EU 수출 기업들, 특히 탄소 집약적 산업에 상당한 영향을 미칠 것으로 예상된다. 탄소 배출 비용이 낮은 기업들은 큰 타격을 받지 않을 수 있지만, 탄소 집약도가 높은 산업의 경우 심각한 영향을 받을 수 있다. 특히, 배출권 가격이 인상되면, 기업들은 비용 절감을 위해 다양한 전략을 취할 수 있다.

단기적으로는 기업들이 시장 점유율을 유지하면서 이익 감소를 감수하거나, 가격을 인상하는 전략을 택할 수 있다. 그러나 장기적으로는 탄소 규제가 덜 엄격한 국가로 생산시설을 이전하는 '오프쇼어링

(off-shoring)' 현상이 발생할 가능성도 있다. 또한, 전력 산업과 같이 규모가 큰 산업에서는 탄소 비용을 소비자에게 전가할 가능성도 있어, 이에 대한 대비책도 필요하다.

## 2) EU와 우리나라의 공통점 및 차이점

EU와 우리나라는 기후변화 대응 및 탄소 배출 감축의 필요성에 공감하고 있다는 공통점이 있다. 하지만 탄소국경조정제도와 관련해서는 다음과 같은 차이점을 보인다.

▼ EU와 우리나라의 공통점 및 차이점

| 구분 | EU (유럽연합) | 대한민국 |
|---|---|---|
| 제도도입 | 탄소 배출이 많은 제품의 수입에 대해 탄소세를 부과하는 CBAM을 직접 도입 | EU의 CBAM 도입에 대응하는 데 주력 |
| 제도목적 | 탄소 유출 방지, 역외 국가의 탄소 감축 노력 유도, EU 산업 경쟁력 보호 | EU의 CBAM으로 인한 국내 수출 기업의 부담 완화 및 수출 경쟁력 유지 지원 |
| 운영방식 | 탄소배출권거래제(ETS)와 연동하여 수입업자가 CBAM 인증서를 구매. (2026년부터 본격 시행 예정) | 정부 차원에서 CBAM 대응 TF를 운영하며, 기업의 탄소 배출량 산정 및 보고 지원을 위한 상담 및 컨설팅 사업을 제공 |
| 대상 | EU로 수입되는 특정 탄소 집약적 제품 (철강, 시멘트, 알루미늄, 비료, 전력, 수소 등) | • EU로 해당 품목을 수출하는 국내 기업이 EU CBAM의 대상.<br>• 우리나라 자체적으로 수입품에 CBAM과 같은 제도를 운영하고 있지는 않음. |

EU는 기후 목표 달성 및 산업 보호를 위해 탄소국경조정제도를 적극적으로 도입하여 수입품에 탄소 가격을 부과하는 주체이고, 우리나

라는 EU의 이러한 제도 도입에 따라 발생할 수 있는 국내 산업의 영향을 최소화하고 기업들이 효과적으로 대응할 수 있도록 지원하는 입장에 있다.

EU 탄소국경조정제도은 현재 전환 기간(2023년 10월 ~ 2025년 12)에 있으며, 이 기간 동안에는 수입업자가 해당 제품의 탄소 배출량을 보고하는 의무가 부과된다. 2026년부터는 탄소국경조정제도가 본격적으로 시행되어, 수입업자는 보고된 탄소 배출량에 해당하는 탄소국경조정제도 인증서를 구매해야 한다. EU는 제도의 효과적인 이행을 위해 지속적으로 정책을 개정하고 세부 내용을 조정하고 있다. 최근 개정안의 주요 내용 등이 기업 대상 지원 사업에서 소개되기도 했다.

EU의 탄소국경조정제도 도입은 다른 국가에게도 유사한 제도를 검토하거나 도입하게 만드는 영향을 주고 있다. 이는 탄소 유출 방지뿐만 아니라 자국 산업의 경쟁력을 보호하려는 목적도 있다. 영국은 자체적인 탄소국경조정제도 도입에 대한 법안 초안 협의를 진행하는 등 구체적인 움직임을 보인다. 캐나다, 일본 등 여러 국가에서도 탄소국경조정제도 또는 유사한 탄소 국경 조치에 대한 논의가 이루어지고 있다. 일부 국가들은 EU의 탄소국경조정제도 도입에 대응하기 위한 자국의 탄소 가격제 강화 등을 고려하고 있다.

G20 등 주요 국제회의에서도 탄소국경조정제와 같은 탄소 국경 조치가 기후변화 대응 및 무역에 미치는 영향에 대해 논의되고 있다. OECD와 WTO 등 국제기구에서도 탄소국경조정제가 무역 질서에 미치는 영향과 국제 무역 규범과의 정합성 등에 대한 분석과 논의를 진행하며, 국가 간 정책 조율의 필요성을 강조하고 있다. 2025년에는 탄소 유출 및 탄소국경조정제에 대한 고위급 회의가 개최되는 등 국제적인 관심과 논의가 이어지고 있다.

탄소국경조정제도는 기후변화 대응이라는 목표와 함께 무역 조치의 성격을 띠고 있기 때문에 다양한 통상 리스크를 내포하고 있다. 따라서 우리나라는 이 제도가 국내 수출 산업에 미칠 영향을 정확히 파악하고, 적절한 대응 방안을 마련해야 한다. 그리고 탄소국경조정제도는 사실상의 '탄소국경세'로 작용할 경우, 이것이 WTO 협정과 충돌할 가능성에 대한 대비도 필요하다. 우리 기업과 정부는 이러한 국제 환경 변화에 발맞춰 적극적인 대응 전략을 수립해 나가야 할 시점이다.

## 3) 기후위기 대응인가 무역장벽인가?

2021년 7월, EU 집행위원회는 '적합한 55(Fit for 55)' 패키지의 일환으로 탄소국경조정제도(CBAM)의 입법안을 공개했다. 이 입법안은 EU가 2050년까지 탄소중립 목표를 달성하기 위한 청사진으로 2030년까지 온실가스 배출량을 55% 이상 감축하겠다는 야심찬 계획을 담고 있다.

'적합한 55' 패키지는 EU가 기후변화에 대응하면서도 경제, 사회, 산업 전반에 걸친 변화를 선도하기 위해 제안한 것으로 EU 집행위원회가 지금까지 발표한 기후·에너지 관련 계획 중 가장 포괄적인 정책 패키지이다. 이 패키지는 기후, 에너지, 운송, 건물, 토지 이용 등 다양한 분야에 걸쳐 규제정책과 시장 메커니즘을 적절히 조화시킨 입법안을 담고 있다.

**'Fit for 55' 패키지**

유럽연합(EU)이 기후변화에 대응하고 2050년까지 유럽 대륙의 탄소 배출량을 '제로'로 만들겠다는 '유럽 그린 딜(European Green Deal)'의 일환으로 발표한 일련의 입법 제안 모음이다. 2030년까지 EU 전체의 순 온실가스 배출량을 1990년 수준 대비 최소 55% 감축하는 것이다. 기존 목표인 40% 감축에서 상향된 매우 야심찬 목표이다.

'Fit for 55' 패키지

'Fit for 55' 패키지는 이 목표를 달성하기 위해 다양한 산업 분야에 적용되는 여러 입법 제안사항들로 구성되어 있다. 총 11개의 기존 법을 개정하거나 새로 제정하고, 1개의 신규 제도를 제안하는 방식으로 구성되었다. 주요 내용은 다음과 같다.

첫째, 온실가스 배출권거래제(ETS) 강화 및 확대이다. EU 탄소 가격체계의 핵심인 ETS를 전반적으로 강화하고 적용 범위를 확대하고 있다. 둘째, 탄소국경조정규정 도입이다. 수입품에 대한 탄소 가격을 부과하여 탄소 유출을 방지한다. 셋째, 에너지 효율 목표 상향이다. 에너지 효율을 높이기 위한 목표를 설정하고 관련 지침을 강화한다. 넷째, 수송 부문 정책이다. 온실가스 배출 표준 설정, 대체 연료 기반시설 규정 제안 등 수송 부문의 탈탄소화를 위한 정책을 포함한다. 마지막으로 에너지 세제 개편이다. 에너지 관련 세금을 개편하여 친환경 에너지 사용을 장려한다.

'Fit for 55' 패키지는 단순히 탄소 배출량을 줄이는 것을 넘어, 새로운 친환경 기술의 개발과 활용을 촉진하고, 유럽 내에서 일자리를 보호하고 창출하는 등 경제적인 측면에서도 긍정적인 효과를 기대하고 있다. 이 패키지는 EU의 기후 목표 달성을 위한 핵심적인 정책 수단이며, 전 세계적으로도 탄소 감축 노력에 큰 영향을 미치고 있다.

EU는 2019년 12월 '유럽 그린 딜'을 통해 글로벌 기후변화와 무역질서의 변혁을 예고했다. 이후 '적합한 55' 패키지를 통해 구체적인 탄소국경조정제도의 대상, 일정, 방식 등을 공개했다. 당초 EU의 탄소국경조정제도은 2023년에 본격 도입될 예정이었으나, EU 철강업계의 강력한 요청으로 3년의 유예기간을 두게 되었다. 결국 2023년에 시범 도입을 거쳐 2026년부터 본격적인 시행에 들어갈 예정이다.

탄소국경조정제도는 '적합한 55' 패키지에서 제안한 가격정책의 일환으로 EU로 수입되는 상품에 대한 가격 조정 조치다. 이는 탄소 배출량이 많은 수입품의 EU 내 가격 인상을 예고하는 것이며, 이에 대해 WTO나 OECD 등 다자협의기구에서는 다양한 쟁점들을 논의 중이다. 각국은 탄소국경조정제도는 자국 경제에 미칠 영향을 파악하기 위한 정책 수립과 연구를 진행하고 있다.

EU의 탄소국경조정제도는 단순한 수입품에 대한 탄소세가 아니라, EU 배출권 거래제(EU-ETS)와 연계된 형태로 적용될 예정이다. 만약 탄소국경조정제도이 단순한 탄소국경세의 형태로 시행된다면, 탄소 집약적 품목에 관세를 부과하는 방식이 되어 WTO 협정과 충돌할 가능성이 있다. 하지만 EU-ETS와 연계된 형태로 시행되면, 이러한 논란을 줄일 수 있다.

다만 이 경우, EU 역외국의 수출 기업들은 자국의 배출권 거래 가격 상승과 함께 탄소국경조정제도 인증서 비용 부담까지 떠안게 된다. 이로 인해 EU로 수출하는 특정 품목의 비용 상승이 불가피해질 전망이다.

특히 EU의 탄소국경조정제도 대상 산업은 철강, 알루미늄, 시멘트, 비료, 전기, 수소 등 탄소 집약적 산업들이다. 따라서 이들 산업에 속한 우리나라 기업들은 국내 배출권 거래제의 탄소 가격 형성에 미치는 영향과 제도를 철저히 분석할 필요가 있다. 또한 EU-ETS 시장과 부합하는 장기적인 배출권 거래제 전략도 함께 모색해야 한다.

이는 파리협정 제6조에 따라 모든 당사국이 탄소 배출 감축의 대상국이 되고, 각 나라마다 지리적 특성, 경제적 여건, 사업 목표 등에 따라 서로 다른 전략을 취하게 될 것이기 때문이다. 우리나라도 국가적·경제적 이익에 부합하는 방향으로 전략적 목표를 설정하고 선제적으로 대비해야 한다.

## 4) 탄소국경조정제도(CBAM) 최종 입법안

EU 의회는 2019년 3월 기후변화에 대한 결의안을 채택하고, 늦어도 2050년까지 온실가스 감축을 목표로 하는 탄소중립을 달성하려는 EU의 목표를 승인했다. 이 결의안은 파리협정에 따라 지속 가능한 발전과 현대적이며 경쟁력 있는 탄소중립 경제체제 구축을 위한 EU의 전략적 장기 비전을 담고 있다.

이후 EU 집행위원회는 2019년 'EU 그린 딜'의 일환으로 탄소국경조정제도를 제시하고 도입을 결정했다. 탄소국경조정제도 입법안은 2021년 7월 14일 EU 집행위원회가 EU 의회 및 이사회에 제출하면서 입법 절차가 시작되었고, 수차례 회독과 개정 과정을 거쳐 최종 법안으로 완성되었다.

2023년 4월 25일, EU 이사회는 탄소국경조정제도를 비롯한 '적합한 55' 패키지 관련 5개 법안을 최종 승인했다. 최종 입법안에 따르면, 탄소국경조정제도는 2023년에 시범 도입되고 2026년부터 본격적으로 시행될 예정이다.

이 제도는 이른바 '탄소누출' 방지와 공정한 산업 경쟁 환경 조성을 위해, 철강, 시멘트 등 일부 탄소 집약적 산업 품목 수입에 대해 EU-ETS 배출권 거래 가격과의 차액만큼 부담금을 부과하는 내용을 담고 있다.

EU의 개편안에는 2005년 탄소 배출량을 기준으로 2030년까지

43%를 줄인다는 기존 목표를 62%로 높이고, 그 적용 대상 산업의 범위도 확대하는 내용이 포함되어 있다. 특히 항공 분야를 EU-ETS 제도와 완전히 통합하고, 해상·운송 분야로까지 EU-ETS를 확장하며, 2027년부터는 난방 및 운송 연료에 대한 배출권 거래제(ETS2)를 신설할 예정이다. 또한, EU는 탄소국경조정제도와 배출권 거래제 무상할당의 단계적 폐지를 병행하여 점진적으로 도입할 계획이다.

최종 입법안은 총 11개 장 36개 조항 및 5개의 부속서로 구성되어 있으며, EU 집행위원회가 탄소국경조정제도 근거 법률의 입법 형식을 '규정(regulation)'으로 선택한 이유는 회원국들이 일관되게 적용하여 혼란을 방지하기 위함이다.

탄소국경조정제도와 관련하여 국제사회에서는 러시아와 중국을 중심으로 많은 우려가 제기되고 있다. 탄소국경조정제도 도입으로 가장 큰 피해가 예상되는 러시아는 이 조치가 WTO 법에 위반될 수 있다는 점을 강조하고 있으며, 중국은 이 조치가 기후변화를 매개로 한 대중국 견제 전략의 하나가 될 수 있음을 우려하고 있다.

미국은 공식적으로는 탄소국경조정제도와 같은 일방적 조치는 기후변화 대응을 위한 최후의 수단이어야 한다고 강조하면서도 국내적으로는 탄소국경조정제도와 유사한 조치를 준비하고 있다. 또한, 최대 탄소 배출국인 중국을 압박하는 전략으로서 EU와 기후변화 공동 협력을 추구할 가능성이 높아 보인다.

2050년 탄소중립을 선언한 우리나라 입장에서는 기후환경정책상 탄소중립에 주목할 필요가 있다. 우리나라의 EU와 미국 수출품 중 상당 부분이 철강, 화학, 비료 등 탄소 집약적 상품이기 때문에, 탄소국경조정제도가 실제 이행되는 경우 국내 수출 산업의 경쟁력 약화와 비용 부담에 따른 국제 무역에서의 비교 열위가 예상된다.

따라서 탄소국경조정제도에 대한 다양한 측면에서의 입체적 분석을 통한 철저한 대응이 필요하다. 특히, EU의 탄소국경조정제도가

EU-ETS와 가격 연동되어 운영됨에 따라, 배출권 거래제를 운영하고 있는 우리나라 입장에서는 탄소국경조정제도 적용에서 면제를 받거나 무역상 피해를 최소화하고 경쟁력을 확보할 수 있는 방안을 강구해야 한다.

나아가 국내 배출권 거래제(ETS)와 연계한 배출권 가격의 시장 기반 제도적 개선이 요구되며, 공급망 차원에서 EU의 ESG 관련 기업지속가능성보고지침(CSRD)과 연계한 ESG 관리체계 등도 함께 모색해야 할 시점이다.

# EU 분류체계(텍소노미, Taxonomy)

## 1) EU 택소노미의 법적 기반과 배경

2020년 공표된 EU 택소노미 규정의 정식 명칭은 '지속가능한 투자를 촉진할 수 있는 구조를 확립하고 EU 2019/2088 규칙을 개정하는 규칙(Regulation (EU) 2020/852 on the establishment of a framework to facilitate sustainable investment)'이다. 이는 환경적으로 지속가능한 경제활동을 분류하는 체계를 확립함으로써 지속가능한 투자를 촉진하기 위한 EU의 핵심 법률 체계이다.

EU 2019/2088은 금융서비스 분야 내 지속가능성 관련 정보공시 규칙으로 택소노미 규정은 이러한 정보공시 체계를 보다 구체화하고 체계화하는 역할을 한다. EU 택소노미 규정의 배경에는 유럽연합 집행위원회가 2018년 3월 발표한 '지속가능금융 액션플랜(Sustainable Finance Action Plan)'이 있다. 이 액션플랜은 기후변화 리스크에 대응하고 지속가능한 경제로의 전환을 금융 측면에서 지원하기 위한 10대 실행계획을 제시했다.

10대 실행계획 중 가장 첫 번째로 제시된 것이 바로 '지속가능한 경제활동을 정의하기 위한 EU 택소노미 구축'이었다. 이외에도 액션플랜은 'ESG 통합 및 공시 확대에 대한 투자자 의무', '지속가능성 정보공시 강화' 등을 포함하고 있어 택소노미와 정보공시가 EU 지속가능금융 정책의 핵심 축임을 보여준다.

EU의 입법과정에는 세 개의 핵심 기관이 역할을 담당한다. 첫째, '유럽 집행위원회(European Commission)'는 법안을 발의하는 역할을 수행한다. 지속가능금융 액션플랜과 택소노미 규정 초안도 집행위원회에서 준비했다. 둘째, '유럽의회(European Parliament)'와 셋째, '유럽연합 이사회(Council of the European Union)'는 발의된 법안을 심의하고 최종 통과 여부를 결정한다.

EU 법은 크게 정식 입법절차를 통한 '입법적 규범(Legislative Acts)'과 그렇지 않은 '비입법적 행위(Non-legislative Activities)'로 구분된다. 입법적 규범에는 규칙, 지침, 결정 등이 있다. 규칙(Regulation)은 모든 회원국에 일반적으로 적용되며, 규칙 그대로, 직접적으로 법적 구속력을 지닌다. 따라서 유럽 집행위원회의 공보에 공표된 후 회원국의 별도 입법 조치 없이 그 자체로 효력이 발생한다. EU 택소노미는 이러한 '규칙'의 형태로 채택되어 모든 회원국에 동일하게 직접 적용된다.

반면, 지침(Directive)은 각 회원국이 정해진 기간(보통 2년) 이내에 지침의 목적을 달성하기 위한 형식과 방법을 자율적으로 선택하여 국내법으로 전환해야 한다. 다만, 국내법 전환 시 지침의 목적, 내용, 이행시기 등은 변경할 수 없다. 결정(Decision)은 규칙과 유사하게 그 자체로 구속력을 갖지만, 구체적으로 명시된 특정 대상에 대해서만 법적 구속력을 갖는다.

비입법적 행위에는 권고, 의견, 위임법, 실행법 등이 있다. 권고와 의견은 법적 구속력이 없는 반면, 위임법과 실행법은 기본 법률(규칙, 지침, 결정)에 채택 권한이 명시적으로 규정된 경우에 한해 채택될 수 있으며 법적 구속력을 갖는다.

위임법(Delegated Act)은 집행위원회에 법안 채택 권한을 위임하는 것으로 집행위원회가 채택한 위임법은 유럽의회와 이사회에서 일정 기간 내 반대가 없는 경우에만 효력을 발휘한다. EU 택소노미는 기본 규정(Level 1)과 함께 기술적 세부사항을 담은 위임법(Level 2)을 통해 구체화되는 특징을 갖는다. 실행법(Implementing Act)은 회원국 모두가 동일한 조건 하에서 실행할 필요가 있는 경우 집행위원회에 실행 권한을 부여하고, 모든 회원국이 동일한 방식으로 준수할 것을 요구한다.

## 2) EU 택소노미 규정과 핵심 특징

EU 택소노미 규정은 집행위원회가 2018년 5월 24일 발의하면서 입법 절차가 시작되었다. 약 2년간의 논의를 거쳐 2020년 6월 유럽의회가 법안을 최종 승인했으며, 2020년 6월 22일 유럽연합 공보에 게재되었다. 이 규정은 그로부터 20일 후인 2020년 7월 12일부터 공식 시행되었다.

택소노미 규정의 제10조와 제11조는 집행위원회에 위임법 채택 권한을 부여하고 있다. 제10조 3항은 집행위원회가 2020년 12월 31일까지 위임법을 채택하여, 기후변화 완화에 기여하는 경제활동의 자격 조건을 판단하기 위한 기술선별기준(TSC, Technical Screening Criteria)을 수립하도록 규정하고 있다. 제11조 3항 역시 기후변화 적응에 관한 기술선별기준 수립을 위한 위임법 채택을 규정하고 있다.

이에 따라 2021년 6월 집행위원회는 최초의 'EU 택소노미 기후위임법'을 발의했으며, 이는 2021년 12월 공보에 게재되어 2022년 1월부터 시행되었다.

이후 택소노미 체계는 지속적으로 확장되고 개정되었다. 2022년 3월에는 집행위원회가 기후위임법을 개정하는 위임법을 발의했으며, 이는 2022년 7월 15일 공보에 게재되어 2023년 1월부터 시행되었다.

이 개정에는 원자력과 천연가스를 특정 조건 하에서 '전환 활동'으로 인정하는 내용이 포함되어 있어 EU 내에서 큰 논쟁을 불러일으켰다.

2023년 6월에는 집행위원회가 기후위임법을 추가적으로 개정하는 위임법과, 나머지 4개 환경목표(물과 해양자원의 지속가능한 이용 및 보호, 순환경제로의 전환, 오염 방지 및 관리, 생물다양성과 생태계 보호 및 복원)에 대한 경제활동 기준을 제시하는 '환경위임법'을 발의했다. 이 위임법들은 2024년 1월부터 시행되었다.

2024년 10월 현재, EU 택소노미는 더욱 포괄적인 환경 및 사회적 목표를 포함하는 방향으로 발전하고 있다. 특히 주목할 만한 변화는 다음과 같다. 2024년 3월, 집행위원회는 '사회적 택소노미(Social Taxonomy)' 도입을 위한 예비 작업을 시작했으며, 2025년 중 관련 위임법 초안이 발표될 예정이다.

2024년 5월, 택소노미 정보공시 요건이 중소기업으로 확대 적용되어 택소노미의 적용 범위가 크게 확장되었다. 2024년 7월, 집행위원회는 기존 기술선별기준에 대한 첫 번째 종합 검토를 실시하고, 일부 기준의 현실적 조정을 포함한 개정안을 발표했다. 2024년 9월, EU는 국제적 상호운용성 강화를 위해 국제지속가능성기준위원회(ISSB)와 택소노미 기준의 조화를 위한 공동작업반을 설립했다. EU 택소노미는 다음 여섯 가지 환경목표를 중심으로 구성되어 있다.

- 기후변화 완화
- 기후변화 적응
- 물과 해양자원의 지속가능한 이용 및 보호
- 순환경제로의 전환
- 오염 방지 및 관리
- 생물다양성과 생태계 보호 및 복원

특정 경제활동이 택소노미에 부합하는 '지속가능한 활동'으로 인정받기 위해서는 다음 세 가지 조건을 모두 충족해야 한다. 여섯 가지 환경목표 중 하나 이상에 상당한 기여를 해야 한다. 다른 환경목표에 중대한 피해를 주지 않아야 하고 최소한의 사회적 안전장치를 준수해야 한다.

택소노미의 핵심은 각 경제활동별로 위의 세 가지 조건을 판단하기 위한 구체적인 '기술선별기준(Technical Screening Criteria, TSC)'이다. 이 기준은 과학적 증거에 기반하여 설정되며, 정량적 기준(예: 탄소 배출량 임계값)과 정성적 기준(예: 적응 계획 수립 여부)을 모두 포함한다. 기술선별기준은 위임법을 통해 규정되며, 기술 발전과 과학적 지식의 진보에 따라 주기적으로 검토되고 갱신된다. 이는 택소노미가 정적인 체계가 아닌 지속적으로 발전하는 동적인 분류체계임을 의미한다.

EU 택소노미는 지속가능한 경제활동을 분류하는 세계 최초의 포괄적인 법적 체계로서 국제 지속가능금융 표준 수립에 상당한 영향을 미치고 있다. 영국, 캐나다, 싱가포르 등 여러 국가에서 EU 택소노미를 모델로 한 자국의 분류체계를 개발하고 있으며, 국제금융기구들도 이를 참조하고 있다. 특히 2023년 11월 G20 정상회의에서 승인된 '지속가능금융 로드맵'은 국가별 택소노미 체계 간의 상호운용성 강화를 강조하며, EU 택소노미를 주요 참조 모델로 제시했다.

EU와 교역 관계가 깊은 국가들의 기업들은 EU 택소노미가 요구하는 정보공시 의무와 분류체계에 직접적인 영향을 받게 된다. 특히 EU에 수출하는 기업들은 앞으로 자사 제품이나 서비스의 택소노미 부합도에 대한 정보를 제공해야 할 가능성이 높다. 이에 따라 각국 정부와 기업들은 EU 택소노미의 변화를 주시하고, 이에 대응하기 위한 전략을 수립할 필요가 있다. 지속가능한 경제로의 전환이 국제적 흐름으로 자리잡은 현 시점에서 EU 택소노미는 전 세계 지속가능금융 발전의 중요한 이정표로 자리매김하고 있다.

# EU 순환경제 정책

## 1) 순환경제의 개념

　순환경제(Circular Economy)는 자원을 최대한 효율적으로 활용하고 제품과 자원이 수명을 다한 후에도 경제 시스템 내에서 지속적으로 순환되도록 하는 경제 모델이다. 이는 "채취(Take) → 생산(Make) → 사용(Use) → 폐기(Dispose)"의 단계로 이루어진 기존의 선형 경제(Linear Economy) 모델과는 근본적으로 다른 접근법이다. 선형 경제는 자원을 채취하여 제품을 만들고 사용한 후에 폐기하는 방식으로, 지구의 유한한 자원을 고갈시키고 환경에 막대한 폐기물 부담을 초래한다. 반면 순환경제는 폐기물 발생을 최소화하고 자원의 가치를 최대한 오래 유지하는 데 중점을 둔다.

　순환경제의 중요성은 기후변화 대응, 자원 고갈 문제 해결, 환경오염 감소, 그리고 새로운 비즈니스 모델과 일자리 창출을 통한 경제 성장 등 다양한 측면에서 점차 커지고 있다. 이는 단순히 폐기물을 재활용하는 차원을 넘어, 생산-소비-폐기의 전 과정에서 자원 효율성을 극대화하고 경제를 지속가능한 방식으로 운영하려는 패러다임의 전환을 의미한다.

　현재 세계는 2050년까지 인구가 97억 명을 넘어설 것으로 전망되는 가운데, 대량소비형 생활방식이 확산되면서 경제, 사회, 환경 등 모든 영역에서 불확실성이 증가하고 있다. 인간 활동이 지구의 한계(Planetary boundaries)를 초과하면 자연 생태계는 회복 불가능한 단계에 도달할 수 있다. 이러한 위기 상황을 예방하기 위해 국제연합(UN)은 2015년 9월 지속가능발전을 위한 의제를 채택하고, 모든 국가에 지속가능발전목표(SDGs) 달성을 요구하게 되었다.

유럽연합(EU)은 UN의 지속가능발전목표 설정과 발표에 중요한 역할을 담당해왔으며, 2015년 12월 발표한 순환경제 정책 패키지는 UN SDGs의 이행을 위한 실질적인 노력으로 볼 수 있다. 특히 EU의 순환경제 정책에 담긴 많은 내용이 SDGs의 17개 목표(169개 세부목표)에 직접적으로 기여한다는 점에서 그 연관성이 더욱 분명하다.

EU의 순환경제 정책은 2015년 이후 지속적으로 발전해왔다. 2020년 3월에는 유럽 그린딜(European Green Deal)의 핵심 구성요소로서 '신순환경제행동계획(New Circular Economy Action Plan)'을 채택하였다. 이 계획은 기존의 순환경제 정책을 더욱 강화하고, 순환성을 통한 기후중립 및 자원효율적인 경제로의 전환을 가속화하는 데 목적을 두고 있다. 신행동계획은 제품의 지속가능한 설계, 순환적 생산 프로세스, 지속가능한 소비 촉진, 그리고 폐기물 예방 및 자원으로의 재활용에 초점을 맞추고 있다.

2023년에는 '지속가능한 제품을 위한 에코디자인 규정(Ecodesign for Sustainable Products Regulation)'이 도입되어, 제품의 내구성, 재사용성, 업그레이드 가능성, 수리 용이성, 에너지 및 자원 효율성, 재활용 함량, 재제조 및 재활용 가능성, 환경 발자국 최소화 등을 의무화하는 법적 기반 강화되었다. 또한 '그린 클레임 지침(Green Claims Directive)'을 통해 기업들이 제품 및 서비스의 환경적 영향에 대해 명확하고 검증 가능한 정보를 제공하도록 하여 그린워싱(greenwashing)을 방지하는 노력도 기울이고 있다.

EU의 순환경제 접근법은 단순한 환경 정책을 넘어, 경제 시스템 자체의 근본적인 변화를 추구한다. 2024년 EU 집행위원회는 '순환경제 전환을 위한 금융 프레임워크(Financial Framework for Circular Economy Transition)'를 발표하여, 순환 비즈니스 모델에 대한 투자를 확대하고 민간 자본 유입을 촉진하는 방안을 마련했다. 또한 '순환경제 스킬 어젠다(Circular Economy Skills Agenda)'를 통해 순환경제로의 전환에 필요한 노동력 개발과 교육 프로그램을 지원하고 있다.

EU의 이러한 정책적 노력은 '2030 지속가능한 제품 이니셔티브(2030 Sustainable Products Initiative)'와 연계되어, 2030년까지 시장에 출시되는 모든 제품이 순환성 원칙을 준수하도록 하는 목표를 설정하고 있다. 또한, 최근에는 회원국 간 순환경제 이행의 격차를 줄이기 위한 '순환경제 결속 메커니즘(Circular Economy Cohesion Mechanism)'을 도입하여, 동유럽 및 남유럽 국가들의 순환경제 전환을 지원하고 있다.

결론적으로, EU의 순환경제 정책은 지속가능한 발전이라는 글로벌 목표에 부응하여, 기존의 선형적이고 자원 집약적인 경제 모델을 자원 효율적이고 환경 친화적인 순환 모델로 전환하기 위한 포괄적이고 체계적인 접근을 보여준다. 이는 현대 사회가 직면한 자원 고갈, 환경 오염, 기후변화 등의 복합적 위기를 극복하고, 경제 성장과 환경 보전이 공존할 수 있는 새로운 경제 패러다임을 제시한다는 점에서 중요한 의미를 지닌다.

## 2) EU의 순환경제 정책

순환경제의 핵심은 전통적인 '채취-생산-소비-폐기'의 선형 경제 모델에서 벗어나, 제품과 소재가 경제 내에서 지속적으로 순환하는 폐쇄형 시스템을 구축하는 것이다. EU는 이러한 체제 구축을 위해 생산 단계에서의 친환경 설계, 소비 단계에서의 지속가능한 소비 패턴 촉진, 효율적인 폐기물 관리, 그리고 폐기물을 자원으로 전환하여 다시 생산 과정에 투입하는 2차 원재료의 활용을 강조하였다. 또한 이 과정에서 혁신과 투자를 통해 순환경제를 활성화하고, 이행 상황을 지속적으로 모니터링하고 평가하는 체계를 마련하였다.

2020년 3월, EU는 기존의 순환경제 정책을 한층 강화한 '신순환제행동계획(New Circular Economy Action Plan)'을 발표하였다. 이는 유럽 그린딜(European Green Deal)의 핵심 구성요소로, 2050년까지 탄소중립을 달성하기 위한 EU의 노력을 반영한다. 신행동계획은 전자제품 및 ICT, 배터리 및 차량, 포장, 플라스틱, 섬유, 건설 및 건물, 식품, 물, 영양소 등 자원 집약적이고 환경 영향이 큰 7개 핵심 제품 가치사슬에 중점을 두고 있다.

특히 플라스틱 분야에서는 2018년 '플라스틱 전략(Plastics Strategy)'을 채택한 이후, 2021년부터 일회용 플라스틱 제품(Single-Use Plastics) 금지 및 제한 조치를 시행하여 플라스틱 오염 문제에 적극 대응하고 있다. 또한 2022년에는 '지속가능한 제품을 위한 에코디자인 규정(Ecodesign for Sustainable Products Regulation)' 초안을 발표하여, 제품이 내구성, 재사용성, 수리 가능성, 재활용 가능성 등 순환성 원칙을 준수하도록 의무화하는 법적 설계를 강화하였다.

최근에는 '순환경제 모니터링 프레임워크(Circular Economy Monitoring Framework)'를 통해 회원국들의 순환경제 이행 성과를 추적하고 있으며, 2023년 '텍스타일 전략(EU Strategy for Sustainable and Circular Textiles)'을 통해 의류 및 섬유 산업의 순환성을 높이기 위한 다양한 정책을 도입하였다. 또한 '배터리 규정(Battery Regulation)'을 통해 배터리의 지속가능한 생산, 사용, 그리고 수명이 다한 후 처리 방안을 강화하고 있다.

EU의 순환경제 정책은 단순한 폐기물 관리를 넘어, 제품 수명주기 전체에 걸친 자원 효율성 향상, 혁신적인 비즈니스 모델 촉진, 그리고 일자리 창출을 통한 경제적 기회 창출을 목표로 하고 있다. 나아가 2024년부터는 '순환경제 모니터링 프레임워크 2.0'을 도입하여 더욱 포괄적인 지표로 순환경제 전환 성과를 측정할 계획이다. 또한 2025년까지 순환 소재 사용을 크게 확대하고, 순환경제 관련 일자리를 700만 개 이상 창출한다는 야심찬 목표를 설정하고 있다.

이와 같이 EU는 순환경제를 단순한 환경 정책이 아닌, 경제 체제 전환을 위한 핵심 전략으로 추진하며 글로벌 지속가능성 리더십을 강화하고 있다. 이러한 EU의 순환경제 정책은 자원 의존도 감소, 경제적 경쟁력 강화, 그리고 기후변화 대응을 동시에 추구하는 통합적 접근법의 중요한 사례로 평가받고 있다.

유럽연합(EU) 위원회는 2015년 12월 2일 국제 경쟁력 강화, 지속가능한 경제성장 촉진, 새로운 일자리 창출을 목적으로 하는 순환경제(Circular Economy)의 이행을 촉진하기 위해 순환경제패키지(Circular Economy Package)를 발표하였다. 이 패키지는 생산, 소비, 폐기물 관리, 2차 원재료 활용 등을 포함하는 포괄적인 행동계획과 폐기물 관련 법령 개정안으로 구성되었다.

즉 생산, 소비, 폐기 그리고 2차 원료로 다시금 생산에 공급함으로써 선형이 아닌 순환을 통해 루프가 닫히는 체제를 구축하고자 하는 것이다. 이 과정에서 혁신과 투자를 통해 활성화하도록 하고, 순조로운 이행 여부에 대한 평가를 실시하려는 것이다. 그리고 순환경제로의 이행을 위한 우선분야로 플라스틱을 포함한 5대 분야를 선정하여 추진 중에 있다.

① 생 산(Production)

에코디자인 지침에서의 작업에서 다양한 제품 그룹의 특성을 고려하여 CE 관련 제품 요구사항을 개발함으로써 제품의 수리 가능성, 업그레이드 가능성, 내구성, 재활용 가능성을 지원한다. 2015년~2017

년 에코디자인 작업 계획은 실시내용을 자세히 설명하는 것이 된다. PC·TV 액정화면의 제품 요구사항은 곧 공표 예정이다. 폐기물 법령 개정안은 EPR 규정을 통해 더 나은 제품디자인의 경제적 인센티브를 창설한다. CE로의 기여에서 제품정책 관련 다양한 작업영역에 대한 정책의 틀에 의해 더욱 일관성을 담보하기 위한 옵션과 행동을 검토한다.

폐기물 관리와 RE의 모범 사례에 대한 지침을 사용할 수 있는 최선의 방법(BAT; Best Available Techniques)의 참조문서(BREFs)의 산업 분야에 포함한다. 또한, 광산 폐기물은 모범사례 지침을 개발하고 이를 추진한다. EU위원회는(폐기물법령 개정안에서) 산업공동체(Industrial Symbiosis)의 추진과 EU 전역에서의 공정한 경쟁 환경의 창설을 위한 부산물에 관한 규칙의 명확화를 제안하고 있다.

② 소 비(Consumption)

에코디자인 관련 작업에서 특히 수리 정보와 예비 부품의 가용성 요구사항을 검토할 예정이다. 또한, 에너지 라벨 방식으로 내구성의 정보에 대해 검토한다. 폐기물 법령 개정안은 재사용 활동을 추진하는 규정을 제안한다. 제품의 보증 제도의 더 나은 시행을 향한 대처를 진행하고 개선 방안을 고려하고 잘못된 녹색주장(Green Claim, 제품의 환경성능에 관한 커뮤니케이션)의 문제에도 임한다. GPP의 새로운 기준과 개정 기준에서 CE의 관점을 강조하고 회원국의 GPP의 보급을 지원 또한 EU위원회와 EU 기금에서 모범을 진행해 간다. Horizon 2020 하에 제품을 구 모델화시키는 문제를 특정하기 위한 독립 검사프로그램을 준비한다.

③ 폐기물관리(Waste management)

폐기물 법령의 개정 법안을 채택한다. 지자체 폐기물과 용기포장 폐기물의 장기적인 재활용 목표와 매립 폐기물의 감축과 경제적 방법을 더욱 활용하는 규정, 그리고 EPR 제도의 일반 요구사항이 필요하다. 또한, 정의 및 산출 방법의 단순화 및 통일화하고 회원국과 함께 폐기물관리 개선(잔사 폐기물의 처리능력 잉여의 회피를 포함)을 위한 작업도 진행한다. EU위원회는 폐기물 부문의 'Cohesion Policy' 투자가 유럽 폐기물 법령의 목표를 지원하는 것이며, 폐기물 계층구조에 의해 회원국 등을 지원한다.

# 2장

# 미국의
# 기후정책과
# ESG 대응

# 미국의 탄소중립 정책

## 1) 바이든의 탄소중립 정책

2021년 1월, 조 바이든이 미국의 제46대 대통령으로 취임하면서, 전임 트럼프 행정부와는 확연히 다른 기후변화 정책 기조를 천명했다. 취임 첫날, 그는 선거 공약대로 파리 기후 협정(Paris Agreement)에의 재가입을 공식화하며 국제 사회의 기후변화 대응 노력에 미국이 다시 동참함을 분명히 했다. 더불어 경험 많은 전 국무장관 존 케리(John Kerry)를 기후 특사(The Special Presidential Envoy for Climate)로 임명하며, 지난 4년간 '미국 우선주의(America First)' 기조 아래 다소 약화됐던 기후변화 국제 협력에서의 미국의 외교적 역량을 복원하려는 의지를 강력히 피력했다.

바이든 행정부의 기후변화 대응 정책은 단순한 환경 문제의 범주를 넘어, 미국의 경제 재건 및 새로운 일자리 창출과 긴밀히 연계되어 있다. 이러한 기조는 막대한 재정 투입 계획의 핵심에 놓여 있으며, 특히 탄소중립 및 에너지 전환을 경제성장 동력으로 삼으려는 전략을 담고 있다. 2021년 3월 31일 발표된 2조 2,500억 달러(약 2,500조 원) 규모의 대규모 인프라 투자 계획 중 상당 부분이 그린 인프라 관련 사업에 할당된 것은 이러한 정책 방향을 명확히 보여주는 예다.

나아가 4월 21일 '지구의 날'을 맞아 바이든 대통령은 더욱 구체적이고 강력한 장기 및 중기 기후 목표들을 제시했다. 2035년까지 발전 분야에서의 탄소중립 실현, 그리고 2050년까지 국가 전체의 탄소중립(Net-Zero) 달성이라는 원대한 장기 목표와 더불어, 2030년까지 온실가스 배출량을 2005년 수준 대비 절반으로 감축하겠다는 야심찬 중간 목표를 재확인했다. 이는 과거 '녹색 경제'를 주창했던 오바마 행정부 시절보다도 훨씬 진전되고 강력한 기후변화 대응 정책 기조를 공식화한 것으로 평가받고 있다.

바이든 행정부는 기후변화 대응을 단순한 환경 의제를 넘어 국가 안보 차원의 핵심 의제로 격상시켜 다루고 있다. 아울러 기후변화 국제 협력의 장에서 과거의 외교력과 리더십을 복원하려는 노력을 다방면으로 기울이고 있다. '미국 우선주의'를 내세우며 일방주의적 경향을 보였던 트럼프 전 대통령과 달리, 바이든 행정부는 다자주의(Multilateralism)를 외교정책의 핵심 기조로 삼고 있다. 이러한 기조는 취임 초기 화상으로 개최된 G7 정상회의와 뮌헨 안보 회의(MSC), 그리고 바이든 대통령의 소집으로 40개 주요국 정상이 참여했던 4월 22~23일의 기후 정상회의(Leaders Summit on Climate) 등을 통해 명확히 드러났다. 이 회의들에서 미국은 국제 동맹과의 협력을 강조하며 다자주의 외교의 중요성을 역설했다. 국제 사회는 이러한 바이든 행정부의 행보가 기후변화 국제 협력의 질서를 재정비하고 새로운 동력을 부여하는 중요한 계기가 될 것으로 폭넓게 전망하고 있다.

바이든 행정부는 출범과 동시에 기후변화 대응을 행정부의 최우선 정책 과제로 설정하였다. 이는 단순한 환경 정책의 차원을 넘어 미국 경제 재건과 일자리 창출을 위한 핵심 전략으로 자리매김하고 있다. 특히 주목할 점은 탄소중립과 에너지 전환을 위해 2조 달러라는 전례 없는 규모의 투자 계획을 수립했다.

이러한 대규모 투자는 화석연료 중심의 에너지 체계를 재생에너지 중심으로 전환하는 과정에서 발생할 수 있는 경제적 충격을 완화하고, 나아가 새로운 산업 생태계 조성을 통한 경제 활성화를 목표로 한다. 바이든 행정부는 이를 통해 미국 내 제조업 부활과 양질의 일자리 창출이라는 두 가지 목표를 동시에 달성하고자 한다.

우선, 청정에너지 분야의 기술 경쟁력 확보를 위해 향후 4년간 연구개발에 3,000억 달러를 지원하기로 한 계획 역시 주목할 만하다. 이는 태양광, 풍력 등 재생에너지 기술뿐만 아니라 배터리 저장 기술, 스마트 그리드, 수소에너지 등 다양한 청정에너지 기술 분야에서 미국의 글로벌 경쟁력을 강화하기 위한 전략적 투자로 볼 수 있다.

또한, 바이든 행정부는 수송 부문의 탄소배출 저감을 위해 자동차 배출 규제를 강화하고, 친환경 자동차의 판매 촉진 및 생산 확대를 적극 추진하고 있다. 이를 위해 전기차 충전소를 비롯한 관련 인프라 확충에도 상당한 자원을 투입할 계획이다. 이러한 정책은 미국 자동차 산업의 경쟁력 강화와 함께 대중교통 인프라 개선을 통한 포용적 성장을 추구한다는 점에서 의미가 크다.

바이든 행정부의 기후변화 대응 정책 중 국제 무역 질서에 상당한 영향을 미칠 수 있는 요소로는 탄소국경조정세의 도입 검토를 들 수 있다. 이는 탄소중립 목표 달성을 위해 오염 배출국에 비용을 부담시키는 메커니즘으로, 유럽연합이 이미 도입을 결정한 바 있는 제도이다. 미국이 이러한 정책을 도입할 경우 글로벌 무역 질서에 상당한 변화를 가져올 것으로 예상된다.

바이든 행정부는 기후변화 위기를 미국 외교정책 및 국가안보의 필수 요소로 규정하고, 파리기후협약 재가입을 통해 기후변화 국제협력에서 미국의 리더십 회복을 적극 추진하고 있다. 이는 트럼프 행정부 시기 약화했던 미국의 글로벌 환경 거버넌스 역할을 재정립하겠다는 의지의 표명으로 볼 수 있다.

특히, 2050년까지 탄소중립 달성이라는 장기적 목표를 위해 바이든 행정부는 다양한 국제협력 전략을 구사하고 있다. 유럽연합과의 다자협력을 강화하는 한편, 세계 최대 탄소 배출국인 중국과의 양자 협력도 적극 모색하고 있다. 이러한 투트랙 접근법은 글로벌 기후변화 대응에서 실질적 성과를 거두기 위한 현실적인 전략으로 평가된다.

미국과 EU의 기후 동맹은 파리협정 체제 강화와 글로벌 기후 거버넌스 재구축에 중요한 동력을 제공할 것으로 예상된다. 양측은 2050년까지의 탄소중립 목표를 공유하며, 청정에너지 전환을 위한 기술협력과 정책 조율을 강화하고 있다. 특히 탄소국경조정제 도입과 관련한 협력은 국제 무역 질서와 글로벌 탄소시장 형성에 상당한 영향을 미칠 전망이다.

한편, 미중 기후협력은 양국 간의 전반적인 갈등 관계에도 불구하고 제한적이나마 진전을 보인다. 바이든 행정부는 기후변화 대응에 있어 중국과의 협력이 필수적이라는 인식 하에 실용적인 접근을 취하고 있다. 세계 최대 두 탄소 배출국이자 청정에너지 선도국인 미국과 중국의 협력은 글로벌 기후 행동의 효과성을 크게 높일 수 있다는 점에서 국제사회의 주목을 받고 있다.

바이든 행정부는 또한 기후변화 대응을 위한 새로운 국제협력 플랫폼 구축에도 적극적이다. 주요 경제국 기후포럼(MEF)의 재가동과 기후정상회의 개최를 통해 국제사회의 기후변화 대응 의지를 결집시키는 데 주도적인 역할을 하고 있다. 이러한 노력은 파리협정의 이행을 강화하고 각국의 국가결정기여(NDC) 상향을 촉진하는 데 기여할 것으로 기대된다.

바이든 행정부의 기후변화 대응 정책이 갖는 가장 중요한 특징 중 하나는 국내정책과 국제협력의 유기적 연계를 추구한다는 점이다. 국내적으로는 청정에너지 전환과 경제 재건을 위한 대규모 투자를 추진하는 한편, 국제적으로는 파리협정 체제 강화와 글로벌 기후 거버넌스 재구축을 위한 리더십을 발휘하고 있다.

이러한 접근법은 기후변화 대응이 단순한 환경 정책의 차원을 넘어 경제, 안보, 외교 등 다양한 영역과 긴밀히 연계되어 있다는 인식에 기반한다. 특히 바이든 행정부는 기후변화 대응을 통한 경제적 기회 창출과 글로벌 리더십 회복이라는 두 가지 목표를 동시에 추구하고 있다.

청정에너지 분야에서의 기술적 우위 확보는 국내 경제 활성화와 일자리 창출에 기여할 뿐만 아니라, 글로벌 에너지 전환 과정에서 미국의 경쟁력과 영향력을 강화하는 데도 중요한 역할을 한다. 바이든 행정부의 대규모 R&D 투자와 인프라 확충 계획은 이러한 맥락에서 이해할 수 있다.

또한 탄소국경조정세와 같은 정책 수단은 국내 산업 보호와 글로벌 탄소중립 목표 달성을 위한 국제적 압력 행사라는 두 가지 목적을 동시에 추구한다. 이는 미국이 추구하는 '공정한 전환(just transition)'의 국제적 확장으로 볼 수 있으며, 향후 국제 무역 질서와 글로벌 기후 레짐의 발전 방향에 상당한 영향을 미쳤다.

바이든 행정부의 기후변화 대응 정책은 그 포괄적인 범위와 야심찬 목표 설정에도 불구하고, 국내 정치적 제약과 글로벌 경제 상황의 변화에 따른 도전에 직면해 있다. 의회의 지지를 확보하고 다양한 이해관계자들과의 합의를 도출하는 과정에서 당초의 계획이 일부 수정될 가능성도 배제할 수 없다.

그럼에도 불구하고, 바이든 행정부가 추진하는 기후변화 대응 정책의 기본 방향성은 미국 내 에너지 전환의 가속화와 글로벌 기후 행동의 강화로 이어질 가능성이 높다. 특히 청정에너지 기술의 발전과 경제적 경쟁력 확보가 진전됨에 따라 탄소중립을 향한 전환의 동력은 더욱 강화했다.

결론적으로 바이든 행정부의 기후변화 대응 정책은 미국 경제의 구조적 전환과 글로벌 기후 거버넌스의 재편이라는 두 가지 차원에서 중요한 의미를 갖는다. 이러한 정책의 성공적인 이행은 미국의 국내 경제 활성화와 국제적 리더십 회복에 기여할 뿐만 아니라, 글로벌 기후변화 대응에 있어서도 중요한 전환점이 될 수 있을 것이다.

## 2) 트럼프 2.0의 탄소중립 정책

2025년 트럼프의 재집권으로 '트럼프 2.0' 행정부는 바이든 행정부가 4년간 구축해온 기후변화 대응 및 탄소중립 정책 기조에 상당한 변화를 가져오고 있다. 첫 임기(2017~2021) 동안 트럼프는 '파리기후협약' 탈퇴, 오바마 시대의 '청정전력계획(Clean Power Plan)' 폐지, 화석연료 산업 규제 완화 등 전임자들의 기후 정책을 대폭 축소하거나 폐기한 바 있다. 이러한 배경을 고려할 때, 트럼프 2.0 행정부는 바이든 정부의 적극적 탄소중립 정책과는 근본적으로 다른 접근법을 취하고 있다. 그뿐만 아니라 전 세계 선진국이 취하고 있는 기후 및 탄소중립 정책에 역행하는 정책을 취하고 있다.

트럼프 전 대통령은 기후변화에 대해 언급할 때마다 종종 조롱하는 태도를 보였다. 그는 "이 사람이 지구 온난화가 우리나라에 가장 큰 위협이라고 말한다는 걸 상상해 보세요?"라고 말하며 바이든 대통령을 조롱했다. 또한 그는 "지구 온난화는 괜찮습니다. 사실, 오늘은 매우 더울 거라고 들었습니다. 괜찮습니다."라고 덧붙였다. 이와 같은 발언은 그의 기후변화에 대한 인식을 단적으로 보여주는 것이다.

다음은 트럼프 2.0 행정부의 예상되는 탄소중립 관련 정책 방향성을 살펴보고, 바이든 행정부와의 주요 차이점을 비교 분석하고자 한다. 이를 통해 미국 및 글로벌 기후변화 대응에 미칠 잠재적 영향을 전망해본다.

트럼프 2.0 행정부에서 가장 두드러진 정책 기조는 첫 임기에서 강조했던 '미국의 에너지 지배(American Energy Dominance)' 전략의 부활이다. 이는 국내 화석연료 생산 확대를 통한 에너지 자립과 수출 증대를 핵심으로 한다. 구체적으로는 셰일 오일과 천연가스 생산 확대, 연안 석유 시추 허가 확대, 파이프라인 인프라 확충 등이 주요 정책으로 실행될 가능성이 높다. 바이든 행정부가 청정에너지 전환과 탄소중립을 경제정책의 중심에 두었던 것과 달리, 트럼프 2.0은 전통적인 화석연료 산업을 미국 경제 성장과 일자리 창출의 핵심 동력으로 인식하는 접근법을 취할 것으로 보인다. 이는 기후변화 완화보다 에너지 비용 절감과 경제적 이익을 우선시하는 정책 방향으로 요약될 수 있다.

트럼프 2.0 행정부는 바이든 행정부가 도입한 환경 및 에너지 관련 규제들을 대폭 완화하거나 철회할 것이다. 환경보호청(EPA)의 발전소 배출 규제, 메탄 배출 제한, 자동차 연비 기준 등이 주요 타깃이 될 가능성이 높다. 또한, 연방 토지에서의 석유와 가스 시추 허가를 확대하고, 에너지 프로젝트에 대한 환경영향평가 절차를 간소화하는 정책도 예상된다.

이러한 접근법은 바이든 행정부의 '규제를 통한 에너지 전환 가속화' 전략과 극명한 대조를 이룬다. 바이든이 청정에너지로의 전환을 위해 규제 체계를 강화한 반면, 트럼프 2.0은 '규제 완화를 통한 경제 활성화'라는 철학에 기반한 정책을 추진할 것이다.

그리고 트럼프 2.0 행정부는 '탄소중립'이라는 개념 자체에 회의적인 접근을 보일 가능성이 높다. 첫 임기 동안 트럼프는 기후변화의 심각성에 대해 일관되게 의구심을 표명했으며, 탄소 배출 감축보다는 경제 성장과 에너지 안보를 우선시했다. 따라서 바이든 행정부가 설정한 2050년 탄소중립 목표를 공식적으로 폐기하거나 대폭 수정할 가능성이 있다.

대신 트럼프 2.0 행정부는 '청정한 석탄(clean coal)', '효율적 천연가스' 등의 개념을 활용해 화석연료의 지속적 사용을 정당화하는 내러티브를 구축할 것으로 본다. 이는 탄소중립을 정부의 핵심 정책 목표로 설정하고 경제 전반의 구조적 전환을 추진한 바이든 행정부와의 핵심적인 차이점이다.

## 3) 주요 정책 영역별 비교 분석

바이든 행정부가 재생에너지 확대를 위한 대규모 재정 지원과 인센티브를 제공한 반면, 트럼프 2.0은 이러한 지원을 대폭 축소하고 시장 경쟁력에 기반한 접근을 강조할 것으로 보인다. 다만 이미 상당한 경제적 모멘텀을 얻은 재생에너지 산업을 고려할 때, 완전한 정책 폐기보다는 부분적 조정이 이루어질 가능성도 있다.

▼ 바이든과 트럼프 2.0의 재생에너지 및 청정에너지 투자

| 바이든 행정부 | 트럼프 2.0 행정부 |
| --- | --- |
| • 인플레이션 감축법(IRA)을 통해 청정에너지에 약 3,690억 달러 투자<br>• 향후 4년간 청정에너지 연구개발에 3,000억 달러 지원 계획<br>• 태양광, 풍력 등 재생에너지 확대를 위한 세액공제 및 보조금 제공<br>• 배터리 생산과 청정에너지 공급망 구축에 대규모 투자 | • 재생에너지에 대한 연방 보조금 및 세액공제 축소 가능성<br>• 재생에너지보다 화석연료 및 원자력에 초점을 맞춘 에너지 정책<br>• 인플레이션 감축법의 청정에너지 관련 조항 축소 또는 재조정 시도<br>• 청정에너지 R&D 예산 삭감 가능성 |

트럼프 2.0은 바이든 행정부의 적극적인 전기차 전환 정책과 달리, 소비자와 시장의 선택을 강조하는 접근법을 취하고 있다. 특히, 미국 자동차 산업의 전통적 강점인 내연기관 분야를 보호하고, 전기차로의 급격한 전환이 초래할 수 있는 경제적 비용을 강조하는 내러티브를 구축하고 있다.

▼ 바이든과 트럼프 2.0의 전기차 및 교통 부문 정책

| 바이든 행정부 | 트럼프 2.0 행정부 |
|---|---|
| • 2030년까지 신차 판매의 50%를 전기차로 달성하는 목표 설정<br>• 전기차 구매에 대한 세액공제 확대 (IRA를 통해 최대 $7,500)<br>• 50만 개의 공공 충전소 설치 목표 및 관련 인프라 투자<br>• 엄격한 자동차 배출 및 연비 기준 도입 | • 전기차 의무화 정책 철회 또는 완화<br>• 전기차 세액공제 축소 또는 재구성 가능<br>• 자동차 배출 및 연비 기준 완화<br>• 내연기관 자동차 산업 보호에 초점 |

바이든 행정부가 규제와 시장 메커니즘을 통해 온실가스 배출 감축을 추진한 반면, 트럼프 2.0은 기업에 대한 규제 부담을 최소화하는 방향으로 정책을 전환하고 있다. 특히 트럼프의 첫 임기에서 볼 수 있었던 '규제 비용 상쇄(regulatory cost offset)' 원칙(새로운 규제 도입 시 기존 규제 철폐)이 다시 도입해 탄소중립 정책에 역행하고 있다.

▼ 바이든과 트럼프 2.0의 탄소 가격제 및 배출 규제

| 바이든 행정부 | 트럼프 2.0 행정부 |
|---|---|
| • 탄소국경조정세 도입 적극 검토<br>• EPA를 통한 발전소, 산업 시설의 온실가스 배출 규제 강화<br>• 메탄 배출 규제 강화 및 누출 감지·수리 프로그램 의무화<br>• 화석연료 보조금 단계적 폐지 추진 | • 탄소 가격제 및 탄소국경조정세 반대<br>• EPA의 배출 규제 권한 축소 및 기존 규제 완화<br>• 메탄 배출 규제 완화 또는 자발적 프로그램으로 대체<br>• 화석연료 산업에 대한 세제 혜택 유지 또는 확대 |

트럼프 2.0은 바이든 행정부의 다자주의적 접근법과 달리, 미국의 경제적 이익을 우선시하는 '미국 우선주의(America First)' 기조를 국제 기후정책에도 적용하고 있다. 이는 글로벌 기후변화 대응 노력에 중대한 영향을 미칠 수 있으며, 특히 EU와의 기후 협력이 약화될 가능

성이 높고 중국을 타깃으로 적대적인 정책으로 향하고 있다.

▼ 바이든과 트럼프 2.0의 국제 기후협력 및 외교

| 바이든 행정부 | 트럼프 2.0 행정부 |
|---|---|
| • 파리기후협약 재가입 및 적극적 참여<br>• 글로벌 기후변화 대응에서 미국의 리더십 강조<br>• EU와의 기후 동맹 강화 및 중국과의 양자협력 추진<br>• 개발도상국 기후변화 대응 지원 확대 | • 파리기후협약 재탈퇴 가능성 또는 의무 이행 최소화<br>• 국제 기후금융 기여 축소<br>• 양자 에너지 협력에서 화석연료 수출 및 에너지 안보 강조<br>• 개발도상국의 화석연료 인프라 개발 지원 가능성 |

## 4) 트럼프 2.0 탄소중립 정책 방향

도널드 트럼프 전 대통령의 'Agenda 47'은 그가 제47대 미국 대통령으로 당선된 후 시행하고자 하는 정책들을 상세히 담은 공식 정책 계획 모음집이다. 2023년에 처음 공개된 이 문서는 2024년 7월 15일 미국 공화당 전당대회에서 트럼프 전 대통령이 최종 대선 후보로 확정되면서 공화당의 공식 플랫폼으로 전환되었으며, 유세 활동에서는 더욱 간결하게 요약되어 활용되고 있다.

흥미로운 점은 총 10개 챕터의 공약과 세부 항목으로 구성된 16페이지 분량의 최종 공약집에 '기후' 또는 '환경'이라는 단어가 직접적으로 명시되어 있지 않다는 것이다. 하지만 '에너지 해방(unleashing)', '규제 완화 및 철폐', '안정·풍부·저렴한 에너지' 등 경제 및 통상과 관련된 세부 공약 항목들을 통해 기후변화 정책의 방향성을 간접적으로 파악할 수 있으며, 선거 유세 과정에서의 발언들을 포함하면 그 방향은 더욱 명확해졌다.

Agenda 47 로고, 도널드 트럼프의 2024년 대선 캠페인

'Agenda 47'에 관련된 발언들을 통해 엿볼 수 있는 정책 방향은 크게 두 가지로 요약할 수 있다. 첫째, 환경적 요소보다는 경제적 요소 중시 정책 확대이다. 트럼프 전 대통령은 "역사상 가장 위대한 경제 건설"을 주요 경제 의제로 내세우며, 이를 달성하기 위한 수단으로 규제 삭감, 세금 감면, 공정 무역 거래 확보, 안정적이고 풍부한 저비용 에너지 보장, 혁신 옹호 등 다섯 가지를 제시한다. 이러한 수단들은 미국이 보유한 석유, 가스, 원자력 등 모든 에너지원을 적극적으로 활용하고 관련 세금을 감면하여 미국을 가장 저렴한 에너지 및 전력 요금을 가진 국가로 만들겠다는 의지를 드러내고 있다. 특히, 인공지능(AI) 시대를 주도하는 데 있어 저렴하고 풍부한 전력의 중요성을 강조하며, 이를 안정적으로 공급함으로써 중국과의 경쟁에서 우위를 확보하겠다는 구상이다. 이는 바이든 행정부의 에너지 정책과는 완전히 다른 차이점이다.

둘째, 경제성 확보에 방해가 되는 친환경 정책 축소이다. 이는 바이든 행정부의 적극적인 기후변화 대응 정책 기조와는 대비된다. 트럼프 전 대통령은 공약집의 첫 번째 항목인 "인플레이션을 물리치고 모든 가격을 빠르게 낮추겠습니다"에서 '미국의 에너지 해방(Unleash

American Energy)'을 강조하며, 이른바 "사회주의적 그린 뉴딜"의 종식을 주장이다. 그는 바이든 행정부의 전기차 정책 및 재생에너지 지원 등을 강하게 비판하며, 이러한 정책들을 철회할 뜻을 여러 차례 시사했다.

이러한 정책 방향은 관련 부처의 수장 인선 과정에서도 명확하게 드러난다. 국가에너지회의 의장과 내무부 장관 더그 버검(Doug Burgum)은 미국의 주요 석유 생산 지역인 노스다코타 제33대 주지사 출신으로, 화석연료 산업을 지지하는 인물이다. 그는 인사청문회에서 해상 석유와 가스 자원의 신속한 개발 필요성을 강조하며, 연방 토지 내 에너지 생산 확대를 통한 저가 에너지 및 일자리 창출, 핵심 광물 개발 인허가 절차 완화를 통한 중국 의존도 낮추기 등을 언급했다. 이 중 중국에 대한 언급은 매우 중요하며, 그가 마이크로소프트 부사장을 역임했다는 점도 함께 염두해야 한다.

에너지부 장관 크리스 라이트Chris Wright)은 수압 파쇄(fracking) 전문 기업 리버티 에너지(Liberty Energy) CEO이자 이사회 의장 출신의 석유 업계 인물이다. 그는 기후 위기가 허구이며 기후변화로 인한 피해가 화석연료 사용의 이점보다 적다고 주장한 바 있다. 인사청문회에서는 천연가스 산업의 중요성을 역설하면서도 차세대 지열, 소형 모듈원전(SMR), 차세대 배터리 등 기술 혁신에 대해서도 언급했다.

미국의 환경보호청(EPA) 청장 리 젤딘(Lee Zeldin)은 석유 시추 등 경제 활동을 저해하는 친환경 법안에 반대해온 인물이다. 뉴욕주 공화당 하원의원과 환경보호청 청장을 역임한 인물이다. 그는 지명 직후 미국의 에너지 지배력 회복, 자동차 산업 활성화, 미국을 AI 글로벌 리더로 만드는 것 등을 소감으로 밝혔다. 인사청문회에서는 트럼프 전 대통령이 기후변화를 '사기'라고 표현한 것은 고비용의 저탄소 전환 정책에 대한 우려 때문이라고 설명하며, 경제성 등 다양한 요건을 고려한 환경 정책을 예고했다. 환경보호청 청장 지명이 다른 주요 내각 인선보다 일찍 이루어진 것은 이러한 정책 방향에 대한 강한 의지를 반영하는 것으로 풀이된다.

한편, 미국판 '탄소국경세 법안(Foreign Pollution Fee Act)'과 관련하여 무역대표부(USTR) 장관으로 지명된 제이미슨 그리어(Jamieson Greer)는 인사청문회에서 해당 법안을 '흥미로운 아이디어'로 언급하며 도입 가능성을 열어두었다. 또한, 재무부 장관으로 지명된 스콧 베센트(Scott Bessent)는 "보조금 없는 재생에너지의 경제성 문제를 지적하며 다양한 에너지원의 필요성을 강조하는 동시에 기후변화 대응 실패 시 기업 및 국민 피해가 우려된다"는 답변을 하여 상기 두 가지 정책 방향이 혼재된 모습을 보였다.

트럼프 전 대통령 취임 후 발표될 행정명령들이 주로 각 부처 수장들에게 관련 내용을 검토하라는 요구를 담을 가능성이 높으므로 앞으로의 정책 실행 방향을 가늠하기 위해서는 이들 인사의 발언과 행보를 면밀히 살펴볼 필요가 있다. 다만, 일부 분석에 따르면 트럼프 행정부의 정책 방향에도 불구하고 시장의 친환경 에너지 전환 추세는 계속될 것이라는 전망이다.

# 미국의 EU 탄소국경조정제도 (CBAM) 대응 전략

## 1) 바이든에서 트럼프 2.0까지의 정책 연속성과 변화

미국은 바이든 행정부 출범 이후 파리협정에 다시 가입하며 기후변화 대응 노력을 강화하고 있으며, 그 일환으로 연방 정부 차원의 탄소국경세(Border Carbon Adjustment, BCA) 도입을 2021년부터 검토하고 있다. 이는 유럽연합(EU)의 탄소국경조정제도(CBAM)와 유사하게, 이산화탄소 배출 규제가 상대적으로 느슨한 국가에서 생산되어 미국으로 수입되는 상품과 서비스에 대해 무역 관세 형태로 비용을 부과하려는 구상이다. 이러한 조치를 통해 기후 환경 기준을 충족하지 못하는 국가에서 오는 수입품에 탄소국경조정 비용이나 쿼터를 설정함으로써, 개발도상국을 포함한 다른 나라들 역시 온실가스 감축 의무를 이행하도록 유도하는 것을 목표로 한다.

다만, 현재 미국은 연방 차원에서 이러한 탄소국경세를 시행할 법적 근거를 아직 확고히 마련하지 못한 상황이다. 따라서 어떤 산업부터 탄소국경조정제도와 유사한 조치를 적용할지, 그리고 그 구체적인 수준과 범위는 어떻게 될지에 대해 명확히 밝히지 않고 있다. 특히 미국은 연방 정부 차원의 국가 탄소 배출 가격제가 없는 상태에서 탄소국경세 도입을 고려하고 있다는 점에서 특이하며, 만약 수입 관세 형식으로 운영될 경우 세계무역기구(WTO) 규정에 위배될 가능성도 제기되고 있다. 향후 미국으로 주요 상품을 수출하는 여러 국가의 수출 기업들은 탄소 비용에 대한 부담이 증가할 것으로 예상된다.

하지만 오히려 역설적으로 트럼프 2.0 시대에도 미국 자체적인 탄소국경세(Carbon Border Adjustment)가 도입될 가능성이 있다는 분석이 나오고 있다. 이는 EU의 탄소국경조정제도(CBAM)에 대한 대응, 그리고 자국 산업 보호와 중국 등 경쟁국에 대한 견제라는 목적에 기반할 가능성이 높다. 전통적인 무역 관세와는 다른 탄소 배출량에 초점을 맞춘 형태가 될 수 있다는 분석도 있다. 미국판 탄소국경조정제도의 구체적인 방안으로는, 수입되는 원자재 및 완제품에 대해 스코프 1, 2, 3 배출량을 기준으로 톤당 55달러(약 7만 원)의 세금을 부과하는 안이 제시되고 있다.

결론적으로 트럼프 2.0 행정부의 탄소국경조정제도 정책은 기존의 환경 규제 완화 기조와는 다소 상반될 수 있는, 보호무역주의적 성격이 강한 탄소 국경 조치 도입 가능성을 포함하고 있다. 이는 EU 탄소국경조정제도에 대한 대응이자 자국 산업 보호를 위한 '미국 우선주의' 정책의 일환으로 추진될 수 있다. 다만, 이러한 정책이 실제 도입될지 여부와 구체적인 형태는 아직 불확실한 부분이 많다.

▼ 탄소국경조정제도(CBAM)과 미국의 탄소국경세(BCA)의 비교

| 구분 | EU CBAM | 미국 BCA |
| --- | --- | --- |
| 시행시기 | 과도기간: 2023년<br>본격시행: 2026년 | 2024년 |
| 대상품목 | 철강, 알루미늄, 시멘트, 비료, 전력, 수소 등 2026년 대상 확대 | 철강, 알루미늄, 시멘트, 천연가스, 석유, 석탄 등 |
| 과세방법 | 인증수입업자가 CBAM인증서 구매·지불 | 수입업자가 인증서 구매지불 |

| 구분 | EU CBAM | 미국 BCA |
|---|---|---|
| 면세대상 | EU 및 EU와 동등한 수준의 배출권거래제를 시행중인 국가 | 미국과 동등한 수준의 탄소가격을 시행중인 국가 및 미국의 제조·생산한 제품에 탄소국경조정를 적용하지 않은 국가, 최빈개도국 |

## 2) 미국 탄소국경조정제도의 법제화 과정

　미국은 연방 정부 차원의 탄소국경세 실행 가능성을 국내법적으로 뒷받침할 수 있는 근거가 있다고 보는 시각도 있다. 예를 들어, 미국의 무역확장법 제232조(1962년)는 외국산 제품 수입이 국가 안보를 위협할 경우 대통령이 관세 등 다른 수단을 통해 이를 조정할 수 있도록 규정하고 있으며, 무역법 제310조(1974년) 역시 부당하거나 불합리한, 차별적인 행위를 하는 교역 상대국에 대해 대통령이 관세 등의 보복 조치를 취할 수 있다고 명시하고 있다. 이러한 기존 법안들이 탄소국경세 도입의 배경이 될 수 있다는 해석이다.

　실제로 미국에서는 2007년 미국청정에너지보안법(Waxman-Markey법) 이후 탄소세 부과를 기반으로 한 다양한 법안들을 통해 탄소국경세 도입을 법제화하려는 시도가 이어져 왔다. 이러한 법안들은 EU 탄소국경조정제도와 같은 조치에 대한 법적 허용 가능성을 내비치고 있다. 그러나 이러한 제도의 최종적인 입법 및 실행 시기는 아직 정확히 예측하기 어렵다. 다만, 미국이 탄소국경세를 시행하게 된다면, 국내외 통상 관계는 물론 소비자 물가 지수, 탄소 가격 산정 방식 등 파급 효과를 종합적으로 고려하여 신중하게 진행할 것으로 예상된다.

　미국은 이미 여러 차례 탄소국경세 관련 내용을 포함한 법안을 발의했으나, 아직 정식 의제 법안으로 채택된 사례는 없다. 2007년 '저탄소 경제법안(Low Carbon Economy Act)'과 2008년 '기후 보안법

(Climate Security Act)'을 시작으로 탄소국경세와 유사한 조치를 시도했다. 특히 2009년 '미국청정에너지보안법(American Clean Energy and Security Act)'을 통해서는 탄소국경조치에 해당하는 국제 유보할당제(international reserve allowance program) 도입을 추진했으나 의회 상원에서 통과되지 못했다. 이후에도 2014년 '미국 기회 탄소부담금법안(American Opportunity Carbon Fee Act)', 2019년과 2021년 두 차례에 걸쳐 '에너지 혁신 탄소배당법안(Energy Innovation and Carbon Dividend Act)' 등 탄소 가격 및 탄소국경세 내용을 담은 법안들이 발의되었다.

최근 발의된 대표적인 탄소국경세 관련 법안으로는 2021년 7월의 '공정한 전환과 경쟁법(FAIR Transition and Competition Act, FTCA)'과 2022년 6월의 '청정경쟁법안(Clean Competition Act, CCA)'을 들 수 있다. 이 법안들에서는 2024년(원안 기준) 탄소국경세 도입을 제시했으며, 초기에는 철강, 알루미늄 등 12개 업종에 대해 톤당 55달러를 부과하는 방안이 포함되었다. 또한, 2026년과 2028년에는 대상 품목을 확대하고 탄소 집약도 기준을 강화하는 내용도 제시되었다. 비록 지금까지 발의된 법안들이 모두 통과되지는 못했지만, 이러한 논의는 향후 미국 의회에서 다시 입법 시도가 이루어져 통과될 가능성이 높다는 점을 시사하고 있다.

### 공정한 전환과 경쟁법(FAIR Transition and Competition Act)

2021년 7월, 미국의 대표적인 탄소국경세를 부과하는 대표적인 법안으로 '공정한 전환과 경쟁법(FTCA)'를 발의하였다. 미국 내 기후변화 법규를 준수하는 기업의 경쟁력을 보호하고, 중국 등 환경규제가 약한 해외오염 배출 국가의 적극적인 배출량 감축 노력을 유도한다는 취지의 법안이다.

### 청정경쟁법안(CCA: Clean Competion Act)

미국은 2022년 6월 『청정경쟁법(CCA)』안은 에너지 집약 산업군인 철강, 시멘트, 알루미늄, 석유화학, 화석연료 등 탄소배출량이 많은 12개 수입품 원자재에 대한 탄소국경세(톤당 55달러) 부과하는 것을 주요 골자로 하고 있다. 향후 이를 완제품에 대해서도 확대 적용할 것을 제시하고 있다.

# 중국

# 중국의 탄소중립 정책

## 1) 중국의 2025년 에너지 정책과 탄소중립 전략

21세기 들어 중국의 급속한 경제 성장은 세계 에너지 시장과 기후변화 대응에 지대한 영향을 미치고 있다. 세계 최대의 에너지 소비국이자 온실가스 배출국인 중국은 2020년 9월 시진핑 주석이 2060년까지 탄소중립 달성을 선언한 이후, 에너지 정책과 탄소 감축 전략을 유기적으로 연계하는 방향으로 정책을 전환하고 있다. 중국 국가에너지국이 발표한 '2025년 에너지업무지도의견'을 중심으로 중국의 에너지 정책 방향과 탄소중립 전략을 분석하고, 향후 전망을 살펴보고자 한다.

2025년 2월, 중국 국가에너지국은 '2025년 에너지업무지도의견(国能发规划, 2025 16号)'을 발표하였다. 이 문서는 중국의 에너지 안보 강화와 녹색 저탄소 전환이라는 두 축을 중심으로 구체적인 목표와 방향을 제시하고 있다. 국가에너지국이 제시한 2025년 에너지 생산 및 공급 목표는 다음과 같다.

- 화석 에너지: 석탄 생산의 안정과 증산, 원유 생산량 2억 톤 달성, 천연가스 생산 확대
- 석유가스 저장 설비: 지속적인 증가와 에너지 안보 강화
- 전력 설비: 총 발전설비 3,600GW 이상 확보

- 신에너지: 신규 설비 200GW 이상 보급, 총 발전량 10,600TWh 내외 달성
- 송전 설비: 성간(省間) 송전 인프라 지속 확충

이는 중국이 에너지 안보를 최우선시하면서도 에너지 구조의 점진적 전환을 꾀하고 있음을 보여준다. 특히 석탄 생산의 안정과 증산을 여전히 강조하면서도, 신에너지 설비 확충을 병행하는 '투트랙' 전략이 분명하게 드러난다.

에너지 구조의 녹색 저탄소 전환을 위한 구체적인 목표도 함께 제시되었다. 발전설비 비중 60% 내외, 총 에너지 소비 중 비중 20% 내외로 확대하고, 화력발전설비의 평균 석탄소비를 합리적 수준으로 유지하고 있다. 풍력 및 태양광 발전의 이용률 향상되고, 사막화 방지용 태양광(光伏治沙) 등 종합적으로 효율성을 개선하고 있다. 이러한 목표는 중국이 에너지 안보를 확보하면서도 친환경 에너지로의 전환을 점진적으로 추진하겠다는 의지를 반영한다. 특히 주목할 점은 단순한 설비 확충이 아닌 에너지 이용 효율 향상과 복합 활용을 강조하고 있다는 점이다.

중국은 탄소피크(탄소배출 정점)와 탄소중립 목표 달성을 위해 정책 방향을 전환하고 있다. '14차 5개년 계획'(2021~2025)에는 오염배출 저감과 탄소 저감을 위해 '에너지 소비 총량'과 '에너지 소비 강도'에 대한 이중 규제를 실시하고 있다. '15차 5개년 계획'(2026~2030)에는 정책 초점을 '에너지'에서 '탄소'로 전환하여 '탄소배출 총량'과 '탄소배출 강도'에 대한 이중통제로 전환 예정이다. 이러한 정책 전환은 중국이 탄소중립 목표를 더욱 직접적으로 관리하기 위한 전략적 변화로 해석된다. 에너지 소비를 통제하는 간접적 방식에서 탄소배출 자체를 통제하는 직접적 방식으로 전환함으로써, 탄소감축의 효율성과 정확성을 높이고자 하는 의도가 엿보인다.

## 2) 중국의 탄소중립 3단계 로드맵

탄소중립 목표 실현을 위한 3단계 접근이 있다. 중국은 탄소배출 피크와 탄소중립 목표 실현을 위해 단계적 접근법을 채택하고 있다.

### ① 1단계: 기반 구축기(~2025년)

'15차 5개년 계획' 기간 동안 전국적인 탄소배출 통계 실시를 위한 기반을 조성하기 위해 탄소배출 통계의 산정 체계를 개선하고 국가 온실가스 배출요인 데이터베이스를 구축하여 이를 정기적으로 개선하는 노력을 병행할 계획이다.

### ② 2단계: 탄소피크 달성기(2026~2030년)

'15차 5개년 계획'에 탄소배출 목표를 통합하고, 이를 달성하기 위해 '탄소배출 강도'를 중심으로 하되 '탄소배출 총량'을 보완하는 이중 통제를 실시하며, 탄소피크 및 탄소중립 목표 달성을 위한 종합평가 제도를 구축할 예정이다.

### ③ 3단계: 탄소감축 심화기(2031년~)

탄소배출 통제 방식을 '총량' 중심으로 전환하고 '강도'를 보완하는 이중통제를 시행하며, 이와 함께 지역, 중점 영역, 업종, 기업별 탄소배출 관리 강화를 위한 평가 체계를 구축하여 고도화할 계획이다. 이러한 단계적 접근은 중국이 탄소중립이라는 장기 목표를 체계적으로 달성하기 위한 로드맵을 제시한 것으로, 각 단계별로 중점 추진과제를 명확히 하고 있다.

국가 차원의 탄소배출 관리는 경제 발전, 에너지 안보, 일상적인 생산 활동, 그리고 자발적 국가 온실가스 감축목표(NDC) 달성 등 다양한 요소를 종합적으로 고려하는 것에서 시작한다. 이러한 종합적인 접근을 바탕으로 탄소배출 관련 지표를 국민경제 및 사회 발전 계획에 명확히 포함시키며, 특히 '15차 5개년 계획' 기간에는 탄소배출 강도 저감 목표에 구속력 있는 지표를 설정하여 국가적 책임과 이행력을 강화한다. 탄소 피크 달성과 탄소 중립으로의 전환을 위한 구체적인 행동 방안 수립 역시 핵심 과제다.

5개년 계획 관련 부서들은 탄소 피크 및 탄소 중립 관련 행동 방안을 심도 있게 연구하고 제정하며, 이를 통해 탄소배출 목표 통제를 위한 업무 조치들을 세분화한다. 더불어 '15차 5개년 계획' 기간 동안 '2030년 이전 탄소피크 달성 행동방안'의 실행을 세분화하여 기존에 수립된 계획과의 연계를 강화하고 실행의 일관성을 유지하고자 한다. 정책 이행의 실효성을 높이기 위해 현행 법규와 정책 가운데 탄소배출 이중 통제에 부합하지 않는 내용은 전면적으로 개선하며, 고정 자산 투자 프로젝트 심사 방법도 수정하여 탄소배출 이중 통제 요구사항을 명확히 반영한다.

국가 정책의 실질적인 이행 주체로서 지방정부의 역할 또한 매우 중요하다. 지방정부는 자체적인 탄소배출 목표 평가 제도를 수립하고, 각 지역의 특성에 맞는 탄소배출 이중 통제 지표를 설정한다. 이 과정에서 5개년 계획 초기에 지역별 경제사회 발전 수준, 지역의 역할과 기능, 산업 및 에너지 구조 등을 종합적으로 고려하여 합리적인 지표를 설정하며, 설정된 지표의 효과적인 이행에 대한 책임을 부담하게 된다. 이러한 체계적인 접근을 통해 국가 전체의 탄소배출 관리가 효율적이고 통합적으로 이루어질 수 있도록 역량을 집중하고 있다.

향후 중국의 탄소중립 정책 방향은 다음과 같다. 석탄 의존도는 당분간 높은 수준을 유지하겠지만, 재생에너지 확대와 효율 향상을 통해 점진적으로 감소할 전망이다. 특히 '15차 5개년 계획'(2026~2030) 기간에는 감소 속도가 더욱 빨라질 것으로 예상된다. 현재 발전 부문에 국한된 전국 탄소배출권 거래 시장은 점차 철강, 시멘트, 화학 등 다른 산업 부문으로 확대될 전망이다. 이는 시장 메커니즘을 활용한 탄소감축 효율성 제고로 이어질 것이다. 지역별 경제발전 수준과 산업구조, 자연환경 등의 차이를 고려한 차별화된 탄소감축 전략이 더욱 정교화될 전망이다. 특히 동부 연안 발달 지역의 선도적 탄소감축과 서부 내륙 지역의 점진적 전환이라는 이원화 전략이 분명해질 것이다. 끝으로 기후변화 대응을 위한 국제 협력, 특히 개발도상국과의 협력이 강화될 전망이다. 중국은 자국의 탄소중립 목표 달성을 넘어 글로벌 기후 리더 십 확보를 위한 노력을 확대할 것으로 예상된다.

### 3) 중국의 탄소중립 정책과 기후변화 대응 전략

세계 경제에서 차지하는 비중이 커짐에 따라 중국의 온실가스 배출량은 전 지구적 기후변화 논의에서 핵심적인 요소가 되었다. 특히 2000년대 이후 급격한 공업화와 도시화는 중국의 탄소 배출량 증가를 가속화하는 주요 원인으로 작용했다. 에너지 소비 및 생산 활동량의 증가는 필연적으로 이산화탄소 배출량의 큰 폭 상승을 가져왔으며, 이는 환경 파괴로 인한 경제적 손실이 세계 평균을 크게 상회하는 결과로 이어졌다.

이러한 상황 속에서 국제 사회의 기후변화 대응 노력이 강화되면서, 한동안 논의에서 다소 거리를 두었던 미국이 바이든 대통령 취임과 함께 파리 기후 협정에 재가입하고, 세계 최대 탄소 배출국인 중국마저 2060년 탄소중립 목표를 선언하며 기후변화 논의는 다시금 전 세계적인 의제로 부상했다. 국제 사회는 '탄소중립(carbon neutrality)'을 기후변화 대응의 포괄적인 정책 방향으로 설정하고, 온실가스 감축 정책을 적극적으로 추진하고 있다.

시진핑(習近平) 중국 국가주석이 2020년 9월 유엔총회 화상연설에서 "중국은 2030년 이전에 탄소 배출 정점(carbon peak)에 도달하고, 2060년 이전에는 탄소중립을 달성할 것"이라고 공식적으로 선언했다. 이러한 대외적 선언 이후, 중국은 2021년 10월 제26차 유엔 기후변화 총회(COP26)를 앞두고 탄소중립 마스터 플랜과 탄소 피크 관련 실행 계획(Action Plan)을 연이어 발표하며 구체적인 목표와 이행 방안을 제시하기 시작했다. 이는 이전과 비교했을 때 탄소 배출 목표를 명확히 하고 상향 조정하는 등 글로벌 기후변화 논의에 적극적으로 참여하겠다는 의지를 보여주는 변화로 평가된다. 실제로 영국 기후변화 분석 단체인 카본브리프에 따르면 중국의 2024년 3월 탄소배출량이 전년대비 3% 감소했으며, 4월의 배출량도 전년대비 감소했을 것으로 예상됐다고 중국 제일재경신문이 전했다.

중국 정부는 탄소중립 정책 추진을 위해 크게 두 가지 핵심 영역에 집중하고 있다. 첫째는 에너지 전환이며, 둘째는 탄소 배출권 거래제의 전국적 시행이다. 이 외에도 다양한 부문에 걸친 포괄적인 기후변화 대응 계획을 수립하고 있다. 아래 표는 중국정부의 탄소중립 및 기후변화 대응 관련 계획이다.

▼ 중국정부의 탄소중립 및 기후변화

| 정책 방안 | 일시 | 부처명 | 내용 |
|---|---|---|---|
| 탄소배출정점 및 탄소중립 달성업무 의견 | 2021. 10.24. | 중공중앙, 국무원 | • 중국의 탄소중립 마스터플랜<br>• 2060년 이전 탄소중립 목표, 실시 방안 설정 |
| 2030년 탄소배출 정점 행동지침 | 2021. 10.26. | 국무원 | • 2025년까지 친환경에너지 소비 비중 20% 내외, GDP당 에너지 소비 13.5% 감축('20년 대비), 탄소배출량 18% 감축(2020년 대비) |
| 기후변화대응 정책 및 행동백서 | 2021. 10.27. | 국무원 신문판공실 | • 중국의 기후변화 대응 성과 및 방향 (매년 발행) |

| 정책 방안 | 일시 | 부처명 | 내용 |
|---|---|---|---|
| 자주이행 효과 및 新목표, 新조치 | 2021. 10.28. | 중국정부 | • 2015년 이후 시행정책 조치효과 및 새로운 목표 실현 위한 정책조치 제시 등 |
| 중장기 온실가스 저감 발전전략 | 2021. 10.28. | 중국정부 | • 21세기 중반까지 온실가스 배출 저감 기본방침과 정책방향 제시 |

에너지 분야에서 중국은 기후변화 대응과 동시에 에너지 안보 강화를 목표로 신재생에너지 발전 비중을 대폭 확대하여 에너지 자립률을 높일 계획이다. 구체적으로 비화석 에너지 사용 비중을 2020년 15.8%에서 2025년까지 20% 내외로 2030년에는 25%까지 확대하는 방안을 발표했다. 이러한 비중 확대 조치가 성공적으로 이행될 경우, 2030년에는 GDP 대비 탄소 배출량인 탄소 집약도가 2005년 대비 65% 감소할 것으로 전망한다. 특히, 태양광 및 풍력 에너지 발전 용량을 2020년 4.6억 킬로와트(KW)에서 2030년까지 12억 킬로와트(KW)로 확대하려는 공격적인 목표를 설정했다. 중국의 석탄소비량 감소 원인은 단연 풍력발전, 태양광발전이 화력발전을 대체하고 있기 때문이다. 2024년 1분기 중국에서는 6,300만kw 규모의 태양광 발전소가 새로 생겨났고, 1550만kw 규모의 풍력발전이 건설됐다. 신에너지차량의 전체 차량 판매량 비중은 45%를 넘어섰다.

교통·운송 분야에서도 친환경 전환이 빠르게 진행되고 있다. 신차 판매에서 신에너지차(New Energy Vehicle, NEV; 전기차, 플러그인 하이브리드차, 수소차 등)가 차지하는 비중을 2025년까지 20%, 2035년에는 50%로 확대하는 정책 목표를 설정했다. 이러한 정책 추진에 따라 하이브리드차의 시장 잠식이 가속화되고, 100% 내연기관차는 2035년 이후 시장에서 퇴출될 것으로 전망된다. 또한, 2035년까지 모든 공공기관 차량의 전동화를 추진하는 등 공공 부문이 친환경 교통을 선도하도록 유도하고 있다.

'탄소 배출권 거래제(Emissions Trading Scheme, ETS)'는 중국의 탄소 배출권 거래제는 기후변화 대응 및 온실가스 감축 목표 달성을 위한 핵심적인 시장 기반 정책 수단이다. 중국의 탄소 배출권 거래제의 거래량은 증가하는 추세를 보이지만, 탄소 가격은 유럽연합(EU)의 탄소 가격보다 여전히 낮은 수준이다. 중국 정부는 향후 탄소 배출권 거래 가능 분야를 확대하고 거래 품목과 거래 방법을 다양화하는 등 탄소 배출 시장의 안정적 발전을 추진할 계획이다. 특히, 시멘트, 철강, 알루미늄 등 고배출 산업을 포함하여 '8대 고배출 산업(전력, 석유화학, 화학공업, 건축자재, 철강, 비철금속, 제지, 항공)'으로 확대 적용할 방침이다. 중국의 탄소 배출권 거래제는 세계 최대 규모의 배출권 시장으로 발전할 잠재력을 가지고 있으며, 중국의 '2030 탄소 피크, 2060 탄소중립' 목표 달성에 핵심적인 역할을 한다.

## 4) 중국 탄소중립 정책의 현실과 한계

중국은 '2030년 탄소 배출 정점, 2060년 탄소중립'이라는 목표를 효과적으로 추진하기 위해 이른바 '1+N' 정책 체계를 구축했다. 여기서 '1'은 탄소중립 달성을 위한 전반적인 방향과 원칙을 제시하는 '탄소중립 달성 업무 의견'을 의미하며, 'N'은 '2030년 이전 탄소 배출 정점 행동 방안'과 에너지, 산업, 교통·운송, 건설 등 중점 분야별 세부 정책 조치들로 구성될 예정이다. 이 정책 체계는 재생에너지 사용 확대 및 관련 산업 육성 지원을 위한 기반을 마련하는 것을 포함한다. 또한, 탄소중립 관련 기반 기술 개발, 생태 환경의 탄소 흡수 능력 제고, 국제 협력 강화, 그리고 관련 법·제도 개정 등 탄소중립 목표 달성을 위한 종합적인 지원 시스템을 구축하고 있다.

'1+N'의 주요 정책 방향은 신재생에너지(태양광, 풍력 등) 비중을 대폭 확대하고 에너지 자급률을 높이는 계획을 추진하고 있다. 비화석 에너지 사용 비중을 2025년까지 20% 내외, 2030년까지 25%로 높이는 목표를 설정했다. 또한, 신에너지차(NEV) 보급을 확대하고, 2035년 이후에는 100% 내연기관차 퇴출 및 모든 공공기관 차량 전동화를 추진할 계획이다. 그리고 2021년 2월부터 전국 단위의 탄소 배출권 거래제를 시행하여 주요 탄소 배출 기업에 감축 책임을 부과하고 있다. 향후 적용 업종 및 거래 방식을 확대할 예정이다. 탄소중립 관련 기술 개발, 생태계의 탄소 흡수 능력 제고, 국제 협력 강화, 관련 법·제도 개선 등 전반적인 지원 시스템을 구축하고 있다.

이렇듯 중국은 탄소중립을 향한 강력한 의지를 표명하고 구체적인 정책을 추진하고 있으나, 실제 추진 과정에서는 중국의 현재 경제 및 산업 구조를 고려한 점진적인 감축이 이루어질 전망이다. 재생에너지 비중은 지속적으로 확대될 것으로 예상되지만, 단기간 내에 화석 연료 중심의 에너지 시스템을 완전히 전환하는 것은 쉽지 않은 과제다. 중앙정부의 '에너지 고소비, 탄소 다 배출' 평가 기준에 맞추기 위해 일부 지역에서 갑작스러운 전력 소비 통제가 이루어지면서 2021년 10월 중국 전역에서 대규모 전력 대란이 발생하여 제조업 생산에 차질을 빚는 등의 부작용이 나타나기도 했다. 이는 안정적인 전력 공급이 선행되지 않고는 급격한 에너지 전환이 어렵다는 점을 시사하며, 이후 리커창 총리는 재발 방지를 촉구하며 안정적인 전력 보장한다.

재생에너지 발전 설비 용량은 크게 증가했지만, 특히 태양광 및 풍력 발전은 아직 전력 생산 및 전력망 안정화에 어려움이 있으며, 재생에너지 생산량이 많은 서북부 지역과 소비량이 많은 동남부 지역 간의 효율적인 전력 수송을 위한 특고압 전력망 연결 확대가 필요한 상황이다. 따라서 이러한 인프라 제약과 에너지 수요 충족의 필요성 때문에 석탄 화력 발전을 단기간 내에 급격히 감축하는 것은 현실적으로 어려운 과제로 남아 있다.

중국이 글로벌 제조 중심지로 부상하면서 에너지 사용량과 생산 활동량은 지속적으로 증가해 왔다. 이에 대응하기 위해 석탄 화력 발전소 건설이 확대되었으며, 도시화 과정에서의 철강 및 원자재 수요 증가와 자동차 보급 확대 또한 이산화탄소 배출량 증가에 크게 기여했다. 2001년부터 2010년까지 중국의 탄소 배출량은 약 2.4배 증가했으며, 이후에도 완만한 상승 곡선을 이어가고 있다. 유럽연합 과학지식서비스 공동연구센터(JRC)에 따르면, 2021년 기준 중국은 전 세계 탄소 배출량의 30.7%에 해당하는 약 124억 톤을 배출하여 여전히 세계 최대 탄소 배출국의 지위를 유지하고 있으며, 이는 EU 탄소국경조정제도 제도가 시행될 경우 직접적인 영향을 받을 수 있다.

이러한 상황과 별개로 중국은 심각한 대기오염 및 기후변화로 인한 자연재해에 대응하기 위해 이미 12차 5개년 계획 기간(2011~2015년)부터 탄소 배출 규제를 시작했다. 탄소 배출 저감 목표를 의무 사항으로 포함하고, 2015년 '대기 오염 방지법'을 개정했으며, 2016년 파리협정에 가입하는 등 기후변화 대응을 점진적으로 본격화해 왔다.

EU와의 긴밀한 무역 관계에도 불구하고, 중국은 EU의 탄소국경조정제도 도입에 대해 강한 우려와 비판적인 입장을 지속적으로 표명하고 있다. 이는 앞서 언급했듯이 탄소국경조정제도이 개발도상국과 선진국의 책임을 구분하는 '공통의 그러나 차별화된 책임(CBDR)' 원칙과 파리 협정의 '국가 결정 기여(NDC)' 자발성 원칙에 위배되며, 나아가 WTO 규범 및 국제법 원칙에 부합하지 않을 수 있다는 판단에 근거한다. 중국은 자국의 경제 발전 단계와 특성을 고려한 점진적인 접근 방식이 필요하며, 국제 무역 환경의 공정성이 확보되어야 함을 강조하고 있다.

### 탄소 배출권 거래제(ETS)

중국의 탄소 배출권 거래제는 기후변화 대응 및 온실가스 감축 목표 달성을 위한 핵심적인 시장 기반 정책 수단이다. 중국 생태환경부는 전국 단위의 탄소 배출권 거래를 규범화하기 위해 '탄소배출권거래관리방법'을 2020년 12월에 통과시켰고, 이를 바탕으로 2021년 2월부터 전국적으로 시행했다. 현재 중국의 전국 탄소 배출권 거래제는 연간 2.6만 톤 이상의 이산화탄소를 배출하는 업체를 대상으로 하며, 초기에는 전력 분야의 약 2,225개 업체가 참여하도록 하여 기업에 탄소 배출 감축 책임을 부여하고 있다. 석탄 및 가스 발전소에는 발전용량과 기술 수준에 따라 배출권(emission allowance)이 부여된다.

# 중국의 EU 탄소국경조정제도 (CBAM) 대응 전략

중국은 현재 세계 최대 탄소 배출국으로 2000년대 이후 가속화된 공업화 및 도시화 과정에서 에너지 소비와 생산 활동이 폭발적으로 증가함에 따라 탄소 배출량이 급격하게 늘어났다. 이러한 경제 성장 중심의 정책은 심각한 환경 문제를 야기했으며, 2020년에는 환경 파괴로 인한 경제적 손실이 세계 평균의 약 7배에 달하는 수준으로 기록되기도 했다.

이러한 배경 속에서 중국은 유럽연합(EU)과 매우 긴밀한 무역 관계를 맺고 있다. 2023년 기준, 중국은 EU 수출의 10%(3위), EU 수입의 22%(1위)를 차지할 정도로 상호 경제적 의존도가 높다. 중국-EU 간 양자 무역은 수교 초기의 24억 달러에서 2024년 7,800억 달러로 확대됐다. 그러나 EU가 기후변화 대응을 위해 도입을 추진하고 있는 탄소 국경 조정 메커니즘(CBAM)은 이러한 무역 관계에 새로운 변수로 작용하고 있다. 중국의 총 EU 수출액 중 CBAM 대상 품목(주로 철강, 알루미늄, 비료, 시멘트)의 비중은 약 1.33%로 상대적으로 낮지만, EU 시장 자체가 중국 경제에 미치는 전반적인 영향이 크기 때문에 중국 당국은 탄소 국경 조정 메커니즘 도입에 대해 상당한 우려를 표하고 있다. 특히 중국의 EU 수출 상품에서 발생하는 탄소 배출량은 약

1,088만 톤 수준으로 추정되며, 최근 EU의 탄소 가격(EU ETS 가격)을 고려할 때 향후 약 16~21% 수준의 탄소 국경세가 부과될 수 있다는 분석이 제기되고 있다.

이러한 우려는 최고위급에서 공식적으로 표명했다. 시진핑 국가주석은 2021년 4월 당시 독일 메르켈 총리 및 프랑스 마크롱 대통령과의 화상 회담에서 공개적으로 탄소 국경 조정 메커니즘에 대해 우려를 표명했다. 유럽위원회의 탄소 국경 조정 메커니즘 초안이 공개된 이후에는 중국 측은 탄소 국경 조정 메커니즘이 세계무역기구(WTO) 협정 및 국제법 원칙에 위배될 소지가 있으며, 나아가 양자 간 신뢰 및 경제 발전을 저해할 수 있다고 비판했다.

중국은 물론, 탄소 집약적 제조업 중심의 산업 구조를 가진 다른 개발도상국들 역시 EU의 탄소 국경 조정 메커니즘 조치 도입에 대해 민감한 반응을 보여 왔다. 중국 정부는 EU 탄소 국경 조정 메커니즘이 기존 기후변화 협약의 핵심 원칙인 '공통의 그러나 차별화된 책임(CBDR: Common but Differentiated Responsibilities)'과 파리협정의 '자발성' 원칙을 저해한다는 점에서 부정적인 입장을 표명하고 있다. 공통의 그러나 차별화된 책임 원칙과 관련하여 중국은 아직 1인당 국민총생산(GDP)이 선진국의 15~30% 수준에 머물러 있는 개발도상국임에도 불구하고 EU와 동일하거나 유사한 수준의 탄소 부담을 지우는 것은 형평성에 어긋난다고 주장이다. 또한, 탄소 국경 조정 메커니즘이 EU 비회원국들에게 사실상 국가 온실가스 감축 목표(NDC: Nationally Determined Contribution)를 강화하도록 강요하는 효과를 가져옴으로써, 각국이 자발적으로 가 온실가스 감축 목표를 설정하도록 한 파리협정의 기본 취지에 어긋나며, 결과적으로 파리협정에 대한 국제사회의 참여 의지를 약화시킬 수 있다고 주장하고 있다.

중국은 자국의 경제 발전 단계, 산업 구조의 특성, 그리고 기존 국제 기후변화 협약의 근본 원칙에 기반하여 EU의 탄소 국경 조정 메커니즘 도입에 대해 강한 반대 의사를 표명하며, 국제 무역 환경의 공정성과 개발도상국의 차별화된 책임 인정을 촉구하고 있다.

# 캐나다

# 캐나다의 탄소중립 정책

## 1) 기후 문제

캐나다는 세계 각국과 마찬가지로 기후변화로 인한 심각한 기상이변을 경험하고 있다. 캐나다 연방정부의 분석에 따르면, 2030년까지 기상이변으로 인한 연간 손실이 평균 154억 캐나다 달러에 달할 것으로 추산된다. 이러한 현실적 위기에 대응하기 위해 캐나다 연방정부는 2022년 11월 24일, 국가 역사상 최초로 '캐나다 기후 적응 전략(National Adaptation Strategy)'을 발표했다.

이 전략은 캐나다 환경·기후변화부(Environment and Climate Change Canada, ECCC)가 주도하여 각 주와 영토, 시, 그리고 원주민 부족들과 2년에 걸친 광범위한 협의를 통해 수립되었다. 특히 이상 고온으로 인한 인명 피해와 생물종 고갈 방지, 홍수와 산불 빈발 지역의 주택 보호와 같은 구체적인 목표를 설정하고, 기후 탄력적인 국가 건설을 위한 공동의 경로를 제시했다는 점에서 의의가 크다.

심한 기상 현상(홍수, 산불 등)으로 인한 위험을 줄이고, 화석 연료로 인한 영향을 완화하는 것을 목표로 한다. 또한, 모든 정부 차원에서 기후변화 영향에 대비하고 위험을 줄여 지역사회가 최악의 기후 영향으로부터 스스로를 방어할 수 있도록 준비하는 데 중점을 준다. 캐나다 경제가 변화하는 기후 속에서 기후변화 영향을 예측하고 관리하며 적응하고 대응하여 새롭고 포괄적인 기회를 발전시키도록 하는 것을 목표하고 있다. 특히 재난 대응 개선을 위한 구체적인 투자 계획이 포함되어 있다. 이상 고온과 같은 극단적 기후 현상으로부터 국민의 건강을 보호하기 위한 전략이다. 기후변화가 공중보건에 미치는 영향을 완화하고, 취약계층 보호를 위한 구체적인 방안을 제시한다.

기후변화로 인한 생물종 고갈과 생태계 파괴를 방지하기 위한 전략으로, 생물다양성 보존과 자연환경 보호를 위한 접근법을 담고 있다. 기후변화에 대응할 수 있는 탄력적인 인프라 구축을 목표로 한다. 특히 홍수와 산불이 빈번한 지역의 주택과 중요 시설 보호를 위한 계획이 포함되어 있다. 기후변화가 경제와 노동시장에 미치는 영향을 관리하고, 저탄소 경제로의 공정한 전환을 지원하기 위한 전략을 담고 있다.

또한, 캐나다 연방정부는 기후 적응 전략의 실행을 위해 향후 5년간 16억 캐나다 달러를 투입하기로 결정했다. 이 자금은 주로 재난 대응 개선, 이상 고온으로부터 국민 보호, 재난 경감과 적응 기금 조성에 활용될 예정이다. 정부가 실시한 연구에 따르면, 적응 조치에 투입되는 1캐나다 달러당 최대 15달러의 비용 감축 효과가 있는 것으로 나타났다. 이는 경제 전반의 직·간접적 편익을 포함한 수치로, 기후 적응에 대한 투자가 장기적으로 상당한 경제적 이점을 가져올 수 있음을 시사한다.

그러나 캐나다 보험협회(Insurance Bureau of Canada)는 기후변화의 영향을 효과적으로 해소하기 위해서는 공공 및 민간 부문으로부터 연간 53억 달러가 필요할 것으로 추정했다. 이에 캐나다 정부 관계자들은 현재의 16억 달러 투자를 '착수금(down payment)'으로 표현하며, 국가 기후 적응 전략의 목표 달성을 위해서는 추가적인 자금이 필요하다는 점을 인정했다.

캐나다 기후 적응 전략은 각 시스템별로 장기 변화 목표와 중기 목표를 수립했으며, 이를 달성하기 위해 신속한 추가 행동이 필요하다는 인식을 공유하고 있다. 따라서 연방정부는 향후 5년간 우선순위에 두어야 할 행동에 대한 개요를 담은 단기 적응 행동 계획을 후속으로 발표할 예정이다.

전략 수립 과정에서 연방정부는 각 주와 영토, 시, 원주민 부족 등과 2년에 걸친 논의를 진행했으며, 발표 이후 90일간 대중 의견 수렴 과정을 거쳐 최종안을 확정할 계획이다. 이러한 포괄적인 협의 과정은 다양한 이해관계자의 의견을 반영하고 전략의 실효성을 높이기 위한 노력으로 볼 수 있다.

## 2) 탄소중립 정책

캐나다는 2050년까지 온실가스 순배출량을 '0'으로 만드는 탄소중립 목표를 설정하고 이를 달성하기 위한 강력한 정책 체계를 구축했다. 캐나다는 2019년 말, 향후 수십 년 동안 온실가스 배출량을 크게 줄이기 위한 계획 개발에 착수할 것이라고 발표했다. 최종적으로 2050년까지 순배출량 제로를 목표로 하고 있다.

캐나다는 탄소중립 정책을 실행하기 위해 '캐나다 넷제로 배출 책임에 관한 법률(Canadian Net-Zero Emissions Accountability Act)'을 제정한다. 이 법률은 캐나다 연방 정부가 2050년까지 온실가스 순배출량을 '0'(넷제로)으로 만들겠다는 약속을 법적으로 명시하고, 이 목표 달성을 위한 책임성과 투명성을 강화하기 위해 제정된 중요한 법이다. 이 법은 2021년 6월 29일에 제정되었으며, 2023년 3월 31일에 시행되었다. 법안 발의 단계에서는 '빌 C-12(Bill C-12)'라고 불리기도 한다.

이 법률은 2050년 넷제로 목표를 법제화하고, 이행에 대한 책임성을 강화하기 위해 제정되었다. 이 법에 따라 2030년부터 2050년까지

5년 단위의 온실가스 배출량 감축 목표를 설정하고, 목표 달성 계획, 경과보고서, 평가보고서 등을 제출하도록 의무화했다. 또한, 넷제로 목표 달성에 대한 독립적인 자문을 제공하는 기구(Canada's Net-Zero Advisory Body)를 두고 있다.

이 계획은 캐나다 넷제로 배출 책임에 관한 법률에 따라 수립된 최초의 배출량 감축할 계획이다. 2050년 넷제로 경로를 따라 2030년까지 배출량을 40~45% 감축하겠다는 연방정부의 계획을 담고 있다.

캐나다는 기후 적응 전략과 더불어 탄소중립을 위한 다양한 정책을 적극적으로 추진하고 있다. 2050년까지 넷제로(Net-Zero) 달성을 목표로 하는 캐나다의 주요 탄소중립 정책은 다음과 같다.

캐나다는 2030년까지 2005년 대비 온실가스 배출량을 40~45% 감축하겠다는 목표를 설정했다. 이는 파리협정 하에서의 국가결정기여(NDC)를 강화한 것으로, 이전의 30% 감축 목표보다 상향된 수치이다.

2021년 6월 제정된 '캐나다 넷제로 배출 책임법(Canadian Net-Zero Emissions Accountability Act)'은 2050년까지 넷제로 달성을 법적 의무로 규정했다. 이 법은 5년마다 배출량 감축 목표를 설정하고 이행 계획을 수립하도록 요구하며, 독립적인 자문기구를 통해 진행 상황을 모니터링하도록 한다. 캐나다는 2019년부터 전국적인 탄소가격제를 시행하고 있으며, 2030년까지 톤당 170캐나다 달러로 점진적으로 인상할 계획이다. 이 제도는 각 주와 준주가 자체적인 탄소가격제를 도입하거나 연방 모델을 채택할 수 있는 유연성을 제공한다.

2023년 7월부터 시행된 청정연료규제는 연료 생산자와 수입업자가 연료의 탄소 집약도를 단계적으로 낮추도록 요구한다. 이 규제는 2030년까지 운송 부문의 온실가스 배출량을 최대 2,600만 톤 감축하는 것을 목표로 한다. 에너지 효율적인 건물을 촉진하기 위한 이 전략은 건물 에너지 코드 개선, 에너지 효율 개선을 위한 재정 지원, 저탄소 건축 자재 사용 장려 등을 포함한다.

캐나다는 2035년까지 신규 승용차와 경트럭의 100%를 제로 배출 차량으로 전환하는 목표를 설정했다. 이를 지원하기 위해 전기차 구매 인센티브, 충전 인프라 확대 등의 정책을 시행하고 있다. 캐나다는 2030년까지 석탄 발전소의 단계적 폐지를 목표로 하고 있다. 이미 앨버타주는 2023년에 마지막 석탄 발전소의 가동을 중단했으며, 다른 주들도 이행 계획을 진행 중이다.

2020년 12월 발표된 이 계획은 40개 이상의 새로운 조치와 기존 정책을 강화하는 내용을 담고 있으며, 탄소중립 달성을 위한 종합적인 로드맵을 제시한다. 클린테크 산업 지원을 위해 80억 캐나다 달러 규모의 기금을 조성하여 저탄소 기술 개발 및 상용화를 촉진하고 있다. 2025년까지 석유와 가스 부문의 메탄 배출을 2012년 대비 40~45% 감축하는 목표를 설정했으며, 최근에는 2030년까지 75% 감축으로 목표를 상향 조정했다.

캐나다의 기후 적응 전략은 기후변화에 대한 탄력성을 높이기 위한 국가적 차원의 중요한 이정표를 제시한다. 5개 핵심 시스템을 중심으로 구체적인 목표와 행동 계획을 수립하고, 이를 실행하기 위한 상당한 재정적 투자를 결정한 것은 기후변화 대응에 대한 캐나다 정부의 의지를 보여준다.

동시에 캐나다는 탄소중립을 위한 다양한 정책을 적극적으로 추진함으로써 기후변화 대응에 있어 적응과 완화 양쪽 측면에서 균형 잡힌 접근을 시도하고 있다. 특히 법적 구속력이 있는 넷제로 목표 설정, 강력한 탄소가격제 시행, 부문별 구체적인 감축 전략 등은 국제사회에서 캐나다의 기후 리더십을 강화하는 요소로 작용하고 있다.

그러나 전문가들이 지적하듯이, 현재의 투자 수준은 기후변화의 심각한 영향을 해소하기에는 여전히 부족하다. 따라서 공공 및 민간 부문의 추가적인 자금 조달과 더불어, 국가 기후 전략의 실효성을 지속적으로 모니터링하고 강화해 나가는 것이 필요할 것이다.

# 2

# 캐나다의 EU 탄소국경조정제도 (CBAM) 대응 전략

　탄소 가격제, 순배출 제로 법률 및 국경세 논의를 중심으로 캐나다는 연방 정부 차원에서 기후변화 대응에 적극적인 정책을 추진하고 있으며, 그 일환으로 2018년 '탄소오염가격법(Carbon Pollution Pricing Act)'을 제정하여 2050년까지 탄소중립을 달성하려는 계획을 공식화했다. 캐나다의 탄소오염가격법은 공식적으로 '온실가스오염부담금법(Greenhouse Gas Pollution Pricing Act)'이라고 불리며, 2018년 6월 21일에 제정되었다. 이 법은 기후변화 대응의 핵심 정책 수단인 탄소 가격제(Carbon Pricing)를 연방 정부 차원에서 시행하기 위한 법적 근거를 마련한 것이다.

　이 법의 주요 내용은 온실가스 배출에 가격을 부과함으로써 기업과 개인이 온실가스 배출을 줄이도록 유도하는 것이다. 이 법은 각 주(province)가 자체적인 탄소 가격제를 시행하거나, 연방 정부의 탄소 가격제 시스템을 따르도록 요구하는 벤치마크(기준)를 설정하고 있다. 만약 어떤 주가 연방 정부의 기준에 미치지 못하는 자체 계획을 가지고 있거나 전혀 없다면, 해당 주에는 연방 정부의 탄소 가격제가 적용된다. '탄소오염가격법'에 따라 캐나다는 탄소 가격을 설정하였으며, 배출량 1톤당 가격을 2019년 30달러에서 시작하여 2030년까지 170달러로 단계적으로 인상할 계획임을 명확히 했다. 이러한 가격 인상 경로는 전 세계적으로도 공격적인 수준으로 평가받고 있으며, 이는 당초 파리협정에서 제시된 캐나다의 온실가스 감축 목표치를 상회하는 정책 의지를 보여준다.

2018년 캐나다 의회에 통과된 온실가스오염 가격제도는 2019년 트뤼도 자유당에 의해 오염 가격제도를 도입하지 않은 4개 주(州)를 대상으로 시행되었으며, 트뤼도 총리는 지난 12월 파리협정에 따른 공약의 일환으로 2030년까지 온실가스 배출량을 2005년 수준보다 30% 이상 줄이겠다는 목표에 따라 2030년까지 탄소배출 미터톤 당 170캐나다 달러의 세금을 부과할 것을 요구하는 새로운 기후 계획을 발표했다.

나아가 캐나다 정부는 2050년까지 순배출량 '0'이라는 탄소중립 목표 달성의 책임성과 투명성을 강화하기 위해 2020년 11월 '캐나다 넷제로 배출 책임에 관한 법률(Canadian Net-Zero Emissions Accountability Act)'을 마련하여 의회에 제출했다. 2050년까지 캐나다의 온실가스 순배출량을 '0'으로 만든다는 목표를 법으로 명확히 하고, 2030년부터 2050년까지 5년 단위로 중간 온실가스 배출량 감축 목표를 설정하도록 의무화했다. 과학에 기반한 신뢰할 수 있는 계획을 개발하여 이러한 목표를 달성하도록 요구하고, 목표 달성 경과, 계획 이행 상황 등에 대한 보고서 및 평가 보고서를 제출하도록 하여 책임성을 강화하고 있다. 그리고 넷제로 실현을 위한 자문 기구 설치를 통해 전문가의 의견을 반영하도록 하고 있다.

또한, 환경부 장관은 캐나다의 기후변화 완화 조치에 대해 최소 5년에 한 번 감사를 실시해야 한다. 이 밖에도 온실가스 순배출량 '0' 목표 실현을 지원하기 위한 독립적인 자문 기구를 설치하고, 기후변화로 인한 재정적 위험을 완화하기 위해 각 부처가 추진하는 조치에 대해 매년 보고하도록 요구할 수 있는 내용을 포함하고 있다. 다만, 법안 초기 단계에서는 2030년부터 2050년까지 5년 단위 목표 설정 의무에도 불구하고, 2030년의 구체적인 목표치와 이를 달성하기 위한 상세한 이행 계획이 명확히 제시되지 않았다는 지적도 있었다.

한편, 캐나다는 탄소 국경 조정 메커니즘(CBAM)의 도입에 대한 의지를 2020년부터 다양한 공식 선언과 정책 계획을 통해 일관되게 피력하고 있다. 2020년 '가을경제성명'(Fall Economic Statement 2020)에서는 공정한 사업 환경을 보장하면서도 기후 목표 달성 전략과 부합하는 탄소 국경 조정을 어떻게 추진할지에 대해 유럽연합(EU), 북미 국가들을 포함한 유사 입장국(like-minded economies)들과 협력할 계획임을 밝혔다. 이어서 2020년 12월 발표된 강화된 기후 계획(Strengthened Climate Plan)에서는 기업들이 공정하고 예측 가능한 방식으로 저탄소 경제로 전환하도록 지원하며, 이를 위해 캐나다는 탄소 국경 조정 메커니즘의 실행 가능성과 탄소 누출 잠재성을 분석하고 주요 국제 협력국들과 논의 중임을 명시했다. 미국 대선 이후에는 정상회담 로드맵을 통해 강력한 기후변화 대응에 동참하지 않는 국가들의 불공정한 무역 행위로부터 양국의 기업, 노동자, 지역 사회를 보호하기 위해 협력하기로 합의했다. 2021년에는 캐나다는 탄소 국경 조정 메커니즘에 대한 공식적인 자문 절차와 향후 계획을 발표했으며, 캐나다 재무장관은 미국 및 EU와 캐나다는 탄소 국경 조정 메커니즘 관련 논의를 시작하고 국내 실행 계획을 추진할 의사를 표명했다.

이와 같이 캐나다는 공격적인 탄소 가격 인상, 법제화된 순배출량 감축 목표 설정 및 이행 관리시스템 구축, 그리고 탄소 국경 조정 메커니즘에 대한 적극적인 검토와 국제 공조 노력을 통해 기후변화 대응 선도 국가로서의 입지를 다지고 있다.

### 탄소오염가격법(Carbon Pollution Pricing Act)

캐나다의 탄소오염가격법은 온실가스 배출에 직접적인 가격을 부과하여 경제 전반에 걸쳐 온실가스 감축을 유도하고, 캐나다의 기후변화 목표 달성에 기여하는 핵심적인 법률이다.

### 탄소국경조정메커니즘(Border Carbon Adjustment Mechanism, CBAM)

캐나다는 강력한 국내 탄소 가격제를 시행함에 따라, 자국의 산업 경쟁력을 유지하고 소위 '탄소 누출(carbon leakage)'을 방지하기 위한 방안으로 탄소 국경 조정 메커니즘 도입을 적극적으로 검토하고 있다. '탄소 누출'이란 한 국가가 엄격한 기후 정책을 시행할 때, 기업들이 상대적으로 규제가 약한 국가로 생산 기지를 옮기거나 해당 국가에서 제품을 수입하게 되면서 전 지구적인 온실가스 배출량 감축에는 실질적인 효과가 없거나 오히려 늘어나는 현상을 의미한다.

### 캐나다 넷제로 배출 책임에 관한 법률(Canadian Net-Zero Emissions Accountability Act)

캐나다 연방 정부가 2050년까지 온실가스 순배출량 '0'(넷제로) 달성 약속을 법제화하고, 이 목표 달성을 위한 책임성과 투명성을 확보하기 위해 제정되었다. 이 법은 2021년 6월에 제정되었다. 캐나다 넷제로 배출 책임에 관한 법률은 2050년 넷제로 목표 달성을 위한 캐나다 정부의 의지를 법으로 명문화하고, 목표 설정, 계획 수립, 이행 점검 등 체계적인 관리를 통해 책임 있는 기후변화 대응을 추진하기 위한 핵심적인 법률이다.

이 법의 주요 내용은 다음과 같다.
① 2050년 넷제로 목표의 법제화: 2050년까지 캐나다의 온실가스 순배출량을 '0'으로 만드는 것을 법적인 의무로 설정했다.
② 5년 단위 감축 목표 설정 의무: 2030년을 시작으로, 2035년, 2040년, 2045년 등 2050년까지 5년 단위의 중간 온실가스 배출량 감축 목표를 설정하고 공표하도록 규정했다.
③ 계획 수립 및 보고 의무: 설정된 목표를 달성하기 위한 배출량 감축 계획을 수립하고, 그 이행 경과 및 평가보고서를 정기적으로 제출하도록 함으로써 정부의 책임성을 높였다.

④ 독립적인 자문 기구 운영: 넷제로 목표 달성을 위한 과학적이고 독립적인 자문을 제공하는 기구를 설치하여 정책 결정 과정에 전문성을 더하도록 했다.
⑤ 정기적인 감사: 환경부 장관은 기후변화 완화 조치에 대해 정기적으로 감사를 실시하고 보고해야 한다.

# 일본

# 일본의 탄소중립 정책

## 1) 일본의 그린성장전략과 탄소중립 정책

　기후변화 대응이 전 세계적 과제로 부상한 가운데 주요 선진국들은 앞다투어 탄소중립 목표와 구체적인 이행 전략을 수립하고 있다. 일본 역시 2020년 10월 당시 스가 총리가 2050년 탄소중립 실현을 선언한 이후, 이를 국가적 핵심 과제로 설정하고 다양한 정책을 추진해 왔다. 2023년 기시다 총리 체제에서도 이러한 기조는 유지되고 있으며, 2024년에는 더욱 구체적인 정책과 전략이 수립되고 있다. 일본의 탄소중립 정책과 그린성장전략의 주요 내용과 최근 변화, 그리고 향후 전망을 살펴보고자 한다.

　일본 정부는 2020년 12월 '2050년 탄소중립에 따른 그린성장 전략'을 발표하면서 적극적인 기후변화 대책이 단순한 규제가 아닌 경제사회 변혁을 통한 더 큰 성장으로 이어질 것이라는 비전을 제시하였다. 이는 환경 보호와 경제 성장을 상충관계가 아닌 상호 보완적 관계로 재정립하려는 시도로 탄소중립의 실현이 새로운 성장 동력이 될 수 있다는 인식을 반영한다.

　스가 정부에서 시작된 이 정책 기조는 2021년 출범한 기시다 내각에서도 지속되었으며, 2023년에는 '탄소중립 이노베이션 프로젝트(GX 실행회의)'를 통해 더욱 체계화되었다. 2025년 현재, 일본은 '그린 트랜스포메이션(GX)'을 국가 전략의 핵심 축으로 삼고 있으며, 이를 통해 경제 성장과 환경 보호를 동시에 달성하고자 노력하고 있다.

일본의 그린성장 전략은 크게 다음과 같은 핵심 요소로 구성되어 있다. 차세대 태양전지, 탄소 순환(Carbon Recycle), 수소·암모니아 등 혁신 기술 개발하고, 환경 관련 규제 합리화 및 신기술 도입을 촉진하는 제도 개선히며, 산업, 수송, 건물 등 전 분야에서의 에너지 소비 효율 극대화한다. 또한, 태양광, 풍력 등 재생에너지 비중 확대를 통한 에너지 구조 전환하고 녹색 투자 촉진을 위한 세제 혜택 및 금융 지원 프로그램 운영한다. 이러한 전략은 2025년까지 탄소중립 실현을 위한 중요한 토대를 구축하고, 장기적으로는 2050년 탄소중립 목표를 달성하기 위한 종합적인 접근법이다.

일본 경제산업성은 2021년 6월 '2050년 탄소중립에 따른 그린성장 전략 실행계획'을 발표한 이후, 2023년과 2024년에 걸쳐 이를 지속적으로 보완·강화해왔다. 최신 실행계획에서는 다음과 같은 정책 수단을 통해 그린 전환을 촉진하고 있다.

2021년 도입된 2조 엔 규모의 '녹색혁신기금'은 2024년 추가 예산 배정을 통해 총 2.5조 엔(약 23조 원)으로 확대되었다. 이 기금은 10년간 지속적으로 운용되며, 고위험·장기 투자가 필요한 녹색기술 개발을 지원했다. 2025년 현재, 이 기금을 통해 수소, 암모니아, CCUS(탄소포집·활용·저장) 등 핵심 기술 분야에서 약 80개 프로젝트가 진행 중이다.

일본은 탄소중립 관련 투자에 대한 세제 혜택이 지속적으로 확대되고 있다. 2023년 개정된 '탄소중립 투자촉진세제'는 탄소배출 감축에 기여하는 설비 투자에 대해 최대 50%의 특별상각 또는 10%의 세액공제를 제공한다. 또한, 2024년부터는 '그린 트랜스포메이션(GX) 투자촉진세제'가 신설되어, 탄소중립 기술 개발 및 도입에 대한 지원이 더욱 강화되었다.

2023년 도입된 '전환금융(Transition Finance)' 제도는 2025년까지 총 20조 엔(약 183조 원) 규모의 민간 투자를 유도하는 것을 목표로 하고 있다. 일본정부는 GX 경제채권 발행, 탄소중립을 위한 투자에 대한 금융기관의 자금지원 확대, ESG 투자 촉진 등 다양한 금융 지원 정책을 통해 민간 자본의 참여를 유도하고 있다.

일본은 2023년부터 '규제 샌드박스' 제도를 탄소중립 분야로 확대하여 혁신적인 기술과 비즈니스 모델의 시장 진입 장벽을 낮추고 있다. 또한 국제 표준화 활동에도 적극 참여하여 수소, 암모니아, CCUS(탄소포집·활용·저장) 등 핵심 기술 분야에서 일본 기업의 경쟁력을 강화하고 있다.

## 2) 산업분야 별 특징

일본 정부는 에너지, 수송·제조, 가정·사무실 등 세 분야에서 총 14개 산업을 탄소중립 중점 육성 분야로 선정하고, 각 산업별로 구체적인 목표와 실행계획을 수립하여 추진하고 있다. 2025년 현재 각 분야별 주요 동향은 다음과 같다.

① 해상풍력 산업

2023년까지 총 4.8GW 규모의 해상풍력 발전 프로젝트가 승인되었으며, 2030년까지 10GW, 2040년까지 30~45GW 도입을 목표로 하고 있다. 2024년부터는 부유식 해상풍력 실증 사업이 본격화되어, 후쿠시마와 나가사키 해역에서 대규모 실증 프로젝트가 진행 중이다. 2025년 현재, 해상풍력 관련 부품의 국산화율을 높이기 위한 '해상풍력 산업비전'이 업데이트되어 추진되고 있다. 다만, 후쿠시마는 해상풍력 기술의 가능성을 실험하고 부흥의 상징으로 삼으려 했지만 실증 단계에서 상업화에 이르지 못하고 철거된 반면, 나가사키는 일본 해상풍력 확대 정책의 핵심 지역으로 지정되어 부유식 기술의 상업화와 인력 양성을 추진하며 미래 해상풍력 산업을 이끌어갈 주요 거점으로 자리매김하고 있다.

### ② 연료암모니아 산업

아이치현 헤키난 화력발전소에서 암모니아 20% 혼소 실증이 완료되었다. 이는 세계 최초의 대규모 암모니아 혼소발전 상용화 프로젝트 시작을 의미하며, 제라넥스(JERA)는 해당 발전소에서 암모니아를 석탄과 혼합하여 연소하는 방식으로 발전하는 실증을 진행했다. 2030년까지 연간 300만 톤 규모의 암모니아 연료 시장 형성을 목표로 하고 있으며, 최근에는 호주, 중동 등과의 공급망 구축이 활발히 이루어지고 있다. 참고로 제라넥스의 모기업 제라는 2015년에 설립됐으나, 일본의 두 주요 전력 회사인 도쿄전력퓨얼앤파워(TEPCO Fuel & Power Incorporated)와 일본 아이치현 나고야에 본사를 둔 중부전력(Chubu Electric Power Company)의 동등한 합작 회사로 일본 전체 전력의 약 30%를 생산하고 있다.

### ③ 수소 산업

2023년 발표된 '수소기본전략' 개정안에 따라 2030년까지 연간 300만 톤, 2050년까지 2,000만 톤의 수소 공급 목표가 설정되었다. 2024년부터는 '수소 공급망 실증 프로젝트'가 본격화되어, 호주, 중동, 동남아시아 등 다양한 지역에서 생산된 수소를 일본으로 운송하는 국제 공급망 구축이 진행 중이다. 2025년 현재, 카와사키중공업과 같은 기업들이 세계 최초의 액화수소 운반선을 상용화하여 국제 수소 거래를 선도하고 있다. 다만, 일본의 가와사키 중공업(Kawasaki Heavy Industries)이 주도하는 일본-호주 간 수소 공급망 실증 프로젝트가 대대적인 수정에 들어갔다고 2024년 12월 로이터통신이 밝혔다. 가와사키 중공업은 호주 갈탄을 활용해 수소를 생산하고 이를 대형 운반선을 통해 일본으로 운송하려던 계획을 보류하고, 프로젝트 규모를 축소한다고 발표했다. 이번 프로젝트 축소로 인해, 호주-일본의 수소에너지 공급망 사업이 실제로 경제성과 타당성을 확보할 수 있을지에 대한 의문도 생겨나고 있다.

④ 원자력 산업

후쿠시마 사고 이후 엄격해진 안전 규제 하에서 2025년 현재까지 총 12기의 원자로가 재가동되었다. 2023년 발표된 '녹색변환(GX)을 위한 원자력 정책'에 따라 노후 원전의 수명 연장과 차세대 원자로(SMR 등) 개발이 추진되고 있다. 2024년부터는 핵융합 연구에 대한 투자도 확대되어, 국제열핵융합실험로(ITER) 프로젝트 참여와 함께 자체 연구개발도 강화되고 있다. 일본의 GX 전략에서 원자력 정책은 기존 원전의 안전한 재가동과 최대한의 활용을 통해 에너지 안보를 강화하고 탄소 중립 목표 달성에 기여하는 것을 핵심으로 하고 있다. 동시에 미래 원자력 기술의 도입 가능성도 열어두고 있다.

⑤ 자동차·배터리 산업

2023년 전기차 전환 로드맵 개정을 통해 2035년까지 신차 판매의 100%를 전동화(BEV, PHEV, HEV, FCEV)하는 목표가 재확인되었다. 2024년부터 '차세대 배터리 개발 프로젝트'를 통해 전고체 배터리 등 혁신적인 배터리 기술 개발이 가속화되고 있다. 2025년 현재, 파나소닉, 도요타, 혼다 등 기업들이 주도하는 배터리 공급망 구축과 국내 생산 확대가 진행 중이다. 토요타는 2026년부터 차세대 전기차에 탑재할 고성능 배터리와 전고체 배터리의 개발 및 생산 계획을 승인하고 양산을 목표로 하고 있다. 일본은 2030년까지 일본 기업의 글로벌 배터리 시장 점유율을 20%까지 회복시킨다는 일본 정부의 목표로 하고 있다. 이를 위해 성능 강화와 원가 절감 실현을 목표로 기술 개발이 이루어지고 있다.

⑥ 반도체 · 정보통신 산업

그린 데이터센터 구축을 위한 '디지털·그린 융합 프로젝트'가 2023년부터 본격화되었으며, 2025년 현재 에너지 효율이 40% 향상된 데이터센터 기술이 실증 단계에 있다. 2024년 발표된 '반도체 전략 2.0'에서는 탄소중립과 디지털 전환을 동시에 지원하는 그린 반도체 개발이 강조되고 있다. 현재 2나노미터(nm)급 최첨단 로직 반도체의 국내 생산 기반을 마련하는 데 집중하고 있다. 이를 위해 일본 내 주요 기업들이 설립한 라피더스(Rapidus)와 같은 합작사를 통해 2027년까지 2nm 칩 양산을 목표로 하고 있다. 또한, TSMC 등 해외 주요 파운드리 기업의 일본 내 공장 설립을 유치하고 대규모 보조금을 지원하며 생산 능력을 확대하고 있다. 일본의 반도체 전략은 경제 회복과 디지털 경제 전환의 핵심 동력으로서 반도체 산업을 다시 일으켜 세우고, 동시에 공급망 안정과 경제 안보를 확보하려는 목적을 가지고 있다.

⑦ 선박 산업

2023년부터 암모니아 및 수소 추진선 개발 프로젝트가 본격화되어, 미쓰비시중공업, 재팬 엔진즈 등이 참여하는 컨소시엄이 2026년 상용화를 목표로 기술 개발 중이다. 2025년 현재, 세계 최초의 액화수소 운반선 실증 운항이 성공적으로 이루어지고 있으며, 2026년부터 상업 운항을 시작할 예정이다. 최근 일본과 EU 주요국은 액화수소 운반선 핵심기술 확보에 총력을 다하고 있다. 일본의 경우 가와사키중공업에서 1250㎥급 Suiso Frontier를 건조해 2022년 세계 최초로 호주~일본 대륙간 운송에 성공하고, 2030년까지 중형선 건조 및 대형선 설계 프로젝트를 진행중이다.

### ⑧ 탄소순환 산업

일본 정부가 이산화탄소($CO_2$)를 포집해 땅속에 묻는 이산화탄소 포집·저장(CCS, Carbon Capture and Storage) 기술 실용화를 위해 홋카이도의 도마코마이시 해양을 일본 내 최초로 '특정 구역'으로 지정하는 등 탈탄소 대책에 속도를 내고 있다. NHK에 따르면, CCS는 공장 등에서 배출된 이산화탄소를 분리, 포집해 땅속 깊이 저장하는 기술로 일본에서 실용화를 위한 법률이 2024년에 통과되면서 정부가 이산화탄소를 모을 수 있는 구역을 '특정 구역'으로 지정하고 선정된 사업자에게 CCS 사업 허가를 부여했다. 그리고 CCUS(탄소포집·활용·저장) 기술의 상용화를 위해 2024년부터 도마코마이 이산화탄소포집 및 저장(CCS) 실증 프로젝트가 확대되어, 연간 10만 톤 규모의 $CO_2$ 저장이 이루어지고 있다. 2025년 현재, $CO_2$를 원료로 한 합성연료, 화학제품 생산 기술 개발이 가속화되고 있으며, 미쓰이화학, 아사히카세이 등이 실증 플랜트를 운영 중이다.

### ⑨ 주택·건축물 산업

2025년부터 모든 신축 공공건물에 ZEB(Net Zero Energy Building) 기준이 적용되기 시작했으며, 2030년까지 신축 건물의 평균 에너지 소비를 2013년 대비 30% 감축하는 목표가 추진 중이다. 단열재, 고효율 설비, 건물 에너지 관리 시스템(BEMS) 등 그린 빌딩 기술의 보급이 확대되고 있다. 제로에너지건축(ZEB, Zero Energy Building)은 건물의 에너지 소비를 최소화하고, 신재생에너지를 활용해 사용한 에너지를 자체적으로 생산하여 순에너지 소비량을 0으로 만드는 건축 방식이다. 기후변화 대응과 에너지 절감을 위해 세계적으로 주목받고 있다.

⑩ 차세대형 태양광 산업

　페로브스카이트 태양전지와 같은 차세대 태양광 기술 개발이 가속화되고 있으며, 2024년부터는 도쿄대학과 파나소닉의 공동 연구를 통해 변환효율 30% 이상의 탠덤형 태양전지 개발이 진행 중이다. 2025년 현재, 건물 일체형 태양광(BIPV) 기술의 상용화가 진행되어 도심 지역의 태양광 보급을 확대하고 있다. 경제산업성의 최종 목표는 2040년까지 일본 전역에 표준 가정 550만 가구의 해마다 쓰는 전력량에 이르는 총 20GW(1GW=100만kW)의 페로브스카이트 태양전지를 설치하는 것이다.

도쿄대학과 파나소닉의 공동 연구한 페로브스카이트 태양전지

⑪ 자원순환 관련 산업

　2022년 발표된 '서큘러 이코노미 비전'이 2024년에 업데이트되어, 플라스틱 자원순환, 배터리 재활용 등의 분야에서 구체적인 목표와 정책이 강화되었다. 일본 경제산업성은 2023년 3월 31일 '성장지향형 자원자율경제전략'도 수립했다. 또한, 이 전략의 실현을 향한 향후의 액션으로서, 산관학 CE 파트너십, 동정맥 제휴의 가속을 향한 제도를 개시했다. 2025년 현재, 일본 기업들은 사용후 배터리에서 희귀금속을 회

수하는 기술을 상용화하여 자원 순환형 사회 구축에 기여하고 있다. 아래는 일본 탄소중립에 따른 그린성장전략 정책수단별 내용이다.

▼ 일본의 그린성장전략

| 정책수단 | 내용 |
|---|---|
| 예산<br>녹색혁신기금 | • 중요한 프로젝트에 대해 민관이 야심찬, 구체적 목표를 공유한 후 목표 달성에 도전하는 것에 동의한 기업에 대해 기술개발에서 실증, 상용화까지 지속적 지원 실시- 국립연구개발법인(NEDO)에 10년간 2조 엔 기금 조성 및 연구개발 및 설비투자 15조 엔 유도<br>• 탄소중립사회에 불가결하고, 산업경쟁력의 기반이 되는 중점 분야, 구체적으로는 축전지, 해상풍력, 차세대 태양전지, 수소, 탄소 재활용 등을 대상으로 하여 그린성장전략 실행계획과 연동 - 중점분야별 '50년 탄소중립 목표로 이어지는 의욕적인 '30년 목표를 설정(성능≳도입량≳$CO_2$ 감축 등)하고, 그 실현을 위해 민간의 혁신을 정부가 규제 및 제도면에서 지원<br>• 기업 경영자의 참여를 요구하는 시스템을 마련함으로써 정부의 2조 엔 예산을 바탕으로 민간기업의 연구개발·설비투자를 유발 (15조 엔)하여 야심찬 혁신 실행 - 전세계 ESG자금(3,000조 엔)도 유치하여 일본의 미래먹거리(소득·고용)창출 |
| 세제 | • '50년 탄소중립이라는 원대한 목표에 상응하는 대담한 세제지원 실시 - 탈탄소화 효과와 부가가치 향상에 기여하는 생산 설비를 도입하는 기업에 대해 최대 10% 세액공제 또는 50% 특별상각 조치 실시<br>• 적극적 시험연구비를 늘리는 기업에 대해 연구개발 세액 공제 상한을 법인세액의 기존 25%에서 30% 상향<br>• 기업에 의한 단기·중장기 탈탄소화 관련 모든 투자가 강력하게 지원됨으로써 10년간 약 1.7조 엔의 민간투자 창출효과 기대 |
| 금융 | • 그린본드 발행액은 '20년 처음으로 1조 엔 통과 - 발행 지원체제를 정비함과 동시에 국제적 동향 및 발행 실적 등을 바탕으로 발행시 절차, 환경정비 등에 대해 다시 검토하고, '21년 내에 그린본드 가이드라인 개정 |

| 정책수단 | 내용 |
|---|---|
| 규제개혁·표준화 | • 실증단계에서 ① 신기술의 수요를 창출하는 규제 강화 ② 신기술을 상정하고 있지 않은 불합리한 규제를 완화하는 등 국내의 규제·제도를 정비 ③ 전 세계적으로 신기술의 활용을 용이하게 하는 국제표준화 등에 적극 대응<br>• 국내·외에서 제도정비를 수요와 그린투자를 확대하여 양산화·가격 인하 추진 |
| 국제협력 | • '50년 탄소중립을 실현하기 위해서는 국내외에서 통일된 산업정책의 관점이 불가결<br>• 국내시장뿐만 아니라 신흥국 등 해외시장을 획득하여 비용을 절감함으로써 국내 산업의 경쟁력을 강화하고, 해외직접투자, M&A를 통해 해외자금, 기울, 판로, 경영 도입 |

## 3) 일본의 탄소중립 정책 추진 현황과 향후 전망

일본은 2023년 '기후변화대응촉진법'을 개정하여 탄소중립 목표의 법적 기반을 더욱 강화하였다. 또한, 2024년에는 '그린 트랜스포메이션(GX) 추진법'이 제정되어, 탄소중립을 위한 종합적인 정책 구조를 구축했다. 이러한 법적·제도적 기반 강화는 정권 교체에도 불구하고 탄소중립 정책이 일관되게 추진될 수 있는 토대가 되고 있다.

2025년 현재, 일본의 탄소중립 추진체계는 총리 직속의 '녹색성장전략 추진본부'를 중심으로 경제산업성, 환경성, 국토교통성 등 관련 부처가 협력하는 범정부적 거버넌스 구조를 갖추고 있다. 이는 탄소중립이 단순한 환경 정책이 아닌 국가 성장 전략의 핵심으로 자리잡았음을 보여준다.

일본은 파리협정에 따른 국가결정기여(NDC)를 통해 2030년까지 온실가스 배출량을 2013년 대비 46% 감축하겠다는 중간 목표를 설정하고 있다. 2024년에는 이 목표를 46%에서 50%로 상향 조정하는 방안이 검토되었으나, 산업계의 반발로 인해 최종적으로는 '46%를 달성하고 50%를 지향한다'는 절충안이 채택되었다.

2023년 기준 일본의 온실가스 배출량은 2013년 대비 약 23% 감축된 상태로, 목표 달성을 위해서는 추가적인 노력이 필요한 상황이다. 특히 전력 부문에서 재생에너지 비중을 2030년까지 36~38%로 확대하는 목표가 중요한 과제로 남아있다.

일본은 2023년 G7 의장국으로서 'G7 기후클럽' 출범을 주도하였으며, 2024년에는 '아시아 제로 에미션 커뮤니티(AZEC)' 이니셔티브를 통해 아시아 지역의 탄소중립 전환을 지원하고 있다. 이를 통해 일본은 자국의 탄소중립 기술과 노하우를 아시아 개발도상국에 전파하는 동시에, 일본 기업의 해외 진출 기회를 확대하고 있다. 2025년 현재, 일본은 인도네시아, 베트남, 태국 등과 '탄소중립 협력 이니셔티브'를 추진 중이며, 이를 통해 에너지 전환 기술, 탄소 배출 저감 인프라 등의 분야에서 협력을 강화하고 있다.

일본의 탄소중립 정책의 방향은 다음과 같다. 2022년 러시아-우크라이나 전쟁 이후 에너지 안보에 대한 우려가 높아지면서, 화석연료 의존도를 급격히 낮추는 것에 대한 신중론이 강화되었다. 특히, 2024년에는 중동 정세 불안으로 인한 에너지 시장 변동성 증가로, 에너지 안보와 탄소중립의 균형점 모색이 중요한 과제로 부상하였다. 탄소중립 달성을 위해 원자력 발전의 활용이 불가피하다는 인식이 강화되고 있으나, 2011년 후쿠시마 사고 이후 형성된 사회적 우려를 해소하는 것이 여전히 과제로 남아있다.

2025년 현재 새로운 원전 건설에 대한 논의가 시작되었으나, 사회적 합의 형성에는 시간이 필요할 것으로 보인다. 철강, 화학, 시멘트 등 탄소 다배출 산업의 경쟁력을 유지하면서 탄소중립을 달성하는 것이 중요한 도전 과제이다. 2024년부터 EU의 탄소국경조정메커니즘(CBAM)이 도입되면서, 수출 경쟁력 유지를 위한 산업계의 탈탄소화 압력이 증가하고 있다.

막대한 녹색 투자 재원 조달 방안이 과제로 남아있으며, 2024년부터 도입된 '탄소가격제'의 단계적 확대를 통한 재원 마련이 검토되고 있다.

일본의 탄소중립 정책은 향후 다음과 같은 방향으로 발전할 것으로 전망된다. 2025년 현재 시행 중인 '탄소배출량 보고 및 인증 제도'를 기반으로, 2026년부터는 본격적인 탄소가격제 도입이 예상된다. 초기에는 산업계의 부담을 최소화하는 방향으로 설계될 것으로 보이나, 단계적으로 가격 수준과 적용 범위가 확대될 전망이다.

탄소중립과 순환경제(Circular Economy)의 통합적 추진이 강화될 것으로 예상된다. 특히 플라스틱 자원순환, 배터리 재활용, 건설 폐기물 재활용 등의 분야에서 구체적인 정책과 목표가 수립될 전망이다.

지역 특성을 고려한 분산형 에너지 시스템 구축이 강화될 것으로 보인다. 2023년부터 시행 중인 '지역 탈탄소 로드맵'을 기반으로, 지자체와 지역 커뮤니티가 주도하는 탄소중립 프로젝트가 확대될 전망이다.

일본은 자국의 탄소중립 기술과 경험을 활용하여 아시아 지역 국가들과의 협력을 더욱 강화할 것으로 예상된다. '아시아 제로 에미션 커뮤니티(AZEC)', '아시아 에너지 전환 이니셔티브(Asia Energy Transition Initiative, AETI)' 등을 통해 지역 내 리더십을 강화하고, 일본 기업의 해외 진출을 지원할 전망이다.

결론적으로 일본의 탄소중립 정책은 2020년 선언 이후 5년이 지난 2025년 현재, 구체적인 전략과 실행계획을 갖추고 체계적으로 추진되고 있다. 또한, '그린성장전략'을 통해 탄소중립을 단순한 환경 의무가 아닌 새로운 경제 성장의 기회로 접근하는 방식은 다른 국가들에게도 중요한 시사점을 제공한다.

일본은 에너지 안보와 탄소중립의 균형을 추구하면서, 수소·암모니아, CCUS, 차세대 재생에너지 등 혁신 기술 개발에 집중하는 전략을 취하고 있다. 또한 14개 중점 산업 분야별로 구체적인 목표와 로드맵을 제시하여 민간 부문의 투자와 혁신을 유도하고 있다.

그러나 2030년 중간 목표 달성을 위해서는 더욱 과감한 정책과 투자가 필요한 상황이며, 특히 에너지 전환 가속화, 산업 부문의 탈탄소화, 탄소가격제 도입 등이 향후 중요한 과제로 남아있다. 일본이 이러한 도전과제를 어떻게 극복하고 2050년 탄소중립 목표를 달성해 나갈지 주목할 필요가 있다.

일본의 탄소중립 정책은 기술 혁신과 산업 육성을 통한 '성장을 위한 탈탄소화' 접근법의 중요한 사례로, 경제 발전과 환경 보호를 동시에 추구하는 21세기형 국가 발전 모델을 제시하고 있다. 향후 일본의 경험은 다른 아시아 국가들, 특히 한국과 같이 유사한 산업구조와 에너지 상황에 직면한 국가들에게 중요한 참고 사례가 될 것이다.

# 일본의 EU 탄소국경조정제도 (CBAM) 대응 전략

일본 정부는 EU의 탄소국경조정제도(CBAM) 시행에 대응하여 자국 산업의 경쟁력 확보와 글로벌 탈탄소화 흐름에 적극 동참하기 위해 제품별 탄소배출량을 나타내는 '탄소발자국(Carbon Footprint of Products, CFP)' 산정·검증 지침 수립을 본격화하고 있다. 경제산업성과 환경성은 세계적인 탈탄소 대응 강화 추세를 고려하여, 친환경 제품 시장 창출 및 저탄소 공급망 구축에 기여할 수 있는 체계적인 탄소발자국 정책을 추진하고 있다.

이러한 정책의 핵심은 '전체 공급망의 탄소중립을 위한 탄소발자국 산정·검증 관련 연구회'를 통해 도출된 전문가들의 의견을 바탕으로 한 '탄소발자국 가이드라인'의 공표에 있다. 이 가이드라인은 기존에 기업들이 개별적으로 수행하던 탄소발자국 산정 방식을 표준화함으로써 기업의 행정 부담을 경감하고 산정 결과의 일관성 및 신뢰성을 확보하는 데 중점을 두고 있다.

또한, 일본 정부는 '탈탄소 전환(Green Transformation, GX)'에 적극적인 기업들로 구성된 'GX 리그'의 참여 기업들로부터 실무적 의견을 수렴하여 효율적이고 현실적인 탄소발자국 산정 방법론을 개발하고 있다. 이는 EU 탄소국경조정제도과 같은 국제 규제에 효과적으로 대응하기 위한 전략적 접근으로 볼 수 있다.

2024년 10월 기준, 일본 정부는 초기 가이드라인을 발전시켜 보다 정교한 산업별 탄소발자국 산정 체계를 구축했다. 특히 철강, 알루미늄, 화학 등 탄소국경조정제도 적용 대상 산업을 중심으로 세부 지침을 마련하여 EU 수출 기업들의 규제 대응력을 강화하고 있다.

경제산업성은 2024년 4월 발표한 '글로벌 공급망 탈탄소화 전략'에서 탄소발자국 데이터의 디지털 관리시스템 구축을 추진하고, 아시아 지역 국가들과의 탄소발자국 상호인정 체계 마련을 위한 국제협력을 강화하고 있다. 이는 단순한 EU 탄소국경조정제도 대응을 넘어 아시아 지역에서 일본의 탄소 규제 표준화 주도권을 확보하려는 노력으로 해석된다.

일본 정부는 탄소발자국 산정 결과에 따라 저탄소 제품에 대한 정부 조달 우대 정책을 도입하는 방안을 적극 검토하고 있다. 이는 기업들의 자발적인 탄소발자국 산정 참여를 유도하고, 국내 저탄소 산업 생태계 조성을 촉진하기 위한 조치로 볼 수 있다.

또한 중소기업의 탄소발자국 산정 역량 강화를 위해 '탄소발자국 산정 지원 센터'를 설립하여 기술 컨설팅과 재정 지원을 제공하기 시작했다. 이는 대기업 중심의 탈탄소 전환이 공급망 전체로 확산될 수 있도록 하는 균형 잡힌 접근법이다.

일본의 탄소발자국 정책은 아직 발전 단계에 있으며, 몇 가지 과제가 남아있다. 우선 탄소발자국 산정 결과의 검증 체계가 아직 완전히 정립되지 않아, 데이터의 추적 가능성과 타당성 확보에 어려움이 있다. 이에 일본 정부는 제3자 검증 기관의 인증 제도를 설계하고 있으나, 검증 비용 문제와 검증 기관의 역량 확보가 선결 과제로 남아있다.

또한, 글로벌 공급망에서 해외 협력사들의 배출량 데이터 확보가 어려운 점도 현실적인 장애물로 작용하고 있다. 이에 따라 일본 정부는 아시아 국가들과의 탄소 파트너십을 통해 역내 탄소 정보 공유 체계 구축을 추진하고 있다.

    일본의 이러한 노력은 궁극적으로 자국 기업들의 국제 경쟁력을 유지하면서도 글로벌 탄소중립 목표에 기여하는 균형점을 찾기 위한 전략적 접근으로 볼 수 있다. 앞으로 EU 탄소국경조정제도의 전면 시행과 함께 일본의 탄소발자국 정책이 어떻게 진화해 나갈지 주목할 필요가 있다.

### 규제샌드박스

일본의 규제 샌드박스 제도는 혁신 기술이나 서비스의 사업화를 가로막는 기존 규제를 유연하게 적용하기 위해 도입되었다. 이는 '생산성 향상 특별 조치법(生産性向上特別措置法)' 시행을 통해 창설되었다. 다른 주요 국가들이 처음 규제 샌드박스를 핀테크 분야에 주로 적용했던 것과 달리, 일본은 핀테크 외에도 AI, IoT 기술, 자율주행 등 다양한 분야에 적용하고 있다. 이는 기술 혁신을 다양한 산업 분야에서 촉진하려는 의도가 있다.

### GX(Green Transformation) 추진전략

GX(Green Transformation)는 온실가스 배출 감축을 통해 탄소중립(Carbon Neutrality)에 대응하는 산업 구조로 전환하는 것을 의미한다. 즉, 경제 시스템 전체를 친환경적으로 바꾸는 큰 변화를 뜻한다. GX 추진 전략은 이러한 그린 트랜스포메이션을 실현하기 위한 구체적인 방안은 GX 추진의 대전제로서 안정적인 에너지 공급을 확보하는 것이다. 탄소 배출에 가격을 매겨 경제 주체들의 감축 노력을 유도하되, 성장을 저해하지 않도록 설계하는 방안을 포함한다. 글로벌 차원의 기후변화 대응을 위해 다른 국가들과의 협력을 증진하는 내용을 담고 있다. 특정 분야에 국한되지 않고 사회 시스템 전반에서 그린 트랜스포메이션을 추진하는 포괄적인 접근을 포함한다.

### 아시아 제로 에미션 커뮤니티(Asia Zero Emission Community, AZEC)

아시아 에너지 전환 이니셔티브(AETI)는 일본 정부가 2021년 5월에 발표한 구상으로 이 이니셔티브는 아시아 지역 국가들의 에너지 전환을 지원하기 위해 마련되었다. 아시아 에너지 전환 이니셔티브의 주요 목표는 아시아 태평양 지역 국가들이 탄소 중립 목표를 달성할 수 있도록 돕는 것이다. 이를 위해 각국의 다양한 상황을 반영한 현실적인 에너지 전환을 지원하는 데 중점을 둔다. 핵심적으로 AETI는 '에너지 안보(Energy security)', '환경(Environment)', '경제 성장(Economic growth)'이라는 세 가지 E의 균형을 맞추는 것을 중요하게 생각한다.

## 아시아 에너지 전환 이니셔티브(Asia Energy Transition Initiative, AETI)

아시아 제로 에미션 커뮤니티(AZEC)는 아시아 지역의 탄소 중립(Carbon Neutrality)·넷 제로 배출(Net-Zero Emissions)을 향한 협력을 위한 플랫폼이다. 일본이 주도하여 아시아 국가들의 탈탄소화를 지원하고 국제 사회에서의 위상을 높이기 위해 시작된 다자간 협력 체제이다. 아시아 제로 에미션 커뮤니티의 핵심 목표는 아시아 지역 국가들이 '다양한 경로를 통한 순 제로 배출'이라는 공동 목표를 달성하는 것이다. 특히 '탈탄소화', '경제 성장', '에너지 안보'를 동시에 달성하는 3중 목표를 중요하게 생각하게 되었다.

기업의 기후위기
대응과 ESG 경영
사례

# 1장

# 국내 기업의 기후위기 대응 전략

# 주요 산업별 탄소중립 로드맵과 실행 사례

한국의 탄소중립 추진전략은 2020년 초기 수립 이후 지속적으로 발전하며 더욱 구체화되고 체계적인 추진체계를 갖추어 나가고 있다. 지속 가능한 선순환 구조를 만들고 국민 모두의 공동 노력을 통해 달성하고자 하는 비전이다. 이러한 목표를 달성하기 위한 기반은 '2050 탄소중립 추진전략'에 있다. 이 전략은 경제구조의 저탄소화, 신유망 저탄소 산업 생태계 조성, 탄소중립 사회로의 공정 전환, 그리고 탄소중립을 위한 제도적 기반 강화라는 큰 틀 아래 여러 중점 과제들을 설정하고 추진하고 있다. 이 과정에서 책임 있는 실천, 과학과 합리에 기반한 의사결정, 질서 있는 전환, 그리고 혁신 주도의 성장을 중요한 원칙으로 삼고 있다.

한국 정부는 2020년 12월 '2050 탄소중립 추진전략'을 수립하면서 경제구조 저탄소화, 저탄소 산업생태계 조성, 탄소중립 사회로의 공정전환이라는 3대 정책방향과 탄소중립 제도기반 강화라는 3+1의 전략을 추진 2050 탄소중립을 시작했다. 이는 탄소중립, 경제성장, 삶의 질 향상을 동시에 달성하려는 통합적 접근을 목표로 하였다.

기후변화 적응 분야에서는 생태계, 산림 등의 취약성을 평가하고, 극한 기후 변화 및 재해에 대비한 농업 생산 기반 안전 관리 강화, 과학 기술 기반의 기후 변화 감시·예측 시스템 고도화, 물 순환, 산림,

연안 재난 대응 기술 개발을 지속적으로 추진하고 있다. 이와 더불어 탄소중립 혁신 생태계 조성을 위해 기후 기술 산업 활성화를 지원하고, 지역별 탄소중립 체험관 운영 등을 통해 국민적 공감대를 형성하며, 국내외 기후 기술 기관과의 공동 연구 및 현장 수요 맞춤형 인력 양성을 통해 연구개발 역량을 높이고 산업 활성화를 지원하고 있다.

특히, 정부는 2030년까지 국가 온실가스 감축 목표(NDC)를 2018년 배출량 대비 40% 감축으로 설정하는 등 도전적인 목표를 제시하고 있으며, 이를 달성하기 위해 기술 개발과 정책적 노력을 기울이고 있다. 2025년 기후변화 대응 기술 개발 추진 계획에 따르면, 온실가스 감축을 위해 차세대 태양전지, 해상풍력 등 재생에너지 핵심 기술과 차세대 원자력 체계, 이차전지, 수소 기술 등 다양한 무탄소 에너지원 기술 개발 지원을 확대할 계획이다. 또한, 이산화탄소 포집·저장·활용(CCUS) 기술 고도화 및 실증, 산업 공정의 무탄소화 전환, 자연 흡수원 강화 등 온실가스 저장·흡수 기술 개발에도 집중하고 있다.

이후 추진체계에서 중요한 변화가 있었다. 2022년 10월 2050 탄소중립녹색성장위원회가 새롭게 출범하였으며, 이는 기존의 탄소중립위원회가 확대 개편된 것이다. 새로운 위원회는 탄소중립뿐만 아니라 녹색성장을 함께 추진하는 더욱 포괄적인 역할을 담당하게 되었다.

가장 주목할 만한 발전은 2023년 3월 '탄소중립·녹색성장 국가전략 및 제1차 국가 기본계획'의 수립이다. 20년을 계획기간(2023~2042)으로 하여 5년마다 연동계획으로 수립되는 국가 기본계획이 마련되어, 보다 체계적이고 장기적인 추진체계가 구축되었다. 이 기본계획은 부문별·연도별 감축목표, 감축수단별 구체적 정책, 온실가스 감축 이행 로드맵을 포함하여 이전보다 훨씬 구체적이고 실행 가능한 계획으로 발전했다.

국제적 차원에서도 한국의 탄소중립 전략은 진화하고 있다. 2023년 9월 윤석열 대통령이 UN 총회에서 무탄소 에너지 이니셔티브 결성을 제안 우리나라의 탄소중립하였고, 2023년 10월 무탄소연합이 출범하였으며, 2024년 10월에는 무탄소 에너지 글로벌작업반이 공식 출범해 우리나라의 탄소중립을 하는 등 글로벌 리더십을 발휘하였다.

산업 및 에너지 분야의 탄소중립 대전환은 핵심적인 과제다. 청정에너지 시스템으로의 혁신, 산업 구조의 저탄소 전환 촉진, 탄소중립 관련 신산업 육성, 그리고 모든 사회 구성원이 함께 도약하는 공정한 전환이 중요한 추진 방향으로 강조되고 있다. 특히, 산업계의 자발적인 참여를 바탕으로 규제보다는 인센티브 방식의 지원을 확대하고, 기술 혁신을 통해 산업 경쟁력을 강화하며 새로운 기회를 창출하고 있다.

중소벤처기업에 대한 탄소중립 대응 지원 또한 지속적으로 추진되고 있다. 고탄소 업종 중소기업의 저탄소 전환을 지원하고, 그린 분야 혁신 벤처·스타트업을 육성하며, 중소기업 전반에 걸친 탄소중립 경영 확산을 촉진하기 위한 다양한 방안들이 모색하고 있다. 이러한 지원은 현장 및 전문가 의견 수렴을 통해 마련되고 있으며, 중소기업의 새로운 도약을 돕는 데 초점을 맞추고 있다.

현재 한국의 탄소중립 추진체계는 초기의 기본적인 전략 수립 단계를 넘어서 구체적인 실행계획과 법적 기반을 갖춘 체계적인 추진단계로 발전하였다. 또한, 지방정부 차원에서도 서울시, 경기도 등이 각각의 탄소중립 녹색성장 기본계획을 수립하여 중앙정부의 전략과 연계한 다층적 추진체계를 구축하고 있다. 이러한 발전은 탄소중립 목표 달성을 위한 보다 실질적이고 효과적인 정책 추진 기반을 마련했다고 평가할 수 있다.

## 1) 탄소중립 '산업 대전환' 추진전략

'산업 대전환'이라는 측면이 강조되면서 'GX(Green Transformation) 추진전략'이라는 용어로도 논의되고 있으며, 이는 산업 전반의 저탄소화 및 경쟁력 강화를 목표로 한다. 최근의 주요 동향과 구체적인 실행 계획은 다음과 같다. GX 추진 전략은 산업 경쟁력을 선점하기 위한 대전환 전략이 시급하다는 인식 하에 GX 추진 전략은 안정적인 에너지 공급을 전제로 하는 정책, 탄소가격제 도입, 국제협력 강화, 사회 전반에 걸친 GX 추진, 그리고 이행 평가 및 검토 등 5가지 핵심 요소에 중점을 두고 있다. 2025년 기후변화 대응 기술 개발 계획은 산업 대전환의 핵심 기반인 기술 개발 분야에서는 2025년 계획이 구체화되고 있다.

### ① 온실가스 감축

차세대 태양전지, 해상풍력 등 재생에너지 핵심 기술과 소형모듈원자로(SMR) 등 차세대 원자력 기술, 차세대 이차전지, 수소 생산·저장·운송 기술 등 다양한 무탄소 에너지원 기술 개발 지원을 확대한다. 또한, CCUS(탄소 포집·저장·활용) 기술 고도화 및 실증, 산업 공정 무탄소화 전환 기술 개발도 포함된다.

### ② 기후변화 적응

기후 영향 취약성 평가, 극한 기후 변화 및 재해 대비 농업 생산 기반 관리, 온실가스 공간 정보 지도 구축, 국가 기후 예측 체계 개발 등 과학 기술 기반의 감시·예측 기술 고도화 및 재난 대응 기술 개발을 지속한다.

③ 혁신 생태계 조성

배터리 안정성 평가, 미래 원자력 기술 개발을 위한 기반 시설 구축 등 기후 기술 산업 활성화를 지원하고, 국제 공동 연구 및 인력 양성을 통해 연구 개발 역량을 높인다.

한국에너지기술연구원 등에서는 2050 탄소중립 시나리오에 따라 산업 부문 탄소 배출량 감축을 추진하며, 탄소중립 확산 생태계 구축과 탄소중립을 기회로 삼는 신산업 육성에 대한 연구 및 노력을 지속하고 있다. 또한, 2025년 기후산업국제박람회 개최 계획 등은 국내 기후 산업의 역량을 보여주고 국제적인 협력을 모색하려는 노력의 일환으로 볼 수 있다.

## 2) 일반산업 분야

### ① 건설 분야

건설 분야를 대표하는 한국토지주택공사(LH)는 탄소중립 이행을 위해 환경경영계획, 지속가능보고서, LH ESG 전략체계 등 다양한 전략을 수립하여 추진하고 있다. '지속가능한 주거 공간으로 미래를 여는 국민의 기업'이라는 환경경영계획 비전 하에 도시주택 및 주거복지 분야에서 기후위기 대응과 친환경 건설산업 이행을 도모하고 있다.

환경경영계획은 2023년 수립되어 2027년까지 5년간 유지되는 전략으로 전체 추진과제는 4개 부문으로 구성되어 있다. 첫째, 운영 및 관리 등 거버넌스 관련 내용을 포괄하는 1개 부문이다. 둘째, 탄소중립도시 조성과 친환경 주택 건설 등 사업 단위 2개 부문이 있다. 셋째, 에너지 기반 주거복지 확산의 내용을 포괄하는 대국민 관점 서비스 제공 1개 부문이 설정되어 있다. 각 추진 방향에 대한 목표는 정량적 수치로 제시되며, 성과는 LH 그린 리포트, ESG 지속가능경영보고서의 정기 발행, 경영공시 및 입주자 등 이해관계자를 통해 공유될 예정이다.

한국토지주택공사의 ESG 전략 방향은 기반 마련, 이행, 고도화, 공기업 ESG 선도 등 3단계로 구성된다. 환경 부문의 목표는 총 53.3만 톤의 온실가스를 누적 감축하는 것이다. 감축 전략은 태양광 발전, 미래 충전 인프라 구축, 제로에너지 주택 등의 에너지 효율화 기반 탄소 감축 전략과 해외 CDM(청정개발체제) 사업을 통한 감축량 확보로 나뉜다. 특히, 해외 CDM 사업으로 인한 감축량 확보 비율이 상당히 높은 것으로 분석된다.

선진국과 개도국이 공동 추진하는 CDM 사업의 경우, 한국토지주택공사는 2023년 3월 파키스탄 정부로부터 CDM 사업 승인을 받았다. 이를 통해 주거환경 개선을 지원하는 방식으로 총 136만 톤의 온실가스 감축을 달성할 수 있을 것으로 예상된다. 그러나 해외사업을 통한 감축량 확보 전략은 대내외 리스크로 인한 우려가 있어 감축 목표 비율의 조정이 필요할 것으로 분석된다.

우리나라 건설 분야의 중장기 전략 및 ESG 추진전략, 경영실적 보고서 등을 종합하여 검토한 결과, 2023년까지 총 288만 톤의 감축을 목표로 하고 있다. 부문별 감축 용량을 살펴보면, 제로에너지 주택 건설을 통한 감축이 213만 톤으로 가장 큰 용량을 차지할 것으로 분석된다. 2027년까지 수립된 LH ESG 경영 로드맵에 따르면, 제로에너지도시 사업 본격화 및 탄소저감 에너지사업 확대로 2025년까지 16.9만 톤의 배출을 저감하고, 2027년까지는 관련 신사업을 확대하여 53만 톤까지 감축할 계획을 담고 있다.

환경경영계획(2023년~2027년) 상 감축 계획은 탄소상쇄 숲 0.15만 톤 감축, 제로에너지 주택 69만 톤 감축, 임대주택 태양광 등 25만 톤으로 총 94.15만 톤의 목표를 제시하고 있다. 이는 앞서 언급된 다른 계획들과 상이한 수치를 보여주고 있어, 내부 감축 목표를 2030

년~2050년 기준으로 설정하여 통일된 산출 기준 및 정립이 필요한 상황이다. 또한 공통된 목표 및 이행 계획을 공유할 필요성이 제기하고 있다.

② 항공 분야

항공 분야를 대표하는 한국공항공사는 중장기 전략계획, ESG 전략, 지속가능보고서 등을 통해 탄소중립 이행을 위한 기반을 마련하고 있다. 특히, 2022년 6월 2050 탄소중립 중장기 전략을 수립하여 핵심 추진 목표 및 전략 방향을 설정하고 탄소중립 시대에 적극 대비하고 있다. 대내외 패러다임의 변화와 탄소중립 이행의 중요성 강화 등의 요인에 따라 한국공항공사는 ESG 부문 중 환경 부문 추진력 강화의 일환으로 조직 개편을 추진하였다. 이사회 내 ESG 위원회를 설치하여 자문위원회를 두고, 분야별 외부 전문가 자문을 통해 전문성을 제고하고 있다.

한국공항공사의 37차 직제규정 시행세칙에 따르면, ESG 경영실에서 항공 산업 탄소중립 과제에 대한 추진을 담당하고 있었으며, 건설기술본부 공항시설실 내 환경에너지부에서도 유사한 탄소중립 과제 추진업무를 수행하고 있었다. 윤석열 정부의 공공기관 운영 효율화 기조와 탄소중립 이행 중요성 강화 등의 정책 방향이 결합되면서, 한국공항공사는 ESG 경영실 내에 있던 탄소중립 과제 추진 관련 업무를 건설 기술본부 내 공항시설실의 그린 에너지부 신설로 이관하여 관련 과제의 추진력 강화를 도모하고 있다.

항공 산업계는 2027년부터 국제항공 온실가스 배출량 증가를 막기 위한 제도인 CORSIA(Carbon Offsetting and Reduction Scheme for International Aviation, 국제항공 탄소상쇄 감축제도)를 시행하고 있다. 이 제도는 배출량 초과 시 배출권 구매를 통한 상쇄 의무를 부과하며, 우리나라 또한 2021년부터 이에 동참하기로 하였다. 탄소중립 달성이라는 전 세계적 이행 목표 이외에도 항공 산업계는 추가적인 압박을 받고 있다. 공항의 확장 및 여객 수의 증가로 배출원이 지속적으로 증가할 것으로 예측되는 현 상황에서 한국공항공사는 10년 단위의 로드맵을 수립하였다.

우리나라의 항공 분야의 탄소중립 로드맵은 단계적 접근을 통해 구성되어 있다. 한국공항공사는 이행 기반 마련 및 시스템 고도화를 통해 2030년 공항 탄소 인증제 총 6단계 중 중간 이상인 3＋ 등급을 취득하고, 2040년 RE200을 달성하며, 최종적으로 2050년 탄소중립을 이행할 방침이다. 한국공항공사는 항공기 운항 프로세스별 문제점 및 에너지 과다 소모 문제점을 분석하고 이를 해결하고자 세 가지 핵심 기술을 접목하였다. 첫째, 운항 절차의 개선을 통한 효율성 증대이다. 둘째, 민·관·군 간의 협력 및 협동사업을 통한 시너지 창출이다. 셋째, 항로 복선화를 위한 정부의 지원과 시스템 활용 등의 노력을 통해 총 49,561톤의 $CO_2$를 감축하는 성과를 달성하였다.

인천국제공항공사는 2024년을 기점으로 인천국제공항의 4단계 사업이 준공될 예정이다. 이에 따라 연간 최대 약 1억 5천만 명을 수용할 수 있는 세계 최대 규모의 공항으로 성장하며 글로벌 허브 공항으로의 도약을 앞두고 있다. 그러나 이러한 여건은 CORSIA 이행 의무가 주어지는 2027년부터는 큰 리스크로 작용할 수 있다. 공항 규모 확대와 여객 증가는 필연적으로 탄소배출 증가로 이어질 수 있기 때문이다.

이에 인천국제공항공사 또한 해당 시기를 로드맵에 반영하여 점진적 감축에 돌입하고 있다. 에너지 사용량 절감을 통한 RE200 이행 노력, 탄소 저감 및 항공유 사용 저감 과제의 수행을 통한 탄소중립 달성 등의 노력을 지속적으로 이어 나갈 계획이다.

하지만 4단계 건설까지 아직 한 차례의 대규모 건설이 남아있으며, 글로벌 허브 경쟁이 심화되는 상황 속에서 추가적인 도전이 있다. 특히 컨벤션, F&B 등 비항공 수익의 비율이 높아 공항 자체의 에너지 소모 및 탄소배출이 높은 우리나라 공항의 구조적 특성을 고려할 때, 이를 개선하려면 더욱 견고한 로드맵 수립 노력이 필요하다. 따라서 우리나라의 항공 분야는 국제적 규제 강화와 탄소중립 요구에 대응하기 위해 체계적인 전략을 수립하고 조직을 개편하는 등 적극적인 노력을 기울이고 있다. 하지만 공항 운영의 특성상 에너지 소비가 불가피한 측면이 있어, 기술 혁신과 운영 효율화를 통한 지속적인 개선이 필요한 상황이다.

③ 항만 분야

우리나라 항만 분야를 대표하는 부산항만공사는 '세계를 연결하는 글로벌 허브 항만기업'을 비전으로 설정하고 ESG 전략을 추진하고 있다. 환경 분야에서는 2030년 초미세먼지 72% 감축을 목표로 하는 구체적인 계획을 수립하였다. 이를 달성하기 위한 전략과제는 여러 분야로 구성되며, 미세먼지 모니터링 및 최소화, 자원순환 및 적용 가능 신기술 개발 등 실제 공사의 업무 프로세스를 기반으로 해당 프로세스별 필요한 탄소중립 과제들을 체계적으로 수립하고 있다.

부산항만공사의 2050 탄소중립 종합계획은 친환경 연구개발(R&D)을 통해 탄소중립 클린항만을 구축하겠다는 계획을 담고 있다. 이 계획은 크게 세 가지 추진 방향으로 구분된다. 첫째, 항만 지역 대기질 개선 전략이다. 실제 탄소중립 이행에 적용되는 기술들이 이 부분에 해당하며, 구체적인 감축 기술과 방법론이 포함되어 있다. 둘째, 탄소중립 달성을 위한 거버넌스 구축이다. 이는 탄소중립 사회 구축을 위한 기반 및 대내외 거버넌스를 포괄하여 공사의 탄소중립 전략 이행에 원동력으로 작용할 수 있는 내용을 담고 있다. 셋째, 자원순환을 활용한 순환경제 활성화 전략이다.

탄소중립 이행을 위해 주요 솔루션으로 활용되는 관련 기술 연구 및 개발이 다양한 범위에서 진행되고 있다. 신재생에너지 설비 도입을 위한 연구개발이 우선적으로 추진되고 있으며, 저속운항과 AMP(Alternative Maritime Power) 활용 방안도 중요한 연구 분야로 설정되어 있다. 또한, 친환경 하역 장비 활용 방안과 더불어 작업 현장에서 발생하는 폐아스콘 등 건설폐기물을 활용할 수 있는 기술들도 연구 대상에 포함되어 있다. 이러한 다각적인 접근을 통해 항만 운영의 전 과정에서 탄소배출을 줄이고 자원을 효율적으로 활용하는 방안을 모색하고 있다. 실제로 부산항만공사는 이러한 노력과 탄소중립 이행을 위한 계획 수립 등에 관한 선진사례로 평가받아 2022년 탄소중립 녹색경영 대상에서 산업통상자원부 장관상을 수상하는 성과를 거두었다.

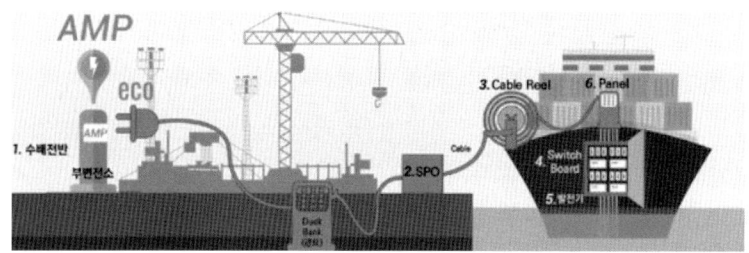

AMP 개념도, ⓒ 해양수산부

부산항만공사는 2050년 탄소중립 달성을 위해 기반 구축, 추진 고도화, 추진 가속화의 3단계 프로세스를 구축하고 각 추진 단계별 전략을 수립하였다. 추진전략에 적합한 전략과제를 선정하여 2022년까지는 탄소중립을 위한 기반 구축에 매진하였다.

그 결과 현재 수립한 목표 단계까지는 성공적으로 이행된 상황이며, 현재는 추진 고도화 단계 2차 연도에 접어든 상황이다. 추진 고도화 단계에서는 신재생에너지 도입 및 하역 장비의 저탄소화를 통해 직간접 배출의 감축을 중점적으로 추진하고 있다.

특히, 공사의 지리적 특성을 활용하여 해수열 활용 방안 및 수소

항만 구축 사업 등을 추진할 계획이며, 업무적 특성을 활용한 하역 장비 저탄소화를 적극 추진할 방침이다. 구체적으로 하역 장비에 해당하는 전기 T/C(Transfer Crane) 및 LNG Y/T(Yard Tractor) 등을 개발하고 보급 중에 있다.

현재 추진 고도화에 해당하는 전략과제들은 탄소중립 달성 방식 중 감축 전략만을 포함하고 있는 상황이다. 그러나 향후 추진될 수소 항만 구축 사업과 연계한 탄소 흡수 전략도 세부 과제로서 도출될 것으로 기대된다. 우리나라 항만 분야는 체계적인 조직 구성과 단계별 전략을 통해 탄소중립 목표 달성을 위한 견고한 기반을 마련하고 있으며, 기술 개발과 실증을 통해 실질적인 성과를 창출하고 있다. 향후 민간 참여 확대와 탄소 흡수 전략 도입을 통해 더욱 포괄적인 탄소중립 전략을 구현할 것으로 전망된다.

## 3) 신산업 분야

### ① 신산업 분야 규제와 혁신

현재 한국 경제는 디지털 기술의 급속한 발전과 탄소중립 정책의 추진, 그리고 생명공학 및 첨단 기술 분야의 혁신을 통해 새로운 산업 생태계로의 전환을 맞이하고 있다. 이러한 변화 속에서 기존의 규제 체계는 새로운 기술과 사업 모델에 적절히 대응하지 못하는 경우가 빈번하게 발생하고 있어, 각 분야별 특성을 반영한 규제 정비가 시급한 상황이다.

글로벌 경쟁 심화 및 코로나19 팬데믹과 같은 경제적 충격을 극복하고 새로운 성장 동력을 확보하기 위해 신산업 육성이 필수적이며, 이를 위해서는 합리적인 규제 정비가 시급하다. 글로벌 경제에서 경쟁력을 유지하기 위해서는 신산업 육성이 필수적이며, 이를 위해서는 합리적인 규제 정비가 필요하다. 최근 코로나19 팬데믹으로 인한 경제적 충격, 공급망 붕괴 등 어려움을 극복하고 새로운 성장 동력을 확보하기 위해서는 신산업을 적극적으로 지원해야 한다.

신산업은 다양한 산업 분야가 융합되어 복수의 부처와 법령이 얽혀 있어 기존 규제 개선이 복잡하고 시간이 오래 걸린다. 또한, 다양한 이해관계자의 존재로 인해 사회적 합의 도출이 어렵다. 신산업은 다양한 산업 분야가 융합되어 형성되기 때문에 복수의 부처와 법령이 얽혀 있다. 이는 기존 규제의 개선이 복잡하고 시간이 많이 소요되는 원인이 된다. 다양한 이해관계자가 얽혀 있는 융합산업 분야에서는 규제 개혁을 통한 사회적 합의 도출이 어렵다.

주요 선진 국가는 신산업 육성을 위해 적극적인 규제 개혁을 추진하고 있으며, 한국도 규제 샌드박스 제도를 도입하고 있으나 시장에서의 체감도는 낮은 상황이다. 국제 경쟁력 유지를 위해 신속하고 과감한 규제 정비가 필요하다. 주요 국가들은 신산업 육성을 위해 적극적인 규제 개혁을 추진하고 있다. 예를 들어, 영국의 규제샌드박스, 일본의 국가전략특구, 중국의 신산업특구 등이 있다. 한국도 이러한 국제적 동향에 발맞춰 선제적 규제혁파 로드맵, 규제 샌드박스 제도를 도입하고 있으나, 시장에서의 규제개혁 체감도는 높지 않은 상황이다.

정부 교체와 상관없이 규제 개혁의 일관성을 유지하고 기업의 신산업 진입을 촉진하기 위해 중장기적인 관점에서 규제 정비 기본계획 수립이 필요하며, 이를 통해 규제 불확실성을 해소해야 한다. 신산업 전반을 아우르는 구조적 문제 해결을 위한 기본 청사진 마련을 위해 다양한 전문가와 규제정책 전문가의 의견을 수렴해야 한다.

규제개혁위원회의 권한과 독립성을 강화하여 중립적이고 신뢰할 수 있는 갈등 조정 역할을 수행하도록 하고, 다양한 분쟁 해결 방법을 개발 및 적용하여 갈등 해결 효율성을 높여야 한다. 이해관계자 의견 수렴 및 갈등 조정을 효과적으로 수행하기 위해서는 규제개혁위원회의 권한과 독립성을 대폭 강화하여, 규제 관련 조정 과정에서 중립적이고 신뢰할 수 있는 권위있는 역할을 담당할 수 있도록 해야 한다. 차별성 있는 평가제도를 도입하여 부문별 특성과 목표를 반영한 맞춤형 평가를 실시하고, 평가 결과를 직무 개선 및 예산 배정과 연계하여 실질적인 정책 운영에 반영해야 한다.

기본계획의 성과평가 및 점검을 효과적으로 진행하기 위해서는 차별성 있는 평가제도를 도입하여 각 부문별 특성과 목표를 반영한 맞춤형 평가가 이루어지도록 해야 한다. 규제샌드박스의 탄력적 운영을 위해 예측하기 어려운 신기술의 등장 및 확산에 유연하게 대응할 수 있도록 규제샌드박스를 탄력적으로 운영해야 한다. 이를 통해 혁신기술과 서비스의 도입을 촉진하고 규제의 불확실성을 줄여 기업들이 안정적으로 혁신을 추진할 수 있는 환경을 조성해야 한다.

불필요한 인증의 난립을 방지하기 위해 법정인증 총량제 도입과 신설 인증 심의를 강화하고, 주기적으로 인증 제도를 정리하며 민간(단체) 인증 활용을 확대해야 한다. 민간 표준 및 인증 생태계 경쟁력 제고는 신기술의 신뢰성 확보 및 글로벌 경쟁력 강화를 위해 필수적이다. R&D와 표준 개발 연계를 통한 전략적 표준 성과 창출도 중요하다.

신기술 관련 인증규제 개선을 위해 법정인증 총량제 도입과 신설 인증 심의를 강화하는 것은 불필요한 인증의 난립을 방지하고, 새로운 인증의 도입 시 적절성을 엄격히 평가하여 신기술의 발전을 저해하지 않도록 하는 데 필요하다. 민간 표준 및 인증 생태계의 경쟁력을 제고하는 것은 국내외 시장에서 신기술의 신뢰성을 확보하고, 국제적으로 통용될 수 있는 인증 체계를 구축하여 글로벌 경쟁력을 강화하는 데 필수적이다.

② 주요 선진국

• EU

EU는 녹색 전환 및 디지털화에 중점을 두고 산업 경쟁력 및 혁신 역량 제고를 목표로 한다. 친환경·탈탄소 규제 강화 및 EU 인공지능 법안 등을 추진하고 있다. 특히, 데이터 공유 체계 확립에 중점을 두어 데이터 거버넌스 법, 상호 운용 가능한 유럽법, EU 데이터 법 등을 제정했다. 산업별 공동 데이터 공간 개발을 통해 데이터 공유를 촉진할 계획이다. EU 제도적 합의를 통해 데이터 공유체계 확립을 중점적으로 추진한다.

• 독일

독일은 사회 문제 대응, 미래 경쟁력 강화 및 개방형 혁신·스타트업 문화 조성을 지향한다. 보장국가 개념 하에 규제된 자율 규제 기조를 유지하며, 실험 조항을 활용하여 유연한 규제 전략을 추진하고 있다. 연구개발 조세 지원 확대, 연방정부 스타트업 전략 발표 등을 통해 신산업 육성을 지원하고 있다. 독일의 규제법에는 20세기 후반부터 '보장국가(Gewährleistungsstaat)'의 개념 아래에 '규제된 자율 규제(regulierte Selbstregulierung oder regulated self–regulation)' 중심의 일정한 기조를 유지하고 있다. 독일의 일관된 규제법에의 기조 아래서 신산업 관련 규제 전략의 특징은 '실험 조항(Experimentierklausel)'의 활용"이다.

• 영국

영어는 혁신의 글로벌 허브 추구 및 혁신의 지역 성장 기여를 고려해야 한다. 혁신 전략 연계 규제 개선, 혁신 친화적 규제 개혁을 추진하며, 새로운 비례성의 원칙을 강조한다. 규제기관 선도 기금 설립, 미래 규제 대비 위원회 운영 등을 통해 혁신을 지원하고 있다. 영국 혁신 전략에 기업주도 혁신 촉진을 위한 규제개선 방향을 명시하고 있다. 완화되는 위험의 크기와 규제 대상의 역량에 비례하는 규제를 만들어야 한다는 '새로운 비례성의 원칙(New Proportionality Principle)'을 강조하고 있다.

- 미국

미국은 선 허용·후 규제 기조를 이어가되 인간과 권리 중심의 규제 법제 보장 원칙을 천명했다. AI 규제 원칙 등을 통해 기술 발전과 성장을 지원하면서도 위험에 대한 합리적인 규제를 모색한다. 연방 개인정보 보호법 제정 등을 통해 개인 정보 보호를 강화하고 있다.

- 일본

일본은 연계된 초스마트 사회를 지향하며, 사회·환경·경제 영역 문제 해결을 위한 변혁적 연구 지원을 추진한다. 디지털화·디지털 전환 규제 개혁에 중점을 두어 대면·서류 규제를 재검토하고 온라인화를 추진한다. 국가 전략 특구 사업에 스마트시티 조성 사업을 추가한 '슈퍼시티형 국가 전략 특구'를 지정하여 규제 개혁을 통한 미래 도시 구상을 추진하고 있다. 일본 내각부 규제개혁추진회의는 사회 전반의 디지털화를 위한 규제·제도 상의 과제로 기존 규제 대상 개념의 한계, 기존 규제 방식의 한계 및 기존 규제 관점의 한계를 지적하고 있다. 일본 정부가 구상하고 있는 '슈퍼시티'는 자율주행, 결제의 완전 캐시리스화, 행정절차의 원스톱처리, 원격교육, 원격의료 등 주민의 생활 전반을 포괄하면서 각 분야에서의 첨단기술 도입이 일회성의 실증실험이 아니라 2030년경의 실현을 목표로 한 미래도시를 구상하고 있다.

### ③ 디지털 핵심 기술 분야

#### • 빅데이터 분야

빅데이터는 현재 디지털 경제의 핵심 동력으로 자리잡고 있으나, 활용 수준은 여전히 기대에 미치지 못하는 상황이다. 데이터 시장의 규모는 지속적으로 성장하고 있으나, 개인정보보호와 데이터 활용 간의 균형점을 찾는 것이 가장 큰 과제로 대두되고 있다. 현재의 개인정보보호 규제는 데이터 활용을 위축시키는 요인으로 작용하고 있어, 데이터의 가치 창출과 개인 프라이버시 보호를 동시에 만족시킬 수 있는 새로운 규제 패러다임이 필요하다.

이를 해결하기 위해서는 무엇보다 데이터 개방과 공유를 촉진할 수 있는 제도적 기반 마련이 중요하다. 공공데이터의 적극적 개방과 민간 데이터의 안전한 유통을 위한 플랫폼 구축, 데이터 품질 표준화 및 메타데이터 관리 체계 확립 등이 필요하다. 또한, 국제적 데이터 이동과 협력을 위한 글로벌 표준과의 조화도 중요한 과제다. 특히, EU의 GDPR이나 미국의 데이터 정책과의 상호 운용성을 확보하여 국내 기업들의 해외 진출을 지원해야 한다.

#### • 인공지능(AI) 분야

인공지능 기술은 기술 개발 단계를 넘어 다양한 서비스와 산업 분야로 확산되고 있다. 그러나 AI 학습 데이터에 대한 개인정보보호 규제의 엄격한 적용으로 인해 데이터 품질 저하와 활용의 비효율성이 발생하고 있는 상황이다. AI 기술의 특성상 대량의 데이터 학습이 필수적이나, 현재의 규제 체계는 이러한 기술적 요구사항을 충분히 반영하지 못하고 있다.

더욱 심각한 문제는 AI 기술과 관련된 제도적 공백과 학습 데이터의 저작권 문제다. AI가 학습한 저작권 보호 콘텐츠의 활용 범위와 한계, AI 생성 콘텐츠의 지적재산권 귀속 등에 대한 명확한 기준이 부재한 상황이다. 이로 인해 기업들은 법적 불확실성에 직면하게 되고, 혁신적인 AI 서비스 개발이 지연되는 경우가 발생하고 있다. 따라서 AI 관련 규제의 정합성 제고와 함께 공공 참여를 보장하는 거버넌스 체계 구축, 혁신적 기술에 대한 신속 허가 절차 도입, 그리고 기술 발전 속도에 맞춘 유연한 규제 제시가 필요하다.

- XR 및 디지털미디어·콘텐츠 분야

확장현실(XR) 기술은 메타버스 생태계의 핵심 기술로 부상하면서 새로운 비즈니스 모델과 서비스 형태를 창출하고 있다. 그러나 가상공간에서의 개인정보 수집과 처리, 아바타의 법적 지위, 가상자산의 소유권과 거래 등에 대한 법적 기준이 모호한 상황이다. 특히, 미성년자의 가상공간 이용과 관련된 안전 규제와 중독 예방 대책도 시급히 마련되어야 할 과제다. 디지털미디어와 콘텐츠 분야에서는 저작권 보호와 공정 이용 간의 균형, 플랫폼 사업자의 책임과 의무, 그리고 글로벌 콘텐츠 유통에 따른 국가 간 규제 조화 등이 주요 과제로 제기되고 있다.

- 스마트 제조 혁신

스마트 제조는 IoT, AI, 빅데이터 등 첨단기술을 활용하여 생산성 향상과 품질 개선을 실현하는 혁신적 제조 패러다임이다. 그러나 기존의 제조업 관련 규제는 전통적인 생산 방식을 전제로 하고 있어 스마트 팩토리의 특성을 충분히 반영하지 못하고 있다. 특히, 자율 생산 시스템에서의 품질 관리 책임, 데이터 기반 예측 유지보수의 법적 근거, 그리고 산업 간 데이터 연계 활용에 대한 규제 정비가 필요하다.

- 스마트 물류·해운·항만

스마트 물류 분야는 IoT, 빅데이터, AI 등 첨단기술을 활용하여 물류 프로세스의 디지털화와 자동화를 구현하고 있다. 이는 탄소 배출 감소와 에너지 효율 증대라는 환경적 편익을 제공하는 동시에 물류비용 절감과 서비스 품질 향상이라는 경제적 효과를 창출하고 있다. 그러나 물류 데이터의 수집, 보관, 처리, 공유, 이동 등의 과정에서 다양한 이해관계자 간의 갈등이 발생할 수 있는 상황이다. 현재 스마트 물류 기술은 여전히 개발 단계에 있어 관련 규제의 정비가 시급한 상황이다. 특히, 자율운항선박의 운항 기준, 무인 항만 시설의 안전 관리, 그리고 국가 간 물류 데이터 연계를 위한 표준화 등이 주요 과제로 제기되고 있다.

- 스마트 건설 및 농업

스마트건설 분야에서는 BIM(Building Information Modeling), 드론, IoT 센서 등을 활용한 건설 현장의 디지털화가 진행되고 있으나, 기존 건설 규제는 이러한 새로운 기술과 공법을 충분히 반영하지 못하고 있다. 스마트농업 역시 정밀농업 기술의 도입과 농업 데이터의 활용 확대에 따른 새로운 규제 수요가 발생하고 있다.

- 수소 산업

수소 산업은 탄소중립 실현의 핵심 수단으로 주목받고 있으나, 수소의 가연성 특성으로 인한 안전성 확보가 가장 중요한 과제다. 현재 청정 수소에 대한 명확한 인증 기준과 규정이 부재한 상황으로, 수소의 생산, 저장, 운송, 활용 전 과정에 걸친 안전 관리 체계 구축이 시급하다. 특히, 그린수소와 블루수소 등 수소 생산 방식에 따른 차별화된 인증 체계와 국제적 호환성을 갖춘 표준 마련이 필요하다.

- 친환경차 및 소형 e-모빌리티

친환경차 시장은 급속한 성장세를 보이고 있으나, 충전 인프라와 관련된 규제적 이슈가 성장의 걸림돌로 작용하고 있다. 충전소 설치 규제, 전력 계통 연계 기준, 그리고 배터리 안전 관리 등에 대한 종합적인 규제 개선이 필요하다. 소형 e-모빌리티의 경우 안전 규제, 도로 사용 규제, 보험 및 법적 책임 문제 등이 선결 과제로 제기되고 있어, 기존 교통 법규와의 조화를 통한 새로운 규제 체계 마련이 시급하다.

- 순환 경제

순환 경제 분야에서는 폐기물 관리법상의 규제가 혁신적인 재활용 기술의 상용화를 저해하는 요인으로 작용하고 있다. 특히, 폐배터리가 폐기물로 분류되어 재활용이 제한되는 문제와 같이, 자원 순환을 촉진해야 할 정책 목표와 상충하는 규제들이 존재한다. 이러한 규제 모순을 해결하기 위한 통합적 접근이 필요하다.

- 디지털 헬스케어

디지털 헬스케어는 인공지능, 빅데이터, 클라우드와 같은 지능정보기술의 발전이 전통 의료헬스케어 산업의 디지털 전환을 추동하고 있는 분야다. 그러나 의료 데이터의 특수성으로 인해 강력한 규제가 적용되는 동시에 새로운 서비스 모델에 대한 규제 공백도 나타나는 복합적 상황이다. 국내 AI 헬스케어 시장이 연평균 50.8% 성장이 전망되는 상황에서 혁신과 안전성을 동시에 확보할 수 있는 규제 체계 마련이 중요하다.

특히, 원격의료 서비스의 확대, AI 기반 진단 보조 시스템의 도입, 개인 건강 데이터의 활용 등에 대한 명확한 가이드라인이 필요하다. 부처 간 협업구조의 구축, 부처의 전문역량 강화와 전문가 확보, 폭넓은 이해관계자의 참여 보장, 그리고 의료 정보의 처리에 대한 명확한 기준 마련이 필요하다.

- 유전자 검사 및 치료

유전자 검사와 치료 분야는 허용 범위에 대한 규제가 점진적으로 이루어지고 있는 시장 진입 단계에 있다. 개인 맞춤형 의료의 핵심 기술임에도 불구하고 생명윤리와 개인정보보호, 그리고 의료 안전성 확보 등 복합적인 규제 이슈가 존재한다. 특히, 직접소비자검사(DTC) 유전자 검사의 허용 범위 확대와 유전자 치료제의 임상시험 및 승인 절차 간소화 등이 주요 과제다.

- 신의약품 및 의료기기

신의약품과 의료기기 분야는 기술 개발 단계에 있어 관련 규제가 아직 미비한 상황이다. 혁신적인 바이오의약품, 디지털 치료제, AI 기반 의료기기 등 새로운 형태의 의료 솔루션에 대한 평가 기준과 승인 절차가 명확하지 않아 기업들의 투자와 개발이 지연되고 있다. 임상시험 절차의 효율화, 신속 승인 절차 도입, 규제 샌드박스 확대, 융합기술에 대한 평가 체계 마련 등이 시급한 과제다.

- 반도체 산업

반도체는 미래 산업과 국가 안보의 핵심 물리적 기반으로서 글로벌 경쟁력 확보가 중요하다. 국제적 수준의 규제 기준 확립을 통해 글로벌 경쟁에서 우위를 점할 수 있도록 해야 한다. 특히, 차세대 반도체 기술에 대한 안전성 평가 기준, 환경 규제 조화, 그리고 국가 간 기술 협력을 위한 제도적 기반 마련이 필요하다.

- 이차전지 산업

이차전지는 전 세계적인 탄소중립 기조로 인해 전략적 가치가 급속히 확대되고 있는 분야다. 그러나 배터리에 사용되는 화학 물질에 대한 환경 규제가 주를 이루고 있으며, 급속한 기술 발전을 충분히 고려하지 못한 과도한 규제가 존재할 수 있다. 배터리의 전 생애주기를 고려한 통합적 규제 체계 마련과 함께 리사이클링, 재사용 등 순환경제 관점에서의 규제 개선이 필요하다.

## 4) 시사점: 향후과제

각 부처 간 정책 영역 확대 경쟁으로 법정 인증 증가 및 중복 가능성이 높아지고, 이로 인해 기업 부담이 가중된다. 법정 인증 증가는 민간 인증의 제정·활용을 위축시키며, 민간 인증 활성화를 위한 유인 구조가 부족하다. 신기술 분야는 표준·인증 체계가 정립되지 않아 규제 공백이 발생하며, 인증 획득을 위한 인프라 부족과 이해관계자 간 갈등도 문제 해결을 지연한다. 국내 제조기업은 제품을 시장에 출시하려면 대부분 복수의 인증을 획득해야 하며, 제품 스펙이나 작동방식이 변경될 경우 재인증을 받아야 한다. 부처 간 정책영역 확대 경쟁으로 인해 법정인증의 증가와 더불어 법정 인증 간 중복 가능성이 높아지며, 이로 인해 인증심사 시 세부 심사항목의 중복성 문제가 발생한다.

법정 인증 총량제 도입과 신설 인증 심의 강화를 통해 불필요한 인증 증가를 방지하고, 주기적인 인증 제도 정리 및 민간(단체) 인증 활용을 확대해야 한다. '적합성 평가 제도 적절성 검토 제도' 실행력 강화를 통해 기존 법정 인증의 개선 및 통·폐합을 추진하고, 기술 규제 위원회를 규제 개혁 위원회 분과로 격상하는 방안을 고려할 수 있다. 전략적 표준 성과 창출을 위해 R&D와 표준 개발 연계를 강화하고, 인증을 발행하는 시험 인증 기관의 역량을 강화해야 한다. 부실 민간 인증 정리를 위한 인정 기구의 감시 기능 강화 및 이해관계자 협의 가이드라인 마련도 필요하다.

문제점도 있다. 투자 유치, 매출 증가 등 간접 성과는 발생하나, 규제 혁신을 위한 제도 개혁 도구로서의 고유 목적 달성은 미흡하다. 이는 규제 샌드박스 실행 부처와 규제 소관 부처 간의 관점 차이, 복잡한 거버넌스 구조, 기술 개발 위주의 실증 사업 진행 등에 기인한다. 투자 유치, 매출증가, 고용창출 등은 규제샌드박스 실행과정 중에 발생하는 간접성과로 규제혁신을 위한 제도개혁 도구로서의 규제샌드박스 고유 목적 달성은 아직 기대보다 미흡하다.

규제 샌드박스 성과 평가를 관련 법령 개정에 초점을 맞추고, 실행 부처와 규제 소관 부처 간 실무 TF 구성을 통해 실질적 성과 창출을 유도해야 한다. 현장과의 밀착성을 강화하여 기업의 애로사항 및 신규 규제 이슈가 실증 사업에 신속하게 반영되도록 하고, 실증 사업을 규제 개정에 필요한 리스크 검증 중심으로 전환해야 한다. 유사한 규제 샌드박스 과제를 통합하거나 유형화하여 행정력 낭비를 줄이고 부처 간 실적 경쟁을 지양해야 한다. 국제 규범 제정 동향을 반영한 실증 목표를 포함하고, 업계 전반의 동반 발전과 산업 생태계 강화에 기여하도록 해야 한다.

향후 제2차 신산업 규제 정비 기본계획 수립 시 각 신산업 분야의 특성을 고려한 맞춤형 규제 개선 방안을 마련하고, 제시된 전략들을 효과적으로 추진하여 신산업의 성장과 글로벌 경쟁력 강화를 준비해야 한다. 특히, 규제 개혁의 실질적인 효과를 높이기 위해 이해관계자 간의 건설적인 논의를 활성화하고, 규제 개선 과정에서 발생할 수 있는 갈등을 효율적으로 조정하는 노력이 중요하다. 또한, 빠르게 변화하는 기술 환경에 선제적으로 대응할 수 있는 유연하고 미래 지향적인 규제 체계를 구축하는 것이 필수적이다.

# 국내 대기업의 ESG 경영 우수 사례

## 1) LG에너지솔루션

### ① LG에너지솔루션

　LG화학은 1997년 노트북 PC용 소형 전지 시험 생산을 시작으로 배터리 사업에 첫발을 내디뎠다. 이어서 1999년에는 국내 최초로 리튬이온 배터리 양산에 성공하며 이 분야의 기반을 다졌다. 배터리 사업의 전문성을 더욱 강화하기 위한 전략적 결정에 따라, 기존 LG화학의 전지사업본부에서 전문적으로 개발 및 양산해오던 해당 부문이 2020년 10월 30일 분사 결정되었다.

　이렇게 2020년 12월 1일 LG화학으로부터 분리되어 새롭게 설립된 LG그룹의 배터리 전문 기업이 바로 LG에너지솔루션이다. 현재, LG화학이 LG에너지솔루션의 상당한 지분을 보유하고 있다.

　LG에너지솔루션은 전기자동차 기업들과의 파트너십 및 기술 교류를 통해 배터리 개발 역량을 지속적으로 강화하고 있으며, 안정적인 공급 물량 확보를 위해 글로벌 시장에 적극적으로 투자하고 지원을 확대하고 있다. 주요 성과로는 다음과 같은 사례가 있다.

- 2020년 12월: GM과 전기차 배터리 합작법인 '얼티엄셀즈' 설립
- 2021년 4월: 배터리 업계 최초로 RE100 및 EV100 동시 가입
- 2021년 9월: 현대자동차와 인도네시아 배터리 셀 합작공장 착공
- 2022년 3월: 미국 스텔란티스와 전기차 배터리 합작법인 'Nextstar Energy' 설립
- 2022년 8월: 혼다와 미국 합작법인 설립
- 2023년: 북미 시장 주도와 생산성 향상, 원가 절감 노력에 힘입어 높은 실적 기록
- 2024년: EV 수요 둔화와 소재 가격 하락에도 북미 점유율 24%로 전년대비 4%p 확대
- 2025년: 북미 신공장, 46시리즈 양산 확대, EV 및 ESS 시장 맞춤형 대응 지속

LG에너지솔루션은 3원계 파우치 타입 배터리 셀의 전문 기술을 보유하고 있으며, 지속적인 생산 능력 확대와 해외 고객 기반 강화를 통해 글로벌 전기차 배터리 시장 점유율을 확대해 나가고 있다.

② 기술적 측면

LG에너지솔루션은 에너지 밀도가 높고 상대적으로 가벼운 파우치 타입 배터리를 양산하고 있다. 이 기업의 핵심 경쟁력은 제품 기술력을 바탕으로 한 최적의 토탈 솔루션에 있다. 높은 기술력으로 셀, 모듈, 팩에 대한 최적화된 BMS(배터리 관리 시스템)와 기술 지원이 가능한 토탈 솔루션을 제공하며, 글로벌 완성차 업체와의 파트너십을 구축하고 있다.

30년간 축적된 R&D 역량이 집약된 제품, 소재, 기술력으로 다수

의 글로벌 프로젝트를 성공적으로 수행했다. 또한 고객과 시장에 밀접하게 대응할 수 있는 글로벌 생산 체계를 갖추고 있다. 한국, 미국, 중국, 폴란드에 이르는 최다 글로벌 생산거점을 구축하여 오랜 생산 노하우를 바탕으로 고객과 시장에 신속하게 대응할 수 있는 체계적 구조를 보유하고 있다.

LG에너지솔루션은 배터리의 원자재부터 셀, 모듈, 팩, BMS까지 배터리 전 과정에 걸친 연구개발, 기술, 제조, 품질의 솔루션을 보유하고 있다. 특히 전기차 배터리 기술력으로 고에너지 밀도 배터리를 개발해 주행거리를 향상시켰고, 이를 통해 전기차의 장거리 운행이 가능하도록 했다. 또한 배터리의 경량화를 통해 전기차의 에너지 효율을 향상시켰으며, 배터리 급속 충전 기술을 접목하여 상용차의 수익성을 강화했다. 다양한 크기의 배터리로 팩 내부 공간 활용도를 최적화한 것도 주목할 만한 성과이다. LG에너지솔루션의 셀은 파우치 타입의 배터리 셀이다. 이 셀은 길이와 넓이를 다양하게 구현할 수 있어 배터리 용량을 증가시키기에 용이한 최적화된 셀 구현이 가능하다는 장점이 있다.

### ③ 전기차 배터리 기술

LG에너지솔루션의 배터리 기술 역사는 모회사인 LG화학에서 시작된다. LG화학은 1997년 노트북 PC용 소형 전지 시험 생산에 성공하며 배터리 사업의 첫 걸음을 내디뎠고, 1999년에는 국내 최초로 리튬이온 배터리 양산에 성공하며 기술 기반을 다졌다. 이후 전지 사업 부문의 전문성을 강화하기 위해 2020년 12월 1일 LG화학에서 분사하여 현재의 LG에너지솔루션이 설립되었다.

LG에너지솔루션은 전기차 시장의 주요 과제인 주행 거리 향상, 급속 충전 성능 개선, 안전성 확보, 그리고 가격 경쟁력 확보를 목표로 기술 개발에 매진해 왔다. 이러한 목표를 달성하기 위해 다양한 기술 혁신을 시도하고 있다. 핵심적인 기술 발전 과정은 다음과 같다.
- 파우치형 배터리 기술 강화: LG에너지솔루션은 특히 3원계 파우치 타입 배터리 셀 기술에 강점을 가지고 있으며, 지속적인 연구 개발을 통해 에너지 밀도와 안전성을 꾸준히 높여왔다.
- Cell−to−Pack (CTP) 기술 도입: 모듈 단계를 생략하고 셀을 팩에 직접 통합하는 CTP 기술을 파우치형 배터리에 적용하여 배터리 팩의 에너지 밀도를 높이고 비용을 절감하는 혁신을 이루었다.
- 차세대 원통형 배터리 (46시리즈) 개발: 기존의 2170 원통형 배터리보다 에너지와 출력을 높인 46시리즈(4680, 4695, 46120) 원통형 배터리 라인업을 개발하여 대중에게 공개하며 기술 경쟁력을 선보였다.
- 양극재 기술 혁신: 저렴한 망간의 비율을 높여 비용 효율성을 개선하면서도 장거리 주행을 실현할 수 있는 LMR(Lithium Manganese Rich) 배터리 기술 개발을 통해 소재 혁신을 추진하고 있다.
- 건식 전극 기술 도입: 배터리 제조 비용을 최대 30%까지 줄일 수 있는 건식 전극 기술 도입을 추진하며 생산 공정 혁신에도 힘쓰고 있다.
- 바이폴라 기술 개발: 배터리의 성능과 효율을 높일 수 있는 바이폴라 기술 개발에도 박차를 가하고 있으며, 이 기술이 올해 안에 나올 것으로 예상된다.
- 전고체 배터리 등 차세대 기술 연구: '꿈의 배터리'라 불리는 전고체 배터리 기술 개발에도 집중하고 있으며, 오창 공장에 전고체 배터리 파일럿 라인을 구축하는 등 상용화를 위한 노력을 이어가고 있다. 또한, 나트륨이온 배터리 등 다양한 차세대 배터리 기술의 상용화도 목표하고 있다.

이러한 기술 개발은 주행 거리, 충전 속도, 안전성, 가격 등 전기차 배터리의 핵심 성능 지표를 지속적으로 개선하는 방향으로 이루어진다. 예를 들어, 자동차용 배터리는 초기 200km대 주행 거리에서 현재 500km 이상을 목표로 발전해왔고, 급속 충전 시간 또한 크게 단축되었다. LG에너지솔루션은 이러한 기술 혁신을 바탕으로 다양한 전기차 제조사들과의 파트너십을 강화하며 글로벌 시장에서 경쟁력을 확보해나가고 있다.

④ 하이니켈 NCMA 배터리 기술

최근 LG에너지솔루션은 기존의 4원계 NCMA(니켈, 코발트, 망간, 알루미늄) 배터리의 니켈 함량을 80%에서 상향 조정하여 성능과 안전성을 개선한 하이니켈 NCMA 파우치셀 기술을 확대하고 있다. 하이니켈 NCMA 배터리는 니켈 비율을 90% 정도까지 상향하였고, 코발트 비율은 10% 이하로 감소시켰으며, 알루미늄을 추가해 안정성을 강화한 것이 특징이다.

하이니켈 NCMA 배터리는 코발트와 망간의 비중을 낮추었기 때문에 안정성이 다소 떨어질 수 있지만, 에너지 밀도를 극대화할 수 있다는 장점이 있다. 양극재 기준으로 볼 때 코발트 함량이 0.1~0.2%까지 낮아 '코발트 리스(Cobalt less)'라고도 할 정도이다. 하이니켈 NCMA 배터리가 본격적으로 상용화되면 전기차 배터리의 에너지 밀도가 상승하게 되어, 전기차에 탑재되는 배터리 수량을 줄일 수 있고 차량의 경량화도 가능해진다. 이는 전기차 한 대당 원가를 크게 줄이면서도 성능은 향상시킬 수 있다는 의미이다.

2024년 이후에는 니켈 함량이 90% 중반대에 달하는 하이니켈 NCMA 배터리를 개발하여 양산에 적용할 가능성도 높다. 이러한 고함량 하이니켈 배터리의 성공적인 상용화를 위해서는 우선 단결정 양극재 적용이 필수적이다. 니켈 함량이 급증하면 안정성이 저하될 수 있으므로, 이를 보완할 수 있는 안정적인 양극재 소재가 필요하기 때문이다.

### ⑤ 배터리 안전성 과제와 해결책

현재 사용 중인 배터리 양극재는 다결정 입자 형태를 단입자화한 것이다. 다결정 양극재는 배터리 전극 공정 중에 입자 형태가 변형되거나 깨질 수 있어 문제가 발생할 가능성이 있다. 입자가 깨지면 배터리 셀 내부에 가스가 발생하고, 이로 인해 배터리가 팽창하여 부풀어 오르게 된다. 이때 발화성 물질인 전해액이 양극재와 음극재에 접촉하면서 배터리 내부 쇼트 현상이 발생하고, 배터리 셀 내부의 화학반응으로 온도가 상승하게 된다. 시간이 지나면서 배터리 셀의 가스가 외부로 방출되는 과정에서 열폭주가 발생하여 배터리 팩 및 전기차 내부에 화재가 발생할 수 있다.

이러한 문제를 해결하기 위해 배터리 소재를 단입자화하면 강도가 높아져 깨짐 현상을 개선할 수 있다. 따라서 90% 중반대의 하이니켈 NCMA 배터리의 안정적인 양산을 위해서는 단결정 양극재가 필수적이라고 할 수 있다.

LG에너지솔루션은 니켈 함량 90%의 하이니켈 NCMA 배터리의 차별화된 기술력을 바탕으로 양산을 확대하고 있다. 향후 고함량 하이니켈 NCMA 배터리의 상용화를 위해 지속적으로 신개념의 첨단기술을 연구하고 기술력을 제고하여 배터리의 성능과 안전성을 획기적으로 개선할 계획이다. 이를 통해 전기차의 고성능화를 실현하고, 전기차 시장 확대에 따른 동반성장이 가능할 것으로 기대된다.

### ⑥ CTP 기술의 적용

LG에너지솔루션은 2022년 9월 배터리 업계 최초로 하이니켈 양극재를 사용한 파우치형 배터리에 차세대 배터리의 CTP(Cell-to-

Pack) 기술을 적용했다. 일반적으로 전기차 배터리를 제작할 때 가장 기본 단위인 셀을 1025개 이상 묶은 것을 모듈이라고 하며, 모듈을 1040개 묶으면서 필요한 시스템을 정착한 것이 배터리 팩이다.

CTP 기술을 적용할 경우 기존 모듈을 조립하던 생산공정을 단순화할 수 있고, 모듈의 기구적 구조가 삭제된 공간에 셀을 추가로 적재할 수 있어 에너지 밀도를 높일 수 있다는 장점이 있다. 이로 인해 전기차의 주행거리를 증가시킬 수 있고, 배터리 원재료의 가격도 감소시킬 수 있다.

LG에너지솔루션은 CTP 공정의 기술력을 제고하여 2025년부터 배터리 업계 최초로 파우치형 배터리와 CTP 기술이 결합된 배터리를 대량 생산할 예정이다. 기존에 CATL이나 BYD에서 생산하는 LFP 배터리의 무게를 줄이고자 모듈을 삭제한 CTP 방식을 채택했으나, LG에너지솔루션의 배터리는 NCMA 배터리이며 파우치형 타입이므로 각형 배터리보다 가벼워 CTP 방식으로 제작 시 무게를 훨씬 더 많이 경량화할 수 있어 경쟁력이 있다.

CTP 기술의 적용으로 제조물량은 증가될 것이며, LG에너지솔루션의 하이니켈 양극재를 사용한 배터리 제조 공급이 크게 증가할 것으로 예상된다. 파우치형 배터리에 CTP 방식의 배터리 팩 제조는 기술력 차별화에 큰 의미가 있다.

### ⑦ 차세대 실리콘 음극재 개발

LG에너지솔루션은 하이니켈 양극재와 함께 차세대 실리콘 음극재를 개발하여 양산 적용하고 있다. 기존의 전기차 배터리 기업들은 현재까지 흑연계 음극재를 사용해 배터리를 제작하고 있지만, 전기차의 보급이 본격적으로 확대되면서 배터리 충전 시간이 중요한 이슈로 부상하고 있다.

많은 전기차 고객들이 배터리 충전 시간이 길어지는 것에 불편함을 느끼고 있는데, 이를 해결하기 위해 LG에너지솔루션은 실리콘을 추가한 음극재의 기술력을 고도화하고 있다. 실리콘을 추가한 음극재로 배터리를 제작하면 충전속도가 기존의 흑연계 음극재보다 최대 50% 향상되는 효과가 있다.

LG에너지솔루션은 2019년에 실리콘 5%의 음극재를 사용해 배터리를 제작하여 독일 포르쉐의 전기차 '타이칸'에 공급한 바 있다. 이러한 실리콘 음극재에 대한 기술력을 바탕으로 실리콘 음극재를 사용한 배터리의 대량 양산이 진행 중이며, 실리콘 함유량이 10%를 초과하는 음극재 개발도 추진하고 있다.

전 세계에서 파우치형 배터리로 가장 우수한 기술력을 보유하고 있는 LG에너지솔루션은 글로벌 전기차 1위 기업인 미국 테슬라에 공급하기 위해 원통형 신규 폼팩터 '4680(지름 46mm, 길이 80mm) 배터리'에 대한 기술력도 제고하고 있다.

또한 중국의 CATL과 BYD의 주력 배터리인 LFP 배터리는 3원계 NCM 배터리에 비해 가격이 저렴하고 화재 안전성이 우수한 장점이 있어, 테슬라에서도 LFP 배터리를 사용한 전기차를 출시한 바 있다. 비록 주행거리는 NCM 배터리에 비해 짧지만 차량 가격이 저렴하다는 장점이 있다. 다른 전기차 기업들도 LFP 배터리를 적극 검토 중이며, LFP 배터리의 성능도 지속적으로 개선되어 NCM 배터리와의 성능 격차를 줄여가고 있다.

이러한 시장 상황에서 LG에너지솔루션은 에너지저장장치(ESS) 배터리와 전기차 배터리에도 LFP 배터리를 도입할 계획이다. 특히 CATL처럼 각형 셀이 아닌 LG에너지솔루션 배터리의 특징인 파우치형 배터리 셀의 장점을 살려 전기차용 LFP와 LMFP(리튬, 망간, 인산철) 배터리를 개발하여 저가 전기차 시장을 공략할 계획이며, 2026년과 2027년에는 양산을 목표로 하고 있다.

### ⑧ R&D 역량 강화와 미래 전략

LG에너지솔루션은 신제품 개발능력 확대를 위한 R&D 인력을 지속적으로 보강하고 있다. 2020년 2,577명, 2021년 3,390명, 2022년 3,923명으로 R&D 인력이 꾸준히 증가하고 있다. 지적재산권인 특허도 해외 18,067건과 국내 8,574건으로, 총 26,647건을 보유하고 있다.

미래 차세대 배터리 연구를 위해 전고체 배터리와 리튬황 배터리를 연구하고 있으며, 2022년 기준 연간 200GWh 규모의 글로벌 생산 능력을 갖추고 있다. 이처럼 LG에너지솔루션은 배터리 업계에서 높은 기술력을 자랑하는 NCMA의 파우치형 배터리의 대량 양산에 만족하지 않고, 시대의 흐름에 맞는 다양한 배터리를 연구개발하며 기술력을 축적해 나가고 있다. 이러한 노력은 전기차 배터리 시장에서 LG에너지솔루션의 차별화된 경쟁력으로 작용하고 있다.

▼ LG에너지솔루션 R&D 투자비

| 연도 | 2020 | 2021 | 2022 |
|---|---|---|---|
| 금액(억 원) | 4,220 | 6,540 | 8,760 |

LG에너지솔루션은 차세대 배터리 기술 개발에 집중하며 기술 리더십을 강화하고 있다. 특히, 차세대 배터리로 주목받는 '전고체 전지'의 충전 속도를 10배 이상 높일 수 있는 혁신 기술을 개발했다고 알려져 있다. 이는 전기차 충전 편의성을 획기적으로 개선할 수 있는 기술로 평가받고 있다.

자동차용 배터리의 경우, LG에너지솔루션은 지속적으로 세대를 거듭하며 기술을 발전시켜 왔다. 초기 세대는 200km 이상의 주행 거리를 제공했으며, 이후 200km에서 500km, 최근에는 500km 이상의 주행 거리 확보를 목표로 하고 있다. 급속 충전 시간 또한 60분(80% 기준)에서 40분, 그리고 30분 이하로 단축되는 방향으로 기술 개발이 이루어지고 있다. 기술 개발의 주요 방향은 고에너지 밀도를 통한 주행 거리 증대, 급속 충전 및 장수명 확보를 통한 사용자 편의 증대, 그리고 높은 디자인 자유도를 통한 공간 최적화에 맞춰져 있다.

글로벌 투자 전략 측면에서는 최근 몇 년간 공격적인 설비 투자를 통해 글로벌 배터리 시장에서의 입지를 다져왔다. 하지만 이러한 투자로 인한 재무 부담이 가중됨에 따라, 최근에는 전략을 재정비하여 '투자보다는 효율'을 중시하는 방향으로 전환하고 있는 것으로 보인다.

이 새로운 전략은 기존 투자 자산을 최적화하고 수익성을 높이는 구조로 전환하여 글로벌 시장 경쟁력을 확보하는 데 초점을 맞추고 있다. 물론 전략적인 투자는 계속되고 있으며, 예를 들어 인도네시아 배터리 셀 생산시설에 17억 달러를 추가 투자하여 총 투자액을 28억 달러로 확대하는 등의 활동을 진행하고 있다. 또한, 광산 및 소재업체 투자, 리사이클 체계 구축 등을 통해 핵심 원재료를 안정적으로 확보하고 가격 경쟁력을 높이려는 노력도 병행하고 있다. 유럽 시장 확대를 위한 ESS 배터리 공급 계약 체결 등 특정 시장 및 분야에서의 성장 가능성을 뒷받침하는 활동도 지속하고 있다.

LG에너지솔루션은 전고체 전지 등 차세대 기술 개발에 앞장서고 있으며, 자동차용 배터리의 성능 향상에 주력하고 있다. 글로벌 투자 전략은 과거 공격적 확장 단계에서 벗어나 효율성과 수익성을 중심으로 재편되면서도, 원자재 확보 및 주요 시장 진출을 위한 전략적 투자를 병행하는 방향으로 진행되고 있다.

## 2) 삼성SDI

　삼성SDI 주식회사는 1970년 삼성과 NEC 주식회사의 합작으로 설립된 이래 50년 넘게 한국의 대표적인 이차전지 기업으로 자리매김해 왔다. 초기에는 1970년대에 흑백 TV 브라운관을 개발하고 생산하는 사업에 주력했다. 1980년대와 1990년대에는 컬러 TV용 브라운관은 물론, 공업용 PC 모니터용 컬러 브라운관까지 개발 및 생산하며 사업 영역을 확장했다.

　1998년에는 PDP TV를 신규 사업으로 추진하여 42인치, 50인치 PDP TV 개발을 본격적으로 시작하며 디스플레이 기술의 변화를 선도했다. 1999년에는 사명을 삼성SDI 주식회사로 변경하고, 기존 브라운관 기술의 틀을 과감히 벗어나 새로운 기술을 창조하는 도전에 나섰다. 특히, 이 시기에 업계 최초로 1800mAh 원형 리튬이온 전지 개발을 시작하며 이차전지 사업에 진출했다.

　이후 이차전지 기술 개발에 매진하여 2003년에는 노트북용으로 세계 최고 용량인 2,400mAh 원형 배터리를 개발하는 성과를 이루었다. 2004년에는 노트북 PC용 각형 배터리도 개발하며 제품 라인업을 다양화했다. 2007년에는 세계 최초로 AMOLED를 양산하며 디스플레이 분야에서도 혁신적인 기술력을 선보였다.

　소형 이차전지 사업 부문은 지속적으로 성장하여, 2010년에는 세계 시장 점유율 1위를 달성하며 글로벌 선두 기업으로 확고히 자리매김했다. 같은 해 전기차용 전지 공장을 준공하며 미래 성장 동력인 전기차 배터리 시장에도 본격적으로 뛰어들었다.

　기업의 경쟁력 강화를 위한 노력도 계속되었다. 2014년에는 삼성

SDI와 제일모직이 합병하여 시너지를 창출했으며, 2015년에는 중국 JAC와 합작 법인을 설립하며 해외 시장 공략을 가속화했다.

전기차용 배터리 분야에서는 중국 JAC에 원형 배터리를 공급하기 시작했으며, BMW와는 2031년까지 배터리 장기 공급 계약을 체결했다. 또한, 2021년에는 미국 스텔란티스와 북미 지역 전기차 배터리 셀 및 모듈 생산을 위한 합작 법인을 설립하는 등 글로벌 주요 완성차 업체들과의 강력한 파트너십을 통해 전기차 배터리 시장에서의 영향력을 확대하고 있다.

삼성SDI는 창립 이후 50년이 넘는 시간 동안 시대의 기술 트렌드를 읽고 혁신적인 신기술을 개발하여 양산해왔다. 주력 사업과 기술력을 끊임없이 발전시켜온 한국의 대표적인 이차전지 기업으로서, 현재 글로벌 이차전지 산업의 성장을 주도하며 세계 시장에서 그 영향력을 더욱 키워나가고 있다.

삼성SDI가 이차전지 사업에 관심을 갖고 개발을 시작한 것은 1999년 사명을 삼성SDI로 변경하면서부터다. 이때 기존의 브라운관 기술 트렌드를 벗어나 새로운 기술 분야를 개척하겠다는 전략적 판단 하에 업계 최초로 원형 리튬이온 전지 개발에 착수했다.

그리고 이듬해인 2000년, 삼성SDI는 충청남도 천안에 이차전지 공장을 준공하고 배터리 출하식을 가졌다. 이를 기점으로 이차전지 사업에 본격적으로 진출하며 사업 다각화를 추진하게 되었다. 따라서, 이차전지 '개발 시작'은 1999년 사명 변경과 함께 이루어졌다고 볼 수 있으며, 사업에 '본격적으로 진출'하고 생산을 시작한 시점은 2000년이었다.

이러한 배경에는 당시 주력 사업이었던 브라운관 시장의 변화와 함께, 새로운 성장 동력을 확보하려는 기업의 전략적 판단이 크게 작용했다. 빠르게 변화하는 기술 환경 속에서 미래 유망 사업으로 떠오르는 리튬이온 배터리 시장의 가능성을 보고 과감한 사업 전환을 시도한 것이다. 삼성SDI는 1999년 리튬이온 전지 개발을 시작하고, 2000년 공장 준공 및 생산을 시작하며 이차전지 사업에 본격적으로 진출했다. 이는 브라운관 중심의 사업 구조에서 벗어나 미래 성장 산업으로의 전환을 모색한 결과라고 할 수 있다.

① 사업 영역 다각화

삼성SDI는 IT용 소형배터리와 자동차배터리, 에너지저장장치(ESS), 그리고 전자재료 사업을 다각적으로 진행하고 있다. 소형배터리 부문에서는 원형, 각형, 폴리머 배터리 등을 개발하여 휴대폰, 태블릿, IT기기, 전동공구, E-Bike 등 다양한 분야에 공급하고 있으며, 친환경 에너지 관련 시장의 확대에 따라 사업영역이 지속적으로 확장되고 있다.

전기차 배터리 부문에서는 고용량, 고효율의 리튬이온 배터리를 개발하여 글로벌 전기차 기업에 공급을 확대해 나가고 있다. 에너지저장장치 부문(ESS)에서는 2011년 리튬이온 ESS 사업을 시작한 이래, 소형 이차전지의 기술적 노하우를 바탕으로 불과 3년 만에 업계 1위를 달성하는 성과를 이루었다. 현재는 각 국가별 최적화된 솔루션으로 유럽, 미국, 일본 시장을 확대하고 있다.

전자재료 부문에서는 반도체와 디스플레이에 사용되는 소재를 개발하여 판매하고 있으며, TFT-LCD 시장과 OLED 소재, 이차전지 분리막 시장에서 기술 선도를 위한 지속적인 노력을 기울이고 있다.

② 전기차 배터리 기술의 특징

삼성SDI의 전기차 배터리는 안전성과 내구성이 뛰어난 각형 배터리를 주력 제품으로 생산하고 있다. 혁신적인 각형 배터리 셀 기술을 기반으로 국내 배터리 업계 최대 용량과 셀 단일 부피당 최고 에너지 밀도를 구현하는 기술력을 갖추고 있다. 이를 바탕으로 업계 최초이자 동급 최고의 EV(순수 전기차), PHEV(플러그인 하이브리드 전기차), HEV(하이브리드 전기차)용 배터리 셀을 생산하고 있다. 또한, PHEV 모듈과 HEV 모듈을 개발 및 양산하고 있으며, 배터리 팩은 PHEV용, EV용, HEV용 팩을 각각 개발하여 다양한 전기차 제조사에 공급하고 있다.

삼성SDI는 지속적인 연구개발을 통해 기술혁신을 이루어내고 있다. 차세대 고성능 전기차 배터리인 Gen5(P5)는 기술적 혁신을 통해 배터리의 성능을 대폭 향상시켰으며, 헝가리 법인을 통해 Gen5(P5) 양산을 진행하여 BMW 등의 전기차에 탑재되고 있다.

Gen5(P5) 배터리의 기술적 장점으로는 높은 에너지밀도를 통한 전기차 주행거리 향상이 특징이다. 최신 소재 기술을 활용하여 하이니켈 양극재와 실리콘 음극재를 적용했으며, 혁신적인 소재 기술과 신공법이 접목되어 에너지밀도를 20% 이상 높이면서도 재료비는 약 20% 이상 절감하는 성과를 이루었다. 이는 배터리 소재 기술의 혁신과 첨단 제조기술들의 융합을 통해 가능해진 결과이다.

삼성SDI의 Gen5(P5) 배터리 양극재에는 니켈 함량이 88% 이상인 하이니켈 NCA(니켈, 코발트, 알루미늄) 기술이 적용되었다. 니켈 함량을 높임으로써 배터리 용량을 극대화한 기술이며, 알루미늄 소재와 특수 코팅 기술을 융합하여 배터리의 열화를 최소화함으로써 주행거리 향상과 안전성 모두 기존 배터리에 비해 크게 개선되었다.

음극재의 경우, 삼성SDI의 차별화된 기술인 SCN(Silicon Carbon Nanocomposite)이 적용되었다. SCN 기술은 실리콘(Si) 소재를 아주 작은 입자 크기로 나노화하여 흑연과 혼합한 복합소재이다. 이를 통해 기존 실리콘의 문제점이었던 배터리 팽창(Swelling) 문제도 개선되었으며, 특히 하이니켈 NCA 양극 소재와 함께 사용함으로써 배터리의 용량을 최고 수준으로 향상할 수 있었다. 실리콘은 리튬 이온을 저장할 수 있는 용량이 흑연에 비해 약 10배 이상 높아 차세대 고용량 배터리 음극재로 주목받지만, 실리콘은 리튬 이온이 삽입(lithiation) 될 때(충전 과정) 부피가 매우 크게 팽창하는 특성이 있다. 최대 400% 까지 부피가 늘어날 수 있다고 알려져 있다.

### Gen5 (P5)

PCIe 5.0은 PCIe 데이터 전송 인터페이스 표준의 최신 버전으로 Gen4 대역폭 제한인 16GT/s보다 높은 32GT/s의 대역폭 기능을 제공한다. PCIe(Peripheral Component Interconnect Express)는 컴퓨터의 메인보드와 그래픽 카드, SSD 등 다양한 주변 장치를 연결하는 고속 직렬 인터페이스 표준이다. 각 세대가 발전할수록 데이터 전송 대역폭이 두 배씩 증가하여 더 빠른 속도를 제공한다.

- PCIe Gen 4: 이전 세대인 Gen 3보다 대역폭이 두 배로 증가하여, NVMe SSD 등의 성능을 크게 향상시켰다.
- PCIe Gen 5: Gen 4보다 대역폭이 다시 두 배 증가하여, 최고 수준의 성능을 요구하는 최신 하드웨어에 적용되고 있다. 특히, 고성능 NVMe SSD의 경우 PCIe Gen 5 인터페이스를 통해 이론적으로 훨씬 빠른 읽기·쓰기 속도를 구현할 수 있게 된다.

'P5'는 마이크론 크루셜(Micron Crucial)에서 출시한 NVMe SSD 제품 라인의 이름으로 예를 들어, "마이크론 크루셜 P5 Plus"와 같은 제품이 있다. 이 제품은 현재 PCIe Gen 4 인터페이스를 사용하지만, 시장에서는 PCIe Gen 5를 지원하는 새로운 SSD들이 등장하고 있다.

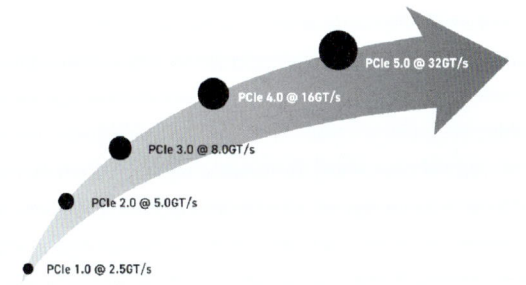

출처: https://www.crucial.kr/articles/about-ssd/pcie-gen5-ssd

**SCN(Silicon Carbon Nanocomposite)**

실리콘(Si)은 매우 높은 용량을 가지고 있어 기존 흑연 음극재를 대체할 유력한 후보로 여겨지지만, 충방전 과정에서 부피가 크게 팽창하고 수축하는 문제가 있다. 이러한 문제는 배터리 성능 저하와 수명 단축의 원인이 된다. SCN은 이러한 실리콘의 단점을 보완하기 위해 실리콘 나노 입자를 탄소 소재와 복합화한 형태다. 실리콘 나노 입자를 탄소층으로 감싸는 코어-쉘(core-shell) 구조 등 다양한 형태로 제조될 수 있다.

### ③ 프리미엄 배터리 전략과 시장 확대

삼성SDI는 유럽 시장 공략과 함께 프리미엄 배터리에 역량을 집중하는 미래기술 전략을 실행하고 있다. 저가형인 LFP 배터리보다는 고출력 3원계 배터리인 NCA(니켈, 코발트, 알루미늄) 배터리를 사용한 Gen5(P5)와 같은 고품질 프리미엄 배터리 개발에 주력하고 있다.

유럽 전기차 소비자들은 전기차 품질에 대해 까다롭고 높은 기대치를 가지고 있다. 이러한 시장 환경에서 삼성SDI 전기차 배터리가 현대차의 장기 파트너로 선택된 것은 배터리의 품질이 보장되어 있다는 증거이며, 삼성SDI의 각형 배터리가 높은 품질과 안전성에 대해 유럽 시장에서 좋은 평가를 받고 있음을 보여준다. 삼성SDI는 그동안 BMW, 폭스바겐, 스텔란티스 등 유럽 완성차 브랜드와 거래해왔으며, 현대차의 유럽 시장 배터리 장기 공급 파트너가 되면서 프리미엄 배터리를 본격적으로 유럽 시장에 공급할 수 있게 되었다.

삼성SDI는 현대자동차에 2026년부터 2032년까지 유럽형 전기차에 배터리를 공급하기로 계약했다. 공급 규모는 전기차 50만 대에 탑재할 수 있는 물량으로, 연간 약 1조 원 내외이며 7년간 총 7~8조 원 규모의 배터리가 유럽 소재 현대차 공장으로 공급될 예정이다. 삼성SDI가 공급하는 제품은 현재 개발 중인 고성능 각형 배터리 P6이다. P6 배터리는 양극재의 니켈 비중을 91%까지 높이고, 음극재에는 독자적인 실리콘 소재를 활용하여 에너지밀도를 극대화함으로써 차량의 주행 가능 거리를 크게 향상한 제품이다. 중국 기업의 LFP(리튬·인산철) 배터리 저가 경쟁 속에서도 삼성SDI는 차세대 고부가가치 배터리인 P6를 공급하면서 프리미엄 배터리의 기술경쟁력 향상에 집중하는 독자적인 기업 전략을 추구하고 있다. CATL, BYD와 같은 중국 기업들은 대규모 투자와 생산 능력을 바탕으로 LFP 배터리 시장을 선도하고 있다. 2025년 1분기 글로벌 전기차 배터리 시장에서 중국 기업들이 전체의 67.5%를 차지하는 등 시장 장악력이 매우 높은 게 특징이다.

④ R&D 투자 및 역량 강화

삼성SDI의 R&D 투자비는 2020년 8,083억 원, 2021년 8,776억 원, 2022년 1조 764억 원으로 지속적으로 증가하고 있으며, 특히 2022년에는 투자 규모가 대폭 확대되었다. 2022년 기준 전기차 배터리 생산량은 85GWh에 달한다. 특허 보유 현황을 살펴보면, 2023년 2만 6,582건의 지적재산권을 보유하고 있다. 삼성SDI의 R&D 인력은 공개된 자료가 없어 전체 직원 수의 약 20%로 추산해 볼 수 있다. 삼성SDI 전체 직원 수는 2019년 1만 650명, 2020년 1만 1,066명, 2021년 1만 1,209명, 2022년 1만 1,502명으로 지속적으로 증가하고 있다. 이를 바탕으로 R&D 인력을 추산하면 2019년 약 2,130명, 2020년 약 2,213명, 2021년 약 2,241명, 2022년 약 2,300명으로 꾸준히 증가하고 있는 것으로 판단된다.

삼성SDI는 2023년 현재 전고체 배터리, 고효율 급속 충전, 혁신적 구조 설계, 안전 기술 등 배터리 산업의 첨단 기술을 선도하는 기업으로서 차별화된 기술경쟁력을 보유하고 있다. 삼성SDI의 전고체 배터리는 고체 전해질 소재 사용과 리튬 음극재 사용으로 배터리 수명을 개선한 무음극 기술(Anode-less)이 차별화된 특징이다. 삼성SDI는 국내 유일한 전고체 배터리 시험 생산라인을 준비 중이며, 이를 통해 2023년 하반기부터 시제품 샘플 제작을 시작하여 전고체 배터리 개발 완성도를 높이기 위한 다양한 검증을 진행할 계획이다. 무음극 기술의 가장 큰 장점은 에너지 밀도를 극대화할 수 있다는 점이다. 기존 음극재가 차지하던 부피와 무게를 줄이고, 리튬 금속 자체가 이론적으로 가장 높은 에너지 용량을 가지고 있기 때문에 배터리의 전체적인 에너지 밀도를 크게 높일 수 있다. 삼성SDI의 무음극 전고체 배터리는 에너지 밀도가 900Wh/L 수준을 구현하는 것으로 알려져 있다.

또한, 중국의 주력 배터리인 LFP 배터리 분야에도 새롭게 도전하여 2026년 양산을 목표로 하고 있으며, 이를 에너지저장장치(ESS) 또는 중저가용 전기차 배터리에 활용할 예정이다. 비록 중국 전기차 배터리 기업들에 비해 LFP 배터리 시장 진입이 다소 늦었지만, 원가경쟁력 확보를 통한 제품 최적화를 이룰 것으로 기대된다.

⑤ 최신 기술의 적용 사례

최근 삼성SDI의 배터리 신기술이 적용된 사례로는 볼보트럭의 'FM 일렉트릭'과 BMW의 '뉴 i7'이 대표적이다. BMW '뉴 i7'에는 삼성SDI의 Gen5(P5) 각형 배터리가 탑재되었다. Gen5(P5) 배터리는 니켈 함량 88% 이상의 하이니켈 양극재와 실리콘 음극재 기술이 융합되어 고에너지 밀도를 구현한 제품으로, BMW의 iX, i4 등 최신 전기자동차에도 널리 적용되고 있다.

또한 볼보트럭의 'FM 일렉트릭'은 한국에서 최초로 선보인 대형 전기 트럭으로 이 차량에는 삼성SDI의 원통형 배터리 약 28,000개가 탑재되었다. 이 배터리는 니켈 함량 91%의 하이니켈 양극재를 사용하여 고출력 성능을 실현했으며, 상용 트럭에 탑재되어 전기 상용차 시장의 새로운 가능성을 열고 있다.

### 무음극(Anode-less) 기술

일반적인 리튬이온 배터리는 충전 전에 이미 음극재(주로 흑연)가 존재한다. 하지만 '무음극(Anode-less)' 설계는 초기 배터리 조립 시 음극 활물질층이 따로 없는 구조를 말한다. 대신 충전 과정에서 양극에서 리튬 이온이 이동하여 음극 집전체(Collector) 위에 직접 쌓여(석출되어) 리튬 금속 음극이 형성된다. 삼성SDI는 전고체 배터리에 이 무음극(Anode-less) 설계를 적용하고 있다. 전고체 배터리는 액체 전해질 대신 고체 전해질을 사용하는데, 이 고체 전해질이 리튬 금속 음극을 사용할 때 발생할 수 있는 덴드라이트(Dendrite, 나뭇가지 형태의 리튬 결정체) 문제를 억제하는 데 도움이 된다.

### 에너지저장장치(ESS, Energy Storage System)

에너지저장장치는 거대한 배터리라고 보면 된다. 다양한 형태의 에너지를 저장했다가 필요에 따라 전기로 변환하여 공급하는 시스템 전반을 의미한다. 태양광이나 풍력 발전은 날씨나 시간에 따라 발전량이 불규칙한 단점이 있는데, ESS는 발전량이 많을 때 남는 전력을 저장했다가 발전량이 적을 때 방출하여 전력 공급을 안정화하는 데 기여한다.

# 3

# 중소기업의 ESG 도입 과제와 기회

## 1) 중견·중소기업 ESG 대응 현황 및 지원 체계

중견·중소기업은 ESG(환경·사회·지배구조) 대응에 있어 구조적인 어려움에 직면하고 있다. 이들 기업은 대기업에 비해 상대적으로 제한된 인력과 비용 등의 경영부담으로 인해 ESG 관련 활동을 체계적으로 추진하는 데 한계가 있다. ESG 전담 인력의 부족, 관련 전문지식의 부재, 그리고 ESG 시스템 구축을 위한 초기 투자비용의 부담 등이 주요한 장애요인으로 작용하고 있다.

그러나 최근 글로벌 비즈니스 환경의 변화로 인해 중견·중소기업의 ESG 대응 필요성이 급격히 높아지고 있다. 특히 공급망에 대한 ESG 평가가 확대되면서 대기업과의 거래관계를 유지하기 위해서는 ESG 기준을 충족해야 하는 상황이 되었다. 글로벌 원청기업들이 자사의 공급망 전반에 걸쳐 ESG 기준을 적용하고 있으며, 이는 중견·중소기업에게도 직접적인 영향을 미치고 있다.

수출기업의 경우 해외 바이어가 요구하는 ESG 요건에 집중하여 대응하고 있는 상황이다. 해외 시장에서의 경쟁력 확보를 위해서는 현지 바이어들의 ESG 기준을 만족시켜야 하며, 이는 단순한 선택사항이 아닌 필수조건이 되고 있다. 특히, 유럽연합의 탄소국경조정메커니즘(CBAM)과 같은 규제가 도입되면서 환경 관련 ESG 요건의 중요성이 더욱 부각되고 있다.

글로벌 원청기업들의 ESG 준수 요구가 지속적으로 강화되는 추세에 있어 수출기업들은 더욱 적극적인 대응이 요구되고 있다. 단순히 최소한의 요건을 충족하는 수준을 넘어서 선제적이고 체계적인 ESG 경영 체계를 구축해야 하는 상황에 직면해 있다. 이는 장기적인 경쟁력 확보와 지속가능한 성장을 위한 필수적인 과제로 인식되고 있다.

이러한 상황에서 각종 경제단체들은 기업의 ESG 대응을 지원하기 위한 다양한 활동을 전개하고 있다. 주요 경제단체들은 ESG 관련 위원회를 설립하여 정책 연구와 대안 마련에 나서고 있으며, 이를 통해 회원사들의 ESG 역량 강화를 지원하고 있다.

또한, ESG 관련 교육 프로그램과 포럼을 정기적으로 개최하여 기업들이 ESG 동향을 파악하고 실무진의 역량을 개발할 수 있는 기회를 제공하고 있다. 이러한 교육과 포럼은 ESG에 대한 기본적인 이해부터 실무적인 적용 방안까지 포괄적인 내용을 다루고 있어 중견·중소기업들에게 실질적인 도움이 되고 있다.

경제단체들의 이러한 지원 활동은 개별 기업이 혼자서는 해결하기 어려운 정보 부족과 전문성 부재 문제를 해결하는 데 중요한 역할을 하고 있다. 특히 ESG 관련 정보의 공유와 모범 사례의 확산을 통해 기업들의 ESG 대응 수준을 전반적으로 향상시키는 효과를 거두고 있다.

ESG에 대한 관심과 수요가 증가하면서 민간 컨설팅, 신용평가, 언론사 등이 ESG 컨설팅 및 평가 시장에 적극적으로 참여하고 있다. 국내 컨설팅 기관들은 ESG 전담 부서를 신설하거나 기존 부서를 확대하여 ESG 서비스 시장에서의 경쟁력 확보에 나서고 있다.

신용평가기관들 역시 기존의 재무적 평가에 ESG 요소를 통합한 새로운 평가 모델을 개발하고 있으며, 이를 통해 기업의 지속가능성을 보다 종합적으로 평가하는 서비스를 제공하고 있다. 언론사들도

ESG 관련 정보 제공과 평가에 적극적으로 참여하여 기업들의 ESG 활동에 대한 투명성을 높이는 역할을 하고 있다.

국내에서는 대표적으로 매년 한국기업지배구조원에서 상장회사를 대상으로 한 ESG 평가를 진행하고 있다. 이 평가는 국내 기업들의 ESG 수준을 객관적으로 측정하고 비교할 수 있는 기준을 제공하고 있으며, 기업들의 ESG 개선 노력을 촉진하는 중요한 동력으로 작용하고 있다. 한국기업지배구조원의 ESG 평가는 환경, 사회, 지배구조 각 분야별로 세분화된 평가지표를 통해 종합적인 평가를 실시하고 있으며, 이를 통해 기업들이 자신의 ESG 수준을 객관적으로 파악하고 개선점을 도출할 수 있도록 지원하고 있다.

삼일PwC는 기업들이 지속가능 보고서 작성 시 참고할 수 있는 'ESG 로드맵'을 발표하여 실무적인 가이드를 제공하고 있다. 이 로드맵은 보고서 반영, 이니셔티브 대응, 내부 고도화 순으로 단계적인 접근 방법을 제시하고 있어 기업들이 체계적으로 ESG 활동을 추진할 수 있도록 지원하고 있다.

이니셔티브 대응 단계에서는 국내외 주요 평가기관의 요구사항에 적극적으로 대응하는 전략 수립과 실천이 중요하다. 글로벌 ESG 이니셔티브와 평가 기준을 충족하기 위한 구체적인 실행 계획을 마련하고 이를 지속적으로 이행해야 한다. 내부 고도화 단계에서는 전사적인 통합적 ESG 정책 개발이 핵심 요소로 강조되고 있다. 기업윤리, 안전, 이사회 등에 대한 관리체계를 체계적으로 구축하고, 기후변화 관련 영향평가제도를 도입하여 ESG 리스크를 사전에 관리할 수 있는 체계를 마련해야 한다.

아울러 삼일PwC는 'ESG 보고서 작성을 위한 과정 개선과 관리'를 위해 '기술 검증 시스템(PoC, Proof of Concept)'을 도입한 플랫폼 구축의 필요성을 강조하였다. 이는 ESG 보고서의 신뢰성과 투명성을 높이고, 보고서 작성 과정의 효율성을 개선하기 위한 중요한 도구로 인식되고 있다.

기술 검증 시스템의 도입을 통해 기업들은 ESG 데이터의 정확성을 확보하고, 보고서 작성 과정에서 발생할 수 있는 오류를 최소화할 수 있을 것으로 기대된다. 또한 이러한 시스템은 ESG 보고서의 표준화와 비교가능성을 높이는 데도 기여할 것으로 전망된다.

## 2) 국내 중소기업 현황

국내에서 중소기업은 해당 업종의 평균 매출액 기준을 충족하고 자산총액이 5,000억 원 미만이어야 하며, 동시에 대기업 등으로부터 실질적인 독립성을 갖추고 있는 기업을 중소기업이라고 한다. 사실 중소기업의 가장 중요한 기준은 평균 매출액이다. 업종별로 설정된 평균 매출액 기준 이하이면서 동시에 자산총액이 5,000억 원 미만이어야 한다. 2015년 이후에는 상시 근로자 수나 자본금이 아닌 평균 매출액이 단일 기준으로 적용되고 있다.

평균 매출액은 사업 기간에 따라 계산 방식이 다르긴 하다. 업종별 평균 매출액 기준은 「중소기업기본법 시행령」 별표에 상세히 규정되어 있다. 예를 들어, 보건업 및 사회복지서비스업은 평균 매출액 600억 원 이하 등이 기준이다. 또한, 상한 기준으로, 업종에 관계없이 자산총액이 5,000억 원 미만이어야 한다.

중소기업의 에너지 사용량 측면을 살펴보면, 광업 분야에서 중소기업의 에너지 사용량은 138,300 toe로 집계되었으며, 이는 해당 산업 전체 사용량인 144,000 toe의 약 96%에 달하는 매우 높은 비중을 차지한다. 이는 광업 분야의 에너지 사용이 상당 부분 중소기업에 집중되어 있음을 시사한다. 제조업의 경우, 중소기업의 에너지 사용량은 28,290,500 toe로 광업 사용량과 비교하면 약 205배에 달하는 절대적인 규모를 보였다. 그러나 제조업 전체 사용량인 133,327,700 toe 대비 중소기업이 차지하는 비중은 약 21.2%로, 광업에서의 비중에 비하면 상대적으로 낮은 수준이다.

▼ 중소기업 광·제조업 에너지 사용량, 온실가스 배출량 현황

(단위: 1,000toe, 1,000tCO₂eq, %)

| 산업 대분류 | 에너지 사용량 | | | 온실가스 배출량 | | |
|---|---|---|---|---|---|---|
| | 총합 | 중소기업 사용량 | 비중 | 총합 | 중소기업 배출량 | 비중 |
| 광업 | 144.0 | 138.3 | 96.0 | 673.6 | 643.3 | 95.6 |
| 제조업 | 133,327.7 | 28,290.5 | 21.2 | 349,117.8 | 107,769.9 | 130.9 |

출처: 「중소기업 ESG 연구: 탄소중립을 중심으로」, 중소벤처기업연구원, 2021.

다음으로 온실가스 배출량 현황을 보면, 광업 분야 중소기업의 배출량은 643,300 tCO₂eq로 해당 산업 전체 배출량인 673.6 tCO₂eq의 약 95.6%에 달하여 에너지 사용 비중과 유사하게 광업 부문의 온실가스 배출 역시 대부분 중소기업에서 발생하고 있음을 알 수 있다. 제조업의 경우, 중소기업의 온실가스 배출량은 107,769,900 tCO₂eq로 광업 배출량의 약 168배에 달하는 큰 규모였다. 제조업 전체 배출량인 349,117,800 tCO₂eq와 비교했을 때 중소기업의 배출 비중은 약 30.9%이며, 이는 에너지 사용 비중보다 약 10%p가량 더 높은 수치다. 이는 제조업 중소기업의 단위 에너지 사용량 대비 온실가스 배출량이 비중 면에서 더 높을 수 있음을 보여준다.

산업별 에너지 사용 현황을 상위 5개 산업 기준으로 분석한 결과도 주목할 만하다. 전체 산업을 기준으로 했을 때 에너지 사용 열량이 많은 상위 5개 산업은 '코크스, 연탄 및 석유정제품 제조업', '1차 금속 제조업', '화학 물질 및 화학제품 제조업(의약품 제외)', '전자 부품, 컴퓨터, 영상, 음향 및 통신장비 제조업', '시멘트 제조업' 순이었다. 이들 산업의 총 에너지 사용량 중 중소기업이 사용하는 비중은 산업별로

6.9%에서 30.4%까지 다양하게 나타났으며, 시멘트 제조업에서 중소기업의 에너지 사용 비중이 가장 높았고, 코크스, 연탄 및 석유정 제품 제조업에서 낮았다.

▼ 에너지 사용 상위 5개 산업 및 중소기업 비중

(단위: 1,000toe, %)

| NO | 산업 중분류 | 열량 | 중소기업 비중 |
|---|---|---|---|
| 1 | 코크스, 연탄 및 석유정제품 제조업 | 37,076 | 6.9 |
| 2 | 1차 금속 제조업 | 33,815 | 7.6 |
| 3 | 화학 물질 및 화학제품 제조업; 의약품 제외 | 33,472 | 18.2 |
| 4 | 전자 부품, 컴퓨터, 영상, 음향 및 통신장비 제조업 | 5,055 | 10.1 |
| 5 | 시멘트 제조업 | 4,214 | 30.4 |

출처: 「중소기업 ESG 연구: 탄소중립을 중심으로」, 중소벤처기업연구원, 2021.

 기업 규모별로 에너지 사용량이 많은 상위 5개 산업을 구분하여 살펴보면 차이가 드러난다. 중소기업의 경우 '화학 물질 및 화학제품 제조업(의약품 제외)', '1차 금속 제조업', '코크스, 연탄 및 석유정제품 제조업', '식료품 제조업', '금속 가공제품 제조업(기계 및 가구 제외)' 순으로 에너지 사용량이 많다. 반면, 비중소기업의 경우 '코크스, 연탄 및 석유정제품 제조업', '1차 금속 제조업', '화학 물질 및 화학제품 제조업(의약품 제외)', '전자 부품, 컴퓨터, 영상, 음향 및 통신장비 제조업', '시멘트 제조업' 순이다.

 특히, 상위 5개 산업에 에너지 사용이 집중되는 정도를 보면, 중소기업은 해당 기업 집단 전체 에너지 사용량의 54.4%가 상위 5개 산업에 집중되어 있는 반면, 비중소기업은 무려 95.8%가 상위 5개 산업에 집중되어 있는 경향을 보인다. 이는 비중소기업이 특정 에너지 다소비 산업에 훨씬 더 밀집되어 있음을 나타내며, 중소기업은 상위 5개 산업 외 다른 다양한 산업에서도 상당량의 에너지를 사용하고 있다.

이러한 분석 결과는 국내 산업 부문의 탄소중립 전환에서 중소기업이 차지하는 비중과 중요성을 명확히 보여준다. 특히, 광업 분야에서는 절대적 비중을 차지하며, 제조업에서도 전체 산업의 20~30% 수준의 에너지 사용 및 온실가스 배출에 기여하고 있다. 이는 중소기업의 탄소중립 역량 강화와 전환 지원 없이는 국가 전체의 탄소중립 목표 달성이 어렵다.

최근의 탄소중립 정책 동향 역시 이러한 중소기업의 중요성을 인식하고 지원을 강화하는 방향으로 나아가고 있다. 2025년에도 중소기업을 대상으로 하는 탄소중립 설비투자 지원 사업이 추진되는 등 정부는 에너지 고효율 설비 도입, 탄소저감 설비 지원 등을 통해 중소기업의 온실가스 배출 감축 및 탄소 규제 대응력 강화를 돕고 있다. 또한, 산업 부문의 에너지 사용 및 온실가스 배출량에 대한 실태 조사를 지속적으로 수행하며, 중소기업을 포함한 다양한 주체의 참여와 데이터 기반 정책 수립의 중요성이 강조되고 있다.

이처럼 국내 산업의 탄소중립 전환은 대기업뿐만 아니라 광업 및 제조업 등 다양한 산업 분야에 분포된 중소기업의 참여와 노력이 필수적이며, 이를 위한 맞춤형 지원 정책과 실행 전략이 지속적으로 모색되고 있다.

**toe**

toe는 '톤의 석유를 연소시킬 때 발생하는 에너지'를 기준으로 한다. 즉, 1 toe는 원유 1톤이 연소될 때 발생하는 에너지와 같다. 국가 또는 산업 전체의 에너지 소비량을 측정하고 비교할 때 유용하고, 다양한 에너지원을 toe 단위로 환산하여 합산하면 총 에너지 소비량을 쉽게 파악할 수 있다.

**$tCO_2eq$**

$tCO_2eq$는 "톤 이산화탄소환산량(tonnes of carbon dioxide equivalent)"의 약자이다. 이는 다양한 종류의 온실가스가 지구 온난화에 미치는 영향을 단일한 기준으로 비교하기 위해 사용되는 단위로 쓰인다. 온실가스에는 이산화탄소($CO_2$) 외에도 메탄(CH4), 아산화질소(N2O), 수소불화탄소(HFCs), 과불화탄소(PFCs), 육불화황(SF6) 등 여러 종류가 있다. 이 가스들은 대기 중에 머무는 시간이나 열을 흡수하여 지구를 데우는 능력(온난화 효과)이 서로 다르다.

### 지구온난화지수(GWP)

각 온실가스에 "지구온난화지수(GWP, Global Warming Potential)"라는 가중치를 부여한다. GWP는 특정 온실가스가 이산화탄소와 비교하여 일정 기간(일반적으로 100년) 동안 지구 온난화에 미치는 상대적인 영향력을 수치로 나타낸다. 이산화탄소의 GWP는 1이다. 예를 들어, 메탄(CH4)의 100년 기준 GWP는 28이며, 이는 메탄 1톤이 이산화탄소 28톤과 같은 온난화 효과를 가진다는 의미한다.

# 2장
# 글로벌 기업의 기후위기 대응

# 글로벌 기업의 RE100, EV100 참여 현황

## 1) 에너지 전환과 RE100

RE100 영문 슬로건은 "RE100 is a global corporate leadership initiative committing the world's most influential businesses to run on 100% renewable electricity by 2050."이며, 이는 세계에서 가장 영향력이 있는 기업들이 주체라는 의미다.

RE100 이니셔티브는 2014년 뉴욕 기후주간에 탄소 공개 프로젝트 (CDP)와의 협력을 통해 더 클라이밋 그룹 주도로 창설되었다. 이 캠페인은 전 세계 모든 기업이 전력 사용량의 100%를 재생에너지로 전환하면 탄소 배출량을 약 15% 감축할 수 있으며, 탈탄소 사회로 나아가는 데 중요한 역할을 할 수 있다는 인식에서 출발했다.

2021년 4월 기준으로 RE100 이니셔티브에는 308개 기업이 가입하여 2050년까지 재생에너지 100% 사용 목표 달성을 위해 노력하고 있다. 이들 기업의 연간 전력 소비량은 약 315TWh에 달하며, 이는 2019년 기준으로 세계 11위 국가의 전체 전력 소비량과 유사한 수준이다. 2019년 연차 보고서에 따르면, RE100 회원사들의 100% 재생에너지 목표 달성 시점은 평균 2028년이며, 75%의 기업이 2030년까지 목표 달성을 계획하고 있다. 이미 53개 회사가 100% 재생에너지 사용을 달성했으며, 회원사의 44%가 공급망 내 기업들에게 재생에너지 사용을 권고하는 등 영향력을 확대하고 있다. 특히, 영향력이 큰 회사들을 중심으로 자체 제품 생산에 100% 재생에너지 사용을 약속받는 등 공급망에 대한 영향력과 리더십이 강화되고 있다.

국제에너지기구(IEA)의 전망에 따르면, 전 세계 전력 수요는 2024년 4.3% 증가했으며, 2027년까지 연평균 약 4% 성장할 것으로 예상한다. 이러한 전력 수요 증가는 주요 국가들의 전력 소비 증가, 전기화 가속, 기록적 폭염 등이 복합적으로 작용한 결과다. 특히, 전기차(EV) 확산도 주요한 전력 수요 증가 요인 중 하나로 꼽히고 있다.

▼ 2024년 세계 주요 국가 전기 소비량 현황

| 순위 | 국가 | 전기 소비량 (TWh) |
|---|---|---|
| 1 | 중국 | 8,540 |
| 2 | 미국 | 4,128 |
| 3 | 인도 | 1,463 |
| 4 | 러시아 | 1,026 |
| 5 | 일본 | 939 |
| 6 | 대한민국 | 587 |
| 7 | 브라질 | 583 |
| 8 | 캐나다 | 553 |

출처: World Population Review

위의 표를 보면, 캐나다, 브라질, 독일, 프랑스, 멕시코, 영국 등은 세계적으로도 전기 소비량이 많은 국가들에 해당하며, 순위는 조금씩 변동될 수 있으나 대체로 상위권에 속하는 주요 소비국들이다. RE100(재생에너지 100%)과 EV100(전기차 100%) 이니셔티브는 많은 양의 전력을 소비하거나 많은 차량을 운영하는 글로벌 기업들이 주도하고 있다. 상위 전력 소비국들은 대규모 산업 시설이나 많은 인구를 보유하고 있어 기업들의 활동 규모가 크고, 이는 곧 RE100 및

EV100 이행 여부가 해당 국가의 총 에너지 소비 및 탄소 배출 감축 목표 달성에 상당한 영향을 미친다는 것을 의미한다.

### ① RE100: (Renewable Electricity 100%)

세계적으로 전력을 많이 소비하는 중국, 미국, 인도, 한국, 일본 등 상위 소비국들의 기업들이 RE100에 적극적으로 참여하는 것은 글로벌 재생에너지 전환 목표 달성에 매우 중요하다. 이들 국가의 기업들이 재생에너지 사용을 늘릴수록 전 세계 재생에너지 시장 확대와 탄소 배출 감축에 크게 기여할 수 있다.

RE100은 기업이 사용하는 전력의 100%를 태양광, 풍력 등 재생에너지로 충당하겠다는 글로벌 캠페인이다. 더 클라이밋 그룹(The Climate Group)이 주도한다. 2024년 6월 기준으로 전 세계적으로 약 430여 개 기업이 RE100에 가입했다. 한국 기업으로는 2024년 6월 기준 삼성, 현대, LG 등 주요 기업을 포함하여 총 36개 기업이 글로벌 RE100에 참여 중이다. 카카오, 네이버, 신한금융그룹, 롯데웰푸드 등 다양한 분야의 기업들이 포함되어 있다.

### ② EV100: (Electric Vehicles 100%)

전기차로의 전환은 전력 소비량 증가를 동반하지만, 궁극적으로는 운송 부문의 탄소 배출을 줄이는 데 기여한다. 미국, 중국, 독일 등 자동차 산업이 발달했거나 전기차 보급률이 높은 국가들의 기업들이 EV100에 참여하는 것은 글로벌 운송 부문의 친환경 전환을 가속화하는 효과가 있다.

EV100은 기업이 소유하거나 임대한 차량(주로 3.5톤 미만의 승용 및 소형 상용차)을 2030년까지 100% 친환경 전기차로 전환하고, 임직원을 위한 전기차 충전 인프라를 구축하겠다는 글로벌 캠페인이다. 이 역시 더 클라이밋 그룹이 주도한다.

EV100에 참여하는 글로벌 기업의 수는 RE100에 비해 적은 편이지만 꾸준히 늘고 있다. 2024년 6월 현재 기준으로 약 130개 이상의 기업이 가입하여 활동하고 있다. RE100과 마찬가지로 한국 기업들도 EV100에 참여하고 있다. SK그룹(SK E&S, SKT, SK하이닉스 등 계열사 동시 가입), 현대자동차그룹 등이 대표적이다.

전기 소비량은 각국의 산업 활동, 인구 규모, 기후 조건 및 에너지 효율 정책 등 다양한 요인에 의해 영향을 받으며, 특히 RE100과 같은 재생에너지 전환 이니셔티브와 EV100과 같은 전기차 보급 확산 노력은 향후 국가별 에너지 믹스와 총 전력 소비량 변화에 영향을 받는다.

RE100 캠페인은 기업이 필요한 전력량의 100%를 태양광, 풍력 등 친환경 재생에너지원으로 사용하겠다는 기업들의 자발적인 글로벌 재생에너지 이니셔티브이다. 2014년 CDP(탄소 공개 프로젝트)와 비영리 단체 '더 클라이밋 그룹'이 주도하여 시작되었으며, 파리협정의 성공을 지지하기 위한 캠페인으로 출발했다.

CDP가 인정하는 친환경 발전원은 풍력, 태양광·태양열, 지속가능한 수력발전, 지속가능하게 공급되는 바이오매스(바이오가스 포함)이다. RE100 참여 기업은 연간 전력소비량이 100GWh 이상이거나 Fortune 1,000대 기업과 같은 글로벌 위상을 가진 기업을 대상으로 하며, 2050년까지 100% 재생에너지 사용을 목표로 한다. 연도별 목표는 기업이 자율적으로 수립하되, 2030년까지 60%, 2040년까지 90% 이상의 달성을 권고하고 있다. 2024년 6월 기준으로 전 세계적으로 432개 기업이 RE100에 가입했으며, 이들 회원사의 총 수익은 6조 6,000억 달러를 넘어 전 세계 전력 소비량의 약 1.5%를 차지한다.

2025년 현재, RE100 회원사는 500개를 넘어섰으며, 글로벌 기업들의 재생에너지 조달은 더욱 가속화되고 있다. 최근 발표된 RE100 연례 보고서에 따르면, 회원사들의 평균 재생에너지 사용률은 2023년 기준 67%에 도달했으며, 80개 이상의 기업이 이미 100% 재생에너지 사용 목표를 달성했다.

또한, 최근에는 RE100을 넘어 'RE200'과 'RE24/7' 같은 새로운 움직임이 등장하고 있다. RE200은 기업이 사용하는 전력량의 200%를 재생에너지로 조달하겠다는 이니셔티브로, 구글, 마이크로소프트 등 일부 선도 기업들이 자사의 탄소 중립을 넘어 탄소 네거티브(Carbon Negative) 목표를 위해 참여하고 있다. RE24/7은 하루 24시간, 일주일 내내 모든 시간대에 재생에너지로 전력을 공급받겠다는 더 도전적인 목표를 제시한다.

2025년 현재, 한국 기업은 45개 사가 RE100에 가입했으며, 이는 2024년 6월의 36개 사에서 크게 증가한 수치다. 주요 참여기업으로는 현대·기아자동차, 삼성전자, SK그룹, LG전자, KB금융그룹, 신한금융그룹, 롯데케미칼, 포스코, 네이버, 한화그룹 등이 있다.

한국 정부는 2021년 1월부터 K-RE100을 도입하여 기업이 재생에너지를 선택적으로 구매할 수 있도록 했다. 이행 방법으로는 녹색 프리미엄, REC 구매, 제3자 PPA, 직접 PPA, 지분투자 및 자체 건설 등이 있다.

최근 데이터에 따르면, 한국 기업들의 K-RE100 참여는 꾸준히 증가하고 있으나, 여전히 재생에너지 조달에 어려움을 겪고 있다. 2024년 기준, 한국의 재생에너지 발전량 비중은 10.5%로 증가했지만, 여전히 글로벌 평균에 비해 낮은 수준이다.

한국은 지리적, 경제적 제약으로 인해 RE100 이행에 어려움을 겪고 있다. '세계 태양광과 풍력 안정성의 지리적 제약' 연구에서 한국은 42개국 중 마지막 순위를 차지했으며, CDP 보고서에서도 한국은 재생에너지 조달이 가장 도전적인 시장 중 하나로 지적된다.

그럼에도 불구하고, 최근 한국 정부는 재생에너지 확대를 위한 정책적 지원을 강화하고 있다. 특히 해상풍력과 태양광 발전에 대한 투자를 확대하고, 기업들의 RE100 참여를 지원하기 위한 인센티브를 확대하고 있다. 또한, 2025년부터는 RE100 이행을 위한 국가 간 재생에너지 인증서(I-REC) 거래를 활성화하는 방안도 추진 중이다. RE100은 더 이상 선택이 아닌 글로벌 시장에서의 생존을 위한 필수 요소로 자리 잡고 있으며, 한국 기업들도 이에 적극적으로 대응하기 위한 노력을 지속하고 있다.

▼ 글로벌 RE100과 K-RE100 비교

| 구분 | 글로벌 RE100 | K-RE100 |
|---|---|---|
| 참여대상 | • 연간 100GWh 이상 전력 소비 기업 또는 Fortune지 선정 1000대 기업 등 영향력 있는 기업 | • 산업용, 일반용 전기 소비자<br>- 1연간 전력소비량 제한 없이 중소, 중견기업, 공공기관, 지자체 등 누구나 참여 가능 |
| 이행수단 | • 인증서 구매, 전력회사와 녹색 전력 구매계약 체결, PPA, 자가설비 등 | • REC 구매, 녹색프리미엄, 제3자 PPA, 지분 참여, 자가설비 |
| 이행목표 | • 2050년까지 100%이행,<br>• 2030년 60%, 2040년 90% 이행목표 권고 | • 2050년까지 100% 이행 목표설정 권고, 중간목표는 자발적 설정 |
| 이행범위 | • 전 세계 보유 사업장 | • 국내 보유 사업장 |
| 이행보고 | • 연 1회 CDP에 재생에너지 사용 실적 보고 | • K-RE100 관리시스템에 실적 등록 후 재생<br>• 에너지 사용확인서를 발급받아 실적 인정 |
| 활용 | • 글로벌 RE100 선언 및 대외 홍보 | • 국내 RE100 선언 및 대외홍보, 온실가스 감축 실적 활용, 글로벌 RE100 실적 활용 |

## 2) RE100 가입기준과 기술기준

RE100 가입 기준에 따르면, 이 이니셔티브는 전력량의 100%를 재생에너지로 사용하기로 약속한 세계적으로 영향력 있는 기업들의 모임이다. RE100은 영향력 있는 기업들이 재생에너지 사용을 선도하여 시장과 정부 정책에 강력한 메시지를 전달하고, 공급망 전반에 걸쳐 재생에너지로의 전환을 이끄는 리더십을 보여줌으로써 다른 기업들에게 파급 효과를 창출하는 것을 목표로 한다. 캠페인에 참여하려는 기업은 정해진 핵심 기준을 충족해야 한다.

RE100 기술 기준은 RE100 이행을 위해 재생에너지 전력으로 인정되는 범위와 요건을 규정하고 있다. 이 기준은 100% 재생에너지 전력 사용 목표를 달성하기 위해 기업들이 활용할 수 있는 다양한 방법과 필요한 기본 사항들을 제시한다. 재생에너지 전력 시장은 역동적이며 국가별 상황이 다르기 때문에 RE100 기술 자문 그룹은 운영위원회 및 참여 기업들과 협의하여 새로운 모범 사례 및 기준을 반영하여 기술 기준을 설정하고 있다. RE100에서 재생에너지로 인정하는 발전원은 바이오매스(바이오가스 포함), 지열, 태양광 및 태양열, 수력, 풍력이다. RE100 참여 기업들은 이러한 인정된 방법들을 통해 100% 재생에너지 전력 사용 목표를 달성할 수 있다.

▼ RE100 인정을 위한 기술 기준

| 기준 | 세부 내용 |
| --- | --- |
| 기업 소유의 발전설비에서 발전 | 발전설비가 소내에 있든 소외에 있든 계통에 연계되어 있든 완전한 독립 형이든 상관없이, 기업이 소유한 발전설비에서 재생에너지 전력을 생산하는 경우 |
| 공급업체가 소유한 소내 발전설비에서 구매 | 공급업체가 소유·운영하는 소내 발전설비에서 전력을 생산하고, 이것을 기업에서 소비하는 경우· 이 경우 공급업체와 맺은 전기공급계약 필요 |

| 기준 | 세부 내용 |
|---|---|
| 송전선로가 없는 소외 발전기까지 직접 선로 연결 | 제3자가 소유·운영하는 소외 발전설비에서 발전되어, 계통을 통한 송전 없이 직접 선로를 통해 기업에 재생에너지 전력이 공급되는 경우· 프로젝트 소유자와 운영자 간의 전기공급계약 필요 |
| 소외 계통연계 발전기에서 직접 조달 | PPA(Power Purchase Agreement)· 재생에너지로 입증된 특정 재생에너지 프로젝트에서 발전된 전력구매를 보장하며 일반적으로 물리적 PPA와 가상 PPA 활용10) |
| 공급업체와 계약(녹색전력) | 전력공급사가 보유한 일부 재생에너지 중 일정량을 재생에너지로 지정하여 공급 계약하는 경우· 녹색 전기요금으로 알려져 있으며 소비자에게 제공되는 재생에너지 전력의 양과 질에 따라 프리미엄을 지급할 수 있음 |
| 독립형 재생에너지 인증서 구매 | 동일한 시장권에 있는 재생에너지 발전소에서 발급한 재생에너지 인증서를 취득· 예시) RECs(북미), Guarantees of Origin(유럽)과 같은 unbundled 인증서 구매 |
| 기타 | 상기 내용 중 어디에서 속하지 않는 사례는 RE100 기술자문 그룹에서 검토하고 RE100 운영위원회에서 자격 여부를 결정 |

# 탄소중립 선도 기업과 ESG 경영 우수 사례

기후변화 대응이 전 세계적인 과제로 부상하면서 많은 글로벌 기업들이 탄소중립 달성을 위한 혁신적인 노력을 펼치고 있다. 이들 선도 기업들은 단순한 환경 보호를 넘어서 지속가능한 비즈니스 모델을 구축하고, 산업 전반의 패러다임 변화를 이끌어내고 있다. 여기서는 탄소중립 달성에 있어 특히 주목받는 5개 글로벌 기업의 우수 사례를 살펴보고자 한다.

## 1) 마이크로소프트(Microsoft)

마이크로소프트는 2020년 야심찬 기후 변화 대응 계획을 발표하며 업계에 큰 파장을 일으켰다. 마이크로소프트는 2030년까지 탄소 음성(carbon negative)을 달성하겠다고 선언했으며, 이는 단순히 탄소중립을 넘어서 실제로 대기 중 이산화탄소를 제거하겠다는 의미이다. 더 나아가 2050년까지는 1975년 창립 이후 배출한 모든 탄소를 제

거하겠다는 획기적인 목표를 설정했다.

마이크로소프트의 탄소중립 전략은 크게 세 가지 축으로 구성된다. 첫째, 재생에너지로의 전환이다. 회사는 2025년까지 전 세계 모든 데이터센터와 사무실에서 100% 재생에너지를 사용하겠다고 공약했다. 둘째, 에너지 효율성 향상이다. 데이터센터의 냉각 시스템 최적화, AI를 활용한 에너지 관리 시스템 도입 등을 통해 에너지 소비를 크게 줄이고 있다. 셋째, 탄소 포집 기술에 대한 대규모 투자이다. 마이크로소프트는 10억 달러 규모의 기후 혁신 기금을 조성하여 탄소 제거 기술 개발에 투자하고 있다.

특히, 주목할 점은 마이크로소프트가 자사의 클라우드 서비스인 Azure를 통해 다른 기업들의 탄소중립 달성을 지원하고 있다는 것이다. AI와 머신러닝 기술을 활용한 에너지 최적화 솔루션을 제공함으로써, 전 산업의 탄소 배출 감축에 기여하고 있다. 이러한 노력의 결과로 마이크로소프트는 2012년부터 탄소중립을 유지하고 있으며, 현재는 탄소 음성 달성을 위한 구체적인 실행 계획을 추진 중이다.

▼ 마이크로소프트의 탄소 네거티브 목표와 관련된 주요 내용

| 항목 | 목표 | 내용 | 달성 시점 | 최신 현황 |
|---|---|---|---|---|
| 주 목표 | 탄소 네거티브 달성 | 운영 과정에서 배출하는 탄소보다 더 많은 양을 제거 | 2030년 | 운영 배출량 감축 및 전략적 투자를 통한 탄소 제거 노력 지속 |
| 장기 목표 | 창립 이후 모든 배출 탄소 제거 | 1975년 창립 이후 직간접적으로 배출한 모든 탄소 제거 | 2050년 | 목표 달성을 위한 다양한 활동 및 투자 진행 중 |
| 핵심 목표 분야 | (복합적 목표) | 탄소 네거티브, 물 포지티브, 폐기물 제로, 생태계 보호 | 각 목표별 상이 | 2025 환경 지속가능성 보고서 등을 통해 각 분야별 진전 상황 공유 |

| 항목 | 목표 | 내용 | 달성 시점 | 최신 현황 |
|---|---|---|---|---|
| 최근 주요 성과 | 탄소 제거량 증대 | 2024 회계년도(FY24)에 약 2,200만 미터톤의 탄소 제거 계약 체결 | 2024 회계년도 | 2025 환경 지속가능성 보고서에 주요 성과 내용 포함 |
| 재생 에너지 목표 | 전력 소비량 100% 재생에너지 조달 | (구체적인 내용 없음) | 2025년 | 목표 달성 궤도에 있으며, 2025년 목표 달성이 예상됨 |

마이크로소프트는 2030년까지 탄소 네거티브를 달성하고, 더 나아가 2050년까지 창립 이후 배출한 모든 탄소를 제거하겠다는 장기 목표를 설정하고, 이를 위해 운영 효율성 증대, 재생에너지 사용 확대, 직접적인 탄소 제거 기술 투자 등 다방면으로 노력하고 있다. 이러한 목표 설정과 실행은 기업의 지속가능 경영 및 기후 변화 대응에 있어 중요한 선례가 되고 있다.

마이크로소프트는 2020년에 기후 관련 혁신을 촉진하기 위해 10억 달러(약 1조 3천억 원) 규모의 기후 혁신 기금(CIF)을 조성하겠다고 발표했다. 이 기금은 마이크로소프트 자체 운영 범위를 넘어서는 혁신 기술에 전략적으로 투자하는 것을 목표로 한다. 2025년 환경 지속가능성 보고서에 따르면, 현재까지 CIF를 통해 상업용 직접 공기 포집(DAC) 기술, 지속 가능한 항공 연료(SAF), 산업 탈탄소화 등 혁신적인 기후 기술에 7억 9,300만 달러 이상의 자본이 투자되었다.

이 투자는 청정 에너지(CFE), 지속 가능한 연료, 탄소 제거, 첨단 건축 자재 등 63개 이상의 다양한 분야에 걸쳐 이루어졌다. 마이크로소프트는 대기 중 탄소를 직접적으로 제거하는 기술에 대한 투자를 확대하고 있으며, 이를 위해 다양한 기업과 파트너십을 맺고 있다. 특히, BECCS(바이오에너지 탄소 포집 및 저장) 기술을 활용하는 Atmos Clear와 675만 미터톤의 $CO_2$를 제거하는 계약을 체결하는 등 대규모

탄소 제거 계약을 통해 이 분야에서 선도적인 역할을 하고 있다. 이는 탄소 제거 시장에서 기록적인 규모의 계약으로 알려져 있다.

마이크로소프트는 AI 기반 플랫폼과 데이터 분석 역량을 활용하여 고객 및 파트너들이 탄소 배출 데이터를 중앙 집중화, 분석 및 활용할 수 있도록 돕고 있다. 일례로 마이크로소프트의 지원을 받는 하우덴 복원력연구소(Howden Resilience Laboratory)와 플래니터리 컴퓨터(Planetary Computer)는 기술 및 데이터 플랫폼을 사용하여 투자자들이 중요 인프라에 대한 기후 위험을 이해하고 복원력을 개선하며 정보에 기반한 의사결정을 내릴 수 있도록 지원하고 있다.

## 2) 애플(Apple)

애플은 2030년까지 전체 비즈니스에서 탄소중립을 달성하겠다고 선언하며, 제품 설계부터 제조, 운송, 사용, 재활용에 이르는 전 과정에서 혁신적인 접근법을 보여주고 있다. 애플의 탄소중립 전략은 특히 순환 경제(circular economy) 개념을 제품 설계와 제조 과정에 완전히 통합했다는 점에서 주목받고 있다.

애플의 가장 혁신적인 성과 중 하나는 재활용 로봇 '데이지(Daisy)'의 개발이다. 이 로봇은 시간당 200대의 아이폰을 분해하여 14종류의 소재를 추출할 수 있으며, 이를 통해 새로운 제품 제조에 필요한 원자재 채굴을 크게 줄이고 있다. 또한 애플은 2018년부터 전 세계 모든 사업장에서 100% 재생에너지를 사용하고 있으며, 공급업체들도 2030년까지 100% 재생에너지 사용을 약속하도록 하고 있다.

제품 설계 측면에서 애플은 재활용 소재 사용을 지속적으로 확대하고 있다. 최신 맥북 에어는 100% 재활용 알루미늄으로 제작되며, 아이폰에는 재활용된 텅스텐과 희토류 원소가 사용된다. 또한 제품 포장재에서 플라스틱을 완전히 제거하고 재활용 종이와 목재섬유로 대체했다. 이러한 노력을 통해 애플은 2015년 대비 탄소 발자국을 75% 줄이는 성과를 거두었으며, 나머지 25%는 탄소 제거 프로젝트를 통해 상쇄할 계획이다.

▼ 애플의 순환 경제 모델 완성 목표와 주요 내용

| 항목 | 목표 | 내용 | 달성 시점 | 주요 진전 및 계획 |
|---|---|---|---|---|
| 순환 경제 비전 | 완전한 순환 경제 실현 | 제품 및 공급망 전반에서 자원 낭비를 없애고 자원 순환 시스템 구축 | 장기 목표 (2030년 이후) | 2030년까지의 탄소 중립 목표와 함께 순환 경제 모델 구축 노력 지속 |
| 핵심 소재 100% 재활용 | 특정 핵심 소재 100% 재활용 사용 | 애플이 설계하는 배터리에 100% 재활용 코발트 사용 기기 자석에 100% 재활용 희토류 금속 사용 | 2025년 | 목표 달성을 위한 공정 개선 및 기술 개발 진행 중 |
| 재활용 및 재생 가능 소재 확대 | 제품 전반에 걸쳐 재활용 및 재생 가능 소재 사용 극대화 | 제품에 사용되는 알루미늄, 금, 주석 등 다양한 소재의 재활용/재생 가능 비중 지속적 증대 | 지속적인 노력 | 이전보다 훨씬 많은 재활용 및 재생 가능 소재를 제품에 사용 |
| 제품 설계 혁신 | 내구성 강화 및 재활용 용이성 개선 | 제품을 더 오래 사용할 수 있도록 견고하게 설계하고, 수리 및 재활용이 쉽도록 구조 개선 | 지속적인 노력 | 제품 수명 연장 및 자원 회수 효율성 향상 도모 |

| 항목 | 목표 | 내용 | 달성 시점 | 주요 진전 및 계획 |
|---|---|---|---|---|
| 순환 공급망 구축 | 재활용 소재 기반의 생산 시스템 구축 | 사용 후 제품으로부터 고품질 재활용 소재를 회수하고, 이를 다시 새로운 제품 생산에 활용하는 시스템 구축 | 지속적인 노력 | 공급망 내에서 재활용 및 재생 가능 소재 소싱을 확대 |
| 탄소 중립 연계 | 제품 및 운영의 탄소 중립 달성 | 제조 및 제품 판매 운영에서 배출되는 탄소 순배출량 제로화 | 2030년 | 탄소 배출 감축 노력과 순환 경제 모델을 통한 자원 효율성 증대가 상호 시너지 효과 창출 |

애플은 2030년까지 제품 생산 및 사용으로 인한 탄소 배출량을 줄이는 것과 더불어, 2025년까지 배터리에 100% 재활용 코발트를 사용하는 등 구체적인 순환 경제 목표를 설정하고 이를 달성하기 위해 노력하고 있다. 이러한 활동은 단순히 환경적 책임을 넘어 자원 제약 시대에 지속 가능한 비즈니스 모델을 구축하는 핵심 전략으로 평가받고 있다.

애플이 순환 경제를 위해 중점적으로 추진하는 주요 친환경 정책들을 펼친다. 애플은 제품을 처음부터 더 오래 사용할 수 있도록 견고하게 설계하는 데 중점을 둔다. 제품의 수명이 길어지면 교체 주기가 늦춰져 자원 소비를 줄이는 효과가 있다. 또한, 제품을 분해하고 소재를 회수하기 쉽게 설계하여 수리 및 재활용 공정을 효율화하고 있다. 이는 사용 후 제품에서 더 많은 고품질 재활용 소재를 얻는 데 기여한다.

새로운 제품 생산에 사용되는 소재 중 재활용 또는 재생 가능한 소재의 비중을 지속적으로 늘리고 있다. 특히, 제품 케이스에 100% 재활용 알루미늄을 사용하는 것과 같은 구체적인 목표를 설정하고 달성하고 있다. 배터리에 사용되는 코발트, 기기 자석에 사용되는 희토류 금속 등 핵심 소재에 대해 2025년까지 100% 재활용 소재만 사용하겠다는 목표를 설정하고 추진하고 있다.

　소비자가 사용한 제품을 쉽게 반납하고 재활용할 수 있도록 다양한 회수 프로그램을 운영하고 있다. 이러한 프로그램을 통해 회수된 제품에서 고가의 소재들을 분리하고 재활용하여 새로운 제품 생산에 다시 활용하는 순환 시스템을 구축하고 있다. 제품 제조 및 운송 과정에서 발생하는 탄소 배출량을 줄이기 위해 공급업체와 협력하여 재생에너지 사용을 확대하고 있다. 이는 제품 생산에 필요한 에너지를 청정 에너지로 전환함으로써 순환 경제 과정에서 발생하는 환경 영향을 줄이는 데 기여한다.

## 3) 구글(Google)

Google

　구글은 2007년부터 탄소중립을 실현해온 선구자로, 현재는 2030년까지 24시간 7일 무탄소 에너지로 운영되는 것을 목표로 하고 있다. 구글의 접근법은 AI와 머신러닝 기술을 활용한 에너지 효율성 극대화에 초점을 맞추고 있다.

　구글의 대표적인 성과는 딥마인드(DeepMind) AI를 활용한 데이터센터 냉각 시스템 최적화이다. 이 시스템은 실시간으로 온도, 습도, 전력 사용량 등 수백 개의 변수를 분석하여 냉각 효율을 최적화함으로써 에너지 사용량을 40%까지 줄였다. 또한 구글은 전 세계에서 가장 큰 재생에너지 구매자 중 하나로, 2010년부터 누적 10GW 이상의 재생에너지를 확보했다.

　구글의 또 다른 혁신은 '탄소 인텔리전트 컴퓨팅' 플랫폼의 개발이다. 이 시스템은 전 세계 데이터센터의 전력 공급원과 탄소 집약도를 실시간으로 모니터링하여, 가장 깨끗한 에너지가 사용 가능한 시간과 장소로 컴퓨팅 작업을 자동으로 이동시킨다. 이를 통해 같은 작업을 수행하면서도 탄소 배출량을 크게 줄일 수 있게 되었다. 구글은 이러한 기술을 클라우드 고객들에게도 제공하여, 전 산업의 탄소 효율성 향상에 기여하고 있다.

▼ 구글의 AI 활용과 관련 사례

| 주요 영역 | AI 활용 내용 | 목표 및 성과 | 관련 사례·기술 |
| --- | --- | --- | --- |
| 데이터센터 에너지 효율 | AI 기반 냉각 시스템 최적화 | 데이터센터 냉각 시스템의 에너지 사용량을 크게 줄임 | 딥 마인드(DeepMind)의 머신 러닝 알고리즘 적용 |
| 전력망 안정성 및 효율 향상 | 전력 수요 예측 및 전력망 운영 최적화 모델링 | 지역 간 전력 수급 불균형 해소 고려, 전력망 안정성 확보에 기여 | '국가 AI 컴퓨팅센터' 계획 등 전력 수요 예측 및 입지 로드맵에 AI 활용 (한국 사례 포함) |
| 산업 부문 에너지 최적화 | 탄소 인식형 인프라 구축<br>전기요금 예측 모델링<br>제조 공정 단계의 기후 중립 전환 지원 | 산업 현장의 에너지 사용 최적화 및 탄소 배출 감축 지원 | 다양한 산업 공정 및 인프라에 AI 기술 적용 |
| AI 모델의 에너지 소비 관리 | AI 학습 및 운영에 사용되는 에너지 관리 및 최적화 | AI의 에너지 사용량 증가에 대처하며 온실가스 감축 노력 병행 | 지속 가능한 AI 운영 방안 모색 |
| 재생에너지 통합 | 재생에너지 발전 예측 및 전력망 연계 최적화 지원 | 청정 에너지 사용 확대 및 안정적인 전력 공급 기여 | 데이터센터와 발전소 인접 배치 등 인프라 최적화 계획 |

| 주요 영역 | AI 활용 내용 | 목표 및 성과 | 관련 사례·기술 |
|---|---|---|---|
| 기후 기술 스타트업 지원 | AI 기반 에너지 및 기후 기술 스타트업 발굴 및 육성 | 혁신적인 기후 기술 생태계 조성 및 확산 | 관련 스타트업 지원 프로그램 운영 |
| 정책 및 로드맵 제시 | AI 활용 탄소중립 달성을 위한 정책 제안 및 로드맵 발표 | 유럽연합(EU) 등 주요 지역의 탄소중립 목표 달성을 위한 AI 활용 방안 제시 | 2050년 EU 탄소중립 달성 위한 AI 정책 로드맵 발표 |

구글은 AI 기술을 자사 운영에 적용하여 에너지 효율을 높이는 것에서 나아가, AI 기술 자체를 에너지 및 기후 변화 문제 해결을 위한 도구로 활용하고 있다. 데이터센터 운영 최적화, 전력망 관리, 산업 효율성 향상 등 다양한 영역에서 AI의 가능성을 탐구하고 있으며, 이를 통해 탄소 배출을 줄이고 지속 가능한 에너지 시스템 구축에 기여하고자 했다.

AI 기반 에너지 최적화가 구글의 탄소 배출 감축에 영향을 미치는 주요 경로가 있었다. 구글의 데이터센터는 막대한 양의 에너지를 소비하는데, AI는 이 데이터센터의 냉각 시스템 및 기타 운영 요소를 실시간으로 분석하고 최적의 상태로 조정한다. AI를 통해 불필요한 에너지 낭비를 줄임으로써 데이터센터의 에너지 효율성이 크게 향상된다. 이는 데이터센터 운영에 필요한 총 전력 사용량을 감소시키고, 결과적으로 해당 전력을 생산할 때 발생하는 온실가스 배출량(주로 Scope 2 배출량)을 직접적으로 줄이는 효과로 이어진다.

AI는 전력 수요와 재생에너지 발전량(태양광, 풍력 등)을 보다 정확하게 예측하고, 이를 바탕으로 전력망 운영을 최적화하는 데 활용될 수 있다. 이를 통해 재생에너지 발전이 가능한 시간대에 해당 에너지를 더 효율적으로 사용하고, 화석 연료 기반 발전 의존도를 낮추는 데 기여한다. 이는 전체 전력 시스템의 탄소 집약도를 낮추는 효과를 가져온다.

AI 모델 자체를 학습시키고 운영하는 데에도 상당한 에너지가 소요한다. 구글은 AI 알고리즘과 하드웨어(TPU 등)의 에너지 효율성을 높이는 연구를 지속하고 있다. 이는 AI 기술의 발전과 확산으로 인한 에너지 사용량 증가에 대응하고, AI 활동으로 인한 탄소 발자국 증가를 억제하려는 노력 중이다.

이처럼 구글의 AI 기반 에너지 최적화 기술은 주로 데이터센터 및 운영 인프라의 에너지 소비량을 줄이고, 전력 시스템 내에서 재생에너지 사용을 촉진함으로써 구글의 직간접적인 탄소 배출량을 감축하는 데 중요한 역할을 하고 있다. 이는 구글이 2030년까지 운영 전반에서 24시간 무탄소 에너지 사용을 달성하고, 2050년까지 순 배출량 제로를 목표로 하는 데 있어 핵심적인 기술 기반 중 하나다.

### 4) 아마존(Amazon)

**amazon**

아마존은 2040년까지 탄소중립을 달성하겠다는 '기후 서약(Climate Pledge)'을 발표하며, 파리협정 목표보다 10년 앞선 일정을 제시했다. 전 세계 최대 온라인 쇼핑몰이자 클라우드 서비스 제공업체인 아마존의 탄소중립 노력은 특히 재생에너지 투자와 물류 시스템 혁신에 집중되어 있다.

아마존은 현재 전 세계에서 가장 큰 재생에너지 투자자 중 하나로, 2022년 기준 20GW 이상의 풍력 및 태양광 발전 용량을 확보했다. 회사는 2025년까지 모든 사업 운영을 100% 재생에너지로 전환할 계획이며, 이미 2020년 목표였던 80%를 2년 앞당겨 달성했다. 또한 아마존은 기후 서약 기금을 통해 100억 달러를 투자하여 탄소 제거 기술과 청정 기술 스타트업을 지원하고 있다.

물류 부문에서 아마존의 혁신은 특히 주목할 만하다. 회사는 '배송 제로(Shipment Zero)' 프로그램을 통해 2030년까지 모든 배송의 50%를 탄소중립으로 전환하겠다고 약속했다. 이를 위해 10만 대의 전기 배송 차량을 주문했으며, 무인 배송 드론과 자율주행 차량 기술 개발에도 투자하고 있다. 또한 패키징 최적화를 통해 포장재 사용량을 줄이고, 재활용 가능한 소재로 전환하는 노력도 지속하고 있다.

▼ 아마존의 대규모 재생에너지 투자 및 물류 혁신

| 주요 영역 | 주요 내용 | 목표 및 성과 | 관련 사례/기술 |
|---|---|---|---|
| 대규모 재생에너지 투자 | 전 세계 사업장 운영 전력의 재생에너지 전환 | 운영에 필요한 전력 100%를 재생에너지로 조달 목표 2022년 목표 달성 | 대규모 태양광 및 육상 풍력 발전소 직접 투자 또는 장기 구매 계약 체결<br>전 세계적으로 수백 개의 재생에너지 프로젝트 운영 및 개발 참여 |
| 물류 혁신 및 효율화 | 라스트마일 배송 차량의 전기차 전환 | 2040년까지 넷제로 탄소 달성 목표(The Climate Pledge) 배송 효율성 향상 통한 탄소 배출량 감축 | 전기 배송 밴 대규모 도입 (예: Rivian과의 파트너십)<br>AI 기반 배송 경로 최적화<br>드론 배송 등 새로운 배송 방식 도입 모색<br>로봇 자동화 기술 활용 (예: Sparrow 등) 물류센터 운영 효율 극대화 |
| 지속 가능한 공급망 | 공급망 전반의 탄소 배출량 감축 협력 | 공급업체 및 파트너들과의 협력을 통해 Scope 3 배출량 감소 노력 지속 | 공급망 참여 기업 대상 탄소 감축 목표 설정 및 데이터 공유 플랫폼 활용<br>친환경 포장재 사용 확대 |

아마존은 데이터센터, 물류센터 등 운영에 필요한 전력을 100% 재생에너지로 전환하는 목표를 당초 2025년에서 2022년으로 앞당겨 달성하는 등 재생에너지 투자 분야에서 상당한 성과를 보인다. 또한, 핵심 사업인 물류 분야에서는 전기차 도입, AI 기반 경로 최적화, 물류센터 자동화 등 기술 혁신을 통해 배송 과정의 탄소 배출량을 줄이려는 노력을 지속하고 있다. 이러한 노력은 궁극적으로 2040년까지 넷제로 탄소를 달성하겠다는 'The Climate Pledge' 목표를 위한 중요한 축을 이룬다.

아마존(Amazon)이 재생에너지 투자와 물류 혁신 분야에서 추진해온 다양한 노력들 가운데 가장 성공적인 사례로 손꼽을 만한 사례가 있다. 첫째, 운영 전력 100% 재생에너지 조달 목표 조기 달성한 점이다. 아마존은 당초 2025년까지 데이터센터와 물류센터 등 전 세계 사업장 운영에 필요한 전력의 100%를 재생에너지로 조달하겠다는 목표를 세웠었다.

가장 성공적인 사례 중 하나는 이 목표를 2022년에 이미 달성했다는 점이다. 이는 목표 시점보다 무려 3년이나 앞당긴 결과이며, 아마존이 대규모 재생에너지 프로젝트에 적극적으로 투자하고 장기 전력 구매 계약을 체결하는 등 공격적인 전략을 펼친 덕분이다. 아마존은 세계 최대 규모의 기업 재생에너지 구매 기업 중 하나로서 전 세계적으로 수백 개의 태양광 및 풍력 발전 프로젝트를 진행하며 막대한 양의 탄소 배출량을 감축하고 있다. 이러한 규모와 속도는 재생에너지 투자 분야에서 아마존의 가장 두드러진 성공으로 평가된다.

둘째, 대규모 전기 배송 밴 도입 및 배포다. 물류 혁신 분야에서는 특히 '라스트마일(Last-mile)' 배송 과정의 탈탄소화 노력이 중요하다. 아마존은 이 분야에서 전기 배송 밴(Electric Delivery Van, EDV)을 대규모로 도입하고 배포하는 데 집중하고 있다. 특히, 미국 전기차 스타트업인 리비안(Rivian)과의 파트너십을 통해 아마존의 배송 네트워크에 최적화된 맞춤형 전기 배송 밴을 개발하고 수만 대 규모로 주문하여 배포하고 있는 것이 대표적인 성공 사례다.

이러한 대규모 전기차 전환은 배송 과정에서 발생하는 직접적인 탄소 배출량(주로 Scope 1 배출량)을 줄이는 데 직접적인 영향을 미친다. 전 세계적으로 운영되는 방대한 물류 네트워크의 상당 부분을 전기차로 전환하려는 시도 자체가 물류 산업의 탈탄소화에 있어 중요한 선례가 되고 있다는 점에서 성공적이라고 할 수 있다.

이 두 사례는 즉 재생에너지 100% 목표 조기 달성과 대규모 전기 배송 밴 도입은 아마존이 지속가능성 목표, 특히 탄소 배출 감축을 위해 실제로 대규모 자원과 노력을 투입하여 가시적인 성과를 내고 있는 대표적인 성공 사례라고 할 수 있다.

### 5) 유니레버(Unilever)

*Unilever*

유니레버는 소비재 업계에서 지속가능성을 선도하는 기업으로 2039년까지 제품 전 과정에서 탄소중립을 달성하겠다는 목표를 설정했다. 특히 유니레버의 접근법은 브랜드 차원에서 소비자의 행동 변화를 유도하는 데 초점을 맞추고 있어 주목받고 있다.

유니레버의 '지속가능한 생활 계획(Sustainable Living Plan)'은 제품의 전 생애주기에 걸친 환경 영향을 고려한다. 회사는 2030년까지 자사 제품의 기후 발자국을 절반으로 줄이겠다고 약속했으며, 이를 위해 제품 설계, 원료 조달, 제조 공정, 사용 단계, 폐기물 처리의 모든 과정을 혁신하고 있다. 예를 들어, 도브(Dove) 브랜드는 고체 샴푸바를 출시하여 플라스틱 포장재를 완전히 제거했으며, 벤앤제리스(Ben & Jerry's)는 유제품 공급업체들과 협력하여 재생 농업 방식을 도입하고 있다.

유니레버의 혁신적인 점은 소비자 교육과 행동 변화 유도에 적극적으로 나서고 있다는 것이다. 회사는 '작은 행동, 큰 차이(Small Actions, Big Difference)' 캠페인을 통해 소비자들이 일상생활에서 탄소 발자국을 줄일 수 있는 방법을 제시하고 있다. 또한 공급망 전반에 걸쳐 지속가능성 기준을 적용하여, 팜오일, 차, 코코아 등 주요 원료를 100% 지속가능한 방식으로 조달하고 있다.

▼ 유니레버의 지속 가능한 생활 브랜드 구현

| 핵심 영역 | 주요 내용 | 목표 및 영향 | 관련 브랜드/이니셔티브 및 사례 |
|---|---|---|---|
| 핵심 비전 및 전략 | "지속가능한 생활을 일상으로 만드는 것"을 기업의 존재 이유(Purpose)로 삼고, 이를 비즈니스 성장의 핵심 동력으로 연결 | 비전 실현을 통해 기업 성장과 긍정적인 사회 및 환경 변화 동시에 추구 | 과거 '유니레버 지속가능한 생활 계획(USLP)' 기반 전략, 현재는 비즈니스 전략 전반에 통합 |
| '지속 가능한 생활 브랜드' 개념 | 환경적, 사회적 목적을 명확히 설정하고, 제품 사용 단계에서 소비자의 지속 가능한 행동 변화를 유도하며, 공급망 전반의 지속가능성 개선에 기여하는 브랜드 | 일반 브랜드 대비 높은 성장률 기록 및 회사 전체 성장에 크게 기여 (예: 2018년 '지속가능한 생활 브랜드'가 전체 비즈니스보다 69% 빠르게 성장하고 회사 성장의 75%를 차지) | Dove, Knorr, Persil/Omo, Rexona, Lipton, Hellmann's, Wall's 등 유니레버 주요 브랜드 다수 |

| 핵심 영역 | 주요 내용 | 목표 및 영향 | 관련 브랜드/이니셔티브 및 사례 |
|---|---|---|---|
| 지속 가능한 공급망 관리 | 농업 원자재의 지속 가능한 소싱 비율 증대, 노동 인권 보호, 소규모 농가 지원 등 공급망 전반의 환경/사회적 영향 관리 | 원재료 생산 단계의 환경 부담 감소 및 공급망 참여자들의 삶 개선 | 지속 가능한 농업 프로그램, 책임 있는 소싱 정책 도입 |
| 제품 및 포장 혁신 | 제품 성분의 환경 영향 최소화, 포장재의 플라스틱 사용량 감축, 재활용성 개선 및 재활용/재생 소재 사용 확대 | 폐기물 감소 및 자원 순환율 증대, 플라스틱 문제 해결 기여 | Sunlight 비누 병에 UPM 라플라탁의 지속 가능한 RAFNXT+ 라벨 적용 플라스틱 포장재 감축 목표 설정 |
| 사회적 영향 확대 | 위생 개선 교육, 깨끗한 물 접근성 증대, 영양 개선 제품 개발, 여성 역량 강화 등 사회 문제 해결 기여 | 전 세계 수십억 명의 사람들의 건강과 웰빙 증진, 사회적 형평성 기여 | Dove의 '리얼 뷰티' 캠페인 (긍정적인 신체 이미지), Lifebuoy 비누의 위생 캠페인 등 |
| 기후 행동 | 생산 및 운영 과정의 온실가스 배출량 감축, 재생에너지 사용 확대, 제품 수명 주기 전반의 탄소 발자국 관리 | 탄소 배출량 감소 목표 달성 및 기후 변화 대응 기여 | 재생에너지 투자, 에너지 효율 개선 노력 |
| 대외적 평가 | 지속 가능한 경영 및 ESG 성과에 대해 대외 기관으로부터 높은 평가 획득 | 기업 신뢰도 및 브랜드 이미지 제고, 이해관계자들의 긍정적 인식 확보 | 글로벌 지속 가능 기업 순위에서 꾸준히 상위권 차지 |

유니레버는 '지속 가능한 생활'을 단순히 CSR 활동이 아닌 기업의 핵심 전략으로 삼고, 이를 통해 브랜드 가치를 높이고 비즈니스를 성장시키는 성공적인 모델을 구축해왔다는 평가를 받는다. 제품 자체의 지속가능성을 높이는 것을 넘어 소비자의 행동 변화를 이끌어내고 공급망 전반에 걸쳐 긍정적인 영향을 확산하려는 노력을 지속하고 있다.

유니레버가 지속가능한 제품 개발을 위해 추진하는 구체적인 사례들은 다음과 같다. 첫째, 재생 가능하고 생분해 가능한 성분 사용했다. 썬라이트(Sunlight) 주방 세제는 새로운 썬라이트 주방 세제에는 재생 가능하며 생분해 가능한 거품 성분인 '람노리피드(Rhamnolipid)'가 사용되었다. 이는 석유계 성분 대신 식물 기반 또는 미생물 발효 기반의 성분을 사용하여 제품 사용 후 환경에 미치는 영향을 줄이려는 노력이었다.

둘째, 포장재 플라스틱 감축 및 재활용성 개선이다. Cif 에코 리필(Cif Eco Refill)은 세제나 세정제와 같은 제품에 대해 플라스틱 사용량을 대폭 줄일 수 있는 리필 파우치 시스템을 도입했다. 소비자는 기존 용기를 재사용하고 리필 파우치만 교체함으로써 플라스틱 폐기물을 줄일 수 있다. Solero 아이스크림 포장은 Solero 아이스크림의 일부 포장에서 플라스틱을 사용하지 않는 시도를 했다. 이는 식품 포장재 분야에서 플라스틱 대안을 모색하는 유니레버의 노력을 보여준다. 어두운 색 플라스틱 재활용 개선: 재활용 시설에서 쉽게 선별되지 않는 어두운 색 플라스틱 문제를 해결하기 위해 기술 혁신을 통해 이러한 플라스틱도 재활용 가능하도록 개선했다.

셋째, 친환경 브랜드 론칭을 했다. 'Love Beauty and Planet'는 처음부터 '지속 가능한 생활'을 염두에 두고 2018년에 론칭되었니다. 생분해성 포뮬러(성분)와 100% 재활용 플라스틱으로 만든 포장재를 사용하는 등 제품 전반에 걸쳐 환경 친화적인 특징을 강조하고 있다.

이들 대표적인 5개 기업의 사례는 탄소중립이 단순한 환경 보호 차원을 넘어서 혁신적인 비즈니스 모델과 기술 개발의 원동력이 될 수 있음을 보여준다. 마이크로소프트의 탄소 음성 목표, 애플의 순환 경제 모델, 구글의 AI 기반 에너지 최적화, 아마존의 대규모 재생에너지 투자, 유니레버의 소비자 중심 접근법은 각각 다른 산업 특성을 반영하면서도 공통적으로 장기적 관점의 전략적 투자와 혁신을 보여준다.

이러한 선도 기업들의 노력은 개별 기업의 성과를 넘어서 전 산업의 표준을 높이고, 정부 정책과 소비자 인식 변화를 촉진하는 역할을 하고 있다. 또한, 이들이 개발한 기술과 솔루션은 다른 기업들이 탄소중립을 달성하는 데 필요한 인프라와 도구를 제공하고 있어 글로벌 탄소중립 달성에 핵심적인 역할을 하고 있다. 앞으로 이들 기업의 지속적인 혁신과 실행력이 2050년 글로벌 탄소중립 목표 달성의 중요한 변수가 될 것으로 전망된다.

**3**

# 기업의 기후위기 대응을 위한 파트너십 사례

## 1) WWF(세계자연기금)과 이케아 그룹

2002년부터 시작된 이케아 그룹(Inter IKEA Group)과 세계자연기금(WWF)의 파트너십은 현재까지 20년 이상 지속되고 있는 기업-환경단체 협력의 대표적인 성공 사례다. 이 협력은 단순한 후원 관계를 넘어서 자연 자원 보전과 지속가능한 비즈니스 모델의 구축을 동시에 추구하는 혁신적인 접근법을 보여주고 있다. 전 세계 가구 시장의 선두주자인 이케아가 환경보전 분야의 세계적 권위인 WWF와 함께 만들어낸 이 파트너십은 자연과 인간 모두에게 긍정적인 영향을 미치는 비즈니스 운영의 새로운 패러다임을 제시하고 있다.

이케아와 WWF는 숲, 면화, 물, 기후 분야에서 2002년부터 함께 협력해 오고 있으며, 주요 지역을 보호, 관리, 복원하고 생물다양성을 증진하며 기후 긍정적인 가치 사슬을 가능하게 하여 소중한 자연 자원을 보호하고 관리하며 사람과 지구의 이익을 위해 비즈니스를 변화시키는 것을 목표로 하고 있다. 이 파트너십은 당시로서는 혁신적인 접근법으로, 대규모 글로벌 기업이 환경단체와 장기적인 전략적 협력을 체결한 선구적 사례였다.

WWF와 이케아가 2005년 면화 분야에서 협력을 시작했을 때, 일이 얼마나 빨리 발전할지 아무도 예측할 수 없었다. 파트너십은 파키스탄의 소규모 면화 농부들과 함께 물과 농약 사용을 줄이는 더 나은 관리 방법을 테스트하는 것으로 시작되었다. 이 작은 시범 프로젝트가 결국 글로벌 베터 코튼 이니셔티브(Better Cotton Initiative)의 탄생으로 이어졌으며, 현재 전 세계 240만 명의 농부들이 '베터 코튼'을 재배하고 있다.

산림 보전은 이케아-WWF 파트너십의 가장 중요한 축 중 하나다. 유럽, 아시아, 남미를 아우르는 17개국에서의 참여를 통해 WWF와 이케아는 산림 부문 전반에 걸쳐 책임감 있는 산림 관리를 표준으로 만들기 위해 노력하고 있다. 이들의 노력은 단순한 벌목 규제를 넘어서 산림을 보호하고 관리를 개선하며 불법 벌목을 줄이는 프로젝트들을 출범시켰다.

최근 파트너십의 가장 주목할 만한 성과 중 하나는 라틴아메리카 지역으로의 확장이다. WWF와 인터 이케아는 20년간의 협력을 콜롬비아와 브라질의 새로운 프로젝트로 확장했다. 이 프로젝트들은 생물 다양성과 지역을 보호하는 동시에 지역 공동체에 힘을 실어주고 경악스러운 산림 손실을 억제하는 것을 목표로 한다.

면화 분야에서의 성과는 파트너십의 대표적인 성공 사례다. 면화 농업에서 생계를 개선하고 물과 농약 사용을 줄이기 위해 노력했다. 이러한 노력의 결과로 면화가 더 적은 물, 화학 비료, 농약으로 재배되면서 농부들의 수익성도 증가시켰다.

담수 프로젝트를 통해 해결책을 찾기 위해 노력했다는 활동은 물 자원의 지속가능한 관리를 위한 혁신적인 접근법을 개발하는 데 기여하고 있다. 기후 변화 대응 측면에서도 기후 회복력 있는 산림과 생물다양성이 풍부한 산림 지형을 조성하여 완전한 범위의 서비스를 제공한다는 목표를 추구하고 있다.

2021~2025년 갱신된 파트너십은 생물다양성 강화에 대한 새로운

초점을 맞춘 시기다. 거의 20년 동안 WWF와 인터 이케아 그룹은 다양한 산업 분야에서 긍정적인 환경 영향을 견인하기 위해 파트너십을 맺어왔으며, 오늘 2025년까지의 갱신된 파트너십 기간이 발표되었다. 이번 갱신에서는 특히 생물다양성 증진에 대한 보다 강화된 약속이 포함되어 있다. 스웨덴의 가정용품 제조업체와 세계자연기금(WWF)은 다양한 산업 분야에서 긍정적인 환경 영향을 견인하기 위해 2025년까지 파트너십을 갱신했다. 이는 주요 지역을 보호, 관리, 복원하고 자연과 기후를 위한 변화를 가능하게 하겠다는 그들의 약속을 재확인하는 것이다.

갱신된 파트너십에서는 생물다양성, 지역, 혁신적 접근법에 초점을 맞춰 기존 성과를 바탕으로 더욱 발전된 협력 모델을 구축하고 있다. 이는 단순한 환경보전을 넘어서 지역 공동체의 역량 강화와 지속 가능한 경제 모델의 구축을 동시에 추구하는 통합적 접근법이다.

이 파트너십의 가장 혁신적인 측면 중 하나는 글로벌 규모의 영향력과 지역적 특성을 고려한 맞춤형 솔루션을 결합한다는 점이다. 각 지역의 특수한 환경적, 사회적 조건을 고려하면서도 일관된 글로벌 표준을 적용하여 규모의 경제를 실현하고 있다. 이케아는 자사의 방대한 글로벌 공급망을 활용하여 환경 보전 효과를 극대화하고 있다. 단순히 최종 제품의 환경 친화성을 추구하는 것이 아니라, 원료 생산부터 최종 소비까지 전체 가치 사슬에서 지속가능성을 구현하는 통합적 접근법을 채택하고 있다.

베터 코튼 이니셔티브의 사례에서 볼 수 있듯이, 이 파트너십은 단일 기업의 변화를 넘어서 산업 전체의 표준을 바꾸는 촉매 역할을 하고 있다. 이는 개별 기업의 노력이 어떻게 산업 생태계 전체의 혁신으로 확산될 수 있는지를 보여주는 모범 사례다.

파트너십이 확대되면서 다양한 지역과 문화적 맥락에서 일관된 성과를 달성하는 것이 점점 더 복잡한 과제가 되고 있다. 각 지역의 특수한 환경적, 사회적, 경제적 조건을 고려하면서도 글로벌 표준을 유지하는 균형점을 찾는 것이 중요한 도전이다.

환경보전과 지속가능성의 성과를 정확하게 측정하고 평가하는 것은 여전히 어려운 과제다. 특히 장기적인 환경 영향과 사회적 변화를 객관적으로 평가할 수 있는 지표와 방법론의 개발이 필요하다.

다양한 이해관계자들(농부, 지역 공동체, 정부, 기업, NGO 등) 간의 서로 다른 이해관계와 우선순위를 조정하는 것은 지속적인 도전이다. 모든 이해관계자들이 Win-Win할 수 있는 해결책을 찾는 것이 파트너십의 지속가능성을 위해 필수적이다.

현재 2025년까지로 갱신된 파트너십이 그 이후에도 지속될 가능성이 높으며, 다음과 같은 방향으로 발전할 것으로 예상된다. 신기술(AI, 빅데이터, 위성 모니터링 등)을 활용한 환경 모니터링 및 관리 고도화와 순환경제 모델의 적극적 도입과 확산을 하고, 기후변화 적응 및 완화를 위한 혁신적 솔루션 개발해야 한다. 이러한 점에서 이케아-WWF 파트너십의 성공 모델이 다른 산업과 기업들에게 확산되어 지속가능한 비즈니스 생태계 구축에 기여할 것으로 기대된다. 특히 소비재, 식품, 의류 등 자연 자원에 크게 의존하는 산업들에서 유사한 협력 모델이 확산될 가능성이 높다.

이케아 그룹과 WWF의 22년간 지속된 파트너십은 기업의 사회적 책임을 넘어서 지속가능한 비즈니스 모델의 구축이 어떻게 가능한지를 보여주는 탁월한 사례다. 이 협력은 자연 자원의 보전과 경제적 성장이 상충하는 것이 아니라 상호 보완적 관계가 될 수 있음을 실증적으로 증명하고 있다. 파트너십의 성공 요인은 명확한 비전과 목표 설정, 장기적 관점에서의 일관된 투자, 다양한 이해관계자들과의 협력, 그리고 지속적인 혁신과 학습에 있다. 특히 베터 코튼 이니셔티브와 같이 개별 프로젝트가 산업 전체의 변화를 이끄는 촉매 역할을 한다는 점은 이 파트너십의 가장 큰 성과 중 하나다.

미래에는 기술 혁신의 활용, 순환경제 모델의 도입, 그리고 기후변화 대응을 위한 더욱 적극적인 행동이 필요할 것이다. 동시에 이 성공 모델이 다른 기업과 산업으로 확산되어 전 지구적 차원에서 지속가능한 발전에 기여하는 것이 중요한 과제다. 이케아-WWF 파트너십은 단순한 환경보전 프로젝트를 넘어서 미래 비즈니스의 새로운 패러다임을 제시하고 있으며, 이는 자연과 인간이 조화롭게 공존할 수 있는 지속가능한 미래를 만들어가는 데 중요한 이정표가 되고 있다.

## 2) 환경재단과 서울주택도시공사

2023년 환경재단과 서울주택도시공사(SH공사)가 서울시 청소년을 대상으로 진행한 기후위기 대응 교육 파트너십은 공기업과 환경단체 간 협력의 새로운 모델을 제시한 주목할 만한 사례다. 이 협력은 단순한 환경교육을 넘어서 미래 세대인 청소년들이 기후위기와 기후재난에 대한 인식을 높이고, 실질적인 대응 역량을 기를 수 있도록 지원하는 종합적인 프로그램으로 설계되었다. 특히 주거와 도시 개발을 담당하는 공기업이 환경교육에 적극적으로 참여했다는 점에서 공공기관의 사회적 책임 실천 모델로서도 중요한 의미를 갖는다.

기후변화가 가속화되면서 미래 세대인 청소년들의 기후 소양 교육이 시급한 과제로 대두되고 있다. 특히, 14~16세는 환경 의식이 형성되는 중요한 시기로, 이 시기의 체계적인 기후교육은 평생에 걸친 환경 인식과 행동 양식에 결정적인 영향을 미친다. 서울시는 대한민국 인구의 약 20%가 거주하는 메가시티로서, 청소년들이 도시 환경에서 겪게 될 기후 변화의 영향과 대응 방안에 대한 교육이 특히 중요하다.

환경재단은 2000년 설립된 국내 대표적인 환경 NGO로 20년 이상 기후변화와 환경보전 분야에서 활동해왔다. 환경재단은 시민사회·정부·기업과 손잡고 기후·환경문제 해결을 주도하는 아시아의 그린허브로서 다양한 환경교육 프로그램과 캠페인을 통해 시민들의 환경 의식 제고에 앞장서고 있다. 특히 청소년 대상 환경교육 분야에서 풍부한 경험과 전문성을 보유하고 있어, 체계적이고 효과적인 교육 프로그램 설계가 가능했다.

서울주택도시공사는 서울시민의 주거복지 향상을 위해 1989년 설립된 공기업으로, 공공임대주택 공급, 도시개발, 주거복지 서비스 등의 업무를 담당하고 있다. 기후변화가 도시 계획과 주택 건설에 미치는 영향이 커지면서, 공사 차원에서도 지속가능한 도시 개발과 친환경 주택 공급에 대한 관심이 높아지고 있다. 이러한 맥락에서 미래 세대인 청소년들의 기후 인식 제고는 공사의 장기적인 비전과도 밀접한 연관이 있다.

2023년 파트너십 프로그램은 서울시 거주 14~16세 청소년들을 주요 대상으로 하여 진행되었다. 이 연령대는 중학교 2학년부터 고등학교 1학년에 해당하는 시기로, 환경 문제에 대한 인식과 관심이 형성되기 시작하는 중요한 단계다. 또한 입시 부담이 상대적으로 적어 다양한 체험 활동과 교육 프로그램에 참여할 수 있는 여유가 있는 시기이기도 하다.

2023년 파트너십 프로그램은 크게 이론 교육과 실습 활동으로 구성되었다. 기후위기의 과학적 원리와 현황에 대한 기초 지식 전달을 시작으로, 기후재난이 도시와 개인의 삶에 미치는 구체적인 영향, 그리고 일상에서 실천할 수 있는 기후행동 방법까지 포괄적으로 다루었다. 특히 서울이라는 도시 환경의 특성을 고려하여 도시열섬 현상, 미세먼지, 폭우와 홍수 등 서울시민들이 직면하고 있는 실질적인 기후 이슈들을 중심으로 교육 내용을 구성했다.

단순한 강의형 교육을 넘어서 청소년들이 직접 참여할 수 있는 다양한 체험 활동이 포함되었다. 기후변화 시뮬레이션 게임, 친환경 주택 모델 제작, 탄소발자국 계산 실습, 재생에너지 체험 등을 통해 기후 문제를 보다 구체적이고 생생하게 이해할 수 있도록 했다. 또한 서울시 내 친환경 건물과 재생에너지 시설 견학을 통해 실제 기후변화 대응 사례를 직접 확인할 수 있는 기회도 제공했다.

이 파트너십은 전통적인 후원 관계를 넘어서 공기업과 NGO가 대등한 파트너로서 협력하는 새로운 모델을 보여준다. 서울주택도시공사는 단순한 재정 지원을 넘어서 자사의 전문성과 인프라를 적극적으로 활용했다. 공사가 보유한 친환경 주택 기술, 도시 계획 노하우, 그리고 시설 인프라를 교육 프로그램에 직접 활용함으로써 교육의 현실성과 전문성을 크게 높였다.

주택과 도시 개발을 전문으로 하는 공기업이 환경교육에 참여함으로써, 청소년들이 주거 환경과 기후변화의 연관성을 이해할 수 있도록 했다. 친환경 건축 기술, 에너지 효율적인 주택 설계, 지속가능한 도시 계획 등에 대한 실질적인 정보를 제공함으로써, 일상생활과 밀접한 관련이 있는 환경 문제로 접근할 수 있었다. 단순히 현재의 기후 문제를 다루는 것을 넘어 미래의 기후변화 시나리오와 그에 따른 도시와 주거 환경의 변화 전망까지 포함한 미래 지향적 교육 내용을 제공했다. 청소년들이 성인이 되었을 때 직면하게 될 기후 현실을 미리 이해하고 대비할 수 있도록 하는 데 중점을 두었다.

2023년의 성공적인 결과를 바탕으로 2024년에도 파트너십이 지속되고 있으며, 프로그램의 규모와 내용이 더욱 확장되었다. 참여 청소년의 수가 증가했을 뿐만 아니라, 교육 기간도 연장되어 보다 심화된 학습이 가능해졌다. 또한, 1회 성 프로그램에서 연중 지속되는 정기 프로그램으로 발전하여 참여 청소년들의 지속적인 성장을 지원하고 있다.

온라인과 오프라인을 결합한 블렌디드 러닝 방식을 도입하여 코로나19와 같은 상황에서도 교육이 중단되지 않도록 했다. 또한 VR(가상현실)과 AR(증강현실) 기술을 활용한 몰입형 교육 콘텐츠를 개발하여 청소년들의 흥미와 참여도를 높였다. 특히, 기후변화의 미래 시나리오를 가상현실로 체험할 수 있는 프로그램이 큰 호응을 얻고 있다.

프로그램의 효과를 객관적으로 평가하기 위한 체계적인 성과 측정 방법을 도입했다. 교육 전후 청소년들의 기후 인식 변화, 환경 행동 실천 의지, 관련 지식 습득 정도 등을 정량적으로 측정하고, 장기적인 추적 조사를 통해 프로그램의 지속적인 영향을 평가하고 있다. 프로그램에 참여한 청소년들은 기후위기에 대한 인식이 크게 향상되었으며, 일상생활에서의 친환경 실천 의지도 강화되었다. 특히 주거 환경과 관련된 에너지 절약, 재활용, 대중교통 이용 등의 실천율이 눈에 띄게 증가했다. 또한 가족과 친구들에게 기후변화 문제의 심각성을 알리는 '기후 홍보대사' 역할을 하는 청소년들도 많아졌다.

청소년들의 변화는 가정과 학교, 지역사회로 확산되는 파급효과를 보였다. 프로그램에 참여한 청소년들의 영향으로 가족 전체의 친환경 생활 실천이 늘어났으며, 학교에서도 환경 동아리 활동이 활성화되었다. 또한 지역사회의 환경 개선 활동에 자발적으로 참여하는 청소년들이 증가하여 지역의 환경 문화 조성에 기여하고 있다.

이 파트너십의 성공 사례가 알려지면서 다른 지역의 공기업과 환경단체들이 유사한 협력 모델을 도입하기 시작했다. 부산, 대구, 인천 등 주요 도시에서도 지역 주택공사와 환경단체 간의 청소년 교육 협력 사업이 추진되고 있어, 전국적인 확산 효과를 보이고 있다. 여전히 많은 청소년들이 입시와 학업 부담으로 인해 프로그램 참여에 어려움을 겪고 있다. 특히 고등학생의 경우 참여율이 상대적으로 낮은 편이다. 이를 해결하기 위해 교육과정과 연계된 프로그램 개발, 학교와의 협력 강화, 그리고 온라인 참여 옵션 확대 등의 방안을 모색하고 있다.

단기 교육 프로그램의 한계로 인해 교육 효과가 시간이 지나면서 약화되는 경우가 있다. 이를 해결하기 위해 정기적인 후속 교육, 동문 네트워크 구축, 그리고 지속적인 실천 활동 지원 프로그램을 강화하고 있다. 프로그램의 확대와 질적 향상을 위해서는 지속적인 예산과 전문 인력 확보가 필요하다. 현재는 두 기관의 자체 예산으로 운영되고 있지만, 장기적인 지속가능성을 위해서는 정부 지원이나 다른 협력 파트너의 참여가 필요한 상황이다.

4차 산업혁명 시대에 맞춰 AI, IoT, 빅데이터 등의 첨단 기술과 환경 분야를 융합한 교육 내용을 더욱 강화할 예정이다. 스마트 시티, 친환경 건축 기술, 재생에너지 시스템 등에 대한 실습 기회를 확대하여 청소년들이 미래 기술과 환경의 연관성을 깊이 이해할 수 있도록 할 계획이다.

기후변화는 글로벌 이슈인 만큼, 해외 청소년들과의 교류 프로그램을 확대할 예정이다. 온라인 플랫폼을 활용한 국제 기후 토론회, 해외 친환경 도시 탐방 프로그램, 국제 청소년 기후 컨퍼런스 참가 등을 통해 글로벌 관점에서 기후 문제를 바라볼 수 있는 기회를 제공할 계획이다. 청소년들이 단순한 교육 수혜자가 아닌 정책 과정의 참여주체가 될 수 있도록 하는 방안을 모색하고 있다. 청소년 기후정책 제안 공모전, 서울시 기후정책 자문단 참여, 청소년 기후 의회 운영 등을 통해 청소년들의 목소리가 실제 정책에 반영될 수 있는 통로를 마련할 예정이다.

환경재단과 서울주택도시공사의 청소년 기후교육 파트너십은 공기업과 NGO 간 협력의 새로운 모델을 제시하는 성공적인 사례다. 이 협력은 단순한 환경교육을 넘어서 미래 세대의 기후 대응 역량을 키우고, 지속가능한 도시와 주거 환경에 대한 인식을 높이는 종합적인 프로그램으로 발전해왔다. 이 파트너십의 성공 요인은 첫째, 명확한 목표 설정과 체계적인 프로그램 설계, 둘째, 두 기관의 전문성과 자원의 효과적인 결합, 셋째, 청소년들의 관심과 참여를 이끌어내는 혁신적인 교육 방법, 넷째, 지속적인 성과 평가와 개선 노력에 있다.

앞으로 이 파트너십이 더욱 발전하기 위해서는 참여 확대 방안 마련, 교육 효과의 지속성 확보, 예산과 인력의 안정적 확보, 그리고 기술 융합과 국제 교류의 강화가 필요하다. 또한 이 성공 모델이 전국적으로 확산되어 우리나라 전체의 청소년 기후교육 역량 향상에 기여하는 것이 중요하다. 기후위기가 심화되고 있는 현 시점에서, 미래 세대인 청소년들의 기후 소양 함양은 선택이 아닌 필수다. 환경재단과 서울주택도시공사의 파트너십은 이러한 시대적 요구에 부응하는 실천적 모델로서, 다른 기관과 지역에서도 적극적으로 벤치마킹할 가치가 있는 혁신적인 협력 사례라 할 수 있다.

# 4

# 에너지 저감과 실천 사례

## 1) 에너지 저감의 중요성

　현재 우리나라 전체 에너지 소비량 중 건축물이 차지하는 비중은 약 25%에 달한다. 이는 건축물에서 사용되는 화력 에너지가 국가 전체 탄소배출량에 미치는 영향이 상당함을 의미한다. 특히 공공건축물의 경우 국민의 세금으로 운영되는 시설이면서 동시에 민간에 모범을 보여야 하는 선도적 역할을 담당해야 하는 만큼, 에너지 저감에 대한 보다 적극적인 접근이 필요하다.

　건축물에서 소비되는 에너지는 크게 설비용 전력, 조명용 전력, 냉방·난방·공조시스템, 그리고 각종 열원 시설 등으로 구분된다. 이들 모든 영역에서의 화력 에너지 사용은 직접적으로 온실가스 배출로 이어지며, 이는 결국 기후변화 가속화의 주요 원인이 되고 있다. 따라서 건축물 에너지 저감은 단순한 비용 절약의 차원을 넘어 환경보호와 지속가능한 미래를 위한 필수적 과제로 인식되어야 한다.

### ① 건축물 에너지 소비 현황과 문제점

　대부분의 건축물에서는 여전히 에너지 효율에 대한 체계적인 관리가 이루어지지 않고 있다. 설비 시설의 노후화, 비효율적인 운영 방식, 그리고 사용자들의 에너지 절약 의식 부족이 복합적으로 작용하여 불필요한 에너지 낭비가 발생하고 있다. 특히 공공건축물의 경우 개인 부담이 아닌 공적 예산으로 운영되다 보니 에너지 사용에 대한 경각심이 상대적으로 낮은 것이 현실이다.

건축물 에너지 소비의 가장 큰 비중을 차지하는 것은 냉난방 시스템이다. 많은 건축물에서 적정 온도 기준을 무시한 채 과도한 냉난방을 실시하고 있으며, 이는 막대한 화력 에너지 소비와 탄소배출을 야기한다. 겨울철 과도한 난방으로 인한 실내 온도 상승, 여름철 지나친 냉방으로 인한 실내외 온도차 확대 등은 에너지 낭비의 대표적 사례이다.

오래된 형광등이나 백열전구의 사용, 불필요한 시간대의 조명 점등, 대기전력 관리 소홀 등도 건축물 에너지 소비를 증가시키는 주요 요인이다. 또한 각종 사무기기와 설비의 비효율적 운영으로 인한 전력 낭비도 상당한 수준에 달하고 있다.

② 탄소배출 저감을 위한 에너지 절약의 중요성

2050 탄소중립 달성을 위해서는 모든 부문에서의 온실가스 감축이 필요하며, 건축물 부문은 그 중에서도 가장 실현 가능성이 높은 분야 중 하나이다. 건축물에서의 에너지 절약은 즉시 탄소배출 감축 효과로 이어지며, 이는 국가 온실가스 감축 목표 달성에 직접적으로 기여한다.

에너지 절약은 환경적 효과뿐만 아니라 경제적 효과도 동시에 창출한다. 공공건축물의 경우 에너지 비용 절감으로 절약된 예산을 다른 공공서비스 개선에 활용할 수 있으며, 민간 건축물의 경우에도 운영비 절감을 통한 경쟁력 향상을 도모할 수 있다.

공공건축물에서의 에너지 절약 실천은 시민들에게 모범을 보이는 효과가 있으며, 이는 사회 전체의 에너지 절약 문화 확산으로 이어진다. 특히 학교, 공공기관, 의료시설 등에서의 에너지 절약 실천은 시민

의식 개선에 큰 영향을 미친다.

### ③ 교육과 인식개선의 필요성

현재 건축물 관리자와 사용자들 대부분이 에너지 소비 현황과 그로 인한 탄소배출 규모를 정확히 인식하지 못하고 있다. 에너지 사용량 데이터의 체계적 관리와 분석이 이루어지지 않고 있으며, 이로 인해 절약 목표 설정과 효과 측정이 어려운 상황이다.

에너지 절약의 필요성은 인식하고 있더라도 구체적인 실천 방법을 모르는 경우가 많다. 적정 실내 온도 유지, 효율적인 조명 사용, 대기전력 관리, 설비 효율화 방안 등에 대한 실용적 정보가 부족한 것이 현실이다.

일회성 교육이나 캠페인으로는 지속적인 에너지 절약 효과를 기대하기 어렵다. 정기적인 교육과 모니터링, 그리고 피드백 시스템을 통한 지속적 관리 체계가 필요하다.

### ④ 효과적인 교육 및 인식개선 방안

건축물 유형별, 사용자 특성별로 차별화된 교육 프로그램을 개발해야 한다. 공공건축물 관리자를 위한 전문 교육, 일반 사용자를 위한 기초 교육, 그리고 어린이와 청소년을 위한 체험형 교육 등 다양한 형태의 프로그램이 필요하다.

건축물별 실시간 에너지 사용량과 탄소배출량을 시각화하여 공개함으로써 사용자들의 관심과 참여를 유도해야 한다. 스마트 에너지 관리 시스템을 통해 에너지 사용 패턴을 분석하고, 이를 바탕으로 한 절약 방안을 제시하는 것이 효과적이다.

에너지 절약 성과에 따른 인센티브 제공, 우수 사례 발굴 및 포상, 에너지 절약 경진대회 개최 등을 통해 자발적 참여를 유도해야 한다. 또한 절약된 에너지 비용의 일정 비율을 해당 기관이나 부서에 환원하는 제도도 고려할 만하다.

　에너지 전문가, 건축 전문가, 환경 전문가들로 구성된 네트워크를 구축하여 체계적이고 전문적인 교육과 컨설팅을 제공해야 한다. 이를 통해 단순한 절약 차원이 아닌 근본적인 에너지 효율 개선 방안을 모색할 수 있다.

　건축물 에너지 저감을 위한 체계적인 교육과 인식개선이 이루어진다면 상당한 효과를 기대할 수 있다. 우선 직접적으로는 에너지 사용량 감소와 그에 따른 탄소배출 저감 효과가 나타날 것이다. 또한 에너지 비용 절약을 통한 경제적 효과와 함께 사회 전체의 환경 의식 제고 효과도 기대할 수 있다.

　더 나아가 이러한 노력들이 축적되어 에너지 절약이 일상화된 사회 문화로 정착된다면, 이는 지속가능한 미래 사회 구축의 중요한 토대가 될 것이다. 특히 공공건축물에서의 선도적 실천은 민간 부문으로의 확산 효과를 가져와 사회 전체의 에너지 효율성 향상에 기여할 것이다.

　따라서 건축물 에너지 저감을 위한 교육과 인식개선은 선택이 아닌 필수이며, 이를 위한 체계적이고 지속적인 노력이 시급히 필요하다. 탄소중립 사회 실현을 위한 첫걸음은 바로 우리가 매일 사용하는 건축물에서의 에너지 절약 실천에서 시작되어야 한다.

## 2) 국토교통부의 탄소중립 로드맵

　한국 국토교통부는 '국토교통 2050 탄소중립 로드맵'을 통해 2030년까지 2018년 대비 건물 부문 32.8%, 수송 부문 37.8%의 온실가스 감축을 목표로 설정하고 있다. 이는 2050년 탄소중립 달성을 위한 핵심 단계로, 건물, 교통, 국토 분야로 구분하여 구체적인 실천 과제를 제시하고 있다. 국토교통부의 탄소중립 정책은 단순한 감축 목표 제시를 넘어서 실질적인 제도 개선과 기술 혁신을 통한 사회 전반의 저탄소 전환을 추진하고 있다는 점에서 중요한 의미를 갖는다.

### ① 국토·도시 부문 주요 정책

국토·도시 관점에서 그간 국가통계에 토지 흡수원으로 산정되지 않은 정주지의 탄소흡수량을 산정하고 2024년까지 UN에 제출할 계획이다. 또한 국토·도시 구역 별로 배출·흡수량을 시각화한 탄소배출 공간지도를 구축하고 있다. 이러한 데이터 기반 접근은 탄소중립 정책의 과학적 근거를 제공하고, 지역별 맞춤형 정책 수립을 가능하게 한다는 점에서 중요한 의미를 갖는다.

산업단지 내 공원 등 탄소중립 공간을 확대하고, 수소도시, 스마트 그린산업단지 등의 성과 사례를 발굴하여 전국적으로 확산시키는 정책을 추진하고 있다. 이는 산업 활동과 환경 보전을 조화시키는 새로운 모델을 제시하고 있다.

2025년을 기점으로 한국의 탄소중립 정책은 새로운 단계에 접어들고 있다. 특히 ZEB 인증제도의 통합 운영과 의무화 대상 확대는 건물 부문 탄소 감축에 결정적인 역할을 할 것으로 예상된다. 건설부동산 경기 침체 여파와 과도한 부담을 고려하여 일부 정책의 시행 시기를 조정하는 등, 경제적 현실과 환경 목표 간의 균형을 찾기 위한 노력이 지속되고 있다.

태양광, 태양열, 지열, 열병합발전, 연료전지 외에 소형 풍력, 공기식 태양열 등 다양한 신재생에너지원을 ZEB 인증 평가에 포함하도록 제도를 개선하는 등, 기술 발전과 정책 개선이 유기적으로 연계되고 있다.

### ② 건물 부문 주요 정책

제로에너지건축물 의무화 정책은 2025년을 기점으로 대폭 강화되고 있다. 2025년 1월 1일부터 연면적 1,000㎡ 이상 공공건축물은 제로에너지건축물(ZEB) 인증 4등급 이상 획득이 의무화되며, 민간 부문 역시 1,000㎡ 이상 건축물과 30세대 이상 공동주택에 적용된다.

특히, 주목할 점은 당초 2024년 시행 예정이었던 30세대 이상 민영 공동주택의 ZEB 의무화가 경제적 부담을 고려하여 2025년으로 1년 연기되었다는 것이다. 이는 "활력있는 민생경제" 정책 방향에 따라 민간 공동주택(30세대 이상) 5등급 수준이 1년 유예되었기 때문이다.

당시 국토교통부 건축정책관은 "건축물에 필요한 에너지부하를 최소화하고 신재생에너지를 활용해 건축물이 에너지 자립할 수 있게 하는 녹색건축물 확산은 건물부문 2050 탄소중립을 위한 핵심정책"이라고 강조한 바 있다.

2025년부터는 기존의 건축물 에너지효율등급 인증과 제로에너지 건축물 인증을 통합하여 운영하는 대대적인 제도 개선이 이루어졌다. 건축물의 에너지성능을 평가하는 제도인 '건축물 에너지효율등급'과 '제로에너지건축물(ZEB) 인증제도'를 '제로에너지건축물(ZEB) 인증제도'로 통합 운영하여 제도를 간소화한다.

에너지공단은 "이를 위해 신규 통합시스템을 개발해 2025년 1월 1일부터 운영에 들어갔으며, 다만 민원 편의 및 연속성을 위해 일정기간 동안 기존 시스템을 유지해 나갈 예정"이라고 밝혔다.

한국은 2017년 세계 최초로 ZEB 인증제도를 도입했으며, 2021년 5월 말까지 1,022건의 ZEB 인증이 완료되었다. 특히 LG 씽큐홈, 왕배푸른숲도서관 등 공공 및 민간 부문 모두에서 ZEB 1등급 본인증 취득 건축물이 탄생하는 성과를 거두었다.

그린 리모델링 사업은 기존 건축물의 에너지 성능 개선을 통한 탄소 감축의 핵심 정책이다. 노후 공공건축물을 대상으로 한 그린 리모델링 사업은 2020~2021년 국비 약 4,500억 원을 투입하여 약 2,000동의 시설을 리모델링하는 성과를 달성했다. 민간 부문의 참여를 유도하기 위해 이자 지원 사업을 시행하고 있으며, 지원 가능 공사 범위 확대, 원금 상환 기간 연장, 지원 금액 상향 등 지원 기준을 지속적으로 완화하고 있다.

건축물 단위의 ZEB 개념을 지구·도시 단위로 확대한 제로에너지도시(ZEC) 정책이 추진되고 있다. 이는 개별 건축물을 넘어선 도시 차원에서의 온실가스 저감을 목표로 하며, 성남복정1지구, 수원당수2지구 등이 시범 사업지로 선정되어 운영되고 있다.

③ 교통 부문 주요 정책

교통 부문 탄소 감축의 핵심은 사업용 차량의 전기·수소차 전환이다. 버스, 택시, 화물차 등 사업용 차량 50만 대를 전기·수소차로 전환하는 목표를 설정하고, 차량·연료 구매 지원, 전용 충전 인프라 구축 등 다양한 인센티브를 제공하고 있다.

철도 중심의 교통체계 구축을 위해 철도망을 2019년 4,276km에서 2030년 5,341km로 대폭 확대할 계획이다. 동시에 동력분산식 전기열차(EMU) 확산과 함께 수소열차 개발도 적극 추진하고 있다. 2023년부터 2027년까지 개발될 수소전기기관차는 무궁화호 디젤기관차를 친환경적으로 대체할 예정이다.

항공 분야에서는 바이오 항공유 등 친환경 연료 인프라 구축과 항로 단축을 통한 운영 효율화를 추진하고 있다. 이를 통해 항공 교통 부문의 탄소 배출량을 줄이는 데 기여하고 있다.

한국의 탄소중립 로드맵은 2050년 탄소중립 달성이라는 장기 목표와 2030년 중간 목표를 연결하는 구체적이고 실현 가능한 정책 체계를 구축하고 있다. 특히 국토교통부를 중심으로 한 건물, 교통, 국토 분야의 통합적 접근은 한국형 탄소중립 모델의 핵심을 이루고 있다.

제로에너지건축물 의무화 확대, 친환경 교통수단 전환, 탄소 데이터 기반 정책 수립 등 다각도의 정책이 유기적으로 연계되어 추진되고 있으며, 이러한 노력은 2050년 탄소중립 사회 실현을 위한 중요한 기반이 될 것으로 기대된다. 다만 경제적 부담과 기술적 한계를 고려한 단계적 접근과 지속적인 제도 개선이 성공의 핵심 요소가 될 것이다.

## 3) 기후테크와 탄소중립

### ① 기후기술 혁신의 시급성

국제사회는 기후 위기 해결과 지속 가능한 경제 구축을 위해 탄소 배출을 '0'으로 줄이는 탄소중립 경제로의 전환을 중대한 과제로 삼고 있다. 2015년 파리협정을 통해 각국은 지구 온도 상승폭을 산업화 이전 대비 1.5℃ 이내로 억제하기 위해 자발적으로 온실가스 감축 목표(NDC)를 수립했다. 대한민국 또한 2050년 탄소중립 선언 및 2030년 NDC 상향안을 제출하며 이에 동참하고 있다.

글로벌 통상 환경 역시 탄소중립 의무를 강화하는 방향으로 변화하고 있다. RE100 캠페인과 같은 글로벌 기업의 자발적 재생에너지 사용 요구뿐만 아니라, EU는 2026년부터 수입품의 탄소배출량에 따라 추가 비용을 부과하는 탄소국경조정제도(CBAM)를 도입할 예정이다. 이는 철강, 알루미늄, 시멘트, 비료, 전력, 수소 등 탄소 다배출 품목에 적용되며, 추후 플라스틱, 정유제품 등으로 확대될 가능성이 있다.

탄소중립 경제로의 전환은 온실가스 배출이 많은 상품의 생산을 줄이는 방식과 기후기술을 활용하여 생산 과정에서의 탄소 배출을 줄이는 두 가지 방안으로 나눌 수 있다. 전자의 경우 경제 활동 위축을 초래할 가능성이 크므로, 기후기술 육성은 경제 활동 위축을 최소화하고 새로운 성장 동력을 창출하는 데 필수적이다. 특히 화학, 철강 등 탄소 배출이 많지만 다른 산업에 기초 소재를 공급하는 대체하기 어려운 산업에서 탄소저감기술을 상용화하는 것이 중요하다.

대한민국은 제조업 중심의 수출 주도 경제 구조를 가지고 있어 기후기술 혁신이 더욱 시급하다. 2022년 기준 대한민국 제조업 부가가치가 GDP에서 차지하는 비중은 OECD 회원국 중 아일랜드에 이어 두 번째로 높은 25.6%를 기록했으며, 1인당 온실가스 배출량 또한 OECD 회원국 중 5위로 상위권에 속한다. 이러한 경제 구조는 EU의 CBAM 시행 등 국제 사회의 기후 위기 대응 압박이 강화될 경우 큰 부담으로 작용할 수 있다. 따라서 기후기술 혁신은 단순히 기후 위기에 대응하는 것을 넘어 우리 경제의 지속 가능성과 국제 경쟁력을 확보하기 위한 필수 과제다.

② 기후기술의 현황과 특징

기후기술은 기후(Climate)와 기술(Technology)의 합성어로 온실가스 감축과 기후변화 적응에 기여하면서도 경제적 수익을 창출하는 기술을 의미한다. 이는 크게 에너지 공급 기술, 에너지 사용 여건 조성 기술, 에너지 소비 기술로 분류한다.

미국 특허청(USPTO)에 등록된 특허 자료를 분석한 결과 대한민국은 기후기술 특허 출원 건수에서 세계 3위를 기록하며 글로벌 상위권에 속했다. 전 세계 기후기술 특허의 70%를 10대 선도국이 생산하며 혁신을 주도하고 있는데, 대한민국은 점유율 7.6%로 미국(41%), 일본(33%)에 이어 세 번째를 차지했다. 이는 독일, 프랑스 등 주요 유럽 선진국보다 높은 수준이다.

또한, 미국, 일본, 독일 등 주요 선진국이 2010년대 초중반 이후 기후기술 특허 출원이 정체되거나 소폭 감소하는 추세를 보인 반면, 대한민국은 같은 기간 동안 중국과 함께 특허 출원 증가세를 유지해 왔다. 그 결과, 전 세계 기후기술 특허 출원에서 대한민국의 점유율은 2001년~2005년 중 2%에서 2016년~2020년 중 9%로 약 4.5배 늘어

낮으며, 2021년에는 9%로 더욱 확대되었다. 대한민국 기후기술 혁신 실적은 특정 기업과 기술에 과도하게 편중된 경향을 보인다.

**기업 편중**: 2011년~2021년 중 대한민국 기후기술 특허 출원의 약 70%를 상위 4개 기업(LG화학, LG에너지솔루션, 삼성전자, LG전자)이 차지했다. 이는 10대 선도국 평균치인 34.7%를 크게 상회하는 수치다. 이들 기업은 2차전지, 전기차, 정보통신기술(ICT), 재생에너지 분야에서 두각을 나타내는 대기업들이다. 그러나 상위 4개 기업을 제외한 다른 기업들의 특허 출원은 상대적으로 저조하다.

**산업 및 기술 편중**: 이러한 기업 편중 현상은 기후기술 혁신 실적이 특정 산업에 집중되는 주요 원인으로 작용하고 있다. 2011년~2021년 중 대한민국 기후기술 특허 출원의 70~80%가 1차, 2차 전지, 통신 장비, 화학 제품, 전자 부품 등 4개 산업에 집중되었다. 특히, 2010년대 중반 이후 2차전지 산업의 급성장 등으로 이러한 산업 집중 현상이 더욱 심화되는 것으로 나타났다.

2011년~2021년 중 국가별 기후기술 특허의 질적 평가 지표를 비교 분석한 결과, 대한민국은 전반적으로 미흡한 모습을 보였다. 독창성, 범용성 및 급진성 지표에서 대한민국은 10대 선도국 가운데 최하위를 기록했으며, 건당 피인용 건수는 중위권이었지만 선두국과의 격차가 컸다. 특히, 최근 기후기술 분야에서 빠르게 성장하는 중국보다 질적 성과가 낮은 점은 우려를 자아낸다.

우리나라의 강점을 보이는 2차전지, 전기차, ICT, 재생에너지 등의 분야에서도 질적 특허 평가 지표는 전반적으로 저조한 수준을 보였다. 이러한 결과는 대한민국의 기후기술 혁신이 새로운 상품이나 시장을 창출하는 파괴적 혁신보다 경쟁 기업을 견제하거나 시장 점유율을 방어하려는 점진적 혁신에 치중하고 있음을 시사한다.

이러한 문제는 기후기술 분야에서 대한민국이 최고 기술 보유국과 기술 격차를 보이는 주요 원인으로 작용하고 있다. 특히, 화학·정유

산업의 탄소저감기술과 CCUS 기술에서는 기술 격차가 5년에 달했으며, 2차전지, 전기차, ICT, 재생에너지 등 특허 출원이 활발했던 분야에서도 기술 격차가 0.5~2.5년으로 여전히 해소되지 못하고 있다.

③ 기후기술의 과제

우리나라의 기후기술 혁신 실적은 주로 단기적 성과가 기대되는 분야에 집중되어 있다. 대한민국이 높은 글로벌 특허 출원 점유율을 보이는 2차전지, 전기차, 재생에너지 등의 주요 기술은 2010년대에 이미 상용화 단계에 진입했고, 시장의 빠른 성장세로 투자 수익을 신속히 회수할 수 있는 여건을 갖추고 있다. 반면, 탄소 다배출 산업의 탄소저감기술이나 CCUS 기술은 개발 필요성이 높음에도 불구하고 아직 상용화가 이루어지지 않았고 투자 수익 회수의 불확실성도 크다.

대한민국 기업의 기후기술 R&D 투자 역시 단기적인 성과가 기대되는 분야를 중심으로 진행되어 왔다. 2022년 기준, 환경 분야 미래 유망 기술 연구 개발비 중 2차전지, 전자 부품(재생에너지, ICT), 자동차(전기차) 등 단기적 성과를 기대할 수 있는 산업의 비중이 75%에 달했다. 이와 대조적으로 CCUS 기술이 차지하는 비중은 1%에 불과했다.

또한, 우리나라 기업은 기후기술 분야의 기초 연구에 대한 장기적 투자가 부족하다. 기초 연구는 새로운 기술을 선도하거나 외부 기술을 습득하기 위한 학술적 기반을 제공하며 혁신의 질적 성과와 밀접한 연관성을 가진다. 하지만 대한민국 기후기술 특허의 건당 학술 문헌 인용 건수는 2011년~2021년 중 2.2건으로 10대 선도국 평균(10.3건)에 비해 현저히 낮다.

기후기술에 대한 정부의 지원은 기업이 중장기적 시각에서 양질의 R&D를 추진하기에 충분하지 않다. 저탄소 에너지 기술에 대한 정부의 투자 비중은 2011년~2021년 중 3.8%에서 2.9%로 감소했으며, 이는 중국을 제외한 10대 선도국 중 가장 낮은 수준이다. 특히, 2023년 기준 정부의 기후변화 대응 투자는 연구 과제당 평균 4억 원에 불과할 정도로 파편화 성향이 높아 중장기적 시각에서 한계 돌파형 기술 등 고품질 혁신을 이끌어내기에는 부족하다는 평가를 받는다.

탄소 가격 또한 기업에게 탄소 감축과 기후기술 개발에 대한 중장기적 동기를 충분히 부여하지 못하고 있다. 탄소세, 탄소배출권 가격, 에너지 소비세, 유류세 등을 포함한 유효 탄소 가격은 2023년 기준 7.3유로/$tCO_2eq$로 10대 선도국 평균(78.4유로/$tCO_2eq$)의 약 1/10 수준에 머무르고 있다. 우리나라는 2015년부터 배출권거래제를 시행하고 있으나, 2021년 기준 유효 탄소 가격에서 탄소배출권 가격이 차지하는 비중은 7.3%에 불과하다. 더욱이 대부분의 탄소배출권이 무상으로 할당되어 기업들이 실질적으로 탄소 배출 비용을 부담하지 않는 구조이다.

④ 기후기술의 혁신 정책

기업이 기술 개발 성과를 충분히 보상받을 수 있도록 정부의 기후기술 R&D 지원을 강화해야 한다. 이를 통해 R&D 활동이 탄소저감기술 중심으로 전환되는 '유도된 혁신'을 촉진해야 한다. 특히, 투자 리스크는 크지만 경제적 잠재력이 크고 개발 필요성이 높은 탄소 다배출 산업의 탄소저감기술과 CCUS 기술 등 핵심 기술 분야에 대한 지원을 확대해야 한다. 또한, 비핵심 기술 분야에도 지원을 통해 기업이 외부 기술과 지식을 습득할 수 있는 '흡수 역량'을 육성할 수 있도록 해야 한다.

탄소 배출 기업이 기후 위기로 인한 피해 비용을 부담하도록 탄소 가격제의 실효성을 높여, 기존에 탄소 배출 기술의 갱신에 치우친 '왜곡된 혁신'을 탄소저감기술 개발로 전환해야 한다. 탄소 배출 비용이 탄소 가격에 제대로 반영되면 탄소저감기술의 경제적 이점이 커져 기후기술 투자가 촉진될 수 있다. 이를 위해 온실가스 감축 목표(NDC)

에 부합하는 탄소배출권 할당 규모와 경로를 설정하고 이를 사전에 공표하여 거래 시장에서 형성된 탄소 가격이 중기적 신호 역할을 하도록 해야 한다. 또한, 탄소 가격제로 확보된 세수는 저탄소 기술 혁신을 위한 자금으로 환류되도록 제도를 설계해야 한다. 아울러, 탄소 가격제 실효성 제고는 CBAM 등 외국의 무역 규제에 따른 세수 유출 가능성을 완화하는 데 도움이 될 것이다.

기업이 기술 상용화 이전에 수익을 내지 못하는 '죽음의 계곡(valley of death)'을 효과적으로 건너갈 수 있도록 벤처캐피탈 투자 활성화 등 혁신 자금 공급 여건을 확충해야 한다. 벤처캐피탈은 초기 개발 단계의 혁신 기술에 자금을 공급하여 상용화를 촉진하는 핵심 역할을 한다. 또한, 투자자는 혁신 기술의 잠재력과 리스크를 평가하고 경영 및 생산 기법을 전수하며 경영자를 모니터링하는 역할도 수행한다. 특히, 탄소중립 경제 전환에 필요한 한계 돌파형 기술 개발을 이끌어 낼 신생 중소기업의 등장을 촉진하는 데 기여할 수 있다. 따라서 투자 회수 시장 확대, 정부 벤처캐피탈의 역할 강화, 단기 투자 회수를 지양하는 공공 인내 자본 제공 등과 같은 벤처캐피탈 투자 활성화 방안을 적극 추진해야 한다.

최근 국제 정세 등으로 글로벌 기후 위기 대응이 지연될 수 있다는 우려가 커지고 있지만, 이를 대한민국이 기후기술 분야에서 선두 개척자로 도약할 기회로 삼아야 한다. 기후기술은 단순히 탄소 저감을 위한 기술에 그치지 않고, 다양한 분야에서 혁신과 생산성을 높이는 데 기여할 수 있다. 따라서 기후기술 혁신은 탄소중립 실현뿐만 아니라 대한민국 수출 경쟁력을 강화하고 성장 잠재력을 높이는 핵심 전략으로 적극적인 투자와 정책 지원이 필요하다.

기후기술 혁신 분야에서 주요국과의 협력을 주도함으로써 글로벌 리더로서 자리 잡아야 한다. 상호 보완적인 기술과 자원 공유는 혁신 속도를 높이고 규모의 경제를 실현하며 투자 위험을 줄여 기후기술 투자의 매력을 극대화할 수 있다. 또한, 공정한 경쟁 환경 조성은 지속 가능한 글로벌 기후기술 생태계를 구축하는 데 기여하며, 국제적 기후기술 통상 환경을 주도함으로써 수출 경쟁력을 강화하고 글로벌 가치 사슬에서 중요한 위치를 확보할 수 있을 것이다. 이러한 글로벌 협력은 탄소중립 실현과 더불어 경제 성장 및 기술 경쟁력 강화를 동시에 달성하는 데 기여할 것이다.

## 4) 건물 에너지 저감과 기후위기

### ① 건물 에너지 관리 시스템(BEMS) 개요

건물 에너지 관리 시스템(BEMS)은 건물 내 에너지 사용을 실시간으로 모니터링하고, 효율적으로 제어하여 에너지 절감을 실현하는 시스템이다. 이 시스템은 건물의 에너지 효율성을 극대화하고 운영비를 절감하는 핵심적인 솔루션으로 평가받고 있다.

BEMS의 주요 목적은 다음과 같다. 첫째, 불필요한 에너지 소비를 줄여 효율적인 에너지 관리를 실현한다. 둘째, 에너지 사용량 최적화를 통해 장기적인 건물 운영비를 절감한다. 셋째, 에너지 소비 감소를 통해 온실가스 배출을 줄이고 환경 보호에 기여한다. 넷째, 실시간 에너지 모니터링을 통해 에너지 소비 패턴을 파악하고 개선 방안을 제시한다.

BEMS의 주요 기능을 살펴보면, 실시간 모니터링 기능을 통해 전력, 냉난방, 조명 등 모든 에너지 소비 시스템의 사용량을 실시간으로 파악한다. 자동 제어 및 최적화 기능은 수집된 데이터를 기반으로 에너지 사용을 자동으로 최적화한다. 에너지 소비 분석 및 예측 기능은 에너지 사용 패턴을 분석하고 미래 소비를 예측하여 절약 목표 설정을 돕는다. 알람 및 경고 시스템은 설정된 기준 초과 시 관리자에게 즉

각 경고하여 에너지 낭비를 예방한다. 에너지 사용 보고서 제공 기능은 기간별 에너지 사용 보고서를 생성하여 효율성 평가 및 절감 대책 수립을 지원한다. 통합 관리 기능은 냉난방, 전력, 조명, 통신 설비 등을 통합 관리하여 효율적인 건물 운영을 가능하게 한다.

BEMS의 효과는 실증적으로 입증되고 있다. 건물의 전력 소비를 10%에서 30% 이상 줄일 수 있다고 명시되어 있으며, 실제로 에스원의 BEMS를 도입한 빌딩들은 연평균 10.8%가량 에너지 비용을 절감한 것으로 집계되었다.

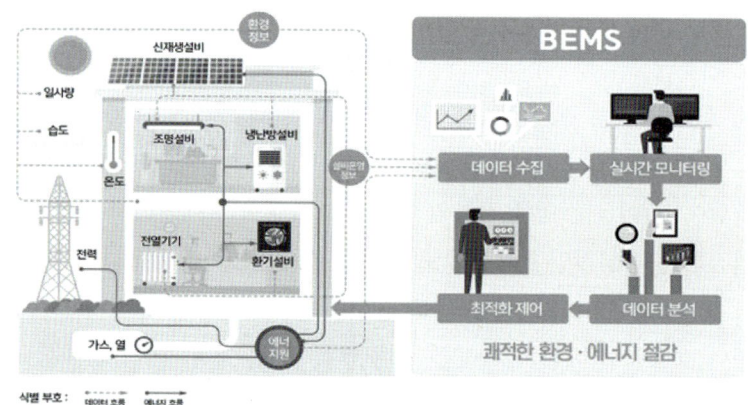

BEMS 개념도, ⓒ 산업통상자원부

② 건물 에너지 절감의 필요성 및 중요성

기후 변화 대응 측면에서 건물 에너지 절감은 매우 중요하다. 기후 변화로 인해 전 세계적으로 에너지 절약의 중요성이 대두되고 있으며, 특히 건물은 에너지 소비의 대부분을 차지하고 있어 건물 내부의 기술적 개선이 에너지 절약을 이끌어낼 수 있다. 전 세계적으로 건물은 에너지 소비의 약 40%를 차지하며, 탄소 중립 실현에 필수적인 분야이다.

경제적 측면에서도 건물 에너지 절감은 상당한 이점을 제공한다.

건물 에너지 절감은 비용 절감에 큰 영향을 미치며, 건물 에너지 소비의 대부분은 전력 요금 등에 영향을 받기 때문에 에너지 절감은 이러한 부분에서 큰 이점을 제공한다. 절감된 비용은 재투자로 이어질 수 있어 선순환 구조를 만들어낸다.

또한, 효율적인 건물 관리는 건물의 수명을 연장하고 취약성을 줄이는 데 기여한다. 이는 장기적인 자산 가치 보전과 유지 관리 비용 절감으로 이어진다.

③ 효율적인 에너지 사용을 위한 방법

효율적인 에너지 사용을 위한 구체적인 방법들이 제시되고 있다. 건물 내부 빈틈 차단은 최초의 에너지 효율화 방안으로, 외부 공기와의 열 손실을 줄이는 것이 중요하다. 고급 기술 활용 방안으로는 형광 등으로 방출되는 열을 흡수하는 Heat Pump와 같은 고급 기술을 건물 외부에 적용하여 열 손실을 줄일 수 있다.

에너지 효율적인 설비 도입도 중요한 방법이다. 여기에는 LED 조명 설치와 에너지 효율적인 창문 차단자 및 빛 차단 커튼 사용이 포함된다. BEMS 성능 개선 및 최신화를 통해 더욱 효율적인 에너지 사용을 실현할 수 있다. 건물 내부 기술의 최신화 및 BEMS의 성능 개선을 통해 더욱 효율적인 에너지 사용을 이룰 수 있으며, 개선된 BEMS는 환경 데이터를 더 정확하게 수집하고 적절한 조치를 취할 수 있다.

효율적인 건물 에너지 관리를 위한 다양한 제도와 인증 체계가 운영되고 있다. 녹색건축인증(G-SEED)은 지속가능한 개발의 실현을 목표로 건축물의 환경성능을 인증하는 제도이다. 이 인증을 받으면 용적률, 건축물 높이 제한 완화, 지방세 감면 등의 인센티브가 제공된다.

에너지절약계획서 제도는 연면적 500㎡ 이상 신축 건물의 경우 건축 허가 신청 시 에너지절약계획서를 제출하도록 의무화하고 있다. 이는 건축물의 효율적인 에너지 관리를 위하여 열손실 방지, 에너지 절약형 설비사용 등을 비롯하여 에너지절약 설계에 대한 의무사항 및 에너지성능지표를 규정한다. 의무사항 전 항목 채택 및 EPI(에너지성능지표) 65점 이상 취득이 필요하며, 공공기관은 74점 이상을 요구한다. 제로에너지 건물 인증은 2025년부터 연면적 1000㎡ 이상 민간 건축물에도 확대 적용될 예정으로, BEMS의 활용도를 더욱 높일 것으로 예상된다.

이 외에도 주택성능등급은 주택의 성능을 5단계로 나누어 평가하는 제도이며, 친환경주택성능평가는 친환경 주택의 성능을 평가한다. 장애물 없는 생활환경(Barrier-Free) 인증은 장애인의 일상생활을 향상시키기 위해 공공 및 사적 시설에서 장애물 없는 환경을 조성하는 제도이다. LEED 인증은 지속 가능한 건축을 위한 세계적인 인증 시스템이다.

건물 에너지 관리 시스템(BEMS)의 도입과 효율적인 에너지 사용 방법은 기후 변화 대응, 비용 절감, 그리고 지속 가능한 건축 환경 조성을 위해 필수적인 요소이다. 정부의 다양한 제도 및 인증과 연계하여 BEMS의 활용도를 높이고 기술적인 발전을 지속적으로 추진함으로써, 더욱 효율적인 건물 에너지 사용을 달성해야 한다. 이러한 노력은 개별 건물의 에너지 효율성 향상뿐만 아니라 국가 전체의 에너지 절약과 환경 보호에도 크게 기여할 것이다.

정부는 2025년 기준, 지역별 특성을 반영해 다음과 같은 4곳을 탄소중립 선도도시로 지정하고 적극 지원하고 있다. 당진시, 제주도, 보령시, 성남시는 에너지 저감, 온실가스 감축, 재생에너지 보급 등에서 정부의 시범·선도 역할을 수행하며, 지역 환경시설과 재생에너지를 연계한 주민 수익창출 모델, 바이오가스 생산, 에너지 자립마을 등 다양한 혁신 프로젝트를 도입하고 있다.

| 도시 | 특화유형 | 주요 특성 및 정책 |
|---|---|---|
| 당진시 | 에너지+산업 | 산업단지 기반 저탄소 전환, 재생에너지 확대, 에너지 자립률 향상 사업 선도 |
| 제주도 | 에너지+폐기물 | 재생에너지(풍력·태양광) 집중, 바이오가스·유기성 폐자원 활용, 2030년 탄소프리아일랜드 추진 |
| 보령시 | 에너지+폐기물 | 석탄발전 감축, 바이오에너지·재생자원 순환체계 구축 |
| 성남시 | 건물+인프라 | 공공·민간 제로에너지 건축물(ZEB) 확산, 그린리모델링, 지역주민과 연계한 에너지 절감 프로그램 |

# 5

# 탄소중립 선도 도시 사례

## 1) 당진시 탄소중립과 에너지 전환

### ① 정책 기본 방향 및 목표

당진시는 '2045년 탄소중립 도시' 달성을 비전으로 설정하고 있다. 산업 중심 도시라는 지역 특성을 반영하여 주민, 기업, 공공부문이 함께 참여하는 전방위적 온실가스 감축을 추진하고 있다. 주요 목표로는 2030년까지 온실가스 중간 감축 목표를 설정하고 기본계획에 따라 주기적으로 갱신하며, 2045년 온실가스 순배출량 '0' 실현을 목표로 한다. 또한 재생에너지 확대와 에너지 효율화·저감을 통한 에너지 전환을 추진하고, 대기오염·미세먼지 감소와 건강한 도시 환경 조성을 목표로 한다.

당진시는 기후변화 대응을 위한 장기 계획으로 "당찬 미래. 지속가능한 녹색도시 실현을 위한 탄소중립 선도도시 기반 구축"을 비전으로 설정하여 탄소중립 선도도시 기반을 구축하고 지속가능성을 확보하겠다는 의미를 담고 있다. 국가보다 5년 앞선 2045년 탄소중립 달성을 목표로 하며 2035년까지 2018년 배출량 대비 50% 감축을 목표로 설정하고, 2024년 환경부와 국토부가 공동 추진한 '탄소중립 선도도시'에 선정되면서 Green energy, Green station, Green recycle, Green tech, Green life의 5대 추진전략(탄소중립 전략 5G)을 제시했다. 중점 추진전략으로는 신재생에너지 보급 확대, 에너지 이용 효율 극대화, 친환경차 보급 및 인프라 구축, 친환경 농축수산 인프라 조성, 폐기물 에너지화를 통한 순환 경제 체계 구축, 산림 순환 경영 확대 및 생활 속 탄소흡수원 확대를 추진하며, 시민의 높은 탄소중립 참여 의지를 바탕으로 시민 의견을 수렴하고 반영하여 최종 비전을 제시했다.

당진시 '탄소중립 선도도시' 선정

② 법·제도적 기반

당진시의 탄소중립 정책은「기후위기 대응을 위한 탄소중립·녹색성장 기본법」제12조 및 같은 법 시행령 제7조에 근거하여 시 단위 온실가스 감축을 추진한다.「제1차 당진시 2045 탄소중립 녹색성장 기본계획(2025~2034)」을 수립하여 충청남도 및 전국 탄소중립 정책과 연동해 실효성을 제고하고 있다. 지방정부·지역 단위 의사결정체계를 통해 탄소중립기본계획에 따른 중장기 로드맵과 세부 시행계획을 주기적으로 갱신하고 있다.

당진시 탄소중립·녹색성장 기본계획은「기후위기 대응을 위한 탄소중립·녹색성장 기본법(탄소중립기본법)」제12조와「당진시 기후

위기 대응을 위한 탄소중립·녹색성장 기본조례」를 근거로 수립되었으며, 두 법률 모두 10년을 계획 기간으로 하여 5년마다 재수립 및 시행하도록 규정하고 있다. 탄소중립기본법은 온실가스 감축, 기후위기 적응대책 강화, 탄소중립 사회로의 이행을 통해 경제적·환경적·사회적 불평등을 해소하고 녹색기술 및 산업 육성을 통해 지속가능발전에 이바지하는 것을 목적으로 하며, 시 조례는 온실가스 감축 및 기후위기 적응대책 강화, 탄소중립 사회로의 이행을 통한 녹색성장 활성화를 목적으로 한다. 계획은 2018년을 기준년도로 하여 2030년 중장기 감축목표, 2034년 1차 기본계획 기간 종료, 2045년 충청남도 탄소중립 목표, 2050년 국가 탄소중립 목표를 단계별 목표년도로 설정하고 2025년부터 2034년까지를 1차 기본계획 기간으로 정하고 있다.

### ③ 정책 실행 및 주요 사업

산업부문에서는 현대제철, 화력발전 등 대규모 배출사업장의 에너지 효율화, 굴뚝자동측정장치 확대 설치, 청정 에너지 대체를 추진하고 있다. 수소경제 선도를 위해 탄소포집형 수소생산기지(생산-포집-활용)를 구축하고 신재생 중심 수소기반 모델을 개발하고 있다. 태양광, 풍력 등 신재생에너지 시설 확대·지원을 통해 에너지 자립률을 제고하는 사업을 추진하고 있다.

공공부문에서는 탄소중립 실천 캠페인, 공공 건물·차량 에너지 효율화, 탄소중립시설 도입 등의 저감사업을 실시하고 있다. 시민 참여형 실천 방안으로는 온실가스 줄이기 운동, 기후위기 취약계층 지원, 친환경 시민 교육 등을 적극 전개하고 있다. 탄소중립 지원센터를 통해 공공·민간 컨설팅, 현장 기술지원, 지역별 맞춤 사업 발굴·확산을 지원하고 있다. 혁신 생태계 조성을 위해 디지털 기술 및 전력망 최적화를 스마트시티와 연계하여 추진하고 있으며, 에너지 전환과 녹색성장을 연계한 신사업 창출을 도모하고 있다.

당진시의 탄소중립·녹색성장 기본계획은 경제국 미래에너지과가 총괄하고 탄소중립지원센터가 컨설팅을 제공하며, 기존에 추진해온 기후변화대응 저탄소발전전략, 지역에너지 기본계획, 공공부문 탄소중립 지원사업, 탄소포인트제도 등 다양한 정책을 바탕으로 5개 감축 부문에서 12개 추진 전략으로 구성하여 총 42개 정량 사업과 60개 정성 사업을 포함하고 있다. 건물 부문에서는 노후 공공건축물 리모델링과 신재생에너지 보급 확산, 염해지 태양광 조성 등을 추진하고, 수송 부문에서는 전기버스 전환과 전기자동차 보급 지원, 수소도시 조성을 통한 청정 교통 인프라를 구축한다. 농축수산 부문에서는 친환경 농업 기반 마련과 영농형 태양광 조성을, 폐기물 부문에서는 가축분뇨 바이오가스화 시설과 폐플라스틱 자원화 수소 생산 사업을, 흡수원 부문에서는 산림 탄소 흡수원 보전과 도시숲 조성을 통해 종합적인 탄소중립 달성을 추진하고 있다.

④ 거버넌스 및 협력 강화

당진시의 탄소중립 거버넌스 체계는 시청 미래에너지과, 탄소중립지원센터, 각 부서 및 지역 기관이 공동으로 추진하는 협력 체계이다. 시민, 기업, 대학, 민간 전문가 등으로 구성된 민관협력 네트워크를 운영하여 협력 기반을 강화하고 있으며, 지역–기업–주민 상생을 위한 산업계 협력과 청정 생산 프로세스 전환을 촉진하고 있다. 또한 주민 수용성 확보 및 지역사회 환류 체계를 통해 수익공유와 일자리 창출을 추진하며, 충청남도–국가 탄소중립 거버넌스와 연계하여 지역균형발전 및 대응력을 강화하고 있다. 탄소중립 선도도시로 지정되어 유럽과 국내 선진도시와의 기술·정책 협업도 적극 추진하고 있다.

당진시는 탄소중립 녹색성장 이행의 실효성을 높이고 실제 성과를 도출하기 위해 '당진시 탄소중립 녹색성장 이행협의체'를 구성·운영한다. 당진시장은 매년 점검 결과보고서를 작성하여 이행협의체 심의를 거쳐 환경부에 제출하며, 환경부는 이를 종합하여 국가위원회에 보고하고 필요한 지원을 제공한다. 점검 과정은 매년 2025년 5월까지 진행되며, 점검계획 수립→부서별 실적 제출→종합보고서 작성→심의 및 환경부 제출의 체계적인 절차를 따른다. 시민 465명을 대상으로 실시한 설문조사에서는 기후변화와 탄소중립 정책에 대한 높은 인식과 참여 의지가 확인되었으며, 4개 분과별 시민자문단 워크숍과 공청회를 통해 현장의 목소리를 정책에 적극 반영하고 있다.

시민 참여와 인식 제고를 위해 청년센터의 환경교육, 초·중·고·대학의 녹색생활 학습 확대, 맞춤형 전문교육과 인센티브 도입 등 계층별 맞춤 실천 지원이 이뤄지고 있다. 국제 협력 분야에서는 이클레이(ICLEI) 한국사무소 유치와 한국집행위원회 의장직 수행, 언더2연합 및 국제 학술회의 개최 등을 통해 글로벌 네트워크를 강화하고 있다. 에너지 산업형 지자체 간 연계와 수소 생태계 협약 추진 등 대내외 협력 기반도 확대하고 있으며, 석탄화력발전소 폐쇄 등 지역 경제·고용 변화에 대응하여 '정의로운 전환 특구' 지정을 추진하고 있다. 노동계·경영계·전문가·산업계 등이 참여하는 거버넌스를 바탕으로 산업별 실태조사 및 의견 수렴 등 공정하고 포용적인 전환 체계를 구축해 나가고 있다.

## 2) 제주도 탄소중립과 에너지 전환

### ① 정책 기본 방향 및 목표

제주도는 2035년 탄소중립 달성을 비전으로 설정하였다. 이는 국가 탄소중립 목표 시한인 2050년보다 15년 앞당긴 담대한 목표이다. 오영훈 제주도 지사는 "그린수소 실증사업 성공, 수소버스 운행, 재생에너지 발전 비율 확대 등 에너지 대전환을 위한 준비가 되어 있기에 이러한 목표가 가능하다"라고 강조하였다.

제주도는 이 목표를 통해 대한민국을 넘어 세계적인 모범사례가 될 수 있는 에너지 대전환 모델을 만들겠다는 구상을 가지고 있다. 2024년 제주가 제시한 2035 탄소중립 비전은 크게 주목을 받으며 제주도가 탄소중립 선도 도시로 자리매김하는 데 기여하고 있다.

제주특별자치도는 '2040 지속가능발전 전략'과 '2035년 탄소중립 실현을 비전'으로 설정하여 한국 정부의 국가 목표인 2050년보다 15년 앞선 탄소중립 달성을 추진하고 있다. 에너지 전환은 신재생에너지 확대, 전기차 보급, 분산형 에너지 시스템 도입 등으로 구체화되며, 재생에너지 발전 비율을 2023년 기준 19%에서 2035년까지 70% 이상(설비용량 7GW)으로 상승시켜 전력 시스템의 탈화석연료화와 함께 그린수소 등 미래 에너지 산업을 집중 육성하고 있다. 이는 사회·경제·환경 분야를 아우르는 통합 전략으로, 지역사회 전반의 지속가능성과 삶의 질 향상을 동반 목표로 설정한 것이다.

제주도 탄소중립과 에너지 전환

② 법·제도적 기반

제주도는 「제1차 제주특별자치도 탄소중립·녹색성장 기본계획(2024~2033년)」을 수립하여 실행하고 있으며, '기후위기 대응을 위한 탄소중립·녹색성장 기본법'과 동일한 국가 프레임을 적용하면서 제주도 특성에 맞는 법·제도를 정비하고 있다. 전국 광역 지자체 중 유일하게 정부의 '탄소중립 선도도시' 공모에 선정되어 정책 추진의 법적·재정적 기반을 확보했으며, 국내 지방정부 최초로 UN SDG 기반 2040 발전전략을 수립하여 국제적 기준에 부합하는 정책 체계를 갖추고 있다.

제주도의 탄소중립 목표 달성을 위한 핵심적인 제도적 기반은 '2035 탄소중립 비전 달성을 위한 혁신기관 협의체' 출범이다. 이 협의체는 제주도가 선포한 2035년 탄소중립 목표 달성을 뒷받침하기 위해 마련되었다. 특히, 수소경제 핵심 기술을 보유한 에너지 분야 정부 출연 연구원과 안전·유통 전문 공공기관이 지방자치단체와 협업한다는 점에서 큰 의미가 있다. 이 협의체를 통해 기관별 전문성을 바탕으로 기술 개발부터 실증, 인프라 구축, 안전 관리에 이르기까지 전 주기에 걸쳐 유기적 협력이 이루어질 것으로 기대된다.

협의체에 참여한 10개 기관은 다음과 같다. 제주특별자치도, 한국에너지기술연구원, 한국생산기술연구원, 한국에너지공단, 한국가스안전공사, 한국가스기술공사, 한국교통안전공단, 한국자동차연구원, 에너지경제연구원, 제주연구원 등이 있다.

### ③ 정책 실행 및 주요 사업

제주도의 정책 실행 및 주요 사업으로는 신재생에너지(태양광, 풍력) 대폭 확대 및 설비 의무화, RE100 실현과 분산형 에너지 특구 지정, 스마트 계통망 구축, 그린수소 생산 시범단지 조성과 대규모 청정수소생산 인프라 및 충전소 구축을 통한 에너지 전환을 추진하고 있으며, 30세대 이상 공동주택과 연면적 $1,000m^2$ 이상 건축물에 신재생에너지 설비 도입을 의무화하고 공공건물 친환경화와 에너지 효율 인증 기준을 강화하는 친환경 건축 정책을 실시하고 있다. 또한 음식물 폐기물로부터 바이오가스 생산, 재생자원화 클러스터 조성, AI 재활용품 선별로봇 도입을 통한 폐기물·순환경제 구축과 대규모 조림사업 및 도시녹지 조성(연 137만 그루), 해양·산림 생태계 보호를 통한 녹지·탄소흡수 확대, 전기차·수소차 인프라 확대, 관광형 도심항공교통(UAM) 실증사업, 친환경 대중교통 활성화를 통한 교통 및 모빌리티 혁신을 종합적으로 추진하고 있다.

혁신기관 협의체는 제주도의 에너지 대전환 로드맵에 맞춰 청정수소 생산 및 공급망 구축, 수소모빌리티 및 충전 인프라 확대, 기술 실증 및 상용화, 전문 인력 양성 등 분야별 실행계획을 수립하고 참여기관 간 역할 분담을 통해 시너지 효과를 극대화할 방침이다.

그린수소 생산 및 상업화 분야에서 제주도는 신재생에너지를 활용한 그린수소 산업 최적화 계획을 수립 중이며, 2023년 11월 전국 최초로 kg당 15,000원에 그린수소를 상업 판매하기 시작하여 시장 형성의 기준점을 제시하였다. 인프라 구축 측면에서는 RE100 수소 시범 단지 조성과 10.9MW 규모의 그린수소 생산시설 착공을 추진하고 있으며, 서부지역과 도심의 민간 수소충전소 구축 및 이동형 충전소 운영 지원을 계획하고 있다. 제주는 신재생에너지 발전 비율이 전국 최고 수준이며, 이는 탄소중립 비전 실현의 핵심 전략으로 활용되고 있다. 또한, 한국생산기술연구원이 폐비닐, 폐플라스틱, 귤피, 하수슬러지 등 폐자원을 활용한 친환경에너지 생산 연구를 진행하여 제주도의 브랜드 가치 향상에 기여할 것으로 평가된다.

④ 거버넌스 및 협력 강화

제주도는 탄소중립지원센터를 운영하여 정책지원, 도민 교육, 정책 연구 및 컨설팅 제공 등을 담당하며 다양한 이해관계자와의 네트워크를 강화하고 있으며, 정책 수립·실행 과정에서 도민 1,000여 명을 대상으로 한 설문조사와 각계 전문가, 청소년 등 다양한 집단의 현장 의견을 수렴하여 민관협력 및 도민참여를 확대하고 기업, 기후테크 산업, 지방·중앙정부, UN 및 국제사회와 협력을 강화하고 있다. 또한 기후테크 기업 유치와 탄소거래시장 연구 등을 통해 기후대응이 경제적 이익으로 환류되는 시스템 구축을 추진하여 정책 실효성과 경제성을 동시에 추구하고 있다.

제주도는 혁신기관 협의체 출범을 통해 혁신기관들과 실질적인 협력을 본격화함으로써 탄소중립 비전 달성을 위한 동력을 확보하였다. 이를 통해 산·학·연·관이 긴밀히 협력하여 에너지 대전환의 선도모델을 만들어나갈 계획이다.

오영훈 지사는 제주의 에너지 대전환 모델이 대한민국을 넘어 세계적인 모범사례가 될 수 있도록 국가 차원의 제도 개선과 지원을 요청하였다. 각 참여 기관들은 제주의 탄소중립 비전이 글로벌 의제에 부합하고 정부 정책과도 긴밀히 연결되어 있어 실현 가능성이 높다고 평가하며, 에너지 대전환 과정에서 직면할 수 있는 출력제어, 계통 안정성 등의 문제를 함께 고민하고 해결책을 모색해 나가기로 하였다.

한국에너지기술연구원은 그린수소 상용화에 필요한 핵심기술 개발을 통해 제주 탄소중립 달성을 적극 지원하겠다고 약속하였고, 한국가스기술공사는 제주도를 글로벌 수소 허브로 육성하는 데 필요한 기술 개발과 인프라 구축을 지원하며 도민들의 청정수소 편리 사용에 앞장서겠다고 밝혔다. 한국가스안전공사는 수소 안전관리 기술지원과 전문인력 육성으로 제주도의 수소경제 활성화에 기여하겠다고 전하였다.

## 3) 보령시 탄소중립과 에너지 전환

### ① 정책 기본 방향 및 목표

보령시는 2045년 탄소중립 달성을 목표연도로 설정하고 있다. 이는 충청남도의 탄소중립 목표연도와 정합성을 고려한 것이며, 2030년을 탄소중립기본법 목표연도로, 2034년을 1차 기본계획 기간 종료연도로 설정하였다. 이 계획은 2025년부터 2034년까지 추진되며, 보령시는 목표 달성을 위해 '보령시 탄소중립·녹색성장 기본계획'을 수립하여 모든 행정구역을 공간적 범위로 포함한다. 2024년 10월에는 보령시가 2030 탄소중립 선도도시로 선정되었으며, 공공부문에서는 온실가스·에너지 목표관리제도를 통해 2018년 배출량을 기준으로 2024년에는 13.2%, 2030년에는 40.0%의 감축 목표를 설정하고 국가 탄소중립 달성에 기여하는 것을 목표로 한다. 보령시의 비전은 "대한민국 탄소중립의 심장, 탄소중립 에너지·신해양 선도도시"이며, 2045년까지 온실가스 순배출 '0' 달성을 최종 목표로 한다.

주요 정책 방향으로는 탄소중립·녹색성장 기본계획 수립 및 이행을 통해 전체 시 단위 기후·에너지·환경 정책 및 사업의 통합 로드맵을 마련하고, 에너지, 산업, 수송, 농축산·폐기물 등 다부문 연계 정책을 추진한다. 2030 탄소중립 선도도시 지정을 통해 전국적 탄소중립 선도 지자체로서 역할을 강화하고, 정부·충청남도와 연동하여 정책적, 재정적 지원을 확대받는 기반을 마련하고 있다.

추진 전략 및 세부 실행 방향은 기후·에너지 부문별 감축(석탄화력발전 감축, 신재생에너지 대폭 확대, 에너지 효율화, 친환경 교통 확산 등), 탄소순환 및 친환경 산업(수소 기반 신성장동력 추진, 바이오가스·CCU 등 첨단 저탄소 기술사업화), 시민생활·참여 확대(온실가스 감축 실천운동 활성화, 환경교육센터 기반 체험교육 강화, 시민 대상 정책 대화 정례화), 정의로운 전환 및 지역 상생(화력발전소 단계 폐쇄, 정의로운 일자리 전환, 주민 수익 공유 등)으로 구성된다.

보령시 탄소중립과 에너지 전환

온실가스 감축 목표 및 관리제도

| 목표연도 | 기준연도 | 감축목표<br>(공공부문, %) | 비고 |
|---|---|---|---|
| 2024년 | 2018년 | 13.2% | 온실가스·에너지 목표관리제 도입 |
| 2030년 | 2018년 | 40.0% | 국가 감축 로드맵과 연계 |
| 2045년 | 2018년 | 순배출 0(탄소중립) | 충청남도 목표와 정합 |

② 법·제도적 기반

보령시의 탄소중립 정책은 「기후위기 대응을 위한 탄소중립·녹색성장 기본법」에 근거를 두고 있다. 이 법은 온실가스 감축 및 기후변화 적응 대책을 강화하고, 탄소중립 실현을 통해 경제와 환경의 조화로운 발전 및 지속가능성을 확보하는 것을 목적으로 한다.

주요 법·제도적 기반으로는 먼저 「기후위기 대응을 위한 탄소중립·녹색성장 기본법」이 중앙행정기관, 지방자치단체, 공공기관 등 공공부문 기관에 대해 매년 온실가스 감축 목표를 설정하고 이행 실적을 관리하도록 의무화하고 있다. '보령시 탄소중립·녹색성장 기본계획'은 상위 계획인 「탄소중립·녹색성장 국가전략」, 「제1차 국가 기본계획」, 「충청남도 탄소중립 녹색성장 기본계획」 등과 연계하여 수립되며, 지역별 온실가스 배출·흡수 현황 및 전망, 중장기 감축 목표, 부문별 이행대책, 기후변화 적응 대책, 국제협력, 교육·홍보, 녹색기술·산업 육성 등을 포함한다.

공공부문 온실가스·에너지 목표관리제도는 공공부문에서 소유 또는 임차하여 사용하고 있는 건물과 차량을 대상으로 온실가스 배출량을 산정하고 관리한다. 충청남도는 전국 지자체 최초로 「충청남도 정의로운 전환 기금 설치 및 운용에 관한 조례」, 「충청남도 산업구조 전환에 따른 노동전환 및 훈련센터 지원에 관한 조례」, 「충청남도 정의로운 전환 기본 조례」를 제정하여 관련 법적 기반을 마련하였다. 국가 차원에서는 공급망 안정화 및 산업 경쟁력 강화를 목표로 「공급망 기본법」, 「소재·부품·장비산업 경쟁력 강화 및 공급망 안정화를 위한 특별조치법」, 「국가자원안보 특별법」 등 '공급망 3법'을 추진하고 있으며, 「해상풍력 특별법」안이 국회에 계류 중이다.

③ 정책 실행 및 주요 사업

보령시는 탄소중립 목표 달성을 위해 다양한 부문에서 종합적이고 체계적인 정책을 실행하고 있다. 건물 부문에서는 신축 건물의 제로에너지화와 기존 건물의 그린 리모델링을 통해 에너지 효율을 강화하고 있다. 공공부문에서는 개인용 전열기 사용 금지, 실내 난방 적정온도 유지, 승강기 운행 제한 등의 에너지 절약 정책을 시행하고 있으며, 에너지 지킴이 운영을 통한 체계적인 관리도 병행하고 있다.

수송 부문에서는 친환경 자동차 보급 및 인프라 확대를 핵심 과제로 설정했다. 전기자동차와 수소자동차의 보급을 확대하고 있으며, 특히 수소 승용차 100대와 수소 버스 7대를 2024년까지 누적 보급할 계획이다. 동시에 탄소포인트제 운영, 자전거 도로 인프라 확충, 공공

자전거 이용 확대 등 대중교통 활성화 정책을 추진하고 있다. 이를 통해 2018년 214.8천 톤이었던 온실가스 배출량을 2030년 132.4천 톤으로 38.4% 감축하는 것을 목표로 한다.

폐기물 부문에서는 생활자원회수센터 구축, 해양폐기물 관리 강화, 1회용품 저감 문화 확산 등을 통해 2018년 75천 톤에서 2030년 60.6천 톤으로 19.3% 감축을 목표로 하고 있다.

청정에너지 전환을 위한 대규모 사업들이 특히 주목된다. 세계 최대 규모의 블루수소 생산 플랜트를 2026년까지 구축하고, 보령과 당진에 수소도시를 조성하여 보령시를 수소생산 중심지로 육성할 계획이다. 2040년까지 블루수소와 그린수소 생산 비중을 50%까지 확대하는 것이 목표다. 또한 외연도, 호도, 황도 인근 해상에 1GW 규모의 해상풍력단지를 조성하여 지역 경제 활성화와 일자리 창출을 도모하고 있다.

정의로운 전환 정책도 중요한 축을 이룬다. 보령화력 1·2호기 폐쇄로 인한 유동인구 감소와 지역경제 위축에 대응하여 정의로운 전환 특구 지정을 추진하고 있다. 2026년 보령화력 5·6호기 폐쇄에 대비해 근로자 일자리 전환 교육, 재취업 프로그램, 직업 전환 휴직급여 제공 등 실질적인 지원 방안을 마련하고 있다.

이외에도 노후 농공단지의 스마트그린 전환, 중소기업 탄소저감 기술 보급 지원, RE100 산업단지 구축, 폐쇄 화력발전소 부지의 R&D 공간 활용 등 다각도의 접근을 통해 탄소중립과 지역 경제 발전을 동시에 추구하고 있다. 7개 부문 47개 세부 사업으로 구성된 기후변화 적응 대책과 자연기반 해법의 확대 적용을 통해 지역 특성에 맞는 맞춤형 대응을 강화하고 있다.

④ 거버넌스 및 협력 강화

보령시는 탄소중립 실현을 위해 다양한 주체들과의 협력을 기반으로 한 체계적인 거버넌스를 구축하고 있다. 기후환경과를 총괄 부서로 지정하여 탄소중립 녹색성장 기본계획의 이행과 환류 체계를 구축했다. 각 부문별 소관 부서가 연간 계획 수립과 이행을 담당하며, 기후환경과는 매년 점검 계획을 수립하고 반기별·연도별 이행 점검을 진행한다. 세부과제별 추진 실적과 성과는 온실가스 감축 대책과 기후위기 대응 기반 강화 대책으로 구분하여 평가하며, 매년 추진 상황을 점검한 결과를 보령시 탄소중립 녹색성장 위원회 심의를 거쳐 환경부에 제출하고 있다.

2023년 10월 보령시 탄소중립 생활·실천 확산 대회를 통해 시민 의견을 수렴했다. 설문조사 결과 시민의 과반수 이상(58.5%)이 친환경 재생에너지로의 변화에 긍정적인 인식을 나타냈으며, 민·관의 적극적인 소통 강화가 탄소중립 추진 과정에서 가장 중요하다고 응답했다. 이를 바탕으로 탄소중립포인트제를 통해 가정, 상업시설, 아파트 단지 등에서 에너지 사용량 절감을 유도하고, 감축률에 따른 탄소포인트 부여로 인센티브를 지급하여 시민들의 자발적 참여를 독려하고 있다.

주민참여 에너지리빙랩 발굴 및 운영을 추진하여 주민, 전문가, 마을단체, 기업 등이 협업하여 생활 속 에너지 문제를 해결하고 에너지 전환을 실현하고 있다. 2024년에는 '찾아가는 환경교육 프로그램'을 운영하는 등 기후변화 인식 제고를 위한 교육과 홍보를 강화하고 있다.

보령시는 2018년 '지구 온도 2℃ 상승을 막기 위한 세계도시 연합(Under2 Coalition)'에 가입하여 국제적 협력 기반을 마련했다. 매년 '탈석탄과 탄소중립'을 주제로 국제 컨퍼런스를 개최하고 수소에너지 국제 포럼에 적극 참여하여 수소경제 활성화를 위한 글로벌 협력 기반을 구축하고 있다. 충청남도의 국제 협력 네트워크 구축 사업과 연계하여 에너지 대전환 모델을 만들어나가고 있다.

탄소중립·녹색성장 사회로의 이행을 위해 저탄소·녹색 분야 신규 인력 수요에 대비한 인적 자원 육성에 힘쓰고 있다. 동시에 탄소중립형 사회적 경제 기업 발굴과 지원을 통해 지역 경제와 환경의 조화로운 발전을 도모하고 있다. 이러한 종합적인 거버넌스 체계를 통해 보령시는 시민, 기업, 정부가 함께 참여하는 지속가능한 탄소중립 실현을 추구하고 있다.

**보령시 탄소중립 · 에너지 전환**

| 구분 | 주요 내용 |
| --- | --- |
| 정책 방향 · 목표 | 2045년 탄소중립, 2030년 온실가스 10% 감축, 신재생 · 수소 중심 에너지 전환 |
| 법 · 제도 기반 | 기후위기 대응 기본법, 기본계획(2025~2034), 명확한 목표연도 · 관리 체계 |
| 핵심 사업 | 화력발전 감축, 풍력 · 태양광 확대, 수소도시 · CCU, 바이오가스, 시민참여 실천 사업 |
| 거버넌스 강화 | 이행협의체, 실적 점검 · 보고, 민관 · 기관 · 시민 통합적 협력체계, 국제 · 국책 연계 추진 |

## 4) 성남시 탄소중립과 에너지 전환

성남시는 경기도는 물론 자체적인 탄소중립 정책을 적극적으로 추진하고 있다. 2021년 기준 경기도 31개 시 · 군 중 성남시는 연간 500만~1,000만 톤의 온실가스를 배출하는 그룹에 속한다. 2010년~2021년 경기도 전체 온실가스 총배출량의 연평균 증가율이 2.3%였음을 감안할 때, 성남시와 같은 주요 도시의 탄소 감축 노력은 매우 중요하다. 성남시는 수도권 대도시로서 고밀도 주거지역과 상업 및 업무시설이 집중되어 건물 부문의 에너지 소비량이 높고, 차량 통행량도 많아 온실가스 배출의 주요 원인으로 지목된다. 이러한 배경 속에서 성남시가 추진하는 탄소중립 정책들은 미래세대의 삶의 질을 높이고 생태계와 기후 체계를 보호하며 국제사회의 지속 가능한 발전에 기여하는 것을 목표로 한다.

### ① 정책 기본 방향 및 목표

성남시는 기후위기 대응을 위한 명확한 비전과 구체적인 온실가스 감축 목표를 설정하여 지속 가능한 미래를 위한 강력한 의지를 보여주고 있다. 성남시의 궁극적인 비전은 2050년까지 탄소중립(Net Zero) 달성이다. 이는 '기후위기 대응을 위한 탄소중립·녹색성장 기본법'에 따른 것으로, 성남시의 연간 온실가스 순배출량을 0t$CO_2$eq으로 만드는 것을 의미한다. 이 비전은 국가 및 경기도의 탄소중립 목표와 긴밀하게 연계되어 있으며, 성남시의 지역적 특성을 고려한 종합계획을 통해 구현할 예정이다.

2050년 탄소중립 실현을 위한 중간 목표로 성남시는 2030년까지 2018년 온실가스 배출량 대비 40% 감축을 목표하고 있다. 2018년 성남시의 기준 온실가스 배출량은 5,489.05천t$CO_2$eq으로 산정되었으며, 이를 2030년까지 1,764.09천t$CO_2$eq 감축하여 목표 배출량을 3,293.32천t$CO_2$eq로 설정하였다. 더 나아가 2034년에는 2018년 대비 47% 감축한 2,863.45천t$CO_2$eq를 목표로 하는 단계적 감축 로드맵을 구축하고 있다.

성남시는 온실가스 감축을 위해 주요 배출원을 건물, 수송, 농축산, 폐기물, 흡수원 부문으로 구분하여 구체적인 감축 목표를 수립하였다. 건물 부문은 2018년 3,803.20천t$CO_2$eq에서 2030년 2,377.35천t$CO_2$eq로 37% 감축을 목표하며, 에너지 효율 개선과 신재생에너지 보급 확대를 통해 달성할 계획이다. 수송 부문은 2018년 1,456.18천t$CO_2$eq에서 2030년 1,025.61천t$CO_2$eq로 29% 감축을 목표하며, 대중교통 활성화, 전기차 및 수소차 보급 확대, 친환경 교통 시스템 구축을 통해 추진한다.

농축산 부문은 2018년 0.44천t$CO_2$eq에서 2030년 0.33천t$CO_2$eq로

24% 감축을 목표한다. 농업 분야의 저탄소 농법 도입 및 에너지 효율화를 통해 온실가스 배출을 줄이는 방안을 모색하고 있다. 폐기물 부문은 2018년 229.23천tCO₂eq에서 2030년 109.46천tCO₂eq로 52% 감축을 목표하며, 이는 가장 높은 감축률을 보인다. 폐기물 재활용률 제고, 소각량 감축, 매립가스 자원화 등을 통해 폐기물 부문의 온실가스 배출량을 획기적으로 줄여 나갈 것이다. 흡수원 부문은 22018년 3.99천tCO₂eq에서 2030년 78.55천tCO₂eq로 2,407% 증가를 목표한다. 도시 숲 조성, 녹지 공간 확충 등을 통해 탄소 흡수 능력을 극대화하여 대기 중 온실가스를 줄이는 데 기여할 계획이다. 전환 및 산업 부문에서는 2030년까지 127.27천tCO₂eq 감축을 계획하고 있다. 이 부문은 주로 에너지 전환 및 산업체의 탄소 배출량 저감 노력을 통해 달성될 예정이다.

성남시는 탄소중립 사회로의 이행 과정에서 발생할 수 있는 경제적·환경적·사회적 불평등을 해소하기 위한 '정의로운 전환(Just Transition)'을 강조한다. 이를 위해 기후 취약 계층 보호, 일자리 창출, 시민 참여 확대 등을 정책에 적극적으로 반영하고 있다. 예를 들어, 성남시는 기후변화로 인한 시민의 건강 피해를 보호하기 위한 기후보험 도입을 검토하고 있으며, 기후미래직업 청년일자리 전문교육을 통해 녹색 분야 인재를 양성하는 정책적 대응도 추진 중이다. 이러한 노력은 탄소중립으로의 전환이 특정 계층에게 부담으로 작용하지 않고, 모든 시민이 함께 상생할 수 있는 지속 가능한 사회를 만드는 데 기여할 것으로 기대된다.

성남시, 탄소중립 지원센터 설립

② 법·제도적 기반

　성남시는 탄소중립 목표 달성을 위해 강력한 법적, 제도적 기반을 구축하여 선도적인 역할을 수행하고 있다. 이는 지속 가능한 미래를 위한 성남시의 확고한 의지를 보여주는 중요한 발걸음이다.

　성남시는 '탄소중립기본법'에 따라 '성남시 기후위기 대응을 위한 탄소중립·녹색성장 기본 조례'를 제정하였다. 이 조례는 탄소중립 정책 추진의 법적 근거를 명확히 할 뿐만 아니라, 정책의 기본원칙, 추진 체계, 목표 설정, 시민 참여, 지원센터 설립, 기금 설치 등 구체적인 실행 방안을 명시하고 있다. 특히, 성남시의 핵심 감축 목표인 2030년까지 2018년 온실가스 배출량 대비 40% 이상의 감축을 조례에 명확히 규정하여 목표 달성의 의지를 제도적으로 확고히 하였다. 이는 성남시가 탄소중립 실현을 위한 구체적인 로드맵을 법적 테두리 안에서 추진하고 있음을 의미한다.

　성남시는「탄소중립기본법」제68조에 근거하여 성남시 탄소중립 지원센터를 2023년 10월 13일 시 직영으로 설립하여 운영 중이다. 임기제 2명을 포함한 4명의 직원이 활동하고 있는 이 센터는 성남시 탄소중립 정책의 실질적인 추진 동력으로서 다음의 주요 역할을 수행한다.

성남시는 탄소중립 목표 달성을 위해 다각적인 지원 체계를 구축하고 있다. 성남시 탄소중립 기본계획 및 연차별 시행계획 수립과 추진을 지원하여 체계적인 정책 이행을 돕고, 지역 에너지 전환 모델 개발 및 확산에 기여하여 에너지 효율 향상과 신재생에너지 보급 확대를 이끌고 있다. 또한 지역사회 탄소중립 참여 및 인식 제고 방안을 발굴하고 다양한 홍보 및 실천 캠페인을 추진함으로써 시민들의 자발적인 참여를 유도하며, 지역의 탄소중립 관련 조사·연구를 수행하고 탄소감축 기술 및 지속 가능한 에너지 모형 개발 등을 지원하여 과학적이고 효과적인 정책 수립을 뒷받침하고 있다. 더 나아가 민관 협력 거버넌스와 네트워크 지원 및 활성화 활동을 추진하며, 국제기구 및 해외 도시와의 협력을 통해 글로벌 탄소중립 네트워크 구축에 힘쓰고 있으며, 2024년 예산은 1,700만 원으로 책정되어 센터의 원활한 운영을 지원하고 있다.

성남시는 '탄소중립기본법' 제22조에 따라 성남시 2050 탄소중립 녹색성장위원회를 2023년 1월 26일 구성하였다. 성남시 탄소중립위원회는 부시장을 위원장으로 하는 19명의 위원으로 구성되어 있으며, 민관 거버넌스 측면에서 '관' 주도성이 다소 높은 것으로 해석될 수 있다. 이 위원회는 성남시 탄소중립 정책의 기본 방향을 심의·의결하고, 탄소중립기본계획 수립 및 추진 상황 점검과 같은 핵심적인 역할을 수행하여 정책의 정합성과 효율성을 높이는 기능을 담당하고 있다. 2023년부터 2024년 7월 현재까지 5회 운영되었으며, 센터 설립 용역 보고, 탄소중립기본계획 수립 용역 보고, 기후 위기 적응 대책 이행 점검 등 다양한 안건을 심도 있게 다루어 왔다. 다만, 대부분의 탄소중립위원회 회의 내용과 결과가 비공개되고 있어, 향후 투명하게 공개해야 할 필요성이 제기되며, 이는 시민 참여를 증대하고 정책의 신뢰성을 확보하는 데 중요한 부분이다. 성남시는 이처럼 조례 제정, 전담

기구 설립, 위원회 운영을 통해 탄소중립 목표 달성을 위한 견고한 토대를 마련하고 있다.

### ③ 정책 실행 및 주요 사업

성남시는 2050년 탄소중립 목표 달성을 위해 총 59개의 세부 사업을 추진하고 있다. 이들 사업은 건물, 수송, 폐기물, 흡수원 등 주요 온실가스 배출 부문별로 구체적인 감축 로드맵과 10년간의 추진 전략을 포함한다. 성남시는 감축 수단과 재정적 제약을 고려하여 실현 가능한 단기 사업과 도전적인 중장기 탄소중립 정책을 이원화하는 로드맵을 수립하였다.

건물 부문은 성남시 온실가스 배출의 가장 큰 비중을 차지하여, 공공건축물의 제로에너지화 및 그린리모델링을 통한 에너지 효율 증대와 민간의 자발적인 참여를 유도하는 데 중점을 둔다. 주요 사업으로는 공공청사 에너지 효율화, 공공건축물 그린리모델링, 가로등·보안등 LED 교체, 탄소중립포인트제 운영, 가정용 저녹스 보일러 설치, 녹색건축물 조성 지원, 자동운전 에스컬레이터 운행 등이 있다. 특히, 2025년부터 공공건축물의 제로에너지빌딩(ZEB) 인증 의무화가 단계적으로 상위 등급으로 확대될 예정이며, 탄소중립포인트제 운영 가입 가구수는 2025년 18,000가구로 설정되었다. 민간 건축물의 경우, 도시기본계획 및 노후계획도시 정비계획과 연계하여 제로에너지 건축물 인증을 지원하고 에너지 효율화를 도모한다.

수송 부문에서는 고밀도 도시 구조와 자가용 중심 교통체계에 대응하여 전기승용차·화물차·버스·이륜차 및 수소차 구매 지원, 청소차량 전기차·수소차 전환, 택시 전기차 보급, CNG 차량 보급 확대 등을 포함한 친환경 모빌리티 확대를 추진한다. 또한, 대중교통 이용 활성화, 성남도시철도 트램 건설, 지하철 연장 등 스마트 대중교통 친화도시 구축을 통해 친환경 교통체계를 강화하며, 자동차 탄소중립포인트제 인센티브 지원, 운행경유차 배출가스 저감사업 등 대기환경 개선 사업도 병행한다.

농축산 부문은 저탄소 도시농업 기반 구축을 위해 유기질 비료 지원 사업 등을 추진한다. 폐기물 부문에서는 폐기물 발생 원천 감소 및 폐자원 에너지화 정책을 통해 2030년까지 52% 감축이라는 도전적인 목표를 달성하고자 한다. 이를 위해 RFID 음식물 종량기 설치 지원, 연도별 총소각량 감축 계획, 지방세 종이 고지서의 전자 고지서 대체, 종이 없는 행정 추진, 현수막 업사이클링, 대형마트 전자영수증 이용 등을 주요 사업으로 삼고 있다.

흡수원 부문은 탄소흡수력 높은 도시숲·습지·조림지 확대, 시민 참여형 공원 및 녹지 관리, 생태축 연계를 통한 도시 그린네트워크 강화에 중점을 둔다. 주요 사업으로는 도시숲 가꾸기, 산림지역 내 나무 가꾸기, 미세먼지 저감 조림, 탄천변 그늘목 식재, 가로수 신규 조성 등 도시숲 관리 사업과 시민의 쉼터 공원 확충, 하수처리장 지상체육공원 조성 등 도시 경관 개선을 통한 탄소흡수율 향상 사업이 포함된다. 또한, 식목일 행사 수목 식재, 학교 숲 조성, 상자 텃밭 보급 사업, 성남시민농원 운영 등 시민과 함께하는 탄소흡수 활동을 장려한다.

전환 및 산업 부문에서는 에너지 소비구조 전환과 산업 부문 탄소중립 지원을 위해 공공부문의 선도적 신재생에너지 보급, 시민 참여 에너지 전환, 탄소중립 산업 지원을 추진한다. 환경기초시설 신재생에너지 보급, 공영주차장 RE100, 신재생에너지 확대 기반 조성 사업, 학교 태양광 발전시설 설치 시범사업, 기후 행동 기회 소득 운영, 에너지 슈퍼스테이션 조성, 신재생에너지 발전 사업 지원 등이 주요 사업이다.

특히, 성남시는 2024년 7월부터 경기도의 '기후행동 기회소득' 탄소중립 시민실천 사업을 추진하고 있으며, 2024년 11월 13일 기준 59,029명이 가입하였다. 이 사업은 참여자의 일상생활 속 탄소중립 실천에 인센티브를 제공한다. 더불어, 기후테크 중소기업 육성 및 지원에도 초점을 맞추어, 관내 기업의 경쟁력 강화와 지속 가능한 성장을 위한 투자 확대 및 협력 체계 구축이 필요하다고 인식하고 있다.

성남시는 기후변화로 인한 직접적인 피해를 최소화하기 위해 「제2차 성남시 기후변화 적응대책 세부시행계획(2021~2025)」을 수립하고 추진 중이다. 이 계획은 '안전하고 건강한 쾌적도시 성남'을 목표로, 6개 부문, 14개 추진 전략, 33개 세부 사업으로 구성되어 있다. 추진 사항으로는 미세먼지 관리, 감염병 관리 및 예방, 기후 취약 계층 건강 피해 저감, 폭염 대비 종합 대책 추진 등 '건강' 부문 사업과 산림 재난 예방 대책, 자연 재난 특보에 따른 선제적 대응 체계 구축 등 '재난·재해' 부문 사업, 도시 농업 기반 구축, 스마트팜 교육장 운영 등 '농축산' 부문 사업이 있다. 매년 부문별 기후 위기 적응 대책 이행 평가를 실시하며, 그 결과는 차년도 사업 계획 수립에 반영된다.

성남시는 시민이 탄소중립 실천의 주체가 될 수 있도록 다양한 방안을 모색한다. 시민 참여 확대를 위해 광명시와 안양시의 사례와 같이 탄소중립 주요 시책에 시민이 직접 참여하여 토론하고 의견을 수렴하는 '기후회의' 운영 조항 신설의 필요성을 인지하고 있다. 성남시 역시 '성남시 기후위기 대응을 위한 탄소중립·녹색성장 기본 조례 일부개정조례안'을 통해 '성남시 탄소중립 시민추진단' 신설을 추진하고 있으며, 탄소중립 실천 지역 지원에 필요한 사항을 규정하고 있다. 이를 통해 시민사회가 주도하는 탄소중립 실천 활동을 다양화하고 민·관 역량을 강화하며 거버넌스 형성을 촉진하고자 한다.

교육·홍보 측면에서는 백서 작성 및 공개의 필요성이 제기되며, 시민 대상 녹색건축 아카데미, 자원순환가게 운영, 에코투어 앱 운영, 환경생태학습원 운영 등 다양한 환경 교육 및 홍보 프로그램을 운영하고 있다. 특히 '성남다(多)움 공유학교 탄소중립 교육'을 통해 미래 세대인 학생들에게 기후 위기 상황을 정확히 알리고 지속 가능한 미래를 위한 탄소중립 교육을 실시한다. 생활 속 온실가스 저감을 위해 환경부·한국환경공단의 탄소중립포인트 제도와 연계하여 경기도, 광명시, 이천시 등과 함께 자체 시민 실천 프로그램 및 인센티브 제도를 추진하고 있으며, 성남시는 탄소중립포인트에 참여하고 있다. 일회용품 사용 줄이기 캠페인, 점심시간 실내 소등, 다회용기 사용 활성화 지원 조례 제정 등 생활 속 실천을 유도한다. 인센티브 정책으로는 기후대응기금 설치, 기후 위기 대응 활동 우수 개인·단체 포상 등을 통해 시민의 참여를 독려한다.

성남시의 탄소중립·녹색성장 지원을 위한 재정 투자 계획은 2025년부터 2034년까지 총 2조 5,494억 9백만 원 이상이 소요될 것으로 추정된다. 이 중 시비 비중이 약 57.2%(1조 4,581억 3,200만 원)로 가장 높으며, 국비 42.1%(1조 744억 4,500만 원), 도비 0.7%(168억 3,200만 원)로 구성된다. 부문별 투자 비중은 건물 부문 감축 대책이 전체 예산의 65.9%(1조 6,801억 8,600만 원)로 가장 큰 비중을 차지하며, 수송 부문 25.4%(6,463억 6,200만 원), 전환 및 산업 부문 6.02%(1,533억 8,400만 원), 흡수원 부문 1.85%(472억 4,100만 원), 폐기물 부문 0.83%(210억 5,700만 원), 농축산 부문 0.05%(11억 8천만 원) 순으로 나타난다.

성남시는 기후 위기에 선제적으로 대응하는 데 필요한 재원을 마련하기 위해 '성남시 기후대응기금 설치 및 운용 조례'를 추진 중이며, 2024년 11월에 의회 가결되었다. 이 기금은 온실가스 감축·흡수 사업, 신·재생에너지 보급, 기업 지원, 에너지 복지 사업, 시민의 탄소중립 활동 지원 등에 사용된다. 또한, 성남시는 '탄소중립기본법'에 따라 예산과 기금이 기후변화에 미치는 영향을 분석하고 이를 재정 운용에 반영하는 온실가스감축인지 예산제를 운영하고 있다. 2024년 7월 환경부의 예산서 작성 시범사업 지자체로 선정되어 147개 사업의 예산서 작성을 진행 중이다.

④ 과학적 분석 및 데이터 기반 정책

온실가스 배출 현황을 살펴보면, 2020년 기준 성남시 온실가스 배출량은 5,273.23천$tCO_2eq$이며, 건물 부문(가정, 상업, 공공)과 수송 부문이 직간접 배출량의 대다수를 차지하는 '도시집중형' 특성을 보인다. 특히, 전력 부문이 간접배출량의 약 70%를 차지하는 점이 주목할 만하다. 기후 현황에서는 2019년부터 2024년까지 최근 6년간 폭염일수와 열대야 일수가 급증하는 추세를 보였으며, 2017년부터 2022년까지 성남시의 연평균 기온은 13.0℃를 기록하였다. 배출량 전망은 인구수 및 지역내총생산(GRDP) 변수 등을 활용한 다중회귀분석 방법을 채택하여 미래 온실가스 배출량을 추정하고, 인구 성장에 따른 건물 부문 배출량 증가를 예측한다.

전력믹스 개선에 따른 감축 잠재량은 정부의 2050 탄소중립 A 시나리오(화력발전 전면 중단)를 가정하여, 2025년에서 2034년 경기도 및 성남시의 전력 배출 원단위와 전력 사용량을 전망하고, 이에 따른 연도별 온실가스 감축량을 건물 부문 감축 잠재량 산정 시 반영한다. 2030년까지 전력믹스 개선을 통한 감축 잠재량은 916,279$tCO_2eq$로 추정된다.

성남시의 정책은 일반 현황 및 기초 조사, 인문·사회·자연·지리적 특성 분석 등 종합적인 지역 현황 분석을 바탕으로 수립된다. 인구 및 사회 현황을 보면, 2022년 기준 인구는 약 93만 7천 명으로 최근 5년간 감소 추세이나 65세 이상 고령자 수는 약 20.5% 증가하여 고령화가 빠르게 진행되고 있다. 장애인 인구와 기초생활보장 수급자 수도 증가 추세에 있다. 산업 및 경제 현황에서는 판교테크노밸리를 중심으로 산업·경제 부문이 지속적으로 성장하며, 전국 대비 압도적인 산업 부문 증가 추세를 보인다. 주택 및 건축 현황은 2022년 기준 주택 보급률이 상승 중이며, 총 주택의 76.1%가 주거용 건축물이고, 20

년 이상 노후 주택이 전체의 63.3%를 차지하는 등 노후 건축물 비율이 높다.

에너지 현황은 총 전력 사용량이 증가 추세이며, 서비스업이 59.2%로 가장 많은 비중을 차지한다. 2022년 기준 재생에너지 전력 자립률은 5.91%이다. 폐기물 현황은 생활 폐기물 발생량이 증가하는 반면 재활용률은 낮은 수준이다. SWOT 분석 결과, 성남시는 수도권 중심의 입지적 장점과 시민 참여 기반, 공공 부문의 에너지 전환 추진 등 강점을 보유한다.

반면 높은 건폐율과 에너지 다소비 건축물, 노후 건축물, 신재생에너지 인프라 확대의 물리적 제약 등은 약점으로 작용한다. 도시 재생 사업, 첨단 산업 기반의 기후테크 적용 가능성, 국가·경기도의 적극적인 정책 등은 기회 요인이며, 교통 혼잡, 재정 및 물리적 대응 한계, 폐기물 발생 증가 등은 위협 요인으로 분석된다. 이러한 다각적인 분석은 성남시가 지역의 강점을 활용하고 약점을 보완하며 기회 요인을 극대화하고 위협 요인을 최소화하는 탄소중립 정책을 수립하는 데 중요한 기반이 된다.

⑤ 거버넌스 및 협력 강화

성남시는 탄소중립 정책의 효과적인 추진을 위해 다양한 주체들과의 거버넌스 및 협력을 강화하고 있다. 이는 시민 참여를 확대하고 지방 정부 및 국제사회와의 연대를 통해 탄소중립 목표 달성을 가속화하려는 성남시의 의지를 보여준다.

시민·전문가·시민단체 참여 측면에서 성남시는 시민 중심의 기후 위기 대응을 강조하며, 민간·전문가·시민단체가 정책 결정 과정에 참여할 수 있도록 다양한 자문 및 소통 채널을 운영한다. 탄소중립녹색성장위원회는 부시장을 위원장으로 하여 주요 정책의 심의·의결을 담당하며, 다양한 이해관계자의 참여를 통해 정책의 정당성과 투명성을 확보하고자 한다. 시민 토론회 및 의견 수렴은 탄소중립기본계획 수립을 위한 주요 과정으로, 2024년 8월 29일 개최된 시민 토론회를 통해 경기도민추진단 등 시민과 전문가의 의견을 수렴하였으며, 환경부·한국환경공단의 컨설팅을 통해 최종 보완 작업을 진행하고 있다. 또한, 시민 참여형 사업인 '성남다(多)움 공유학교 탄소중립 교육'을 통해 학생들에게 기후 위기 교육을 제공하고, '기후행동 기회소득'과 같은 프로그램을 통해 시민의 자발적인 탄소중립 실천을 유도하고 있다.

성남시는 탄소중립 정책의 광역적 대응을 위해 다른 지방 정부 및 상위 기관과의 협력을 강화하고 있다. 탄소중립 지방정부 실천연대 참여를 통해 2022년 9월 5일, 경기도와 31개 시·군이 모여 '2050년 경기도 탄소중립 실현을 위한 경기도-시·군 공동선언문'을 발표하였으며, 이를 통해 녹색 건축물 확대, 친환경차 보급, 탄소중립 숲 확충 등 2030년까지 온실가스 배출량 40% 감축을 위한 공동 노력을 약속하였다. 경기도와의 협력은 경기도의 '경기 RE100 비전'(2030년까지 신재생에너지 발전 비중 30% 달성 및 온실가스 배출량 40% 감축)과 연계하여 지역의 탄소중립 노력을 강화하는 데 기여한다.

서울시와의 협력으로는 '서울시 동행, 기후동행카드' 참여 업무협약을 체결하여 성남시민의 교통비 부담을 경감하고 두 지역 간 대중교통 협력 체계를 강화하고 있다. 2025년 5월부터는 수인분당선 및 경강선 일부 역에서도 기후동행카드 이용이 가능할 예정이다. 나아가 성남시는 국제 협력에도 적극적으로 참여하고 있는데, 2024년 10월 2일 이클레이(ICLEI)와의 글로벌 기후·에너지 시장협약(GCoM)에 참여하여 국제적인 탄소중립 노력에 동참하고 있다. 또한, 성남시 탄소중립지원센터는 외국 지방자치단체와의 탄소중립 사업 협력을 포함한 국제적 네트워크 지원을 추진하며 글로벌 연대를 강화하고 있다.

### ⑥ 성남시 탄소중립 정책 종합 계획

성남시는 2050년 탄소중립 사회로의 전환을 위한 강력한 의지를 바탕으로 다각적인 정책과 사업을 추진하고 있다. 2030년까지 2018년 대비 온실가스 배출량 40% 감축이라는 도전적인 목표를 설정하고, 이를 달성하기 위해 건물, 수송, 폐기물, 흡수원, 전환 및 산업 등 핵심 부문별 감축 로드맵을 구체화했다. 법·제도적 기반 구축을 위해 '성남시 기후위기 대응을 위한 탄소중립·녹색성장 기본 조례'를 제정하고, 성남시 탄소중립지원센터와 2050 탄소중립녹색성장위원회를 설립하여 정책의 실행력과 심의·의결 기능을 강화했다. 특히, 기후대응기금 설치와 온실가스감축인지 예산제 운영을 통해 탄소중립 사업 추진에 필요한 재정적 기반을 확충하고 있다.

정책 실행 전략으로는 59개의 세부 사업을 통해 온실가스 감축 노력을 구체화하고 있으며, 건물 부문에서는 공공건축물 제로에너지화와 그린리모델링, 수송 부문에서는 전기차 및 수소차 보급 확대와 대중교통 활성화, 폐기물 부문에서는 52% 감축 목표로 RFID 음식물 종량기 설치와 소각량 감축, 흡수원 부문에서는 도시숲 조성과 녹지 확충, 전환 및 산업 부문에서는 신재생에너지 보급 확대와 기후테크 중소기업 육성 등을 추진하고 있다.

또한 '제2차 성남시 기후변화 적응대책 세부시행계획(2021~2025)'을 수립하여 '안전하고 건강한 쾌적도시 성남'을 목표로 6개 부문, 14개 추진 전략, 33개 세부 사업을 추진하고 있다. 시민 참여 확대를 위해 '성남시 탄소중립 시민추진단' 신설을 통해 시민사회가 주도하는 탄소중립 실천 활동을 다양화하고, '성남다(多)움 공유학교 탄소중립 교육'을 통해 미래 세대 교육을 실시하고 있다. 탄소중립포인트 제도와 연계하여 시민의 생활 속 온실가스 저감 활동을 권장하고 있다.

재정 투자 계획은 2025년부터 2034년까지 총 2조 5,494억 9백만 원 이상이 소요될 것으로 추정되며, 시비 57.2%(1조 4,581억 3,200만 원), 국비 42.1%(1조 744억 4,500만 원), 도비 0.7%(168억 3,200만 원)로 구성된다. 부문별 투자 비중은 건물 부문이 전체 예산의 65.9%(1조 6,801억 8,600만 원)로 가장 큰 비중을 차지하며, 수송 부문 25.4%, 전환 및 산업 부문 6.02%, 흡수원 부문 1.85%, 폐기물 부문 0.83%, 농축산 부문 0.05% 순으로 나타난다. 성남시는 탄소중립 지방정부 실천연대에 적극 참여하고 경기도 및 서울시와의 광역적 협력을 강화하며, 국제기구와의 연대를 통해 글로벌 탄소중립 네트워크를 구축하고 있다. 그러나 여전히 제도적 측면과 시민사회와의 거버넌스 구조에서 개선이 필요하며, 시민사회와 지자체 담당 부서 간 탄소중립·에너지전환의 비전, 경로, 정책과 방식에 상당한 차이가 존재한다. 앞으로는 이러한 격차를 줄이고 민주적이고 참여적인 이행 기반을 더욱 공고히 하며, 탄소중립기본계획의 주요 사업에 대한 이행 실적 모니터링을 평가 대상으로 확대하는 등 질적, 양적 개선을 위한 추가적인 기획과 실행 방안 검토가 필요하다.

# 6

# 탄소 없는 열에너지 거래 제도

## 1) 개념과 구성요소

탄소 없는 열에너지 거래 제도는 탄소 배출이 없는 열에너지를 거래하는 시스템이다. 여기서 탄소 없는 열에너지는 주로 재생에너지(태양열, 바이오에너지, 폐열회수 등) 혹은 수소 등에서 발생하는 생산과정에서 탄소 배출이 없는 열에너지를 의미한다. 거래 시스템은 열 생산자(공공설비·기업 등)와 소비자(산업단지·도시 등) 간에 인증된 '탄소프리' 열에너지를 시장 또는 계약을 통해 거래할 수 있도록 하는 제도적 장치이다. 특히, 24/7 인증은 단순히 연 단위 배출량이 아닌, 시간 단위(예: 시간별)로 실제 탄소프리 열에너지가 공급되고 거래되는지 투명하게 추적·증명하는 체계이다.

이 제도의 범위는 다양한 에너지원과 거래 형태를 포괄한다. 에너지 원천 측면에서는 풍력, 태양광, 수력, 지열, 바이오에너지, 수소, 원자력 등 탄소를 배출하지 않는 모든 에너지가 열로 변환된 경우에 해당한다. 거래 대상으로는 지역냉난방, 산업단지 집단에너지, 열병합발전 등에서 탄소프리인증을 받은 열에너지가 주요 거래상품이 된다. 거래 방식은 시간 단위(24/7 등) 실시간 매칭, 프리미엄 수요·공급 시장, 배출권 시장 연계 등 다양한 형태로 발전한다. 또한 탄소배출권 거래제(ETS), 탄소세, EAC(에너지 인증서) 등 기후 및 에너지 정책과의 직접적 연동이 핵심이다.

탄소 없는 열에너지 거래제도는 여러 혁신적 특징을 갖는다. 첫째, 실시간(24/7) 매칭 및 인증을 통해 열에너지가 실제로 탄소프리 기술(재생에너지 등)로 생산, 공급되는 시간과 실제 소요 시간을 일치·인증하며, 수요자가 원하는 시간에 탄소프리 열에너지 사용을 증명할 수 있다. 둘째, 시장 기반 가격 신호를 통해 탄소프리 열에너지에 프리미엄이나 인센티브가 부여되어 투명한 가격 경쟁이 일어나고, 시간대별로 시장 가격이 탄력적으로 변동한다. 셋째, 배출권(탄소) 거래와 연계되어 열에너지 거래와 동시에 '탄소배출권' 거래제도(ETS)와 연계 가능하며, 탄소프리 열에너지 사용으로 할당량을 절감하거나 탄소절감분을 거래할 수 있다. 넷째, 통합형 에너지시스템으로서 열·전기·수소 등 다양한 에너지원과 거래 시장이 연동될 수 있어, 복합적이고 유연한 에너지 운용이 촉진된다. 다섯째, 투명성과 신뢰성을 위해 데이터 기반 인증서(예: EAC, Energy Attribute Certificate)가 발행되어, 열에너지의 실제 원천과 사용 내역을 투명하게 증거로 남긴다. 마지막으로, 정책적·시장적 파급효과로서 에너지의 저탄소·분산화 확대, 실시간 수요반응 촉진, 혁신 기술(저장·재생 등) 유입 가속, 에너지 사용 기업의 ESG·탄소중립 실현 지원이 가능하다.

탄소 없는 열에너지 거래 제도(Carbon−free Heat Energy Trading System)는 열에너지의 생산 및 소비 과정에서 발생하는 온실가스 배출량을 줄이고, 청정 열에너지원의 활용을 촉진하기 위한 시장 기반의 정책 도구이다. 이 제도는 열에너지의 특성과 탄소배출권을 연계하여 열 부문의 탈탄소화를 목표로 한다.

① 열에너지 서비스의 개념 정립

우리나라에서 열에너지는 주로 건물 난방과 산업 공정열에 사용되지만, 전력 부문과 달리 그 개념화와 통계가 미진한 실정이다. 열에너지 거래제도의 기반을 마련하기 위해서는 '열에너지 서비스(Heat Energy Service)'의 개념을 명확히 하는 것이 중요하다. 열에너지 서비스는 에너지 공급자가 판매한 '열에너지 상품(Heat Energy Product)'을 포함하며, 최종 소비자가 어떤 에너지 상품을 소비했는지와 관계없이 해당 에너지를 열 목적으로 사용한 모든 경우를 포괄한다. 즉, 화석연료, 전력, 열 상품 등 모든 에너지원이 열에너지 용도로 소비될 수 있음을 의미한다.

국내 최종 에너지 소비에서 열에너지 서비스가 차지하는 비중은 약 47.5%에 달해, 공급 통계상 열에너지 상품이 차지하는 비중(약 3.4%)보다 훨씬 높다. 이는 열 부문의 탈탄소화가 탄소중립 달성에 매우 중요함을 시사한다.

② 탄소중립형 열에너지원 활용

탄소중립형 열에너지는 '미활용 열에너지(Unused Heat Energy)'와 '재생열에너지(Renewable Heat Energy)'로 구분된다. 미활용 열에너지에는 소각열, 산업폐열, 발전배열, 데이터센터 폐열, LNG 냉열 등이 포함되며, 이들을 활용할 경우 추가적인 온실가스 배출이 발생하지 않는다. 재생열에너지에는 태양열, 지열, 수열, 그리고 P2H(Power-to-Heat) 기술을 통한 재생에너지 전력 활용 열생산이 있다.

이러한 탄소중립 열에너지를 활용하기 위한 주요 기술로는 히트펌프(Heat Pump), 전기보일러(Electric Boiler), 연료전지(Fuel Cell) 등이 있다. 히트펌프는 저온의 열을 고온으로 효율적으로 전달하여 온실가스 감축 효과가 높은 핵심 기술로 평가받는다.

③ 탄소 거래 메커니즘 연계

배출권거래제(Emissions Trading System, ETS)는 온실가스 다배출 기업에 배출권을 할당하고, 기업 간 잉여, 부족 배출권을 자유롭게 거래하도록 하여 비용 효과적으로 온실가스 감축을 유도하는 제도로 전 세계적으로 36개의 ETS가 시행 중이며 한국도 K-ETS를 운영하고 있다. 이 시스템은 탄소 흐름 모델(Carbon Flow Model)을 도입하여 다중 에너지 시스템 내에서 에너지 흐름과 함께 발생하는 탄소 배출량을 추적하고 억제할 수 있으며, 에너지원별 탄소 배출량 차이를 반영하여 에너지 거래 시 탄소 배출량도 함께 이전되는 것으로 간주한다.

주요 거래 대상으로는 할당된 탄소 배출 허용량을 의미하는 탄소 배출권(CEAs)과 재생에너지원과 같은 저탄소 프로젝트에서 발생한 온실가스 감축량을 인증하는 탄소 배출권·인증서(CCERs)가 있으며, 열에너지 부문에서 재생열에너지 또는 미활용 열에너지를 통해 온실가스를 감축하면 이러한 인증서를 발행하고 거래할 수 있어 재생에너지 생산을 장려하는 효과가 있다.

거래 유인을 위해서는 실제 탄소 배출량이 할당량을 초과할수록 거래 비용이 가파르게 증가하고 감축량이 많을수록 보상이 커지는 계단형 보상 및 처벌 메커니즘과 CCERs 거래에 적용되어 경제성과 탄소 배출량 측면에서 이점을 제공하며 거래 당사자 간의 상호작용을 통해 최적의 유인 가격을 도출하는 빅트리 경매 전략(Vickrey Auction Strategy) 등의 메커니즘이 활용된다.

④ 통계 및 정보 체계 구축

탄소 없는 열에너지 거래제도의 성공적인 구축을 위해서는 부문별, 업종별 열에너지 소비량 및 온실가스 배출량에 대한 정확한 통계 자료 구축이 필수적이며, 유럽의 Heat Roadmap Europe(HRE) 프로젝트와 같은 열지도(Thermal Atlas) 구축 사례처럼 지역별 열 수요 및 공급 잠재량을 시각화하여 효율적인 열에너지 관리가 가능하다.

또한, 제도의 성공적인 도입을 위해서는 화석연료에 대한 탄소세 도입, 히트펌프 등 고효율 기술 보급 지원, 건물 에너지 효율 향상 정책 등 다양한 정책적 도구가 필요하며, 국내에서는 열에너지에 대한 개념 정의를 법률에 추가하고, 열 부문 관련 통계 체계를 구축하며, 열에너지 정책의 중장기 전략을 담은 법정 종합계획을 수립하는 등 입법적 개선이 시급하다.

끝으로 탄소 없는 열에너지 거래제도는 열에너지 서비스 개념을 기반으로 탄소중립 열에너지원 활용을 촉진하고, 이를 탄소 배출권 및 크레딧 거래 메커니즘에 연계하여 열 부문의 경제적이고 효율적인 탈탄소화를 달성하려는 종합적인 접근 방식으로, 산업단지 내 다중에너지 시스템을 포함한 다양한 부문에서 에너지 소비와 온실가스 배출량 감축을 유도하는 중요한 수단이 된다.

▼ 탄소 없는 열에너지 거래제도의 핵심 개념

| 구분 | 내용 |
| --- | --- |
| 열에너지 | 난방, 산업 공정, 온수 등에 사용되는 에너지로, 증기·온수·열풍 형태로 공급됨. 지역난방, 산업단지 집단에너지 등에서 최종 소비자에게 공급되는 상품 및 서비스임. |
| 탄소 없는 열 | 생산과정에서 이산화탄소를 배출하지 않거나 매우 적게 배출하는 열에너지. 재생에너지(태양열, 지열, 바이오에너지 등), 수소, 폐열회수, 무탄소 원자력 등에서 유래하며, 탈탄소화 핵심 에너지원임. |
| 거래제도 | 열에너지 생산자와 소비자 간에 탄소 없는 열에너지를 실시간(시간 단위) 또는 계약 단위로 인증·거래할 수 있는 제도적·기술적 시스템. 24/7 인증, 시장 기반 가격 신호, 탄소배출권 거래제(ETS) 연계 등이 특징임. |

| 구분 | 내용 |
|---|---|
| 인증기관 | 열에너지가 탄소 없는 에너지임을 객관적으로 증명하는 기관 또는 시스템. 에너지 속성 인증서(EAC) 발급, 데이터 기반 생산-수급-소비 전 과정 추적 관리 기능 담당. 국내외 에너지 정책기관이나 인증기관이 담당하며, 제도 신뢰성 확보에 핵심적 역할. |

## 2) 필요성과 장점

탄소 없는 열에너지 거래제도의 필요성은 기후 위기 대응과 탄소중립 목표 달성을 위해 매우 중요하다. 열에너지는 전 세계 및 국내 최종에너지 소비와 온실가스 배출에서 상당한 비중을 차지하고 있음에도 불구하고, 관련 정책 및 통계 체계가 미비하여 탈탄소화 노력이 시급한 분야로 지적된다. 탄소 없는 열에너지 거래제도의 필요성은 다음과 같은 여러 측면에서 살펴볼 수 있다:

첫째, 열에너지의 높은 소비 비중과 온실가스 배출 기여도이다. 전 세계 최종에너지의 약 절반(2020년 기준 48.7%)이 열에너지 형태로 소비되며, 이는 전기에너지 소비 비중(22.7%)의 두 배 이상이다. 에너지 부문 온실가스 배출량의 38%를 열에너지가 차지하고 있다. 국내에서도 최종에너지 소비의 47.5% 또는 수송 부문을 제외하면 약 65%가 열에너지 서비스 소비 용도로 파악되며, 산업 및 건물 부문 최종에너지 소비의 50~80%가 열에너지 소비이다. 열에너지 소비로 인한 국내 온실가스 배출은 에너지 부문 전체 배출량의 29.2%에 달한다. 그러나 우리나라의 열에너지 서비스는 화석연료 의존도가 높아 온실가스 배출계수가 높은 것으로 나타난다.

둘째, 기존 에너지 정책 및 통계 체계의 한계이다. 국내 열에너지에 대한 개념 정의나 종합적인 통계 체계가 미비하며, 정책적 관심도 낮았다. 에너지 정책은 주로 전력 부문 중심으로 수립됐으며, 열에너지 관련 종합계획이 부재하다. 이는 열에너지의 실질적인 소비량이 공급 통계에서 판매량 위주로 집계되어 과소평가되는 경향이 있기 때문인데, 예를 들면, 최종에너지 중 열에너지 상품 소비 비중은 약 3.4%에 불과하다.

셋째, 탄소중립형 열에너지 활용의 필요성이다. 탄소중립 이행을 위해서는 미활용 열에너지(소각열, 산업폐열, 발전배열, 데이터센터 폐열, LNG 냉열 등)와 재생열에너지(태양열, 지열, 수열, P2H 기술 등)를 활용해야 한다. 히트펌프, 전기보일러, 연료전지 등의 기술은 탄소중립 열원 활용에 필수적이다. 이러한 탄소중립 열원은 추가적인 온실가스 배출 없이 열에너지를 생산하며, 기존 화석연료 기반 열에너지를 대체하여 온실가스를 감축하고 경제적 이점을 제공한다.

이러한 열에너지 거래제도에 큰 이점이 있다. 그 이점을 정리하면 첫째, 온실가스 감축 유도할 수 있다. 탄소배출권거래제(ETS)와 같은 탄소 가격 정책은 기업이 저탄소 기술에 투자하고 온실가스를 효과적으로 감축하도록 유인하는 비용 효과적인 방법이다.

둘째, 에너지 효율성 및 유연성 증대이다. 히트펌프, P2H(Power-to-Heat) 기술 등은 잉여 재생전력을 열에너지로 변환 및 저장하여 전력 계통의 안정화와 유연성 확보에 기여하며, 난방 부문의 탄소중립적 에너지 활용을 증진한다.

셋째, 수요-공급 불균형 완화 및 비용 절감: 산업 클러스터 간의 탄소 및 다중 에너지 거래(전기, 열, 가스)는 전체 비용과 탄소 배출량을 줄이고, 에너지 압력을 완화하며, 수요-공급 불균형을 해소하는 데 도움이 된다. 탄소 포집 기술과 연계하여 탄소 포집 비용과 탄소 거래 비용의 균형을 맞출 수 있다.

넷째, 정책적 기반 강화이다. 유럽의 Heat Roadmap Europe(HRE) 프로젝트와 같이 열지도 구축 및 통합 에너지 시스템 모델링을 통해 열에너지 자원 및 수요 분포를 시각화하고, 이를 기반으로 정책을 수립하는 것이 중요하다.

종합적으로, 열에너지가 탄소중립 달성에 있어 핵심적인 역할을 수행함에도 불구하고 현재 국내 정책 및 통계 체계가 미흡하다. 따라서 탄소중립형 열에너지의 정의를 명확히 하고, 이를 활용한 거래제도를 구축하며, 관련 데이터베이스 및 통계 체계를 마련하는 것은 국가 탄소중립 목표 달성을 위한 필수적인 기반 조성이라 할 수 있다.

## 3) 주요국의 탈탄소 열에너지 정책 현황

### ① 유럽 연합 (EU)

EU는 2016년 'EU 냉난방 전략(EU Strategy on Heating and Cooling)'을 발표하며 열 및 냉각 부문의 탈탄소화 전략을 본격적으로 추진하고 있다. 이 전략은 2050년 기후중립을 목표로 하며, 건물 및 산업 분야의 열에너지 저탄소화 방안을 제시하고 있다.

'에너지효율지침(EED)', '건물에너지성능지침(EPBD)', '재생에너지지침(RED)' 등 주요 에너지 지침을 통해 열 부문의 탈탄소화 정책을 구체화하고 있다. 특히, 2024년에 통과된 건물에너지성능지침 개정안은 2025년 1월 1일부터 보일러에 대한 보조금 종료를 시작으로 화석연료 보일러를 단계적으로 폐지할 계획을 포함한다.

EU는 건물, 도로 수송 및 추가 부문을 포괄하는 별도의 배출권거래제(ETS 2) 도입을 발표했으며, 이는 2027년 운영을 시작할 예정이다. Heat Roadmap Europe(HRE) 프로젝트를 통해 열에너지의 이용 확대와 탈탄소화를 위한 기반을 다방면으로 구축했다. HRE4 프로젝트는 지역별 열 수요와 공급 잠재량을 시각화한 '열지도(Thermal Atlas)'를 구축하여 최적의 에너지 공급 및 수요 조절, 효율적인 에너지 전략 수립에 기여했다.

② 독일

2021년부터 난방 및 수송 연료를 대상으로 하는 '국가 배출권거래제(national ETS)'를 시행 중이며, 2023년에는 석탄, 2024년에는 폐기물 소각 연료까지 포함하도록 확대했다. 이 ETS에서 발생한 모든 수익은 기후 보호 프로그램을 지원하는 '기후 및 전환 기금'에 사용된다.

독일은 히트펌프 보급을 확대하기 위해 건물 에너지 효율 규제를 강화하고 투자 보조금이나 저금리 대출을 제공하는 시장 인센티브 프로그램을 운영하고 있다. 또한 냉동산업 폐열을 활용하여 지역난방에 열에너지를 공급하는 프로젝트를 진행하고 있다.

③ 스웨덴

스웨덴은 대규모 보일러와 히트펌프를 시스템에 도입하여 잉여 에너지를 활용한다. 2006년부터 2010년까지 가정의 석유 및 전기 난방을 히트펌프, 지역난방 또는 바이오매스로 전환하기 위한 보조금을 제공했으며, 특히 히트펌프가 주요 수단이었다. 스톡홀름에서는 바이오매스 복합 발전소에서 발생하는 폐열을 활용하여 냉난방 열에너지를 공급하고, 데이터센터 폐열을 활용하여 2040년까지 지역난방을 재생에너지로 전환하는 목표를 가지고 있다.

④ 네덜란드

네덜란드는 천연가스 사용을 단계적으로 폐지하고 2050년까지 저온 열공정(100℃ 이하)에서 온실가스 배출을 80~95% 감소시키는 목표를 설정했다. 재생열 및 재생전력 프로젝트 수익성을 위한 보조금(SDE)과 소규모 사업장 및 가정의 신재생 열에너지 기술 비용을 보전하는 ISDE 제도를 운영하고 있다. 난방 탈탄소화뿐만 아니라 화석연료 고갈과 주민 수용성 문제에 대응하여 재생열에너지를 활용한 지역난방을 확대하고 있다.

⑤ 덴마크

덴마크는 재생에너지 확대로 인한 변동성에 대응하기 위해 열에너지 저장장치를 활용할 계획이다. 지역난방 시스템과 오르후스(Aarhus) 시의 사례처럼 전기 보일러와 히트펌프를 통해 잉여 풍력 발전을 활용하여 지역난방을 제공하고 있다. 2013년 신축 건물에 대한 기름 및 가스보일러 설치를 금지하고, 2016년부터는 기존 건물에 대한 기름보일러 설치를 금지하여 태양열 기술 보급에 유리한 환경을 구축했다.

⑥ 일본

2023년 4월 자발적 기준선－크레딧 시스템인 GX－ETS를 출범시켰으며, 2026년부터 의무적 ETS로 전환될 예정이다. JCM(Joint Crediting Mechanism) 크레딧도 GX－ETS에서 사용할 수 있다. 일본은 에너지 이용 합리화 법안을 통해 폐열을 낭비된 에너지의 척도로 포함하고, 'Top Runner' 프로그램을 통해 가전제품의 에너지 효율 기준을 설정하는 등 전반적인 에너지 효율 향상에 집중하고 있다. 히트펌프 효율 개선 사업과 연계된 보조금 및 대출 프로그램을 지방 정부, 가정, 민간 부문에 제공하고 있다.

▼ 주요 선진국 열에너지 제도 및 특징

| 국가 | 제도 명칭 | 정책 특징 |
| --- | --- | --- |
| 스웨덴 | • 국가 탄소세 및 에너지세<br>• 바이오매스 CHP 투자 보조금 제도 | • 대규모 보일러나 히트펌프를 시스템에 도입하여 잉여 에너지 활용.<br>• 2006~2010년 가구의 석유 및 전기 난방을 히트펌프, 지역난방 또는 바이오매스로 전환 보조금 제공.<br>• 스톡홀름에서 바이오매스 복합 발전소의 폐열과 데이터센터 폐열을 활용하여 지역난방 공급.<br>• 2013년부터 EU 배출권거래제(ETS) 하에 바이오매스 CHP 발전소는 탄소세 면제. |

| 국가 | 제도 명칭 | 정책 특징 |
|---|---|---|
| 독일 | • 국가 배출권 거래제<br>• 냉난방 시스템 지원정책 | • 2021년부터 난방 및 수송 연료 대상 ETS 시행, 2023년 석탄, 2024년 폐기물 소각 연료로 확대. 수익은 '기후 및 전환 기금' 사용.<br>• 히트펌프 보급 확대를 위해 건물 에너지 효율 규제 강화, 투자 보조금, 저금리 대출 등 인센티브 제공.<br>• 냉동산업 폐열을 활용하여 지역난방에 열에너지 공급 (포츠다머 플라츠 사례). |
| 네덜란드 | • 재생열 및 재생전력 프로젝트 보조금(SDE)<br>• 지속 가능한 에너지 투자 보조금 제도 (ISDE) | • 2050년까지 천연가스 사용 단계적 폐지 및 저온 열공정 온실가스 배출 80~95% 감소 목표.<br>• 재생열에너지를 활용한 지역난방 확대 추진.<br>• 산업폐열을 지역난방과 연계하여 활용하는 사례 진행. |
| 유럽연합 | • EU 냉난방 전략 (EU Strategy on Heating and Cooling)<br>• 건물에너지성능지침 (EPBD) 개정안<br>• EU 배출권 거래제(ETS 2)<br>• Heat Roadmap Europe (HRE) 프로젝트 | • 2050년 기후중립 목표로 건물 및 산업 부문 열에너지 저탄소화 추진.<br>• 2025년 1월 1일부터 보일러 보조금 종료 및 화석연료 보일러 단계적 폐지.<br>• 건물, 도로 수송 및 추가 부문을 포괄하는 별도 ETS 도입 (2027년 운영 예정).<br>• 열지도 구축을 통해 지역별 열 수요 및 공급 잠재량 시각화. |
| 덴마크 | 신축 건물 기름 및 가스보일러 설치 금지 | • 재생에너지 확대에 따른 변동성 대응을 위해 열에너지 저장장치 활용 계획.<br>• 잉여 풍력 발전을 활용하여 전기보일러와 히트펌프를 통해 지역난방 제공. |

| 국가 | 제도 명칭 | 정책 특징 |
|---|---|---|
| 일본 | • GX-ETS (Green Transformation Emissions Trading System)<br>• 에너지 이용 합리화 법안<br>• 히트펌프 효율 개선 사업 연계 보조금 및 대출 | • 2023년 4월 자발적 기준선-크레딧 시스템 출범, 2026년부터 의무적 ETS 전환 예정.<br>• 폐열을 낭비된 에너지로 포함하고 에너지 효율 향상에 집중 (Top Runner 프로그램).<br>• 히트펌프 보급 확대를 위한 지방 정부, 가정, 민간 부문 보조금 및 대출 제공. |

⑦ 한국

우리나라에는 아직 탄소 없는 열에너지 거래제도가 도입되지 않았다. 열에너지 개념의 법률적 정의도 부재한 상황으로「에너지법」,「신에너지 및 재생에너지 개발·이용·보급 촉진법」,「집단에너지사업법」,「에너지이용 합리화법」,「분산에너지 활성화 특별법」등 주요 에너지 관련 법률에서 열에너지의 개념 및 범위에 대한 명확한 정의가 미비하며, 미활용 열에너지의 예시는 언급되었으나 법률상 정의는 부족한 실정이다.

반면 탄소배출권 거래 측면에서는 2015년부터 아시아 최초로 전국 단위의 '배출권거래제(K-ETS)'를 시행하고 있으며, 이는 한국 국가 온실가스 배출량의 약 89%를 포괄한다. K-ETS는 전력, 산업, 건물, 폐기물, 수송 등 다양한 부문을 포함하며, 할당량의 최소 10%는 경매로 배정된다.

K-ETS 경매 수익은 기후대응기금으로 유입되어 온실가스 감축 인프라, 저탄소 혁신 및 기술 개발을 지원한다. 국내 및 국제 상쇄 배출권(KOCs 및 CERs) 사용을 허용하며, 이는 기업의 감축 의무를 이

행하는 데 활용될 수 있다. 2023년 9월에는 시장 유동성을 높이기 위해 상쇄 배출권 검증 지침을 개정하고 제3자(금융기관)의 배출권 보유 한도를 늘렸다.

P2H(Power-to-Heat) 기술 연구개발에 참여하고 있으며, 한국지역난방공사(한난)는 2050년까지 기존 보일러를 전기보일러로 대체할 계획을 포함한 탄소중립 로드맵을 수립했다. 국내에서도 롯데월드타워의 지열 활용, 소양강댐의 수열 활용 등 미활용 열에너지 및 재생 열에너지 활용 사례가 있다.

'탄소중립기본법' 제정(2021년)을 통해 '온실가스 배출'에 공급된 열을 사용하여 발생하는 간접 배출도 포함하도록 정의하고 있다. 에너지 정책이 공급 중심에서 수요 효율화 중심으로 전환될 계획을 세우고 있다. 한국은 아직 열에너지의 개념과 범위에 대한 법률적 정의가 미비하며, 열에너지 소비 현황에 대한 정량적 연구도 부족한 상황이다. 국제 통계에서 열에너지 소비가 약 50%를 차지하는 반면, 국내 통계는 약 3%로 나타나는데, 이는 열에너지 '상품'과 '서비스' 통계의 혼용 때문이다.

최상위 법정 계획인 '국가 탄소중립 녹색성장 기본계획'에도 열에너지 관련 정책 목표가 부재하며, 대부분 전력 부문 중심의 목표가 제시되어 있다. 탄소중립 이행을 위해 열에너지에 대한 관심 제고, 통계체계 구축, 그리고 중장기 전략 수립을 위한 법적 기반 마련이 시급하다.

탄소 없는 열에너지 거래제도와 탄소배출권거래제 비교

| 구분 | 탄소 없는 열에너지 거래제도 | 탄소배출권거래제 |
| --- | --- | --- |
| 목표 | • 탄소중립형 열원 활용 확대를 통한 열 부문 탈탄소화 및 온실가스 감축<br>• 궁극적으로 탄소중립 목표 달성에 기여한다. | • 온실가스 배출량의 비용 효과적 감축 및 탄소중립 달성 유도<br>• 기업이 탄소가격 신호에 따라 저탄소 기술 투자를 확대한다. |

| 구분 | 탄소 없는 열에너지 거래제도 | 탄소배출권거래제 |
|---|---|---|
| 주요 대상 | • 소각열, 산업폐열, 발전소 온배수, 데이터센터 폐열, LNG 냉열 등 미활용 열에너지와 태양열, 지열, 수열, P2H(Power-to-Heat) 등 재생열에너지의 생산, 공급 및 소비. | • 정부가 온실가스 다배출 기업에게 할당하는 온실가스 배출 허용량(배출권)<br>• 배출량 자체를 규제한다. |
| 거래 대상 | • (열 자체의 거래 및) 열에너지에서 파생되는 환경적 가치(예: 녹색인증서, 재생열에너지 인증서 등).<br>• 미활용열 및 재생열의 생산량. | • 탄소배출 허용량 및 온실가스 감축 실적을 나타내는 오프셋 크레딧 |
| 거래 메커니즘 | • 다중 에너지 거래(Multi-Energy Trading) 내에서 열에너지 포함.<br>• 재생에너지 관련 크레딧 거래에 제안된 경매 기반 거래(예: 빅키 경매).<br>• 24/7 (시간별) 탄소 없는 에너지 (CFE) 매칭프로젝트를 통해 소비자가 실시간으로 온실가스 배출을 줄이도록 지원.<br>• 히트펌프 등 탄소중립 열원 활용 기술 보급을 위한 정부 지원금 및 세제 혜택(보조금, 저금리 대출, 세금 공제)<br>• 지역난방 시스템 내에서의 열거래 개선을 정책과제로 추진. | • 할당된 배출권의 기업 간 자유로운 매매.<br>• 할당량의 대부분이 '경매(Auction)'를 통해 분배된다.<br>• 사다리형 보상·벌칙 탄소 거래 메커니즘을 도입하여 실제 배출량이 할당량을 초과할수록 거래비용이 빠르게 증가하고, 감축할 경우 보상하는 방식<br>• 오프셋 크레딧(Offset Credit) 거래 허용(예: 중국의 CCERs, 한국의 KOCs) |
| 주요 참여자 | • 탄소중립 열원 생산자(예: 소각시설, 산업체, 발전소, 데이터센터, 태양열·지열·수열 발전소), 열에너지 소비자(산업 부문, 건물 부문), 지역난방 공급사업자. | • 정부로부터 배출권을 할당받는 온실가스 다배출 기업 (할당대상업체)<br>• 일부 시스템에서는 금융기관, 중개인, 심지어 개인도 참여한다. |

| 구분 | 탄소 없는 열에너지 거래제도 | 탄소배출권거래제 |
|---|---|---|
| 필요 인프라 | • 지역별 열에너지 수요와 공급 가능한 에너지원을 시각화한 열지도(Heat Mapping)<br>• 대규모 미활용 열원 및 재생열원을 효율적으로 활용하고 분배하기 위한 지역난방 네트워크<br>• 열에너지의 정확한 소비 현황, 배출량, 잠재량 등을 파악하기 위한 열에너지 관련 데이터베이스 및 통계 체계<br>• 열에너지의 개념 정의, 정책 목표 포함 등 관련 법적·제도적 기반 마련. | • 기업의 배출량을 정확하게 측정하고 보고하며 검증하는 모니터링, 보고, 검증(MRV) 시스템<br>• 배출권의 소유권 이전 및 거래를 기록하는 배출권 등록부(Registry) 및 실제 거래가 이루어지는 거래 플랫폼<br>• 배출권 할당 및 거래에 관한 법률 등 명확한 법적 기반 |
| 국내 현황 및 과제 | • 열에너지 개념 정의 및 관련 통계 체계가 미진하여 종합적인 현황 파악에 어려움이 있다<br>• 국가의 탄소중립 계획에 열 부문의 탈탄소화 전략 및 정책 목표가 미비한 상황이다.<br>• 미활용 열원의 잠재량 평가 및 활용 방안에 대한 연구가 미진합니다.<br>• 히트펌프 등 탄소중립 열원 활용 기술의 보급 확대를 위한 정책적 노력이 필요하다.<br>• 열에너지 조달을 위한 다양한 사업모델 개발 및 비용 평가가 부재한 실정이다. | • 2015년부터 국가 단위 배출권거래제(K-ETS)를 시행 중이며, 아시아 국가 중 최초 도입 사례이다.<br>• 유상할당 비율 확대, 벤치마크(BM) 적용 대상 업종 확대 등 제도를 지속적으로 강화하고 있다.<br>• 시장 유동성 조절 및 파생상품 도입 등 시장 유연성 강화를 모색하고 있다.<br>• 탄소가격 신호에 따라 기업의 저탄소 기술 투자를 촉진하는 역할을 수행한다. |

| 구분 | 탄소 없는 열에너지 거래제도 | 탄소배출권거래제 |
|---|---|---|
| 관련 정책·제도 예시 | • P2H (Power-to-Heat) 기술 보급 지원을 통해 재생에너지 잉여 전력을 열에너지로 전환 및 저장하여 활용<br>• 유럽 주요국(독일, 스웨덴, 네덜란드, 프랑스 등)에서 히트펌프 보급 지원제도를 통해 미활용 열원 활용을 확대.<br>• 산업폐열을 지역난방과 연계하여 활용하는 사례 증가 | • 스웨덴, 독일, 일본, 프랑스 등에서 화석연료에 세금을 부과하여 저탄소 전환을 촉진하는 탄소세(Carbon Tax)시행<br>• 재생에너지 발전에 따른 환경적 속성을 증명하는 녹색 인증서·크레딧(Green Certificates·Credits)거래<br>• '유럽 연합 배출권거래제(EU ETS)'는 전력 및 산업 부문에서 운영 중이며, 2027년부터 건물, 도로 수송 및 추가 부문으로 확장될 예정이다.<br>• '한국 배출권거래제(K-ETS)'가 2015년부터 시행 중이다. |

## 4) 탄소중립 열에너지 기술 인프라와 거래 방식

### ① 열에너지 관련 기술

탄소 없는 열에너지 거래를 가능하게 하는 핵심 기술은 크게 탄소중립 열원과 이를 활용하는 기술로 나눌 수 있다. 탄소중립 열원에는 미활용 열에너지가 있다. 미활용 열에너지는 생산 및 소비 과정에서 불가피하게 발생하지만 활용되지 않고 버려지는 열에너지를 말한다. 미활용 열에너지는 생산 및 소비 과정에서 불가피하게 발생하지만 활용되지 않고 버려지는 열로 다양한 형태로 존재한다.

소각열은 도시 및 산업 폐기물 소각 시 발생하는 열을 회수하여 증기, 온수, 전기 형태로 전환한 에너지로 지역난방이나 산업 활동에 활용되며, 산업폐열은 철강, 시멘트, 석유화학 등 에너지 다소비 산업 공정에서 발생하는 고온의 폐열로 동일 공정 재사용, 발전, 지역난방 등에 활용될 수 있다. 발전소 온배수는 전력 생산과정에서 발생하는 냉각수가 열을 흡수하여 수온이 상승한 형태로 배출되는 열로 시설원예, 양식장, 지역난방 등에 재활용되고, 데이터센터 폐열은 24시간 운영되는 데이터센터의 서버에서 발생하는 열로 공급 안정성이 높고 히트펌프와 연계하여 난방열 공급에 효율적이며, 특히 수도권 데이터센터 집중 및 지역난방 인프라 고려 시 활용 가치가 높다. 또한, LNG 냉열은 액화천연가스(LNG)를 기화하는 과정에서 발생하는 냉열로 냉동·냉장 물류창고 냉각, 전력 생산, 데이터센터 온도 유지 등에 활용하여 전력 소비를 절감할 수 있다.

다음은 재생열에너지란 자연에서 지속적으로 생성되는 에너지를 활용하여 열을 생산하는 방식의 에너지를 의미한다. 주로 태양열, 지열, 바이오매스(바이오에너지), 그리고 폐열회수 등이 포함되며, 이들은 화석연료를 사용하지 않고 이산화탄소 등 온실가스 배출이 거의 없거나 매우 적은 친환경적인 열에너지이다. 재생열에너지는 환경에 미치는 부정적 영향이 적고, 기후변화 대응 및 지속 가능한 발전을 위해 중요한 역할을 한다.

주요 특징으로는 자연에서 무한히 재생되어 사용할 수 있으며, 주로 난방, 온수 공급, 산업 공정 등에 적용된다. 태양열은 태양 복사로부터 열을 얻으며, 지열은 지하의 온기를 이용하는 방식이다. 수열에너지도 물이 가진 열에너지를 활용하는 방법으로 분류된다. 따라서 재생열에너지는 화석연료 기반 열에너지의 대체로서 열에너지 부문의 저탄소화를 촉진하는 핵심 에너지원이다.

재생열에너지는 자연계에서 발생하는 열에너지로 다양한 형태로 존재한다. 태양열은 태양 복사열을 흡수하여 열에너지로 변환하는 기술로 온수 공급 및 난방에 활용되며, 대규모 계간축열조와 연계하여 블록히팅이나 지역난방 시스템에 적용될 수 있다. 지열은 토양, 암반,

지하수 등이 보유한 열에너지로 연중 일정한 온도를 유지하는 특성 덕분에 냉난방 시스템에 널리 이용되고, 수열은 하천수, 해수, 호수물 등 수자원으로부터 열을 추출하여 냉난방에 활용하는 기술이다. 한편, P2H(Power-to-Heat)는 재생에너지 잉여 전력을 열에너지로 변환 및 저장하여 건물의 냉난방이나 공정열에 활용하는 기술로 재생에너지 출력 제한을 방지하고 에너지 효율을 향상시키며 온실가스를 감축하는 효과가 있다.

탄소중립 열원 활용 기술은 친환경적인 열에너지 생산을 위한 핵심 기술들로 구성된다. 히트펌프는 저온의 열을 추출하여 고온의 장소로 전달하는 장치로, 재생열원(공기, 지열, 물)과 결합하여 고효율로 냉난방 및 온수를 공급하며, 독일, 스웨덴, 네덜란드, 프랑스 등 유럽에서 히트펌프 보급 지원제도를 통해 미활용 열원 활용을 확대하고 있다. 전기보일러는 전력을 활용하여 열 전달 매체를 가열해 열에너지를 생산하며, 재생에너지 전력을 사용할 경우 탄소중립형 열에너지로 분류되고, 즉각적인 급탕이 가능하고 고압 증기 생산에 유리하여 산업공정에 주로 활용된다. 또한 연료전지는 수소 등을 연료로 전기와 열을 동시에 생산하는 기술로, 집단에너지사업과 연계 시 높은 시너지 효과를 기대할 수 있다.

② 관련 인프라

탄소 없는 열에너지 거래 제도의 성공적인 안착을 위해서는 다양한 인프라가 필수적으로 구축되어야 한다. 열지도(Heat Mapping)는 지역별 열에너지 수요와 공급 가능한 에너지원을 시각화한 지도로 최적의 에너지 공급 및 수요 조절, 효율적인 에너지 전략 수립에 중요한 역할을 하며, 유럽의 유럽 '열에너지 로드맵(Heat Roadmap Europe, HRE) 프로젝트'는 열지도를 구축하여 열 수요, 공급 잠재량, 재생열원 레이어 등을 결합해 열에너지 사업 및 정책 설계에 필요한 정보를 제공하고 있다.

지역난방 네트워크는 산업폐열, 소각열 등 대규모 미활용 열원 및 재생열원을 효율적으로 활용하고 분배하기 위한 핵심 인프라로, 유럽에서는 히트펌프와 연계하여 지역난방 시스템을 통해 친환경 열에너지를 공급하고 있다. 또한, 열에너지 관련 데이터베이스 및 통계 체계는 열에너지의 정확한 소비 현황, 배출량, 잠재량 등을 파악하고 정책을 수립하기 위한 기반 자료로, 국내에서는 열에너지 개념 정의나 종합적인 통계 체계가 미비하여 '열에너지 서비스' 개념을 활용한 통계 구축이 시급한 상황이다.

마지막으로 법적·제도적 기반 마련이 필요한데, 열에너지의 개념 및 범위를 법률에 명확히 정의하고 에너지기본계획 등 상위 계획에 열에너지 정책 목표를 포함시키며 열에너지 관련 종합 계획 수립을 위한 법적 근거를 마련해야 하며, 현재 국내에서는 「집단에너지사업법」을 제외하고는 열에너지 관련 정부 정책이 전무한 실정이다.

③ 거래 방식 예시

탄소 없는 열에너지 거래는 다양한 시장 및 인센티브 메커니즘을 통해 이루어질 수 있으며, 그 중 탄소배출권거래제(ETS)는 대표적인 거래 방식이다. ETS는 정부가 온실가스 다배출 기업에 배출권을 할당하고 기업 간 배출권 거래를 허용하여 비용 효과적으로 온실가스 감축을 유도하는 제도로 기업은 탄소가격 신호에 따라 저탄소 기술 투자 및 온실가스 감축을 추진하게 된다.

현재 EU, 스위스, 뉴질랜드 등 많은 국가에서 시행 중이며, 유럽 연합은 건물, 도로 수송 및 추가 부문에 대한 새로운 ETS를 2027년부터 도입할 예정이다. 특히, 실제 탄소배출량이 할당된 배출량을 초과할 경우 거래 비용이 더 빠르게 증가하고 감축할 경우 보상을 제공하는 사다리형 보상·벌칙 탄소 거래 메커니즘이 제안되어, 기업의 탄소 감축 의지를 높이는 데 기여하고 있다.

탄소 없는 열에너지 거래 방식은 다양한 시장 및 인센티브 메커니즘을 통해 구현될 수 있다. 다중 에너지 거래(Multi-Energy Trading)는 열에너지뿐만 아니라 전기, 가스 등 다양한 에너지원 간의 거래를 포함하여 에너지 시스템의 효율성과 유연성을 극대화한다. 특히, 산업단지 내 산업 클러스터 간의 탄소 및 다중 에너지 거래는 전체 비용과 탄소 배출량을 줄이고 에너지 공급-수요 불균형을 완화하는 데 도움을 준다.

경매 기반 거래(Auction-based Trading)에는 중국의 중국 탄소 감축 인증(CCERs) 거래와 같은 재생에너지 관련 탄소 크레딧 거래에 제안된 빅키 경매(Vickrey Auction) 방식이 있어 최적의 인센티브 가격을 찾아 거래량과 생산자의 수익을 극대화하는 데 사용한다. ETS에서는 할당량의 대부분이 경매를 통해 분배되고 경매 수익은 저탄소 기술 개발, 인프라 현대화 및 추가 완화 노력에 재투자될 수 있다.

매칭 게임 기반 거래는 구매자와 판매자 간의 선호도와 정보를 바탕으로 에너지 매칭 문제를 해결하는 방법론으로 낮은 복잡도로 분산형 솔루션을 제공하고, 녹색 인증서·크레딧(Green Certificates·Credits)은 재생에너지 발전을 통해 얻는 환경적 속성을 증명하는 것으로 거래를 통해 재생에너지 사용을 장려할 수 있다. 특히, 24/7 CFE(Carbon Free Energy) 매칭은 실시간으로 탄소 없는 에너지 소비와 생산을 매칭하여 소비자가 실시간으로 온실가스 배출을 의미 있게 줄일 수 있도록 지원한다. 또한, 탄소세(Carbon Tax)는 화석연료에 대한 세금을 부과하여 저탄소 연료 전환을 촉진하는 정책이고, 정부 지원금 및 세제 혜택은 히트펌프와 같은 탄소중립 열원 활용 기술의 보급을 확대하기 위해 보조금, 저금리 대출, 세금 공제 등의 지원 정책이 활용될 수 있다. 이러한 기술과 인프라, 그리고 다양한 거래 방식의 통합적인 접근은 탄소 없는 열에너지 시스템으로의 전환을 가속화하고, 국가의 탄소중립 목표 달성에 핵심적인 기여를 한다.

④ 제도 실행 방안과 기대 효과

　탄소 없는 열에너지 거래제도의 성공적인 실행을 위해서는 정보 및 통계 인프라 구축이 필수적이며 이는 지역별 열에너지 수요 및 공급 가능 에너지원을 시각화한 열지도(Heat Mapping) 구축과 열에너지의 정확한 소비 현황, 배출량, 잠재량 등을 파악하기 위한 열에너지 관련 데이터베이스 및 통계 체계 마련을 포함한다.

　네트워크 및 기술 활용 측면에서는 대규모 미활용 열원 및 재생열원을 효율적으로 활용하고 분배하기 위한 지역난방 네트워크를 활용하며 산업폐열을 지역난방과 연계하는 방안이 추진되고, 히트펌프, 전기보일러, 연료전지 등 탄소중립 열원 활용 기술의 보급을 확대해야 한다. 특히, P2H(Power−to−Heat) 기술은 잉여 재생전력을 열에너지로 전환 및 저장하여 활용하는 방식으로 덴마크와 한국에서 활발히 도입되고 있고, 건물 부문의 탈탄소화를 위해서는 공동주택 한 단위의 소규모 열 네트워크 활용 등 다양한 사업모델 개발이 필요하다.

　거래 메커니즘 도입을 통해서는 열에너지에서 파생되는 환경적 가치(녹색인증서, 재생열에너지 인증서 등)를 거래 대상으로 삼고, 재생에너지 관련 크레딧 거래에 제안된 경매 기반 거래(빅키 경매) 방식을 고려할 수 있으며, 24/7 (시간별) 탄소 없는 에너지(CFE) 매칭 프로젝트를 통해 소비자가 실시간으로 온실가스 배출을 줄이도록 지원하고 시장 신호와 가격 역학을 파악하고 거래 규칙을 정의하는 중요한 단계이다.

　정책 제언으로는 법적 및 제도적 기반 정비를 통해 우리나라에서 미진한 열에너지의 개념 정의 및 관련 통계 체계를 명확히 하고 이를 위한 법적·제도적 기반을 마련해야 하며, 「에너지법」에 열에너지 정의 조항을 추가하고 재생열에너지와 미활용열에너지 등 열에너지의 종류와 개념을 정립할 필요가 있다.

종합적인 열에너지 계획 수립을 통해 국가의 탄소중립 계획에 열 부문의 탈탄소화 전략 및 정책 목표를 명확히 포함하고 에너지기본계획의 법적 근거를 회복하여 열에너지 부문의 중장기 방향성을 제시해야 하며, 나아가 별도의 열에너지 관련 법정 종합계획 수립을 위한 법적 근거 마련도 제안된다.

재정 및 세제 지원 강화를 통해 히트펌프 등 탄소중립 열원 활용 기술의 보급 확대를 위해 정부 지원금, 저금리 대출, 세금 공제 등 정책적 노력이 필요하고, R&D 및 사업모델 개발 촉진을 통해 미활용 열원의 잠재량 평가 및 활용 방안에 대한 연구를 확대하고 열에너지 조달을 위한 다양한 사업모델 개발 및 비용 평가를 추진해야 한다.

해외 우수사례 벤치마킹을 통해 독일, 스웨덴, 일본, 네덜란드, 프랑스 등 유럽 주요국의 히트펌프 보급 지원제도 및 산업폐열 지역난방 연계 사례를 참고하여 국내 실정에 맞는 정책을 활용할 필요가 있다.

이러한 제도 실행 방안의 기대효과로는 탄소중립형 열원 활용 확대를 통해 열 부문 탈탄소화를 이루고 궁극적으로 탄소중립 목표 달성에 기여할 수 있으며, 이는 에너지 부문 $CO_2$ 배출량의 약 29.2%를 차지하는 열에너지의 탈탄소화가 필수적임을 고려할 때 매우 중요하다.

미활용 열원 및 재생열의 효율적인 활용은 에너지 낭비를 줄이고 기업과 국민의 에너지 비용 절감 효과를 가져오며, 화석연료 의존도를 낮춰 에너지 자립도 향상에 기여하고 이는 부존자원이 거의 없는 우리나라의 여건에 필수적인 전략이다. P2H 기술과 같은 섹터 커플링 기술은 재생에너지 잉여 전력을 열에너지로 전환하여 저장함으로써 전력 계통의 안정화에 기여하고 유연성을 확보할 수 있고, 대기오염물질 배출을 획기적으로 감축하여 국민 삶의 질 향상에도 기여할 수 있다.

⑤ 열 REC 제도

  탄소 없는 열에너지 거래제도, 즉 '열 REC 제도'의 도입 필요성은 전 세계 최종에너지의 약 절반(48.7%)이 열에너지 형태로 난방 및 냉각 부문에서 소비되며 에너지 부문 $CO_2$ 배출량의 38%를 열에너지가 차지하고 있어 탄소중립 달성을 위해 열 부문의 탈탄소화가 필수적이다.

  국내 최종에너지 소비에서도 열에너지 비중이 약 48%에 달하며 에너지 부문 배출량의 약 29.2%가 열에너지에서 발생한다는 점에서 찾을 수 있다. 또한, 우리나라는 열에너지의 개념 정의 및 관련 통계 체계가 미진한 실정이고 에너지 정책이 주로 공급 위주로 이루어져 왔다. 전력 부문에 비해 열에너지에 대한 정책적 관심이 낮았으며, 국내 탄소중립 목표 달성을 위한 최상위 법정 계획인 제1차 '탄소중립 녹색성장 기본계획'에도 열에너지 관련 정책 목표가 부재하고 에너지 기본계획의 법적 근거 상실로 에너지 정책의 중장기 전략성 및 부문별 정합성이 미흡하여 탄소중립 달성이 불확실한 상황이다. 탄소배출권거래제와 같이 시장 메커니즘을 활용하는 방식은 온실가스 감축을 비용 효과적으로 유도할 수 있고 기업이 저탄소 기술 투자를 확대하고 기술 혁신을 촉진하는 유인이 된다.

  제도 운용 방안으로는 첫째, 정보 및 통계 인프라 구축이 필요하며 이는 지역별 열에너지 수요 및 공급 가능 열원(미활용 열원 및 재생열원)을 시각화한 열지도(Heat Mapping) 구축이 필수적이고 유럽의 HRE(Heat Roadmap Europe) 프로젝트는 매핑 작업을 통해 열지도를 구성하여 열에너지 사업 및 정책 설계에 필요한 정보를 제공하고 있다.

  열에너지의 정확한 소비 현황, 배출량, 잠재량 등을 파악하기 위한 체계적인 데이터베이스 및 통계 시스템을 구축해야 하고 국내 에너지 총조사, 공급 통계(개정 에너지 밸런스) 등의 자료를 활용하여 열에너지 서비스 소비량을 추정하고 온실가스 배출현황을 파악해야 한다. 특히, '열에너지 서비스' 개념을 활용하여 열에너지 소비 통계를 지속적으로 구축할 필요가 있다.

둘째, 네트워크 및 기술 활용 측면에서 대규모 미활용 열원 및 재생열원을 효율적으로 활용하고 분배하기 위해 지역난방 네트워크를 적극적으로 활용해야 하고 산업폐열을 지역난방과 연계하는 방안이 추진해야 한다. 히트펌프, 전기보일러, 연료전지 등 탄소중립 열원 활용 기술의 보급을 확대해야 하고, 잉여 재생전력을 열에너지로 전환 및 저장하여 활용하는 P2H(Power-to-Heat) 기술 도입을 활성화해야 한다. 이는 덴마크와 한국에서 활발히 도입되고 있고, 건물 부문의 탈탄소화를 위해 공동주택 한 단위의 소규모 열 네트워크 활용 등 다양한 사업모델 개발이 필요하다.

셋째, 거래 메커니즘 도입을 통해 열에너지에서 파생되는 환경적 가치(녹색인증서, 재생열에너지 인증서 등)를 거래 대상으로 삼아야 하고, 재생에너지 관련 크레딧 거래에 제안된 경매 기반 거래(빅키 경매) 방식을 고려할 수 있다. 소비자가 실시간으로 온실가스 배출을 줄이도록 지원하는 24/7 (시간별) 탄소 없는 에너지(CFE) 매칭 프로젝트를 통해 시장 신호와 가격 역학을 파악하고 거래 규칙을 정의하고 있다. 실제 배출량이 할당량을 초과할수록 거래 비용이 빠르게 증가하고 감축할 경우 보상하는 사다리형 보상·벌칙 메커니즘을 도입하여 거래 의지를 높일 수 있다.

넷째, 정책 제언으로는 「에너지법」에 열에너지 정의 조항을 추가하고 재생열에너지와 미활용열에너지 등 열에너지의 종류와 개념을 정립할 필요가 있다. 국가의 탄소중립 계획에 열 부문의 탈탄소화 전략 및 정책 목표를 명확히 포함하고 에너지기본계획의 법적 근거를 회복하여 열에너지 부문의 중장기 방향성을 제시해야 하며 나아가 별도의 열에너지 관련 법정 종합계획 수립을 위한 법적 근거 마련도 제안한다. 히트펌프 등 탄소중립 열원 활용 기술의 보급 확대를 위해 정부 지원금, 저금리 대출, 세금 공제 등 정책적 노력이 필요하며, 미활용 열원의 잠재량 평가 및 활용 방안에 대한 연구를 확대하고 열에너지 조달을 위한 다양한 사업모델 개발 및 비용 평가를 추진해야 한다. 독일, 스웨덴, 일본, 네덜란드, 프랑스 등 유럽 주요국의 히트펌프 보급 지원제도 및 산업폐열 지역난방 연계 사례를 참고하여 국내 실정에 맞는 정책을 활용할 필요가 있다.

제도의 기대 효과로는 탄소중립형 열원 활용 확대를 통해 열 부문 탈탄소화를 이루고 궁극적으로 탄소중립 목표 달성에 기여할 수 있으며 이는 에너지 부문 $CO_2$ 배출량의 약 29.2%를 차지하는 열에너지의 탈탄소화가 필수적임을 고려할 때 매우 중요하다. 미활용 열원 및 재생열의 효율적인 활용은 에너지 낭비를 줄이고 기업과 국민의 에너지 비용 절감 효과를 가져오며, 화석연료 의존도를 낮춰 에너지 자립도 향상에 기여하고 이는 부존자원이 거의 없는 우리나라의 여건에 필수적인 전략이다. P2H 기술과 같은 섹터 커플링 기술은 재생에너지 잉여 전력을 열에너지로 전환하여 저장함으로써 전력 계통의 안정화에 기여하고 유연성을 확보할 수 있고, 대기오염 물질 배출을 획기적으로 감축하여 국민 삶의 질 향상에도 기여할 수 있다.

에필로그

# 이재명정부의
# 기후위기 정책과
# 미래 전망

# 1

# 이재명정부의 기후위기 정책

　이재명 대통령의 기후위기 대응 공약은 탄소중립 실현과 환경·경제의 조화로운 발전을 핵심으로 한다. 탄소중립 정책의 체계적 추진을 통해 실효성 있는 기후위기 대응 체계를 구축하고, 산업전환을 통해 경제성장과 환경보호를 동시에 달성하겠다는 전략이다.

　에너지 전환 분야에서는 RE100 실현을 목표로 친환경 재생에너지로의 대전환을 추진하며, 재생에너지 중심의 에너지고속도로 건설로 에너지 인프라를 혁신한다. 특히, 햇빛소득마을 조성과 농가 태양광 설치 지원을 통해 햇빛연금을 지급하고 에너지 자립을 실현하겠다고 밝혔다.

　농업·임업 분야에서는 친환경유기농업을 두 배로 확대하고 지속가능한 축산업으로의 탄소농업 전환을 추진한다. 임업 산촌을 탄소중립과 균형발전의 거점으로 육성하여 산림의 탄소흡수 기능을 극대화할 계획이다.

　환경보전 정책으로는 청정한 바다 조성, 플라스틱 정책 개선, 탄소저장고 프로젝트 등을 통해 미래세대를 위한 환경을 보호한다. 미세먼지 없는 깨끗한 하늘 조성과 4대강 재자연화를 통한 수질개선도 강력히 추진하며, 국제적 수준의 생태계 및 생물다양성 보전정책을 시행하여 종합적인 기후위기 대응체계를 완성하겠다는 계획이다.

## 1) 실효적 탄소중립 정책 추진

이재명 대통령은 2030년 온실가스 감축 목표 달성과 함께 과학적 근거에 기반한 2035년 이후 감축 로드맵을 수립하여 체계적인 탄소중립 정책을 추진한다. 헌법불합치 결정의 취지를 반영하여 책임있는 중간목표를 담은 '탄소중립기본법' 개정을 통해 법적 토대를 강화하고, 2028년 제33차 기후변화협약 당사국총회(COP33) 유치를 통해 국제적 리더십을 발휘할 예정이다.

도시 지하방수로와 대심도 빗물터널 설치, 지방하천 홍수조절지 확대, 4대강 보 개방 등을 통해 홍수에 대비하고, 지하수댐 건설과 해수담수화시설 보급으로 가뭄에 대응하는 종합적인 기후재해 대응체계를 구축한다.

배출권거래제 유상할당 비중 확대를 통한 기후대응기금 확대와 정의로운 전환 특구 지정으로 고용전환과 신산업 역량 개발을 지원하며, 기후테크 산업 육성 특별법 제정을 통해 2030년까지 기후테크 R&D 예산을 대폭 확대할 계획이다.

## 2) 탄소중립 산업전환

온실가스 감축과 에너지 정책을 연계한 컨트롤타워 구축으로 탄소중립과 에너지 전환에 적극 대응하며, 정책의 일관성과 효율성을 높일 예정이며, 구체적으로 기후에너지부를 신설할 방안을 모색 중이다. 화석연료 기반 산업구조를 탄소중립형으로 전환하여 신산업 일자리 창출의 선순환 구조를 만들고, 기업의 미래 사업재편을 지원하되 중소기업과 전통산업이 소외되지 않는 정의로운 전환을 추진 중이다.

'탄소중립산업법'을 제정해 전기차, 재생에너지, 그린수소 등 탄소중립산업에 대한 지원을 강화하고, 특화단지 조성을 통해 체계적인 투자와 기술개발을 촉진하며, 국내 투자 활성화로 제조업 공동화를 방지한다. 제조업 공정 개선, 탄소포집·활용·저장(CCUS) 등 기후테크 신산업을 발굴하고, 그린모빌리티 전환 지원, 석유 기반 장비의 전동화 추진, 순환경제를 통한 탄소중립을 실현한다. 수소환원제철, 나프타 열분해공정의 저탄소화, 친환경 연료 추진선, 화이트 바이오 등 주력산업의 저탄소 신기술 R&D를 강화하고, 산업 R&D 지원체계를 탄소중립형으로 전환하여 중소·중견기업의 기술혁신과 친환경 공정 전환을 지원한다.

### 3) RE100 전용 산업단지 및 에너지 거버넌스

RE100 전용 산업단지 처음으로 조성한다. 새만금을 수상태양광과 풍력의 재생에너지 글로벌 허브로 조성하고, 경기 남동부에 RE100 선도 반도체 클러스터를 구축한다. 전남을 해상풍력의 전진기지로 하여 RE100 산단을 조기 구축하며, 국가전략산업단지를 RE100 단지로 전환하여 기업의 RE100 역량을 체계적으로 강화한다.

햇빛연금과 바람연금을 통한 이익공유형 재생에너지 프로젝트로 주민소득 향상과 사업 수용성을 동시에 확보하고, 햇빛마을 발전소 확대로 지역 RE100 달성과 재생에너지 선순환 모델을 구축한다. 에너지 취약계층의 복지사각지대를 해소하고, 주민참여 비율에 따른 REC 추가 가중치를 부여하여 참여를 촉진한다.

2040년까지 석탄화력발전소 폐쇄를 추진하되, 석탄화력발전소 폐지지역 지원법 제정을 통해 정의로운 전환 특구를 지정하고 기본계획을 수립한다. 폐쇄지역 주민과 발전소 노동자의 고용안정과 직업능력 개발을 지원하며, 대체산업으로 재생에너지산업을 육성하여 지역경제 전환을 도모한다. 대규모 에너지사업의 투명한 정보공개로 국민 수용성을 제고하고, 정보 공유를 통해 사업 추진의 사회적 동력을 확보한다.

# 기후위기 시대의 미래 전망과 대응 방안

## 1) 글로벌 기후위기 대응의 패러다임 전환

21세기 인류가 직면한 중대한 도전 중 하나인 기후위기는 더 이상 먼 미래의 문제가 아닌 현재진행형의 현실이 되었다. 온실효과로 인한 지구온난화가 가속화되면서 전 세계는 기후변화의 심각성을 인식하고 탄소중립이라는 공통의 목표를 향해 나아가고 있다. 이러한 변화는 단순한 환경 보호를 넘어 경제, 사회, 문화 전반에 걸친 패러다임의 근본적 전환을 요구하고 있다.

글로벌 차원에서 EU의 탄소국경조정제도(CBAM)와 분류체계(Taxonomy), 미국의 인플레이션 감축법(IRA), 중국의 '1+N' 정책체계, 캐나다의 탄소세 제도, 일본의 그린성장전략 등은 각국이 기후위기에 대응하는 정책적 의지와 구체적 실행 방안을 보여주는 대표적 사례들이다. 이들 정책은 각 국가의 경제적 여건과 산업 구조를 반영하면서도, 탄소중립이라는 공통의 목표를 달성하기 위한 다양한 접근법을 제시하고 있다.

## 2) 기업의 ESG 경영과 지속가능한 비즈니스 모델

ESG(Environmental, Social, Governance) 경영은 이제 기업의 선택이 아닌 필수가 되었다. 기후위기 대응이 기업의 경쟁력과 직결되면서, 국내외 기업들은 탄소중립 로드맵 수립, RE100 및 EV100 참여, 지속가능한 공급망 구축 등을 통해 새로운 비즈니스 모델을 구축하고 있다. 특히 대기업들의 ESG 경영은 중소기업과의 파트너십을 통해 전체 산업 생태계의 변화를 이끌고 있으며, 이는 기후위기 대응의 효과를 배가시키는 중요한 동력이 되고 있다. 글로벌 기업의 기후위기 파트너십 사례들은 단일 기업의 노력만으로는 한계가 있음을 보여주며, 동시에 협력을 통한 시너지 효과의 가능성을 입증하고 있다. 이러한 협력적 접근은 기술 혁신, 비용 절감, 시장 확대 등 다양한 측면에서 긍정적 효과를 창출하고 있다.

## 3) 미디어의 역할과 사회적 인식 확산

기후위기에 대한 사회적 인식 확산에서 미디어의 역할은 매우 중요하다. 영화와 다큐멘터리는 복잡한 과학적 현상을 일반 대중이 이해하기 쉽게 전달하는 강력한 도구로 작용하고 있다. <불편한 진실>, <빙하를 따라서>, <비포 더 플러드> 등의 다큐멘터리는 기후변화의 현실을 생생하게 보여주며 사회적 각성을 촉진했고, <지오스톰>, <돈 룩 업>' 등의 영화는 기후위기의 심각성을 대중문화를 통해 널리 알리는 역할을 하고 있다.

미디어의 소통 방식은 기후위기에 대한 공감대 형성과 행동 변화를 이끌어 내는 데 핵심적 역할을 한다. 특히, 젊은 세대들의 환경 의식 향상과 기후 행동 참여에 미디어가 미치는 영향은 매우 크며, 이는 미래 사회의 지속가능한 발전을 위한 중요한 기반이 되고 있다.

## 4) 미래 전망과 통합적 대응 방안

기후위기 시대의 미래는 불확실성으로 가득하지만, 동시에 새로운 기회의 가능성도 열려 있다. 탄소중립 기술의 발전, 재생에너지 비용 하락, 친환경 산업의 성장 등은 기후위기 대응이 단순한 비용이 아닌 새로운 성장 동력이 될 수 있음을 시사한다.

효과적인 기후위기 대응을 위해서는 다음과 같은 통합적 접근이 필요하다. 첫째, 국가 간 협력과 정책 조화를 통한 글로벌 거버넌스 구축이 중요하다. 기후변화는 국경을 초월한 문제이므로, 국가 간 정책 격차를 줄이고 공동 대응 체계를 강화해야 한다. 둘째, 정부와 기업, 시민사회의 협력적 파트너십이 필수적이다. 정부의 정책적 지원, 기업의 혁신과 투자, 시민들의 생활 양식 변화가 조화롭게 이루어져야 실질적 효과를 얻을 수 있다. 셋째, 기술 혁신과 제도 혁신의 균형적 추진이 요구된다. 탄소중립 기술 개발과 함께 이를 뒷받침하는 제도적 기반 구축이 동시에 이루어져야 한다. 넷째, 기후위기 대응의 사회적 비용을 공정하게 분담하는 시스템 구축이 중요하다. 탄소중립 전환 과정에서 발생할 수 있는 사회적 불평등과 일자리 변화에 대한 선제적 대응이 필요하다.

## 5) 지속가능한 미래를 위한 선택

기후위기는 인류에게 전례 없는 도전이지만, 동시에 더 나은 미래를 만들어갈 수 있는 기회이기도 하다. 탄소중립과 ESG 경영은 단순한 환경 보호를 넘어 새로운 경제 패러다임과 사회 시스템을 구축하는 과정이다. 이 과정에서 기술 혁신, 제도 개선, 의식 변화가 조화롭게 이루어질 때, 우리는 기후위기를 극복하고 지속가능한 미래를 만들어갈 수 있을 것이다. 미래 세대에게 물려줄 지구를 위해 그리고 인류의 지속가능한 발전을 위해, 지금이야말로 모든 주체가 함께 행동해야 할 시점이다. 기후위기 대응은 선택이 아닌 필수이며, 우리의 결단과 행동이 미래를 결정할 것이다.

## 국내 논문·보고서

김성화, 「EU산업정책의 전환에 따른 중소기업의 ESG 기준의 도입시 고려사항」, 유통법연구, 2021.

이점순, 「일본의 규제샌드박스 제도 운영현황과 정책적 시사점」, 한국산업기술진흥원 이슈페이퍼 및 정책연구, 2020.

박영석 외 『일본의 탄소중립 정책과 시사점』, 에너지경제연구원, 2023.

사카모토 히데유키, 『그린 트랜스포메이션: 일본의 도전과 기회』, 도쿄대학출판부, 2024.

「경기도민 탄소중립 실천을 위한 생활안내서」, 성남시, 2022.

「기후변화대응 연차보고서」, 일본 환경성, 2023.

「보령시 에너지 전환에 따른 산업·지역연계육성방안 연구용역」, iTOD·보령시, 2024.

「성남시 기후위기 대응을 위한 탄소중립·녹색성장 기본 조례 일부개정 조례안 검토보고서」, 성남시의회, 2024.

「성남시 제1차 탄소중립 녹색성장 기본계획 (2025~2034)」, 경기도 성남시, 2025.

「성남시, 온실가스감축인지 예산제 도입: '2050 탄소중립 실현, 기후변화 대응' 직원 역량 강화 교육 진행」, 성남시 보도자료, 2024.

「세계 주요국 탄소중립 전략과 중국의 저탄소 전략의 비교 분석」, 대외경제정책연구원, 2021.

「에너지 녹색저탄소 전환 추진 방안」, 중국 국가발전개혁위원회,

2023.

「일본 기업의 ESG 경영 트렌드」, 포스코경영연구원, 2022.

「일본 에너지 정책 리뷰」, 국제에너지기구(IEA, 2024.

「주요국의 탄소중립 이행 거버넌스 체계 및 관련 법제 분석」, 한국법제연구원, 2024.

「중국 에너지 전망 보고서」, 국제에너지기구(IEA), 2024.

「중국의 탄소중립 경로 분석」, 세계자원연구소(WRI), 2024.

「좋은 위기(Good Crisis)를 활용한 한국의 성장공식 혁신 전략」, 과학기술정책연구원, 2021.

「제6차 에너지기본계획 이행 현황」, 일본 에너지청, 2025.

「제주도정 2025 비전: 지속가능 미래 개척」, goover, 2024.

「제1차 제주특별자치도 탄소중립·녹색성장 기본계획(2024~2033년)」, 제주특별자치도, 2024.

「충청남도 보령시 제1차 탄소중립 녹색성장 기본계획」, 충청남도 보령시, 2025.

「충청남도 당진시 제1차 탄소중립·녹색성장 기본계획」, 충천만도 당진시, 2025.

「탄소중립 정책연구」, 경제·인문사회연구회, 2024.

「탄소중립 정책연구 3: 탄소중립 정책수단 이행평가를 중심으로」, 경제·인문사회연구회, 2024.

「2024년 공공부문 온실가스·에너지 목표관리 용역」, 보령시, 2024.

「2024 경기도 및 도내 기초 자치단체 탄소중립·에너지전환 이행기반 구축현황 모니터링 결과보고서」, 경기도, 2024.

「2025년 에너지업무지도의견(国能发规划〔2025〕16号)」중국 국가에너지국(2025),

「2030년 이전 탄소피크 달성 행동방안」, 중국 국무원, 2021.

「2050년 탄소중립을 위한 그린성장전략 업데이트」, 일본 경제산업성, 2024.

「2050 탄소중립 추진체계 해외사례 연구」, 국무조정실, 2021.

## 해외 논문·보고서

INTERNATIONAL ENERGY AGENCY (IEA) (2025), Energy Efficiency Policy Toolkit 2025, International Energy Agency, www.iea.org.

Imasiku, K., Thomas, V., & Ntagwirumugara, E. (2019). Unraveling green information technology systems as a global greenhouse gas emission game-changer. Administrative Sciences, 9(2), 43.

https://doi.org/10.3390/admsci9020043game-changer.

IPCC Sixth Assessment Synthesis Report Summary for Policymakers, IPCC, 2024.

The World Bank (2024), Mapping Energy Efficiency: A Global Dataset on Building Code Effectiveness and Compliance, The World Bank, www.worldbank.org.

Olawade, D. B., Wada, O. Z., David-Olawade, A. C., Fapohunda, O., Ige, A. B., & Ling, J. (2024). Artificial intelligence potential for net zero sustainability: Current evidence and prospects. Next Sustainability, 4, Article 100041. https://doi.org/10.1016/j.nxsust.2024.100041

OECD (2024), Global Monitoring of Policies for Decarbonising Buildings: A Multi-level Approach, OECD Publishing, Paris,

https://doi.org/10.1787/d662fdcb-en.

Guo, R., Zhuang, C., & Gao, Y. (2024), 'Editorial: Energy-efficient and energy-flexible buildings towards net-zero carbon emission', Frontiers in Energy Research, 12(1458006). https://doi.org/10.3389/ fenrg.2024.1458006.

Wang, Z., Shen, H., Deng, G., Liu, X., & Wang, D. (2024), Measured Optimal Energy Efficiency Measures for Residential Building Zero-Energy Retrofits. SSRN.

Morshed, A. S., Manjur, K. A., Shahjalal, M., & Yahia, A. K. M. (2024), 'OPTIMIZING ENERGY EFFICIENCY: A COMPREHENSIVE ANALYSIS OF BUILDING DESIGN PARAMETERS', ACADEMIC JOURNAL ON SCIENCE, TECHNOLOGY, ENGINEERING & MATHEMATICS EDUCATION, 4(04), 54-73.

https://doi.org/10.69593/ajsteme.v4i04.120.

Rolnick, D., Donti, P. L., Kaack, L. H., Kochanski, K., Lacoste, A., Sankaran, K., Ross, A. S., Milojevic-Dupont, N., Jaques, N., Waldman-Brown, A., Luccioni, A., Maharaj, T., Sherwin, E. D., Kording, K. P., Gomes, C., Ng, A. Y., Hassabis, D., Bengio, Y., & Kolter, J. Z. (2022). The AI gambit: Leveraging artificial intelligence to combat climate change—Opportunities, challenges, and recommendations. AI Magazine, 43(1), 85-97.

https://doi.org/10.1002/aaai.12030

Sharma, A., & Nikam, B. (2022). AI for climate action: Leveraging artificial intelligence to address climate change challenges. Environmental Science and Pollution Research, 29(46), 69341-69356.

https://doi.org/10.1007/s11356-022-22380-9

Stern, N., Romani, M., Pierfederici, R., Braun, M., Barraclough, D., Lingeswaran, S., Weirich Benet, E., & Niemann, N. (2025). Green and intelligent: The role of AI in the climate transition. npj Climate Action, 4, Article 252.

https://doi.org/10.1038/s44168-025-00252-3

United Nations Framework Convention on Climate Change (UNFCCC). (2023). UN Climate Change Annual Report 2022. UNFCCC Secretariat.

https://unfccc.int/sites/default/files/resource/UNClimateChange_AnnualReport_2022.pdf

## 국내외 인터넷 자료

"건축물 탄소배출 4830만톤…지자체별 지원정책 '제각각'", 뉴스트리, 2025.06.17.

"당진시, 탄소중립도시를 위한 힘찬 발걸음 시작" 당진시 보도자료, 2023.

당진시 탄소중립지원센터: http://nzdj.kr/

당진시 홈페이지:

https://www.dangjin.go.kr/cop/bbs/BBSMSTR_000000000013/selectBoardArticle.do?nttId=1120165

"'보령·당진' 필두로 2045 탄소중립 실현",

https://www.chungnam.go.kr/carbon/bbs/B0000447/view.do?nttId=2142940&menuNo=5700007&pageUnit=10&pageIndex=1

탄소중립녹색성장위원회:

https://www.2050cnc.go.kr/base/board/read?boardManagementNo=67&boardNo=5745&menuLevel=3&menuNo=19

자본시장연구원:

https://www.kcmi.re.kr/publications/pub_detail_view?syear=2019&zcd=002001016&zno=1434&cno=5096

파리기후협정 설명 페이지

https://unfccc.int/process-and-meetings/the-paris-agreement

한국 2050 탄소중립위원회 https://www.2050cnc.go.kr/

환경부 기후변화 정책 정보
https://www.me.go.kr/home/web/policy_data/read.do?menuId=10259&seq=7709

한국환경공단 탄소중립 정보
https://www.keco.or.kr/kr/business/climate/contentsid/1982/index.do

Agenda 47, https://en.wikipedia.org/wiki/Agenda_47
IPCC(기후변화에 관한 정부간 협의체) 공식 웹사이트
https://www.ipcc.ch/

"IPCC 제6차 기후변화 평가 보고서, 무엇을 경고했나", 가톨릭신문, 2021.08.17.
UNFCCC(유엔기후변화협약) 공식 웹사이트: https://unfccc.int/

https://www.theguru.co.kr/news/article.html?no=34454

https://www.weforum.org/impact/re100/

# 부록

## 1. 핵심 용어 해설 (Glossary)

**강화학습 (Reinforcement Learning)**: 에이전트가 환경과 상호작용하며 시행착오를 통해 최적의 행동 전략을 학습하는 인공지능 기법으로, 에너지 관리 시스템에서 최적의 제어 방안을 찾는 데 적용된다.

**공통의 그러나 차별화된 책임 (CBDR: Common but Differentiated Responsibilities)**: 기후변화 대응의 책임은 모든 국가에게 공통적으로 있으나, 역사적인 책임, 경제 발전 수준 등을 고려하여 각국의 책임과 역량에 따라 차별화된 방식으로 기여해야 한다는 원칙.

**국가결정기여 (NDC: Nationally Determined Contribution)**: 파리협정에 따라 각 당사국이 스스로 정하여 유엔에 제출하는 온실가스 감축 목표.

**규제샌드박스 (Regulatory Sandbox)**: 새로운 제품이나 서비스가 출시될 때, 일시적으로 기존 규제를 면제하거나 유예시켜 시장 출시 및 테스트를 할 수 있도록 허용하는 제도.

**기후 (Climate)**: 수십 년 동안 한 지역의 날씨를 평균화한 것으로, 지속성을 띤다.

**기후변화 (Climate Change)**: 장기간에 걸쳐 기후의 평균 상태나 그 변동 속에서 통계적으로 의미 있는 변동을 포함하는 변화.

**기후테크 (Climate Technologies)**: 온실가스를 감축하고 기후변화에 적응하면서도 경제적 수익을 창출하는 기술. 탄소중립 전환의 핵심 요소로, 경제활동 위축을 최소화하고 새로운 성장 동력을 창출할 기회를 제공한다.

**그린리모델링 (Green Remodeling)**: 노후 건축물의 에너지 성능을 개선하고 쾌적한 주거 환경을 조성하기 위해 단열, 창호 교체, 고효율 설비 설치, 신재생에너지 설비 도입 등을 통해 건물을 리모델링하는 사업이다.

**극단적 기상 현상 (Extreme Weather)**: 평균적인 기상 범주를 크게 벗어나는 폭염, 한파, 가뭄, 홍수, 태풍 등.

**날씨 (Weather)**: 매일의 기온, 바람, 비 등 순간적인 대기 상태를 말하며, 시시각각으로 변한다.

**녹색채권 (Green Bond)**: 기후변화 완화·적응 및 친환경 프로젝트에 소요되는 자금을 조달하기 위해 발행되는 채권.

**동력분산식 전기열차 (EMU, Electric Multiple Unit)**: 열차의 각 차량에 동력 장치가 분산되어 있는 전기열차로, 가속 및 감속 성능이 우수하고 에너지 효율이 높은 것이 특징이다.

**동위원소 분석 (Isotope Analysis)**: 탄소 및 메탄 등의 동위원소 비율 분석을 통해 온실가스의 배출원(화석연료, 생물학적 과정 등)을 구분하는 기술.

**디지털 트윈 (Digital Twin)**: 물리적 시스템이나 프로세스의 가상 복제본을 만들어 시뮬레이션, 분석, 최적화 등을 수행하는 기술로, 에너지 관리 분야에서는 실제 건물의 에너지 시스템을 가상으로 구현하여 효율을 높이는 데 활용된다.

**벤처캐피탈 (Venture Capital, VC)**: 초기 개발 단계의 혁신 기술 기업에 자금을 투자하여 성장을 지원하고 상용화를 촉진하는 투자 주체가 됨.

**수소열차 (Hydrogen Train)**: 수소 연료전지를 사용하여 전력을 생산하고 이 전력으로 모터를 구동하여 운행하는 열차로, 탄소 배출이 없는 친환경 교통수단이다.

**수소환원제철 (Hydrogen Reduction Ironmaking)**: 석탄 대신 수소를 환원제로 사용하여 철강을 생산하는 기술로, 제철 과정에서 발생하는 탄소 배출을 대폭 줄일 수 있다.

**순환경제 (Circular Economy)**: 제품의 생산, 소비, 폐기 전 과정에서 자원의 재활용 및 재사용을 극대화하여 폐기물 발생을 최소화하고 자원 이용 효율을 높이는 경제 시스템.

**스마트그린산업단지 (Smart Green Industrial Complex)**: 에너지 자립 및 저탄소 교통물류 체계를 지향하며, 친환경 에너지 솔루션과 스마트 기술을 통합하여 조성되는 산업단지다.

**유도된 혁신 (Induced Innovation)**: 정부의 보조금, 세제 혜택 등 지원을 통해 기업의 R&D 활동이 특정 방향(예: 탄소저감기술 개발)으로 전환되도록 유도하는 혁신을 의미.

**유효탄소가격 (Effective Carbon Rate, ECR)**: 탄소배출 억제를 위한 시장 기반 정책으로 기업이나 개인이 지불하게 되는 총 가격 비용. 탄소세, 탄소배출권 가격, 에너지 소비세 등을 포함한다.

**온실효과 (Greenhouse Effect)**: 대기 중의 온실가스가 지표면에서 복사되는 적외선을 흡수하여 지구 대기권 내에 열을 가두어 지구의 온도를 높이는 현상.

**이해관계자 (Stakeholder)**: 기업의 목표 달성에 영향을 미치거나 기업 활동으로 인해 영향을 받을 수 있는 개인 또는 집단 (주주, 직원, 고객, 지역사회, 환경 등).

**인버스 모델링 (Inverse Modeling)**: 관측된 대기 중 온실가스 농도 정보를 바탕으로 배출원의 위치와 배출량을 역으로 추정하는 기술.

**인플레이션 감축법 (IRA: Inflation Reduction Act)**: 미국의 법률로,

청정에너지 전환, 전기차 보급 확대 등에 대규모 투자를 지원하는 내용을 포함.

**완화 (Mitigation)**: 온실가스 배출량을 줄이거나 대기 중 온실가스를 제거하는 활동. 기후변화의 근본 원인을 해결하기 위한 노력.

**죽음의 계곡 (Valley of Death)**: 혁신 기술이 초기 개발 단계를 넘어 상용화되기 전까지 수익을 내지 못하여 자금 조달에 어려움을 겪는 단계를 비유적으로 이르는 말.

**지구온난화 (Global Warming)**: 대기 중 온실가스 농도 증가로 인해 지구 표면의 평균 온도가 점진적으로 상승하는 현상.

**적응 (Adaptation)**: 이미 진행되거나 예상되는 기후변화의 영향에 대비하여 피해를 최소화하거나 긍정적인 기회를 활용하는 활동.

**지속가능성 (Sustainability)**: 현재 세대가 필요를 충족시키면서도 미래 세대가 사용할 경제, 사회, 환경 자원을 낭비하거나 그 여건을 저하시키지 않고 조화와 균형을 이루는 상태.

**제로에너지 건축물 (ZEB, Zero Energy Building)**: 건축물에 필요한 에너지 부하를 최소화하고 신재생에너지를 활용하여 에너지 자립을 실현하는 건물로, 건축물에서 배출되는 온실가스 양을 감축하는 것을 목표.

**타임랩스 (Timelapse)**: 긴 시간 동안 일어나는 변화 과정을 짧은 시간 안에 압축하여 보여주는 영상 기법.

**탄소국경조정제도 (CBAM: Carbon Border Adjustment Mechanism)**: 특정 국가·지역(예: EU)이 자국 내 탄소 배출 규제가 느슨한 국가로부터 수입되는 상품에 대해 탄소 배출량에 상응하는 비용을 부과하는 제도.

**탄소 누출 (Carbon Leakage)**: 한 국가·지역이 엄격한 기후 정책을 시행할 때, 기업들이 상대적으로 규제가 약한 국가·지역으로 생산 기지를 옮기거나 해당 국가·지역에서 제품을 수입하게 되면서 전 지구적 온실가스 배출량 감축 효과가 상쇄되거나 오히려 늘어나는 현상.

**탄소 발자국 (Carbon Footprint)**: 개인, 기업, 제품 등의 전 과정에서 직간접적으로 발생시키는 총 온실가스 배출량을 이산화탄소 상당량으로 환산한 값.

**탄소 예산 (Carbon Budget)**: 지구 온도 상승을 특정 수준(예: 1.5°C) 이내로 제한하기 위해 인류가 총 배출할 수 있는 온실가스의 최대량.

**탄소중립 (Net-Zero Emissions)**: 인간 활동으로 인한 온실가스 배출량을 최대한 줄이고, 남은 배출량은 흡수 또는 제거하여 실질적인 순배출량이 '0'이 되는 상태.

**탄소중립 경제 (Carbon Neutral Economy)**: 탄소 배출을 '0'으로 줄이는 경제 시스템. 국제 사회의 기후 위기 해결 및 지속 가능 경제 구축 요구에 따라 중요성이 부각.

**탄소국경조정제도 (Carbon Border Adjustment Mechanism, CBAM)**: EU가 도입한 무역 규제로, 2026년부터 수입품의 탄소 배출량에 따라 추가 비용을 부과하여 탄소 누출을 방지하고 역내 환경 규제 강화에 대응하려는 목적.

**탄소 포집, 활용 및 저장 (CCUS: Carbon Capture, Utilization, and Storage)**: 산업 공정 등에서 발생하는 이산화탄소를 포집하여 활용하거나 땅속에 저장하는 기술.

**AI 기반 스마트 에너지 관리 시스템 (AI-based Smart Energy Management System)**: 인공지능 기술(머신러닝, 딥러닝 등)을

활용하여 에너지 데이터를 분석하고, 에너지 소비 예측, 실시간 최적화, 이상 감지, 자율 의사결정 등을 통해 에너지 효율을 극대화하는 시스템.

ESG: 환경(Environment), 사회(Social), 지배구조(Governance)의 약자로, 기업의 비재무적 성과를 평가하는 지표이자 지속가능 경영의 핵심 요소.

HVAC (Heating, Ventilation, and Air Conditioning): 건물의 난방, 환기, 공조 시스템을 총칭하는 용어로, 실내 환경을 쾌적하게 유지하고 에너지 소비를 관리하는 데 중요한 역할.

RE100: 사용 전력의 100%를 재생에너지로 충당하겠다는 글로벌 캠페인.

## 2. 타임라인

**1950년:** 월드비전이 한국전쟁 당시 한국에서 설립.

**1989년:** 서울주택도시공사가 서울시민의 주거복지 향상을 위해 설립.

**2000년:** 환경재단이 국내 대표적인 환경 NGO로 설립.

**2005년:** 다큐멘터리 <빙하를 따라서>가 개봉하여 제임스 발로그의 '익스트림 아이스 서베이' 프로젝트를 통해 기후 변화의 시각적 증거를 제시.

**2012년:** 마이크로소프트가 탄소중립을 달성.ㄴ

**2017년:** 국제항공 온실가스 배출량 증가를 막기 위한 CORSIA 제도가 시행.

**2019년:** 한국 정부가 장기저탄소발전전략(LEDS)을 준비하기 위한 포럼을 운영하기 시작.

**2020년:** 한국 정부가 관계부처 합동으로 「2050 탄소중립 추진전략」을 발표.

캐나다가 '가을경제성명'을 통해 탄소 국경 조정 메커니즘 도입 계획을 밝히고 '강화된 기후 계획'에서 실행 가능성 분석과 논의를 명시다.

일본이 탄소중립 목표를 선언.

**2021년:** 한국이 CORSIA 제도에 동참.

중국 시진핑 주석이 독일 메르켈 총리, 프랑스 마크롱 대통령과의 화상 회담에서 EU의 탄소 국경 조정 메커니즘에 우려를 표명.

캐나다가 탄소 국경 조정 메커니즘에 대한 공식적인 자문 절차와 향후 계획을 발표하며 캐나다 재무장관이 미국 및 EU와의 논의 및 국내 실행 계획 추진 의사를 표명.

캐나다 연방 정부가 2050년까지 온실가스 순배출량 '0' 달성 약속을 법제화하는「캐나다 넷제로 배출 책임에 관한 법률」을 제정.

2021년 4월: 중국 시진핑 국가 주석이 독일 메르켈 총리 및 프랑스 마크롱 대통령과의 화상 회담에서 탄소 국경 조정 메커니즘에 대해 우려를 표명.

2021년 10월: 중국 일부 지역에서 갑작스러운 전력 소비 통제로 대규모 전력 대란이 발생.

2022년: 캐나다 연방정부가 국가 역사상 최초로 '캐나다 기후 적응 전략(National Adaptation Strategy)'을 발표.

부산항만공사가 2022년 탄소중립 녹색경영 대상에서 산업통상자원부 장관상을 수상.

2023년: 환경재단과 서울주택도시공사가 서울시 거주 14~16세 청소년을 대상으로 기후 교육 파트너십 프로그램을 진행.

일본이 '기후변화대응촉진법'을 개정하여 탄소중립 목표의 법적 기반을 강화.

2024년: 일본에서 '그린 트랜스포메이션(GX) 추진법'이 제정되어 탄소중립을 위한 종합적인 정책 구조가 구축.

2025년: 일본에서 총리 직속의 '녹색성장전략 추진본부'를 중심으로 한 범정부적 탄소중립 추진체계가 운영.

중소기업을 대상으로 하는 탄소중립 설비투자 지원 사업이 추진. 기후산업국제박람회 개최 계획.

애플이 배터리에 사용되는 코발트, 기기 자석에 사용되는 희토류 금속 등 핵심 소재에 대해 100% 재활용 소재만 사용하겠다는 목표를 설정하고 추진.

**2026~2030년 (15차 5개년 계획 기간)**: 중국의 석탄 의존도 감소 속도가 빨라질 것으로 예상. 중국은 탄소 배출 강도 저감 목표에 구속력 있는 지표를 설정하여 국가적 책임과 이행력을 강화할 계획.

'2030년 이전 탄소피크 달성 행동방안'의 실행을 세분화할 계획.

**2030년**: 마이크로소프트가 탄소 네거티브를 달성하고 제품 및 운영의 탄소중립을 달성하는 것을 목표.

캐나다의 5년 단위 온실가스 감축 목표 설정 의무가 시작.

한국 정부는 국가 온실가스 감축 목표(NDC)를 2018년 배출량 대비 40% 감축으로 설정.

부산항만공사는 초미세먼지 72% 감축을 목표.

**2030~2052년 (기존 예측)**: 지구 평균 기온이 1.5°C 상승할 것으로 예측되던 기간.

**2031년**: 한국의 인구가 정점을 찍고 이후 감소할 것으로 예상.

**2035년**: 캐나다의 5년 단위 온실가스 감축 목표가 설정될 예정.

**2040년**: 지구 평균 기온이 1.5°C 상승할 것으로 예측되는 기간이 약 10년 단축되어 추정.

캐나다의 5년 단위 온실가스 감축 목표가 설정될 예정입니다.

**2045년**: 캐나다의 5년 단위 온실가스 감축 목표가 설정될 예정.

2050년: 한국, 중국, 캐나다, 일본 등 많은 국가들이 탄소중립 달성을 목표로 설정.

마이크로소프트는 창립 이후 직간접적으로 배출한 모든 탄소를 제거하는 것을 장기 목표.

부산항만공사는 탄소중립 달성을 목표.

# 저자 약력

## 정광우

정광우는 현재 건국대학교 공과대학 산업경영융합학부 초빙교수로 재직하며 ESG 경영과 지속가능경영 분야의 전문가로 활동하고 있다. 한양대학교에서 전자통신공학 석사를 마친 후 건국대학교에서 산업경영융합학부 공학박사 학위를 취득하여 탄탄한 공학적 기반과 경영학적 전문성을 겸비하였다.

현재 ㈜파노텍 회장으로 재직하며 기업경영 현장에서 쌓은 풍부한 경험을 바탕으로 이론과 실무를 접목한 교육과 연구 활동에 전념하고 있다. 『ESG 완전정복 II [중견-중소기업과 스타트기업]』을 저술하여 ESG 분야의 실무적 지식을 체계화한 바 있으며, 글로벌 성남기업인 포럼 회장, 한국지능형스마트건축물협회 부회장, 탈탄소 재생에너지위원회 위원, 환경보건교육협회 자문교수, 성남시 산업단지 재생 추진협의회 위원, 성남시 ESG 정책자문단 자문위원, 서울서부지방법원 민사조정위원, 성남시 혁신지원센터 경영혁신 전문위원 등 다양한 공직과 전문 활동을 통해 지역사회와 산업계 발전에 기여하고 있다.

학문적 성과와 사회적 기여를 인정받아 '국가과학발전기술 과학기술부정통부장관 표창', '과학기술진흥유공자 미래창조과학부장관 표창', '장영실상 미래창조과학부장관 표창'을 수상하였으며, '2025년 올해의 베스트 인물 대상'을 수상하는 등 다양한 분야에서 그 공로를 인정받고 있다.

**탄소중립의 르네상스**
네가와트 혁명, RE100을 넘어선 진정한 탄소중립을 열다

ⓒ 정광우 2025

2025년 08월 20일 초판 1쇄 인쇄
2025년 08월 25일 초판 1쇄 발행

지은이　|　정광우
펴낸이　|　안우리
펴낸곳　|　스토리하우스

등　록　|　제324-2011-00035호
주　소　|　서울시 종로구 율곡로6길 36, 908호
전　화　|　02-3673-4986
팩　스　|　02-6021-4986
이메일　|　whayeo@gmail.com
ISBN　|　979-11-85006-52-9(03300)

값: 19,800원

* 이 책은 저작권법에 따라 보호받는 저작물이므로 무단전재와 무단복제를 금지하며 이 책의 내용을 전부 또는 일부를 이용하려면 반드시 저작권자와 스토리하우스의 서면동의를 받아야 합니다.
* 잘못 만들어진 책은 구입한 곳에서 바꿔드립니다.